编写委员会

主编： 蔡永强

编委： 蔡永强　李禄兴　李　泉

　　　　杨玉玲　付彦白

Proceedings:
International Workshop on
Pedagogical Lexicography of CFL

对外汉语学习词典学
国际研讨会论文集（四）

中国人民大学国际文化交流学院◎编

暨南大学出版社
JINAN UNIVERSITY PRESS

中国·广州

图书在版编目（CIP）数据

对外汉语学习词典学国际研讨会论文集. 四／中国人民大学国际文化交流学院
编. — 广州：暨南大学出版社，2024.11
ISBN 978 - 7 - 5668 - 3906 - 0

Ⅰ. ①对… Ⅱ. ①中… Ⅲ. ①汉语—对外汉语教学—词典—文集 Ⅳ. ①H195 - 61

中国国家版本馆 CIP 数据核字（2024）第 077199 号

对外汉语学习词典学国际研讨会论文集（四）
DUIWAI HANYU XUEXI CIDIANXUE GUOJI YANTAOHUI LUNWENJI（SI）
编　者：中国人民大学国际文化交流学院

出 版 人：阳　翼
策划编辑：姚晓莉
责任编辑：苏　洁　汤芳平
责任校对：刘舜怡　黄子聪　许碧雅
责任印制：周一丹　郑玉婷

出版发行：暨南大学出版社（511434）
电　　话：总编室（8620）31105261
　　　　　营销部（8620）37331682　37331689
传　　真：（8620）31105289（办公室）　37331684（营销部）
网　　址：http：//www. jnupress. com
排　　版：广州尚文数码科技有限公司
印　　刷：佛山市浩文彩色印刷有限公司
开　　本：787mm×1092mm　1/16
印　　张：23.25
字　　数：400 千
版　　次：2024 年 11 月第 1 版
印　　次：2024 年 11 月第 1 次
定　　价：88.00 元

（暨大版图书如有印装质量问题，请与出版社总编室联系调换）

目录
CONTENTS

◆ 辞书个案分析

谈 25 年来国际学习词典学的发展对我们的启示[①]

郑定欧

（香港城市大学翻译及语言学系）

苏俄学者 Ter-Minasova（2013）指出，"词典学为英语教学的关键"，而英国的 Durkin（2016）把学习词典学的关键词定位于"示例处理"。本文将顺着此思路回顾自 1997 年以来国际学习词典学的发展历程，这是本文的第一部分。第二部分则借此谈国际学习词典学的发展对我们的启示。

1 发展历程

1.1 首届

1997 年 8 月在德国 Erlangen 大学举行了学习词典学首届国际研讨会。该次研讨会更多的是技术层面的交流，但绝不妨碍在理论上有三点获得了与会者的肯定，即：

（1）学习词典学属应用语言学范畴，种种语义、句法模式、学派都避不开词典，尤其是学习词典的检验。所谓"检验"，其科学属性为实证主义而不是心智主义。究其原因，心智主义至今仍无法给出具规模的、具公信力的、具应用价值的图像，而且今后相当长的时间内也给不出来。历史（如从索绪尔结构主义算

[①] 本文为郑定欧先生（1940—2022）遗作。"对外汉语学习词典学国际研讨会"由郑定欧先生 2005 年于香港首创发起，后与中国人民大学等国内高校连续举办多届，引领了外向型汉语学习词典研究。郑定欧先生对每届会议关心备至，倾注了大量心血。我们谨刊此文表达对郑定欧先生的深切缅怀之情。

起）已经充分证明了这一点。

（2）学习词典服务于各民族之间的相互沟通，其文化上的国别化服务于国际的全球化。

（3）学习词典的研发不宜碎片化，应寻求一整套或一系列互通的描写工具、整合工具；各民族语言使用的差异不应影响这一方面的努力。

此次研讨会的论文集于 2000 年出版，其书名也令人耳目一新：*The Perfect Learners' Dictionary*？关键在于句末的问号，直译的方式有多种，如"什么是完美的学习词典？""完美的学习词典存在吗？"等。停留在简单直接的方法探讨是无法得到令人满意的答案的。

1.2　后续活动简介

距离首届研讨会已经过去 20 多年了，我们认为是时候做总结了。下面按时间顺序分三部分作记事式介绍。

1.2.1　专论发表

（1）1999/Szende。Thomas Szende 现任"法国国立东方语言文化学院"（INALCO）的首席讲师，二十世纪八十年代任法国教育部科研处"对外法语词典研发小组"组长。他的代表之作是于 1999 年在欧洲词典学丛刊上发表的《双语词典的配例研究》。文章首谈的就是"句法学与词典学的关联"，Thomas Szende 否定了"语义为词典之灵魂"的过时观念，指出由于缺乏必要的大规模的句法数据的依托，造成了：①语义构建理念上不明智；②预见成果不明显；③转化过程不明晰。

（2）2008/GDEX。作为 Macmillan 英语学习词典编撰团队核心成员的 Adam Kilgarriff、Michael Rundell 等，向欧洲词典学协会年会（2008 年）提交论文GDEX：优质示例自动检索软件/GDEX：Automatically Finding Good Dictionary Examples in a Corpus。何谓"优质示例"？标准有三：①Simple，指的是例句句法铺展能使读者感知双语翻译的路径；②Clear，指的是例句译文中等值词（Translation Equivalence）清晰可辨；③Correct，指的是运用简明地道的英语。

（3）2009/Huang H J。澳大利亚 Macquarie 大学的这篇题为"翻译单位：统计报告"的论文通过对文本翻译的实证调查，提出不能把句子抽离其文本语境来定义"翻译单位"的观点，这跟 Lukszyn（1995）和 Gross（1995）在认知上是一致的。前者认为"话语单位应为双语学习词典的条目单位"，后者认为"含义单位应为文本信息处理的基本单位"。"翻译单位"则应定义为在双语对译的语境下，在目标语中体现为一个整存整提的"语义实体"；组成特定的翻译单位的字符数目并无实际意义。就双语学习词典而言，这就是直接推翻条目分合时须以意义为纲的标准的做法。换句话说，此做法是句本位思想，而不是字本位或词本位思想的施行。

（4）2016/Jezek。意大利的 Elisabetta Jezek 在其 *The Lexicon：An Introduction*（英国牛津大学语言学教程丛书）中详细回顾了配价语法自诞生以来出现的种种流派，对词汇层级进行了更为细化的分类，特别是法国词汇—语法学派的动词三分中的"辅动词/支撑动词/support verb"（郑定欧，2017a）。捷克的 James Pustejovsky 则在其 *The Lexicon*（英国剑桥大学语言学教程丛书）中着力探讨了：①词汇信息在语言学理论中的作用；②从词汇到语法的整体关系。这正是 40 年前法国词汇—语法学派所倡导的核心理念（郑定欧，2015）。

（5）2016/Durkin。①词典类型的分野。我们看到，以 2000 年为界，英美词典出版商逐渐从内向型的单语词典（MLD：Mono-Lingual Dictionary）向外向型的双语词典（BLD：Bi-Lingual Dictionary）过渡。所谓"内向型"，指的是供本族人使用的、基本特征为开放性和知识性的词典；所谓"外向型"，指的是供他族人使用的、基本特征为预设性和功能性的词典。Guy Deutscher 出版了一本书——*Through the Language Glass：Why the World Looks Different in Other Languages*，台湾的王年恺先生把它翻译成汉语出版，书名就非常形象地叫作"换了语言，就换了脑袋"。可是，由于词典学界的习惯思维使然，实际情况是"内向型"与"外向型"的界限一直纠缠不清，以至于论文集的第一篇文章（Dictionaries for General Users：History and Development：Current Issues）就由法国资深词典学家 Henri Bejoint 执笔，中心思想之一正是，就中国的情况而言，批判所谓"既可满足学习英语的中国人，又可满足学习汉语的外国人理解和表达的双重需要"的词典。内向型就是内向型，而外向型就是外向型，胡子眉毛一把抓很容易掉进双向陷阱，无法自拔。

②框架设计的取向。论文集的第二篇文章（Learners' Dictionaries：History and Development：Current Issues）由德国的 Reinhard Heuberger 提供。文章开门见山地指出："他族学习者要求一本从根本上来说跟本族学习者不同的词典。相比之下，学习词典要求语法上和用法上的详细的指导，以便使用者获得并提升交际能力。"而后他进一步指出："特别是，学习词典应该聚焦于动词的句法表现。"这里我们顺便补充两位词典专家的意见。一位是 *Merriam-Webster's Dictionary* 的主编 Stephen J. Perrault，他认为："从头到尾我们都感觉到词典的真正核心在于其例句。"另一位是 Macmillan 英语学习词典的主编 Michael Rundell，他认为学习词典的生命在于其设例，具体要求是：

a. 典型性和亲和力（typicality and naturalness），指的是语句高频出现且语境自然得体。

b. 相关信息够用（informativeness），指的是核心句框架中信息管控得宜，不多不少。

c. 例句长度适中（appropriate length），指的是句长的限定有助于设立有意义的简单结构。

d. 例句结构完整（all sentence form），指的是例句中排除一切空语位（empty slot）。

2017 年本人受聘于英国牛津大学（香港）出版社，专责调查英美学习词典的出版现状，我认为应当在 Michael 观点的基础上加上第五项，即：

e. 查阅便捷（zero time pressure），指的是零查找压力，即条目排列宜取"一义项一例句"的直观方式，避免过分堆砌，犹如乌云压顶，令人喘不过气。

要做到上述五点，需要相当高的技术含量，概括起来为：选、编、述、译一条龙。可惜的是，国内能够为学习词典提供准备的、系统的词典句子研究尚未见踪影。

③翻译等值（TE：Translation Equivalence）的探讨。论文集第三篇文章（Bilingual Dictionaries：History and Development：Current Issues）的作者是比利时的 Thierry Fontenelle。其在文章的结尾指出："双语词典的编撰者需要尽可能多地提供语言线索，以便使用者得以选出适合于目标词的翻译词，同时给出该项翻译词可能出现于其中的种种语境。"什么是"语言线索"？这指的是可能对应的翻译词。什么是"翻译词可能出现于其中的种种语境"？这指的是可能应用于其中的例句。上述观点提示我们目标词有多少个有效的等值词就得提供多少个相应的例句。换句话说，翻译词并不是对着目标词而言，而是对着目标词可能的义项而言。一条龙的链接即为"词表中的目标词—有效的义项翻译词—翻译词的入句表现"。双语词典的计算单位就是"翻译词的入句表现"，这可以让使用者从中体验对方语言的概念认知和结构感知。所以，能否提供可信度高、可学度高的翻译等值词是衡量一本学习词典质量优劣的重要标准之一。

1.2.2　词典出版

（1）1997/Dubois Jean。这是法语动词电子词典的纸质版，其中包括由 12 310 个不同的动词组成的 25 610 个动词条目。该成果完全按照词汇—语法的理念及工作原则并将矩阵图加以归总。走的是"从词汇入手，语法信息同步跟上"的路子，颇具规模。

（2）1998/Spears NTC。这本单语学习词典的义项全部划一，配置两个完整句示例（full sentence example），目的是："学习者即使不看释义，也能从例句所提供的语境推测该词的大意和用法。"

（3）2007/Verlinde DAFLES。比利时天主教大学的 Serge Verlinde 于 2007 年编制了《对外法语学习词典》（电子版），见郑定欧（2007）。这套软件没有纸质版，只有电子版，可以说属于"电子词典"。这里我们要注意对两种性质不同的产品展开严格区分，如表 1 所示：

表1　两种性质不同的电子词典的异同比较

电子词典1	面向商业客户	双语版，限于提供目标词的翻译等值词	基于现存的语言资料拼合而成
电子词典2	面向专业共同体	单语版，提供目标词的词汇—语法信息	基于现存的语言资料整合而成

1.2.3　活动举办

（1）2009/DSNA。"北美词典学会"（Dictionary Society of North America）在 Indiana 大学举行了第 17 届年会。这次年会的亮点是对 Big Five（五大巨头：Oxford、Longman、Co-build、Cambridge、Macmillan）提出尖锐的否定意见。20 世纪 90 年代是单语的 Big Five 成功的年代，其特点是：①强调"学习"等同于"解惑"（for reading）；②定位于中高阶（designed for intermediate-high level）。

但随着读者需求的急速变化，它们的负面影响越来越明显，如：①重视给出例词，相对忽略例句；②过分注重语料的原始性（忽视编纂团队的内省作用）、真实性（牺牲可学习性）；③生硬地运用"释义用词"（definition vocabulary）；④重视高频词，相对忽略基础词；⑤分项过细，误导性浮现。

当然读者的要求并非压缩版本，而是另觅新法。新法有三：低起点、句本位、双语化（重点首先是厘定出翻译等值词）。

（2）2016/双语学习词典。Sylviane Granger 等指出双语学习词典与双语综合词典起码有如下两方面明显的差异：①显化为先（informative）。示例的作用不光是显化目标词的意义，同时也显化其入句时的语境。②学习为先（learnerizing）。示例的作用在于催生语感，强化对不同语言、不同结构的感知能力。

他认为学习词典应成为"解决他族语言语汇和语法的理想工具"。另外，学习词典应该等级化，避免成为"一竿子到底式产品"。

至此，前述内容已经在总体上廓清了学习词典的理念、原则、模式、方法，首届研讨会论文集的疑问都得以消减。

2　对我们的启示

首先，本人想提一下尴尬的 2017 年。那年，国际上有关对外汉语教研的研讨会就本人所知的至少有三个：①六月中，第 14 届国际汉语教学研讨会由美国五所大学（University of Washington & Lee、University of Vermont、University of Rhode Island、The City University of New York、Tufts University）联合举办，在澳门大学召开。②六月底，第 15 届英国汉语教学国际研讨会由英国汉语教学学会（BCLTS）主办，在南安普顿大学（University of Southampton）召开。③七月初，澳大利亚中文教师联会（CLTFA）第 23 届年会在悉尼召开，主题为"探索和提高汉语的可学性"。据统计，提交给上述三个研讨会的论文多达 400 篇，可正面论述词汇、词典的连一篇也没有。

我们认为从表面上来看，汉语的词汇学、词典学被传统的、顽固的思维刻意地忽视了。如 2015 年王士元等编纂的《牛津汉语语言学手册》中没有与词汇学、词典学相关内容的影子。再深一层考虑，我们发觉中国人爱搞宏观，搞语法；而欧洲人爱搞微观，搞词汇，认为搞清楚词汇，语法就在手中。欧洲人并不认为宏观的东西那么重要。

回到对外汉语学习词典学，它的发展就得靠国内的专家同行了。下面从三个角度谈谈个人看法。

2.1　与时共进，反对"离经叛道"之说

语言词典分类学的一级分类为本体词典以及学习词典；二级分类为内向型以及外向型学习词典；三级分类为单语以及双语学习词典。一般来说，本体词典的编纂原则为"从词汇到词汇"，而学习词典的编纂原则为"从词汇到语法"。众所周知，语言教学的根本任务是语言技能训练，语言知识教学是必须的，但需要以支撑语言技能训练为前提和限度。超出预设的限度就容易掉进德国柯彼得多次批评的"一多二难三山寨"的陷阱中。换句话说，我们所说的"学习"，所指十分清晰，即帮助学习者把本族母语的应用习惯转换成他族语言的应用习惯。这就是催生语感，而语感属句法范畴。静态的词汇知识（字本位、词本位、词组本位）无法完成这个任务，只能依靠动态的语法激活（句本位）。

另外，对外汉语学科建设过程中，我们有时会听到一些杂音，诸如"二语教学应植根于一语教学"，"二语词典应附属于一语词典，不能搞离经叛道"，等等。我们认为，这里完全扯不上所谓"离经叛道"。此"经"跟彼"经"、此

"道" 跟彼 "道" 根本不是同一码事，何来 "离" "叛" 之有？从另一层面来看，科学的本质是质疑，需要的是 "离经叛道"，否则所谓创新纯属空谈。关注对外汉语学习词典学发展的人们必须坚持 "本体词典与学习词典乃平行学科，并不存在任何从属关系" 的认知，必须坚持 "从词汇到语法" 的思维取向和执行能力。

2.2　与时共进，科学解决 "语法和词汇孰先孰后" 问题

我们所选择的工作模式不能凌驾于汉语事实之上（词本位）。

《现代汉语词典》（第 7 版）出版之后，社科院语言研究所词典组的谭景春在《中国语文》发表了一篇文章，指出国内语法研究的不到位会导致词典标注的不到位。从学习词典的角度来说，这就引出一个重大的理论问题：是词汇跟语法跑，还是语法跟词汇跑？前者的前提是语法为主人，词汇为仆人。后者的认知却相反，即词汇为主人，语法为仆人。联系到对外汉语学习词典学，如果要求理论语法为主人而应用词汇为仆人，马上就会出现两个瓶颈：

其一，词表词与文本词如何区分（前者指的是词汇水平教学大纲所表列的词，后者指的是目标词入句后根据其句法表现而立项的词）。词表词只暗示频率，没有交代立项标准；文本词则揭示其在具体文本中的自然语境，便于学习、记取乃至活用，立项标准非常明确。

其二，意义单位（unit of meaning）与含义单位（meaningful unit）如何区分。

这两个瓶颈我们通过对 "情意绵绵" 和 "大腹便便" 的对比合并讨论。我们以《现代汉语词典》（第 7 版）、《牛津·外研社英汉汉英词典》（缩印本）、《新世纪汉英大词典》（第二版，缩印本）为参照物，见表 2 及表 3。

表 2　《现代汉语词典》（第 7 版）中 "情意" "绵绵" "秋雨/情意绵绵" 的释义

	情意	绵绵	秋雨/情意绵绵
《现代汉语词典》（第 7 版）	第 1 069 页，名词，对人的感情。[例] 情意绵绵	第 901 页，形容词，连续不断的样子。[例 1] 秋雨绵绵；[例 2] 情意绵绵	无立项

表 3　《现代汉语词典》（第 7 版）、《牛津·外研社英汉汉英词典》（缩印本）、《新世纪汉英大词典》（第二版，缩印本）中 "大腹" "便便" "大腹便便" 的释义

	大腹	便便	大腹便便
《现代汉语词典》（第 7 版）	无立项	第 998 页，形容词，形容肥胖。[例词] 大腹便便，无例句	第 240 页，无标注，肚子肥大的样子（含贬义）。无例句

（续上表）

	大腹	便便	大腹便便
《牛津·外研社英汉汉英词典》（缩印本）	无立项	第 552 页，形容词，bulging。[例词] 大腹便便，无例句	第 140 页，potbellied，无例句
《新世纪汉英大词典》（第二版，缩印本）	无立项	第 1 263 页，形容词，bulging，swelling，exceedingly paunchy。[例词] 大腹便便，无例句	第 317 页，potbellied，big-bellied，paunchy，abdominous，（含贬义）。无例句

　　凭我们的语感，不难看出表 2 的"绵绵"与"秋雨"或"情意"都是意义单位的相加；"绵绵"既是词表词，又是文本词，所以可以成立。可是，表 3 的情况就不同了。这不是"大腹"跟"便便"分别作为单独的意义单位的相加，"便便"既不是词表词，又不是文本词。这正是以词组为本位的方法的漏洞。《牛津·外研社英汉汉英词典》（缩印本）和《新世纪汉英大词典》（第二版，缩印本）的译文本身就违反了汉语事实。另外，无例句支撑，读者就不可能领会为什么标记为"贬义"。譬如说，大家接受例句"十月临盆的妻子已经大腹便便"吗？对外汉语双语的学习词典应该对此十分谨慎。这一组对比提醒我们，对外汉语学科建设只搞语法、教材，固然可以启动，但无法起飞。

2.3　构建现代化、电子化的数据库，以"帮忙""帮助"为例

　　我们注意到徐婷婷、郝瑜鑫的文章（2016）。她们采用的是传统的词组本位的方法，这样研究就只能停留在低端的统计意义上的观察，并不能达致词汇—语法要求的实际描写。我们在这里沿用郑定欧（2021）的语料，如表 4 所示。

表 4　"帮忙""帮助"语料

序	帮忙	帮助	句法特征
1	张三星期天常来帮忙（＊帮助）。	张三同意捐点儿钱来帮助（＊帮忙）。	主语为人
2	（无）	这本书可以帮助我们了解火山。	主语为物
3	（无）	对这种家庭应该进行长期的帮助。	进行句
4	（无）	她把最后的一点儿钱帮助我治病。	把字句
5	（无）	得把需要帮助的人都帮助到了。	附加"到"
6	（无）	当时他们都被张三帮助过。	附加"过"
7	张三答应给我帮忙。	公司给我们帮助了点儿资金。	给字句
8	（无）	张三只是在设备方面帮助了我们。	名词宾语

（续上表）

序	帮忙	帮助	句法特征
9	帮帮忙吧。	请你在生活上多帮助帮助她。	重叠形式
10	请你帮个忙。	（无）	中嵌"个"
11	我帮不了你的忙。	（无）	中嵌"你"
12	（无）	你们的意见对我的研究大有帮助。	组合结构
13	不料张三却帮了个倒忙。	（无）	固化结构
14	（无）	张三帮助了我好几年。	时量补语
15	帮忙买张票。	请大家帮助出主意。	动词宾语
16	（无）	你帮助我们说几句话。	双宾一式
17	（无）	我会帮助你们尽快离开这里。	双宾二式
18	（无）	运输问题我帮助不了。	能性补语
19	这个忙我一定会帮。	（无）	前置句式
20	他们只会越帮越忙。	（无）	中嵌格式

（1）注意。

①＊号表示不成立。

②（无）表示相应的句式不成立。

（2）"帮忙"和"帮助"的有限状态图。

关于"有限状态图"，见郑定欧（2012）。这里需要说明的是，有限状态图的制作完全有赖于中国人民大学的张同学（Cheryl Zhang Xian-fan）的协助才得以完成。2016年5月底本人造访法国东部大学IGM学院的时候，偶遇当时就读于巴黎第三大学的张同学。由于学习上的缘故，她碰巧也在IGM学院学习词汇—语法，而她很乐意利用特殊的软件绘制出相关的有限状态图（见图1、图2）。

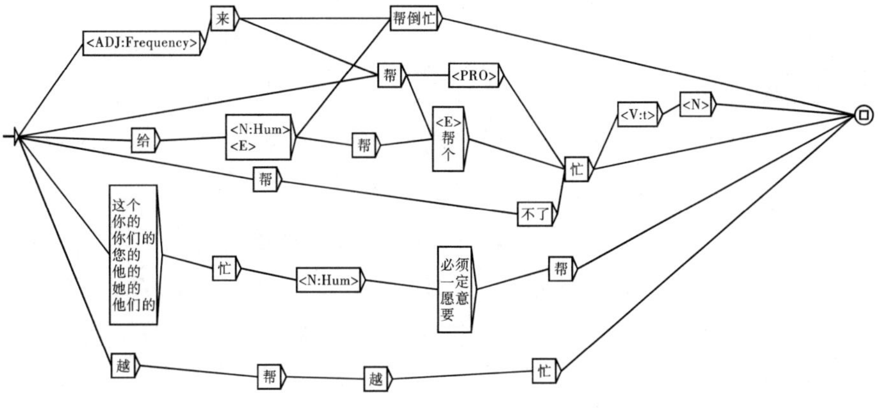

图1　"帮忙"有限状态图

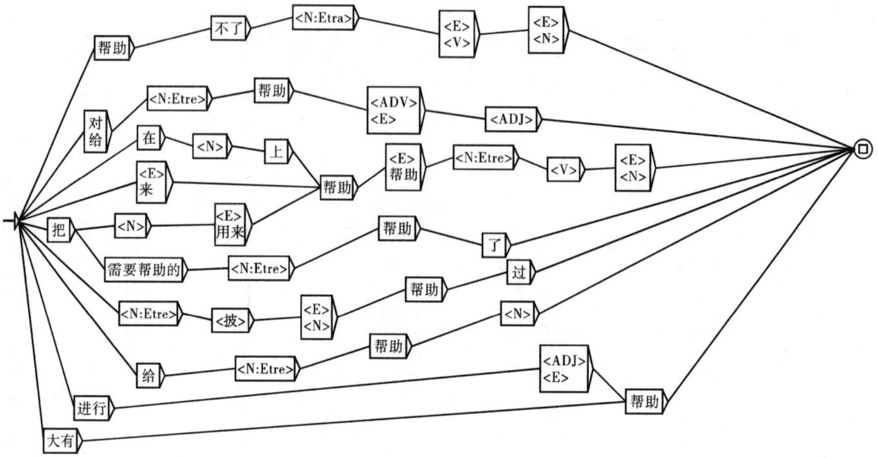

图2　"帮助"有限状态图

（3）几点说明。

①20个例句设置了20个句法特征（有待进一步细化）。

②有限状态图中每一个节点（用方框标示）代表一句。

③我们设定对外汉语常用动词为500个，常用句法特征集为100项，数量上是足够的。这些信息都可以用有限状态图直观地标示出来。这种词汇—语法的信息管理方式十分具有优势，例如，转化空间大。

④正向（从左到右读取）通过词汇查找句法特征而反向（从右到左读取）则通过句法特征集查找词汇。

⑤词汇—语法信息可以滚动储存。遇到反例可随时修改，遇到新例可随时添加。

⑥配备英语等值词。

参考文献

［1］徐婷婷，郝瑜鑫. 当代二语习得研究中介语对比分析方法理论与实践［J］. 海外华文教育，2016（2）.

［2］郑定欧. 从"电子词典"谈起［C］//中国应用语言学会. 第四届全国语言文字应用学术研讨会论文集. 成都：四川大学出版社，2007.

［3］郑定欧. 词汇—语法五十年（1960—2010）［M］. 北京：世界图书出版公司，2012.

［4］郑定欧. 什么是词汇—语法［M］. 上海：上海外语教育出版社，2015.

［5］郑定欧. 从对外汉语学习词典的词类标记谈"助动词"［J］. 国际汉语教学研究，2017a（4）.

［6］郑定欧. 汉语入门词典（汉英对照）［Z］. 北京：北京语言大学出版社，2017b.

［7］郑定欧. 词典—语法—教材的链接［J］. 汉语学习，2021（1）.

［8］DURKIN P. The Oxford handbook of lexicography［M］. Oxford：Oxford University Press，2016.

［9］GROSS M. On counting meaningful units in texts［C］//JADT'95 Proceedings. Roma：Università degli Studi di Roma，1995.

［10］HUANG H J, et al. The unit of translation：statistics speak［J］. Meta，2009，54（1）.

［11］JEZEK E. The lexicon：an introduction［M］. Oxford：Oxford University Press，2016.

［12］LE FUR D. Le Robert & Collins College Anglais（nouvelle édition）［Z］. Paris：Le Robert，2012.

［13］KILGARRIFF A, et al. GDEX：automatically finding good dictionary examples in a corpus［A］//BERNAL E & DECESARIS J. EURALEX 2008 Proceedings. Barcelona：Universitat Pompeu Fabra，2008.

［14］LUKSZYN J. Units of a didactic bilingual dictionary［J］. Studia Rossica Poznaniensiea，1995，26（1）.

［15］SAMPSON G. Quantifying the shift towards empirical methods［J］. International journal of corpus linguistics，2005，10（1）.

［16］SAMPSON G. The empirical trend：ten years on［J］. International journal of corpus linguistic，2013，18（2）.

［17］SPEARS R A. NTC's American English learner's dictionary［Z］. Chicago：NTC/Contemporary Publishing，1998.

［18］SZENDE T. Problems of exemplification in bilingual dictionaries［J］. Lexicographica，1999，15.

［19］TER-MINASOVA S G. Lexicography as the pivot of English language teaching［A］//KARPOVA O M，KARTASHKOVA F I. Multi-disciplinary lexicography：traditions and challenges of the XXIst century. Newcastle upon Tyne：Cambridge Scholars Publishing，2013.

［20］VERLINDE S. DAFLES［EB/OL］. https：//ilt. kuleuven. be/inalto.

◆ 理论探索

汉语学习词典的元语言问题①

崔希亮

（北京语言大学国际中文教育研究院）

摘　要：汉语学习词典分成两大类：一类是针对母语学习者的，一类是针对非母语学习者的。其中，针对非母语学习者的学习词典被称作外向型学习词典。目前国内出版的外向型学习词典已经有很多，但是在词典的释义、配例、编写体例、收词范围等方面，元语言意识还不是很强；即便有了元语言意识，元语言词汇的提取仍然面临许多困难；即便提取了元语言词汇，在词典的释义和配例方面也会面临一些意想不到的困难。本文针对外向型汉语学习词典的研究现状提出元语言研究中应该注意的 6 个方面的问题。

关键词：汉语学习词典；元语言意识；6 个方面的问题

在现代汉语词典大家族中，以学习词典命名或者以语文学习、语言学习为编纂目的的词典已经有 50 多部。从编写原则、体例、配例、收词范围、读者画像、词典释义等方面来看，它们之间的差别还是很明显的。比如《汉语学习词典》（1998）是一部适合中学生、中小学教师和其他中等以上文化程度的读者使用的内向型语文词典。这部词典编写的初衷是为母语者的语文学习服务，所以收词、释义以现代汉语为主，兼顾古代汉语。《现代汉语学习词典》（2010）也是一本内向型语文词典，但是这部词典收词注重时代性和文化性，收词、释义和配例尽量贴近人们的现代语言生活，追求通俗易懂，深入浅出，在释义用词用语方面显

---

①　本文受国家社会科学基金项目"基于立场表达的汉语语气词多维研究"（项目编号：22BYY141）资助。

然已经有了元语言意识。更重要的是该词典还标注了词类、语类，标示了名词的典型量词搭配，这对非母语学习者来说是很有帮助的。也许词典的编纂者在编写这本词典的时候已经考虑到了汉语二语学习者的需要。该词典还特别设置了"注意"栏目，提示一些特殊用法和易错字词；同时也设置了"辨析"栏目，对同义词、易混词等进行辨析，这些都可以为汉语二语学习者所利用。同义词辨析、近义词辨析是令汉语二语学习者最头疼的事，也是令教师们最头疼的事，同义词辨析、近义词辨析部分的设置显然考虑到了汉语二语学习者的需求；此外这本词典还设"语汇"栏目，附列逆序词，帮助学习者扩大词汇量；设"知识窗"栏目，介绍与词语有关的知识和信息；部分条目配有插图，作为释文内容的补充。这虽然是一部内向型现代汉语词典，但是汉语二语学习者和汉语教师也可以使用。

吕叔湘主编的《现代汉语八百词》（1980）是我国第一部现代汉语用法词典，主要供非母语人士学习汉语使用。虽然这本书不以词典命名，但它可以说是一本外向型学习词典，汉语二语学习者和汉语教师都可以使用，汉语研究者也可以从中找到很多有研究价值的问题。在此期间相继问世的外向型学习词典还有：《现代汉语学习词典》（孙全洲，1995）、《现代汉语常用词用法词典》（李忆民，1995）、《当代汉语学习词典》（张志毅，2020）、《商务馆学汉语词典》（鲁健骥、吕文华，2006）。其中《商务馆学汉语词典》是专门为汉语二语学习者编写的，收录常用字 2 400 多个，常用词 10 000 多条，词典在编排上注意显示搭配和用法，说明词的使用环境，标注词的具体用法。释义追求准确易懂，易为外国学生所接受，显然编者已经具备了原始的元语言意识。此外还有《汉语水平考试词典》（邵敬敏，2000）、《汉语 5000 词用法词典》（郭先珍、张伟、周行健，2015）、《汉语教与学词典》（施光亨、王绍新，2011）、《现代汉语用法词典》（冯志纯，2010），等等。

可以说在我们的外向型词典编纂过程中，很多编者已经有了元语言意识，但大家这种元语言意识还是比较原始初步的。词典编纂者已经注意到，要用通俗易懂的字、词和句子来对词条进行释义，并考虑到了词语之间的搭配，同义词、近义词的辨析。但是，从目前来看，大家还没有完全考虑到元语言的提取并严格运用提取出来的元语言词汇。根据杨玉玲、宋欢婕、陈丽姣（2021）对《商务馆学汉语词典》的统计，虽然元语言词汇总量控制在 6 000 词左右，但是仍有 16.38%的超纲词，而且 6 000 词的元语言词汇对于第二语言学习者来说还是太多了。

从目前外向型汉语词典编写和出版的现状来看，很多编纂者已经意识到元语言的重要性，但是在具体操作的过程中仍然有很多技术性问题。这些问题并不容易解决，需要进行有针对性的专题研究。在词典释义和用例方面如果采用元语言词汇，词条的解释势必会有局限，甚至会出现释义不充分不准确的问题。这显然是一个悖论：追求释义的元语言性，会牺牲释义的充分性和准确性；追求释义的准确性和丰富性，会增加学习者掌握词汇的负担。一本好的外向型汉语词典应该在二者之间求得平衡。

1　外向型学习词典的学术研究

在外向型学习词典的研究方面，已经有学者出版了著作或发表了论文。比如章宜华《基于用户认知视角的对外汉语词典释义研究》（2011）从用户认知的角度对外向型词典的释义进行研究。蔡永强《对外汉语学习词典学》（2016）首次尝试从理论上搭建体现"编纂者—词典文本—用户"互动的"对外汉语学习词典学"。翁晓玲《基于元语言的汉语学习词典释义模式研究》（2017）对《商务馆学汉语词典》释义模式中的元语言进行全面分析，从释义模式上归纳出三种模式：框模、词模与句模；从词典结构上分为三个维度：宏观结构、中观结构与微观结构，三者纵横交错，内容涵盖宏观结构、中观结构、微观结构的释义框模元语言以及释义词模、释义句模元语言，由此全书构拟出一个汉语学习词典释义模式元语言的分析框架，为汉语学习词典元语言系统研究提供了一个新的视角。

刘若云、张念、陈粉玲（2012）所针对的问题非常具体，他们用元语言的理论对外向型学习词典的用例语言和内容进行了研究；杨玉玲、宋欢婕、陈丽姣（2021）力图将元语言的理念和意识贯彻于词典编写的每一个环节。但是我们也注意到，有时为了使用更加简单的词语和句子给词释义和配例，反而损害了释义的充分性和准确性，因此使用元语言词汇与词典释义的充分性和准确性之间是有矛盾的。张志毅《当代汉语学习词典》（2020）按照理念先行的思路进行编写，以"义细、例丰、元少、用多"8个字为原则，所用元语言词汇4 233个，可以看出编者已经尽力了。这部词典探索性很强，但是篇幅不大，收词只有6 683个。

外向型学习词典元语言问题的研究已经为越来越多的学者所看重，但是在实践当中依然有各种各样的问题。我们应该针对这些问题进行深入的研究，包括理论的探讨和实践的检验。

2　语言学习词典中的元语言研究

元语言的概念来自逻辑学和哲学领域的"说谎者悖论"。这个逻辑学悖论最早可以追溯到公元前 2 世纪的古希腊学者厄皮门尼德（Epimenides），他设想出一个自我否定的命题：所有的克里特岛人都是说谎的。该命题简化为"我在说谎"（"我"是克里特岛人），如果"我"提出的这个命题是假的，那么"我在说谎"就是真的；如果"我"提出的这个命题是真的，那么"我在说谎"就是假的，这显然是一个矛盾。这是因为语言表述涉及了对象语言（object-language）和元语言（meta-language）。

词典释义就是在用语言解释语言，很难避免这种说谎者的悖论。所以在词典中需要使用专门用来释义的元语言系统，这个元语言系统应该有多大、如何提取、运用中如何解决释义不充分不准确的问题等都是实际的问题。在语言学领域和词典学领域，已经有一些学者在探讨元语言理论、元语言释义和元语言观的问题（苏新春，2003；安华林，2005；赵新、刘若云，2009），这些探索为词典编写中元语言的提取和运用打下了基础。

元语言又被称作纯理语言，从理论上来说，这是我们在讨论语言问题的时候必然会用到的一些基本概念和基本词汇。这些基本概念和基本词汇的意义必须是清晰的，而且是不需要也无法为其他概念所界定的。同样的道理，我们在编写外向型学习词典的时候用来释义的语言形式必须是最基本的元语言，这些元语言所代表的概念不能为其他语言形式所界定。此外，不仅仅是在词典编纂中会用到元语言的概念，在自然语言处理的过程当中，也必须归纳出一些元语言。比如Wierzbicka（1993）以及 Goddard（2002）把语言中的各种词归纳为 15 种自然的语义原语（也就是元语言范畴）。具体如下：

实体：我、你、人、东西、身体

限定成分：这、那、这个、那个

数量：一、二、一切、一些、很多

心理谓项：想、要、觉得、认为、看（起来/上去）

言说：说、话

行动和事件：做、发生、运动

存在和领属：在、有、是

生命：生、死

评价和描写：好、坏、大、小

时间：现在、以后、当、时候、当时

空间：这里、那里、哪里、上边、里边、旁边

逻辑概念：不、大概、如果、可能、能、因为

强化成分：很、非常、更

分类：种、个、张、块、条

相似：像

这 15 个语义原语就是 15 个大的语义范畴，我们可以用这些基本的原语概念来表述外部世界的种种表现。这些语义原语是我们对外部世界的自然分类，也是我们提炼元语言的基础。这 15 个大的语义范畴彼此之间是不能交叉的，每一类语义范畴应该对内具有普遍性，对外具有排他性。但是我们也看到，这 15 个语义范畴并不能完全涵盖语言中所有的基本概念，比如汉语语气词所表达的情态范畴在这里就找不到。

众所周知，语言的意义存在于我们的心理词典中，而且是以网络系统的形式存在的。比如以"新媒体"和"传播"为核心的语义关系，通过语义网络分析工具我们可以画出图 1 的语义网络图①：

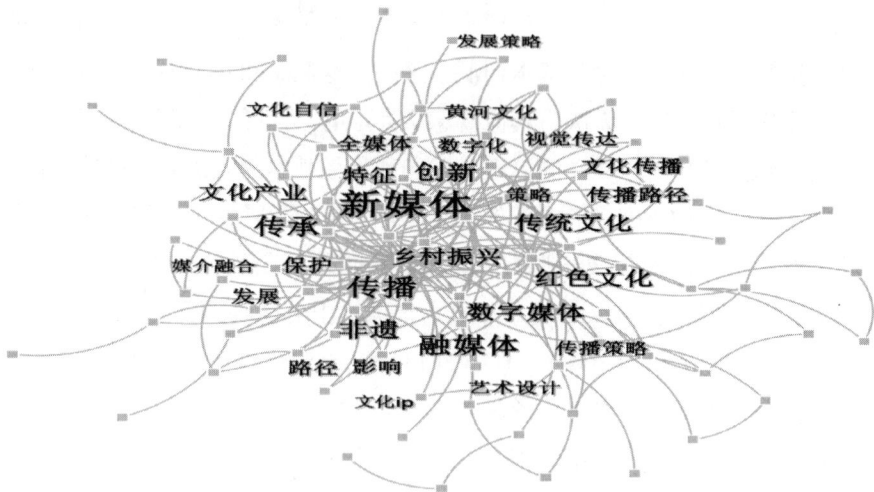

图 1　语义网络图

在我们的心理词典中，没有哪一个意义是孤立存在的，意义和意义之间是有联系的，"新媒体"与"创新""融媒体""数字化""视觉传达""传统文化"

① 陈钊、杜宇利用 CiteSpace 制作了这个语义网络图，特此致谢。

"红色文化"等概念意义产生关联，"创新"与"路径""发展策略""传播路径""文化产业""乡村振兴""艺术设计"等概念意义产生关联，例如，"新媒体"与"传播"的概念意义产生关联，这样就构成了两个语义网络，而这两个语义网络之间又通过语义共性联系起来。在这两个语义网络的任何一个终端，都可以再建立自己的语义网络，如"数字媒体"，并可以关联更多的语义单元。从这个意义上说，符号系统的语义网络很像是我们所处的宇宙，每一颗星球都处在一个系统中，这个系统又与更大的系统产生关联，更大的系统再与其他的系统产生关联。我们知道太阳系是银河系的一部分，而银河系只是宇宙当中的一小部分。但是在这个系统中不管有多少个星球，它们的基本成分都是分子、原子和量子。

两个有内在关联的词汇，无论相距多远都会发生量子纠缠。在语言符号的语义网络中，每一个意义都可以在语义网络中找到自己的位置，每一个意义都与其他的意义发生联系。语义网络是一个层级体系，我们的心理词典与我们可以看到的各种词典在结构上是不一样的。我们现在看到的词典的所有词条都是按照一定顺序排列的，目的是利于检索，而我们的心理词典是按照层级体系排列的，这是我们认识外部世界的自然结果。所以，认知语言学认为意义就在我们能够意识到的经验当中。发现意义只能通过内省，抽象、联想和概括等一系列思维过程。当然内省的结果可以用实验的办法、计算机模拟的办法或者语料库的办法去验证。在网络系统中，概念意义与概念意义之间的距离是可以进行空间计算的。元语言的提取也应该照顾到我们的认知过程，要与我们的心理词典有对应关系。但是在我们研究语言意义的时候会碰到至少三个挑战，这些都是我们不能回避的。

第一个挑战就是循环论证的问题。比方说：我们怎么知道一个词的语义是什么？我们要用词或者句子来解释这个词的意义，这在同一个语言里边有的时候很难做得圆满。比如在解释"牢固"这个词的时候用的是"结实；坚固"［《现代汉语词典》（第6版）］；在解释"结实"的时候用的是"坚固；牢固"［《现代汉语词典》（第6版）］，在解释"坚固"的时候用的是"结合紧密，不容易破坏；牢固；结实"［《现代汉语词典》（第6版）］。由此可以看出，在编写词典的时候如何处理同义词和近义词的释义问题是一个难题。我们应该避免用A解释B，用B解释A的情况，这种"互训"的现象在词典释义中是硬伤。

第二个挑战就是我们如何准确地界定一个语言单位的意义。有些使用频率很高的词，我们很难对其精确地下定义。如："跳"的意义是什么？词典里给的解释是"腿上用力，使身体突然离开所在的地方"。但是没法解释"皮球跳得很高"，因为皮球是没有腿的。因此词典里又给了一个义项，叫作"物体由于弹性作用突然向上移动"。但是这个定义没法解释"眼跳""心跳"这样的意义，"眼跳"和"心跳"不是由于弹性作用，也不是向上移动，于是只能再加一个义项，叫作"一起一伏地动"。假如我们反过来问，当你看到"一起一伏地动"这样一个句子的时候，你会想到这是"跳"吗？"跳舞""跳神""跳槽""跳井""跳楼""跳海""跳绳""跳水"中的"跳"应该怎样释义？它们是同一个意义单位吗？语义与我们的知识相关，但是如何区分我们的语言知识和我们的百科知识？"太阳每天东升西落。"根据我们的语言学知识，这个句子没有错，它的意义也是清楚的。可是根据我们的百科知识，我们知道是地球的自转让我们看到太阳每天东升西落这个现象。但这只是一个假象，我们的天文学知识告诉我们这种认识是错的。

　　第三个挑战是我们理解一个语言形式的意义时离不开对语境的理解，而语境不是一个稳定的参数。如："你要钱还是要命？"这句话究竟是什么意思呢？如果是一个蒙面歹徒对你说这句话，那是他想要你的钱，否则要你的命。但如果是你的至爱亲朋跟你说这样的话，那么他只是向你表达劝诫，不要把钱看那么重，不要玩命挣钱，生命比钱更重要。类似于"要"这样的虚词都是使用频率极高的，但它们的意义不易把握，在词典编写的时候也很难确切地表达出来，如"要"的一个义项是这样写的："因为希望得到或收回而有所表示；索取：要账｜小弟弟跟姐姐要钢笔用。"［《现代汉语词典》（第6版）］看到"因为希望得到或收回而有所表示"时，我们很难想得到这是"要"的意义，这还涉及了语言学的另外一个分支学科——语用学。而在词典编写中我们给出的例句不可能包含很全面的语境信息。

　　为了解决循环论证的问题，有人提出元语言的概念，要用这些元语言的词汇来解释语言中的其他词汇。在第二语言教学领域，这个问题尤其突出。我们的词典和教材里的生词注释采用元语言的话是比较合理的，否则有可能会用一个超纲的词来解释词典里的一个生词，即用生词解释生词。但是在自然语言当中，我们很难找到这些元语言，因为它们必须是中性的、意义单纯的。因此又有人提出用形式语言来描写语义，这就是形式语义学（formal semantics）。形式语义学把语言符号中的意义用形式化的方式表达出来，这对于自然语言处理来说是有帮助的，但是对于汉语二语学习者来说未必适用。

　　语言中的意义除了理性意义之外，还有色彩意义和语体意义。孙淑芳、薛文博（2016）运用自然语义元语言理论对俄汉语的情感词"сочувствие"（同情）

进行了实证分析，以此来说明自然语义元语言理论的解释力。在词典释义的时候，如何考虑不同意义之间彼此的联系？如我们在赞美一个女孩子长得好看时可以用很多的形容词，这些形容词彼此之间是有联系的。我们根据 BCC 语料库中它们出现频率的高低做成"词云"，如图 2 所示：

图 2　词云图

对于外向型汉语学习词典来说，建立这样一个元语言系统是没有争议的，关键是建立一个什么样的系统和如何建立这样一个系统。词典中对词汇意义的阐释只能用最基本的词汇，而哪些词汇是最基本的词汇呢？同义词辨析也需要有一些基本的元词汇系统，否则就会造成循环释义。例如：

融入：融合。

融入（róngrù）有混入、融合的意思。指小的事物进入大的整体，成为整体的一部分。多指精神层面的融合和接纳。

·融入社会｜融入团体｜融入集体

·高科技日渐融入人们的生活当中，使现代人愈发注重生活质量了。

融合（rónghé）表示几种不同的事物混合成一体。也指不同个体或群体在接触之后，认知、情感或态度倾向融为一体。

·这座建筑物融合了东方和西方的诸多文化元素。

·线上与线下的互动融合已成为新时代零售行业变革的主要方向。

"融入"和"融合"在意义上有交叉，但是在释义的时候不能有交叉，这就需要一个元语言系统。李葆嘉（2003）提出了"面向信息处理的现代汉语元语言研究"这一课题，提出现代汉语元语言系统，以及词汇元语言、释义元语言、析义元语言和认知元语言四个层面。孙道功《〈现代汉语析义元语言词典〉的开发与应用》（2011）依据代表性、广布性和共现性三原则，收入 3 500 词，并基于词的词汇信息、常规信息、语法信息、释义信息、类义场信息、义征表达式信息、义位组合信息等属性字段建立了文件结构。这是一本为语言工程服务的元语言词典，其中的一些做法值得借鉴和吸收。

张博（2008）指出，对外汉语教学界对学习者易混淆词的辨析基本上是在近义词的框架下进行的，缺乏量化调查和认定标准，也缺乏对学习群体的针对性。因此她提出编纂外向型易混淆词辨析词典的几个基本原则：①面向单一母语背景的汉语学习者；②兼顾频率、分布和常用度选收词语；③兼收与词混淆的词组和语素；④以词义和搭配关系为辨析重心；⑤行文采用学习者的母语；⑥适当控制语例所用词语和句子结构的难度。在体例设计上，应注意针对混淆点进行辨析，将词义辨析与搭配规则的提炼结合起来，优先讲解和列举当用词，避免强化错误，适当分析致误原因。这为外向型汉语学习词典的编写提供了新的思路，值得参考。尤其是对双解词典的编写来说，用学习者的母语来解释词义也有很多问题值得深入探讨。

尽管大家对元语言的概念有不同的理解，但是在词典学当中对象语言和元语言的二元对立是相当明确的。词典中的对象语言就是被解释的词条，元语言是用来解释这些词条的工具。这个工具可以包括自然语言中的基础词汇，也可以包括一些抽象的符号。在词典编纂中，不只是对义项进行释义需要有元语言意识，对配例和用法进行阐释也需要有元语言意识。姜岚等（2004）提出语文辞书元语言的 12 种规则：同质、科学、等值、整体、组合、简化、明言、单义、规范、程序、原型、大词库。杨玉玲等（2021）运用 JIEBA 分词软件和 QUITA 词频统计技术，从一部近 700 万字的外向型汉语学习词典中提取出 2 994 个释义元词，并对其频率分布、增长趋势、难度分布、用字情况等进行了全面分析。统计结果显示：2 994 个释义元词与《汉语水平词汇与汉字等级大纲》的重合率为 88.2%，11.76% 的超纲词是专有名词和释义功能词；甲、乙、丙级词共占 76.5%；释义文本难度为初等二级；2 994 个释义元词共用汉字 1 609 个，和《汉语国际教育用音节汉字词汇等级划分》3 000 常用汉字的重合率为 99.5%，仅有 8 个汉字不在 3 000 常用汉字之内。这是有相当大难度的。

外向型汉语学习词典的单语词典是用汉语来注解汉语，双语词典是用汉语和其他语言来注解汉语。我们发现有的词典采取了多模态的展现形式，由语言、符号、图画、表格共同完成释义的任务。大家的基本思想就是用最简单、最基本的词汇和语句来解释更为复杂的语义内容。但是如何找到这些最简单、最基本的词汇和语句形式呢？这确实是一个难题。我们认为汉语学习词典的元语言问题包括以下几个方面：

第一，汉语学习词典的元语言词汇应该有哪些？与现在正在使用的词汇等级大纲的关系是什么？能不能在元语言词汇集和词汇等级大纲之间建立一种联系？

第二，汉语学习词典的元语言词汇是如何提取出来的？其科学性和有效性如何保证？

第三，汉语学习词典的释义、配例、同义词辨析、近义词辨析和相关的知识信息都应该使用元语言词汇吗？

第四，汉语学习词典中的例句在句法难度和句子长度上也应该有元语言的观念，但是在具体操作的时候应该怎样落实？

第五，汉语学习词典中的文化内容也应该有元语言的观念，也要考虑元信息（meta-informative）和元认知（meta-cognition）的问题。当然这是更高一个层次的问题。说到底我们的语义网络跟我们的认知是有联系的，我们可以通过一些语义分析工具来找到词汇之间在语义上的联结网络，并把它们作为词典编写的参照。

第六，在编写外向型汉语学习词典的时候，如何观照自然语言中的语义网络和认知概念网络的问题。我们知道词典中的任何一个词都不是孤立存在的，它总是与其他的词在意义上产生联系。这种联系就会构成一个语义网络，而这种语义网络是有认知基础的。问题在于我们如何去发现这个网络，并用合适的语言把这个网络描写出来，不管是自然语言还是形式语言，甚至是多模态的形式。

3　结语

外向型学习词典的编纂不是一件容易的事，既要考虑到词典释义和配例语言的简单易懂，又要考虑到释义的准确性和充分性。这两者之间是有矛盾的，编纂外向型学习词典是戴着脚镣跳舞的工作。元语言的提取和应用就是对编写者的一种限制，其中的甘苦只有编写者自己知道。发现词典中存在的问题比较简单，提出一些建议和意见也比较容易，但要真正把这些意见和建议落到词典编纂的实际工作中，确实存在着很多困难。

随着计算机技术、网络技术的发展和各种语料库、数据库、教材库的建成使用，词典编纂有了可资借鉴的工具和数据来源。我们可以利用技术手段解决词典编纂过程当中元语言词汇的提取问题，也可以在编写的过程中随时核查所使用的释义语言、配例语言、文化知识扩展语言中的词汇是否有超纲词等问题，元语言词汇的提取和应用的问题也有望得到解决。

目前我们看到一些电子版词典的研究也已经提上议事日程，为方便用户使用，电子版词典不能简单地把纸质版词典照搬上去，而是要发挥电子版词典的优势。例如，词汇和词汇之间的关联、词义和词义之间的关联、汉字和汉字之间的关联、词类和词类之间的关联在电子版词典中可以比较方便地展示出来，这在纸质版词典中是做不到的。

参考文献

[1] 安华林. 元语言理论的形成和语言学的元语言观 [J]. 内蒙古社会科学，2005（1）.

[2] 蔡永强. 对外汉语学习词典学 [M]. 上海：学林出版社，2016.

[3] 晁继周，李志江，贾采珠. 汉语学习词典 [Z]. 南昌：江西教育出版社，1998.

[4] 冯志纯. 现代汉语用法词典 [Z]. 成都：四川辞书出版社，2010.

[5] 郭先珍，张伟，周行健. 汉语5000词用法词典 [Z]. 北京：华语教学出版社，2015.

[6] 李葆嘉. 汉语元语言系统研究的理论建构及应用价值 [J]. 南京师范大学学报（社会科学版），2002（4）.

[7] 李葆嘉. 语义语法学理论和元语言系统研究 [J]. 深圳大学学报（人文社会科学版），2003（2）.

[8] 刘若云，张念，陈粉玲. 外向型汉语学习词典用例的语言与内容 [J]. 语言教学与研究，2012（4）.

[9] 李忆民. 现代汉语常用词用法词典 [Z]. 北京：北京语言大学出版社，1995.

[10] 鲁健骥，吕文华. 商务馆学汉语词典 [Z]. 北京：商务印书馆，2006.

[11] 吕叔湘. 现代汉语八百词 [Z]. 北京：商务印书馆，1980.

[12] 商务印书馆辞书研究中心. 现代汉语学习词典 [Z]. 北京：商务印书馆，2010.

[13] 邵敬敏. 汉语水平考试词典 [Z]. 上海：华东师范大学出版社，2000.

[14] 施光亨，王绍新. 汉语教与学词典 [Z]. 北京：商务印书馆，2011.

［15］苏新春. 元语言研究的三种理解及释义型元语言研究评述［J］. 江西师范大学学报（哲学社会科学版），2003（6）.

［16］孙道功.《现代汉语析义元语言词典》的开发与应用［J］. 辞书研究，2011（5）.

［17］孙全洲. 现代汉语学习词典［Z］. 上海：上海外语教育出版社，1995.

［18］孙淑芳，薛文博. 自然语义元语言理论与情感词语义解释力探究［J］. 外语学刊，2016（6）.

［19］翁晓玲. 基于元语言的汉语学习词典释义模式研究［M］. 上海：上海社会科学院出版社，2017.

［20］杨玉玲，宋欢婕，陈丽姣. 基于元语言的汉语外向型学习词典的编纂理念和实践［J］. 辞书研究，2021（5）.

［21］赵新，刘若云. 关于外向型汉语词典释义问题的思考［J］. 语言教学与研究，2009（1）.

［22］张博. 外向型易混淆词辨析词典的编纂原则与体例设想［J］. 汉语学习，2008（1）.

［23］章宜华. 基于用户认知视角的对外汉语词典释义研究［M］. 北京：商务印书馆，2011.

［24］姜岚，张志毅. 语文辞书元语言的规则［J］. 辞书研究，2004（5）.

［25］张志毅. 当代汉语学习词典［Z］北京：商务印书馆，2020.

［26］GODDARD C. On and on：verbal explications for a polysemic network［J］. Cognitive linguistics，2002，13（3）.

［27］WIERZBICKA A. Why do we say in April, on Thursday, at 10 o'clock? In search of an explanation［J］. Studies in language，1993，17（2）.

刍议外向型汉语学习词典的可读性①

蔡永强　　赵嘉艺

（中国人民大学国际文化交流学院）

摘　要：可读性有别于易读性，可读性是从读者角度出发衡量文本难易度的预测指标。国际中文教育领域的文本可读性研究既包括教材文本和读物的可读性分析，也包括文本可读性的公式研究。由于受多元因素的制约，研究文本可读性的公式可能只是理论层面上的理想化选择，并不能准确测量文本的难易度。外向型汉语学习词典的文本可读性测量尤其如此。外向型汉语学习词典的文本可读性研究不仅要有别于内向型汉语语文词典、汉语教材、课外读物等文本的可读性研究，还应该科学认识可读性公式的局限性，以注重释义用词的研发与运用、注重句长的控制、合理限制语法术语的使用、追求释义的准确性和简洁性、注重内容方面的"三贴近"原则、坚持"三位一体"攻略、注重运用现代语料库技术等具体措施来提高文本可读性。

关键词：刍议；外向型汉语学习词典；可读性；释义；配例

鉴于使用对象的特殊性，外向型汉语学习词典在内容文本的可读性（readability）方面需有别于内向型汉语语文词典。汉语母语者对词语意义的准确理解可以在借助自身语感的基础上达成，而汉语学习者在语感尚未获得的前提下只能依靠已掌握或被告知的规则去理解词义。因此，包含这些规则的汉语学习词典在文本释义、例语例句配置等环节对学习者的词义理解都发挥着至关重要的作用。如何提高释义及例语例句等词典文本的可读性，提高用户读者对词典文本可读性的满意度，应该成为外向型汉语学习词典编纂的顶层设计考量。

---

①　本文系中国人民大学国际文化交流学院科研项目"畛域与类别：国际中文教育视阈下的汉语口语习用语研究"（项目编号：RMSCSCE－21001）的阶段性成果。

1　何谓可读性？

《现代汉语词典》（第 7 版）将"可读性"界定为"指书籍、文章等所具有的内容吸引人、文笔流畅等使人爱读爱看的特性"。"内容吸引人"指的是书籍、文章的思想性强，符合读者阅读需要，所以读者乐意阅读。"文笔流畅"指的是书籍文章的文法及行文没有给读者造成理解障碍。从该定义来看，可读性是有别于易读性（legibility）的，可读性并不等于易读性。Nielsen（2015）指出，用户一般不会去阅读网页上的内容，除非这些内容文本清晰，遣词造句简单，给定信息易于理解，而这些指标都是可以进行测量的。基于此，Nielsen 对可读性、易读性和可理解性进行了区分。可读性主要是基于文本内容的考量，它和某段文本中文字、词语、句子、语段等构造的复杂度和文本表达是否通畅、表意是否明晰等息息相关，这种相关性关乎语言本身的难度，会直接影响文本的可读性。例如使用平实的语言而非华丽的辞藻、使用短句而非复杂长句、使用积极语气而非消极语气，都可以提高文本的可读性。易读性主要是基于文本形式的考量，更强调文本的外在形态、可辨识的程度，例如文字印刷的质量、尺寸大小以及文字本身的难易程度等都会影响文本的易读性。通过使用大小合适的字号、保持文字和背景的合理对比度、使用高分辨率的清晰字体等手段，都可以提高文本的易读性。

评价文本的可读性通常有五种方法，即主观评价、客观提问、回答技巧、完形填空与可读性公式（Gilliland，1972；吕中舌，2003）。Gilliland（1972）将可读性研究概括为三个方面：一是通过测量单词的识别速度、错误率及每秒钟眼睛停留的次数等得出的"阅读的难易度"（ease of reading）；二是通过测量读者的兴趣及文本的命题密度和问题风格等指标得到的"兴趣或强迫度"（interest or compellingness）；三是通过考查单词或句子的特征得出文本对于某些读者的难易程度，即测算"易于理解程度"（ease of understanding）。其中，测算"易于理解程度"是最通用的一种方式。

2　国际中文教育领域的文本可读性研究

文本可读性研究起源于美国，后来被广泛应用于英语教学研究。国际中文教育领域里较早研究易读性的是张宁志（2000），他在《汉语教材语料难度的定量分析》一文中以量化手段对 29 部常用对外汉语教材的语料进行了难易度分析，认为句长和非常用词数是影响阅读难度的重要因素。国际中文教育领域对可读性的研究主要集中在两个方面，一是国际中文教材及其他读物的可读性研究，二是国际中文教育汉语文本的可读性公式研究。

　　中文教材及读物的可读性可追溯到赵金铭（1998）《论对外汉语教材评估》一文，该文指出，"对现行的对外汉语教材，学习者的意见普遍集中在下列两条：一是教材内容没意思，二是词汇太多。这实为我们教材的两大致命伤"。这里的"教材内容没意思""词汇太多"，其本质便是缺乏可读性。鉴于此，赵金铭在汉语教材评估量表中对"语言材料"进行了限定，例如，每课生词量适当，重现率充分；句子长短适度；课文篇幅适中；课文与会话语言真实、自然；口语与书面语关系处理得当，是真正的普通话口语；所设语境自然、情景化；课文内容符合外国人、成年人、文化人的心态；课文题材涵盖面广，体裁多样；课文有意思，给学习者以想象的余地；内容无宣传、无说教、无强加于人之处；教材的文化取向正确无误。可以说，这些关于语言材料的评估标准就是提高教材文本可读性的手段①。后续关于中文教材及读物的可读性研究，基本上均以上述语言材料评估细则为模本。例如，张宁志（2000）认为句子数量、句子长度和非常用词的使用是影响文本可读性的主要变量；朱勇、邹沛辰（2012）以词汇难度、篇长、语意块长度等影响文本易读性因子为基础，对《中文天天读》的易读性进行了研究；储慧峰（2011）通过考察 50 本读物的分级情况，认为语料长度、平均每百字句数和生词量与读物的语料难度密切相关。遗憾的是，诸多中文教材及读物的可读性研究，基本上都局限于句子长度、篇章长度、词汇难易等方面，对如何解决"教材内容没意思"的问题鲜有涉及。

　　可读性公式是衡量文本难易程度的公式，是"将所有影响阅读难度的、可量化的因素（特别是文本因素）综合起来制定的评价文本难易程度的公式"（王蕾，2022）。Benjamin（2012）将可读性公式的研究范式归纳为三类：传统的经典范式、基于认知理论的范式和基于统计语言模型的范式，其中传统的经典范式被普遍认为适用于二语可读性公式研究。作为衡量可读性的重要指标，可读性公式意在以数学的方式，用精准的数字值量化不同文本材料的阅读难易程度。例如，Yang（1971）以 85 篇汉语繁体选文作为材料，从 39 个变量的量化分析中抽取出最重要的 3 个影响汉语文本变量，设计出第一个真正的汉语文本可读性公式：$Y = 14.959\,6 + 39.077\,46X_1 + 1.011\,506X_2 - 2.48X_3$（$Y$ = 可读性分数；X_1 =

---

　　① 赵先生在该文中讨论的是汉语教材评估，这些关于语言材料的评估细则其实就是提高文本可读性的具体措施，只不过有其实而无其名，没有提到"可读性"而已。

难词比率词表以外的词的比率；X_2 = 完整句子的数目，即有主语和述语的句子；X_3 = 平均笔画数）。左虹、朱勇（2014）通过多元线性回归的方法建立了一个针对中级欧美留学生的可读性公式：$Y = 23.646 + 0.485X_2 - 125.931X_3 - 0.647X_1$ [其中 Y = 可读性分数，X_1 = 虚词数，X_2 = 甲级字数，X_3 = 难词比（丙级、丁级和超纲词数占总词数的百分比）]。王蕾（2017）以初中级日韩学习者汉语记叙性短文的阅读理解成绩为因变量，利用经典研究范式建立了一个衡量记叙性文本难易度的可读性公式：$Y = 72.749 - 0.462X_3 + 0.802X_4 - 7.515X_5 + 2.446X_7$（$Y$ = 可读性分数，X_3 = 总词数，X_4 = 简单词数，X_5 = 虚词数，X_7 = 分句数），该公式可解释 80.3% 的变异。

虽然截至 2020 年针对汉语母语的公式已多达 30 个（蔡建永，2020），但总体来看，影响汉语二语阅读难度的核心文本指标仍在探讨中，不同算法的比较性研究也有待开展，至今仍未有权威的、影响广泛的汉语二语可读性公式，汉语水平与文本难度相匹配的问题仍待解决（王鸿滨，2016；王蕾，2022）。

3　外向型汉语学习词典的文本可读性

外向型汉语学习词典是国际中文教育领域汉语文本的重要组成部分，是最重要的教学资源之一。作为语言学习的脚手架和重要工具，如何提升汉语学习词典的文本可读性，让汉语学习者能够轻松查找到并完全理解所需的信息，始终是词典编纂者面临的艰巨任务。郑定欧（2008）指出，国内 30 年来对词典使用情况的研究一再证实这样一个结论：一方面读者查阅释义的频率最高，另一方面读者对其满意的程度则非常低，这大大降低了词典的可读性。

汉语学习词典文本不等同于一般意义上的书籍或文章，和中文教材文本、课外读物文本等也有本质不同，在"内容吸引人、文笔流畅等使人爱读爱看的特性"方面有其自身固有的特点。外向型汉语学习词典的文本在本质上属于释义元语言，即用来解释被释词的语言文本。因此，词典文本的可读性对词典用户准确理解词条的意义和用法至关重要，文本可读性与理解深度之间成正比关系。外向型汉语学习词典的文本可读性主要体现在以下五个方面。

3.1　释义元语言的工具属性

元语言（metalanguage）又称"解释语言"，是就目标语言（object language）而言的"工具语言"或"人为语言"，也是用来解释词典所收词语的定义语言。简言之，元语言是用一种包含通用、高频、中性词语的语言来描写和解释另一种难度较大的语言。释义元语言的工具属性是词典文本可读性的重要表现，只有充分发挥释义元语言的工具属性，词典用户才能够读懂简洁明了的元语言释义，理解词语的语用法。展示释义元语言的工具属性应该在三个方面着力：①科学界定释义用词范围，用相对有限的词库解释和描写相对无限的目标语言；②采用汉语词汇统计研究成果，充分发挥语料库和词频统计的作用；③合理厘定义项取舍、排列与划分，有效降低释义难度。外向型英语学习词典《柯林斯高阶英语学习词典》、外向型汉语学习词典《当代汉语学习词典》（初级本）均采用了语境动态释义法，这种释义方式与元语言释义密切相关，引导句、一个释义句和多个扩展导句均为完整自然句，通过有效设置引导句到释义句/解说句的引出方式，可以大大提高文本的可读性，从而提升词典用户对词项的理解程度。

3.2　例语例句的易于理解性

词典配例是释义的有效延伸，能在很大程度上弥补元语言释义的不足，多角度展示词语的语用法，引导学习者活用目标语言。配例可以分为例语和例句两类，例语是指词项的搭配，体现为短语或语块；例句是词项的完整语境使用，体现为一个完整句。例语例句的易于理解性是词典文本可读性的重要体现，如何配置科学有效的例语例句一直是词典编纂的关键环节之一。随着互联网技术及语料库技术的发展，例语例句的搜索渐渐从人工卡片记录过渡到电脑智能检索，从而大大提高了例语例句配置的全面性。若想例语例句易于被理解，一方面必须紧紧依靠语料库技术，依靠语境及上下文语义背景信息，全面展示词项的语用法；另一方面，作为释义的延伸，例语例句的用词也应该纳入释义元语言词库中，尽量以有限的词语展示词语的语用法。

3.3　语料覆盖面及话题选择范围的宽泛性

作为学习工具书，语言学习词典在很大程度上具有百科性质，从选词到释义再到例语例句展示的语料覆盖面应该充分考虑到政治、经济、文化、教育等不同领域以及话题选择范围的宽泛性。孔子学院总部/国家汉办颁布的《国际汉语教学通用课程大纲》（修订版）将汉语教学话题分为个人信息、情感与态度、日常生活、身心健康、文化娱乐、家庭生活、节日活动、旅游与交通、学校生活、教育、语言与文化、文学与艺术、科学与技术、社会交往、价值观念、全球与环境、社会、自然18大类，并在每一类的后面列出了具体内容，这些话题可以为学习词典的词项立目、释义及例语例句配置提供广泛参照。

3.4　文本内容的实用性

实用性是辞书的生命。和一般的教材文本、课外读物文本不同，词典文本的基本功能是提供词项的释义及语用法信息，引导学习者理解词项的意义和用法。例如，英语学习词典对"水"的释义：

（1）water noun 1 ［U］ a liquid without colour，smell or taste that falls as rain，is in lakes，rivers and seas，and is used for drinking，washing，etc.（《牛津高阶英语词典》）

（2）water n. ［U］ 1 the clear liquid without colour，smell or taste that falls as rain and that is used for drinking，washing，etc.（《朗文当代英语辞典》）

两部词典对"水"的释义中，前半段给出的是"水"的本质属性，后半段则给出语用法信息，激活与"水"相关的一些具体语境信息。这种释义模式实用性强，大大提高了文本可读性。

3.5　文本内容的文化属性

词典本质上是一种文化产品。胡明扬等（1982）曾指出，"一个国家，一个民族的词典编纂水平往往反映了这个国家、这个民族的经济文化水平""从某种意义上来看，文化起步应该是词典先行"。语言是文化的重要载体，从一定意义上说词典又是语言和文化的载体，词典的描述和记录是语言和文化得以保存和流传后世的重要方式之一。从中华文化传播的角度来看，中华文化走出去也应该是由外向型汉语学习词典充当排头兵，应该"随风潜入夜，润物细无声"地科学安排文本内容的文化因素。

4　如何提高汉语学习词典的可读性

文本可读性公式研究为我们展示了评估文本阅读难度的量化公式，更重要的是，通过可读性公式的研发，系统梳理出了影响阅读材料文本难度的多重因素。例如，吴思远等（2020）将影响可读性的因素分为汉字、词汇、句法和篇章等四个层面，其中，汉字字形的复杂度、汉字的熟悉度和汉字的多样性是汉字识别难度的影响因素；词语复杂度、词汇熟悉度、词汇多样性、词性复杂度和词汇语义难度是词语识别难度的影响因素；句子长度、短语句法树结构复杂度和依存句法树结构复杂度是句子识别难度的影响因素。再如，周东杰等（2020）将可读性影响因素归并为字、词、短语、句、语法、语义、知识主题、篇章组织、排版、趣味、主观和环境等 12 个维度，并进一步细分出 130 多个细化要素。可见，影响文本可读性的变量是多元的，单靠选取优势变量创立可读性公式并不能全面测量文本的可读性高低。鉴于此，我们认为提高汉语学习词典的文本可读性应该综合考量以下八个方面的因素。

4.1　注重释义用词的研发与运用

严格限定释义用词是主流英语学习词典编纂的实践经验，《牛津高阶英语词典》等五大英语学习词典在释义过程中均对释义用词的数量进行严格限定，这种做法大大提高了英语文本的可读性。相反，由于对释义用词词表及语料库技术开发的相对滞后，外向型汉语学习词典的编纂在一定程度上还没有完全摆脱个人经验的束缚以及《现代汉语词典》等母语词典释义的羁绊。对释义用词不加限制，会造成释义难懂、循环释义、以难释简等系列问题，最终会导致文本的可读性降低。值得高兴的是，张志毅主编的《当代汉语学习词典》、杨玉玲主编的《JUZI 汉语》线上词典终于在释义用词的问题上向前迈出了一大步，对释义用词数量进行适当限制成为两部学习词典的鲜明特色。和编纂技术操作平面上的建议相比，释义元语言中的释义用词问题更应成为基础性研究，限定释义用词应该成为外向型汉语学习词典简化释义、提高释义质量、提高文本阅读性的根本途径（蔡永强，2018）。

4.2　注重句长的控制

在文本可读性研究的众多变量当中，句子长度问题受到了普遍重视，是可读性研究中最常用的预测指标之一。相较于短句，长句的信息量通常更大，句子理解和记忆难度也更大（吴思远等，2020）。对句子长度的分析可以分别以字、词、短语甚至语块为单位，统计句子文本的总句数、平均句长、最大句长、句均词数、句均字数、句均短语数和句均语块数等。学习词典的释义应该追求时效性，尽量去除不必要的修辞方式和修饰语，只保留句子主干，严格控制句子的长度。例如，以下例句的选取在句长控制方面值得进一步商榷。

（3）两只手合在一起摩擦几下就觉得暖和了。（释"摩擦"）

（4）妈妈和她的同学们一起回忆在母校时的生活。（释"母校"）

（5）听说那个学生得病无钱医治的消息后，师生都自愿为他募捐。（释"募捐"）

4.3　合理限制语法术语的使用

教材编写、词典编纂以及课堂教学中难免会使用到一些语法术语，词典编纂中合理限制语法术语的使用也是提高文本可读性的重要手段。主语、谓语、宾语、定语、状语、补语等句法成分，名词、动词、形容词等词性称谓，字、语素、词、短语、句子等语言单位，都会或多或少地出现在纸质教学资源中。例如，《商务馆学汉语词典》使用了"名""动""代""数""量""形""副""介""连""助""叹""象""头""尾""素""成""短语词：动—宾""短语词：动—结""短语词：动—趋""短语词：动—介"等20种语法术语缩略语。但某些语法术语的使用可能会给学习者造成困惑，如"动—宾""动—结""动—趋""动—介"四类短语词的区分问题。

4.4　追求释义的准确性和简洁性

词典用户的最大需求是查找词语的意义兼了解词语的具体用法，释义准确简洁是提高文本可读性的有效手段。Wittgenstein（1953）指出，"一个词在语言中的使用就是它的意义"。我们不妨仍旧以"水"的释义为例。

（6）水（名）一种没有颜色、没有气味和味道的液体，0℃时结成冰，100℃时沸腾，变成水蒸气。（《商务馆学汉语词典》）

（7）水 ［名］water 一种没有颜色、没有味道，也没有气味的液体，是人类生存、发展所必需的物质。（《汉语教与学词典》）

（8）water noun 1 ［U］ a liquid without colour, smell or taste that falls as rain, is in lakes, rivers and seas, and is used for drinking, washing, etc. （《牛津高阶英语词典》）

（9）water n. ［U］ 1 the clear liquid without colour, smell or taste that falls as rain and that is used for drinking, washing, etc. （《朗文当代英语辞典》）

汉语学习词典和英语学习词典的释义模式显然不同。前者着重突出释义的科学性和百科性，因此使用了"结成冰""沸腾""水蒸气""生存""发展""必需""物质"等关键词。后者则选择了那些能凸显"water"的"最重要的语义特征"和"区别特征"的释义用词，如"（下）雨""湖""河""海""喝""洗"等。那么，该如何权衡两种语言词典释义的准确性与简洁性？我们曾经针对上述"水"的释义方式进行过访谈，受访者的反馈显示，汉语学习词典的释义充满化学性质，英语学习词典的释义简洁易懂。简言之，前者并没有真正揭示出"水"

的含义，即没有"列出被定义词汇单位的最重要的语义特征，即那些足以将它与别的词汇单位区别开来的特征"（Zgusta，1971）。

4.5　注重内容方面的 "三贴近" 原则

"三贴近"原则，即词典文本的内容应该尽量贴近外国人的思想、习惯、生活，例如英语学习词典对"水"的释义就较好地阐释了这一原则。相反，"结成冰""沸腾""水蒸气""生存""发展""必需""物质"等释义用词由于离学习者的现实生活环境较远，在易于理解方面逊色较多。

与"三贴近"原则密切相关的是词项的例语例句配置，下列例句的配置在很大程度上就不符合这一原则。

（10）是谁家的牛吃了这块地里的庄稼？

（11）做事不专心的人，不能开汽车。

（12）你们抓着偷自行车的人了没有？

（13）他腰里别了一把刀。

（14）这小姑娘长得真好看，等大了奶奶给你寻个人家，好不好？

（15）房子里没有厕所，你尿在这个盆里吧。

（16）我都二十九了，已经成大龄青年了。

（17）他穿着草鞋上山砍柴去了。

（18）给孩子买点儿好吃的东西解解馋。

（19）宁死也要把小孩子抚养成人。

（20）这块麦子亩产 250 斤也打不住。

（21）只怕打着灯笼也找不出这样一个好媳妇儿来。

（22）他的颧骨很高，看相的说是主贵。

（23）领驾驶执照这件事我已经跟老同学打过招呼了，不会有麻烦的。

（24）高跟鞋不适宜于老年妇女。

（25）这油看上去很浑浊，该不会是地沟油吧？

例（10）~ 例（25）存在的问题可以简单归纳为：适用范围太窄，结论武断，表达消极老套恐怖，缺乏交际空间，示范性较差；内容陈旧落后，没有及时反映当代社会的发展变化，暗含的文化因素不易理解或给读者理解造成客观困难；缺乏可理解的语境线索。

4.6　坚持 "三位一体" 攻略

汉语学习词典以外向型、工具性（学习性）和现代性等固有特质有别于母语语文词典。在汉语本体研究、汉语教材编写、学习词典编纂之间建立链接，实现本体研究最新成果、汉语教材话题与词汇选取、学习词典词目确立与例语例句语料全覆盖"三位一体"攻略意识，可以有效提高词典文本的可读性。好用和实用的理想的汉语学习词典，应该最大限度地满足学习者解决词汇问题的需求。汉语本体研究成果以及汉语教材的词汇选取、话题内容选择等可以为汉语学习词典提供诸多资源借鉴。汉语学习词典编纂的"三位一体"攻略并非权宜之计，而是坚持基于"用户友好"和"以学习者为中心"用户至上理念的集中体现，是解决学习者词汇问题和提高文本可读性的有效途径（蔡永强，2024）。

4.7　注重运用现代语料库技术

《牛津高阶英语词典》等英语学习词典的编纂均以大规模语料库为重要支撑，是"语料库革命"的重要应用领域。鉴于语料库意识的缺乏以及相关语料库建设的滞后，我们"过去编词典，不管采用什么样的释义方式，只有一种办法，那就是靠几个水平较高的作者在屋子里苦思冥想一条条去写"。[①] 这种人工编纂方法大大限制了语料选取的覆盖面及话题选择的范围，同时也限制了语言描述的准确性、客观性和全面性，往往不能反映某一词条的语言学全貌。现代语料库技术的出现为词典编纂克服这些弱点提供了强大的技术手段，词义的描写与排序、词语使用环境的刻画、例证的平衡性、语用语法信息的描述等都可以轻松实现，从而使得词典文本内容的可读性也随之提高。

4.8　正确认识汉语文本可读性公式

创建文本可读性公式的目的是量化文本的难易度，但从目前的研究来看，由于影响文本难易度的因素太多，单纯挑选几个优势变量形成公式好像并不能有效测量文本可读性的强弱。正如周东杰等（2020）所指出的，"将众多文献中度量可读性的指标汇总，发现可读性的度量指标成了个万花筒，共 13 个维度约 130 个要素，从语言表层到语言深层，从语言外部到读者、环境等因素都被囊括在内，涵盖了文本可读性的各个方面"。再如，吴思远等（2020）构建的适用于汉语可读性评估的语言特征体系，也包含了汉字、词汇、句法和篇章四个层面及其下辖13 个维度、104 项具体度量指标。所有这些指标都会或多或少对文本的可读性产生影响，因此挑选几个优势变量创建可读性公式的做法仅能说明一种难易度

---

① 　徐玉敏. 当代汉语学习词典［M］. 北京：北京语言大学出版社，2005.

趋势或难易程度，并不能准确测量难易度。而且，不同研究者由于采取的研究方法及选取变量的差异，得出的公式也不完全相同，针对汉语母语的 30 多个可读性公式（蔡建永，2020）适用范围到底如何，测量的准确性到底如何，在很大程度上恐怕都还是未知数。

因此可读性公式的创建与发展是始终伴随着争议的（Begeny & Greene，2014），争议的关键点在于如何权衡取舍众多影响可读性的变量，而不同研究者研发的可读性公式适用范围有多大同样是悬而未决的问题。语言是随着社会的发展变化而不断发展变化的，语言学习也是一个动态过程，完全以量化的手段来衡量语言变化特别是语言学习，这在逻辑上是站不住脚的。文本可读性受多元因素制约，试图以一个可读性公式来衡量内容文本的可读性是过于理想化的选择，对大部头外向型汉语学习词典的文本可读性测量尤其如此。

参考文献

［1］蔡建永. 汉语二语文本可读性公式研究 ［D］. 北京：北京语言大学，2020.

［2］蔡永强. 对外汉语学习词典学 ［M］. 上海：学林出版社，2016.

［3］蔡永强. 外向型汉语学习词典的释义用词 ［J］. 辞书研究，2018（4）.

［4］蔡永强. 汉语学习词典编纂的三位一体攻略意识 ［J］. 汉语学习，2024（5）.

［5］储慧峰. 对外汉语分级读物考察 ［D］. 上海：华东师范大学，2011.

［6］陈冠明. 论辞典的可读性：兼论专科辞典的分类编排 ［J］. 辞书研究，1997（3）.

［7］程荣. 汉语学习词典编纂特点的探讨 ［J］. 辞书研究，2001（2）.

［8］郭望皓. 对外汉语文本易读性公式研究 ［D］. 上海：上海交通大学，2010.

［9］胡明扬，等. 词典学概论 ［M］. 北京：中国人民大学出版社，1982.

［10］吕中舌. 可读性理论与英语教材 ［M］. 北京：世界知识出版社，2003.

［11］牛士伟. 对外汉语文本可读性研究的回顾与展望 ［J］. 广东外语外贸大学学报，2015（6）.

［12］宋曜廷，等. 中文文本可读性探讨：指标选取、模型建立与效度验证 ［J］. 中华心理学刊，2013（1）.

［13］孙汉银. 中文易懂性公式 ［D］. 北京：北京师范大学，1992.

［14］王鸿滨. 留学生课外汉语分级阅读框架体系建设构想：以经贸类材料为例 ［J］. 语言教学与研究，2016（4）.

［15］王蕾. 可读性公式的内涵及研究范式：兼议对外汉语可读性公式的研究任务 ［J］. 语言教学与研究，2008（6）.

［16］王蕾. 初中级日韩学习者汉语文本可读性公式研究［J］. 语言教学与研究，2017（5）.

［17］王蕾. 文本可读性公式研究发展阶段及特点［J］. 语言教学与研究，2022（2）.

［18］李绍山. 易读性研究概述［J］. 解放军外语学院学报，2000（4）.

［19］吴光伟. 试论部分外文工具书的可读性趋势［J］. 四川图书馆学报，1985（5）.

［20］吴思远，于东，江新. 汉语文本可读性特征体系构建和效度验证［J］. 世界汉语教学，2020（1）.

［21］杨金余. 高级汉语精读教材语言难度测定研究［D］. 北京：北京大学，2008.

［22］余美根. 论可读性程式设计的不充分性［J］. 国外外语教学，2005（3）.

［23］张宁志. 汉语教材语料难度的定量分析［J］. 世界汉语教学，2000（3）.

［24］赵金铭. 论对外汉语教材评估［J］. 语言教学与研究，1998（3）.

［25］郑定欧. 对外汉语学习词典学国际研讨会论文集（三）［M］. 北京：中国社会科学出版社，2008.

［26］周东杰，郑泽芝. 可读性研究综述［J］. 泉州师范学院学报，2020（1）.

［27］朱勇，邹沛辰.《中文天天读》易读性研究［J］. 云南师范大学学报（对外汉语教学与研究版），2012（3）.

［28］左虹，朱勇. 中级欧美留学生汉语文本可读性公式研究［J］. 世界汉语教学，2014（2）.

［29］BEGENY J C, GREENE D J. Can readability formulas be used to successfully gauge difficulty or reading materials?［J］. Psychology in the schools, 2014, 51（2）.

［30］BENJAMIN R G. Reconstructing readability：recent developments and recommendations in the analysis of text difficulty［J］. Educational psychology review, 2012, 24（1）.

［31］GILLILAND J. Readability［M］. London：Hodder and Stoughton, 1972.

［32］NIELSEN J. Legibility, readability, and comprehension：making users read your words［J/OL］（2015 - 11 - 15）. https://www. nngroup. com/articles/legibility-readability-comprehension.

［33］WITTGENSTEIN L. Philosophical investigations［M］. Oxford：Blackwell, 1953.

［34］ YANG S J. A readability formula for Chinese language ［D］. Wisconsin：University of Wisconsin，1971.

［35］ ZGUSTA L. Manual of lexicography ［M］. The Hague：Mouton，1971.

生成词库论视域下的对外汉语学习词典释义评测研究①

——以喜爱义心理动词为例

王伟丽　周建设　张凯　李可云

（首都师范大学文学院，首都师范大学中国语言智能研究中心）

摘　要：本文在生成词库论的基础上，尝试对 13 个喜爱义心理动词进行释义，并以中级水平汉语学习者为调查对象就释义内容进行了调查和评测。评测结果显示，总体而言，当基于生成词库论进行的释义更加简短、用语更加易懂时，中级水平汉语学习者对基于生成词库论的释义模式接受程度更高。中级水平汉语学习者是可以接受基于生成词库论在释义中标注论元结构、事件结构、形式角色等的释义方法的。但这种释义方式看起来更为烦琐，不够简单易懂，且重点不够突出。基于生成词库论的释义模式是否更加适用于计算机的语义理解，是我们未来需要进一步研究的问题。

关键词：生成词库论；对外汉语学习词典；喜爱义心理动词；释义

1　将生成词库论引入对外汉语学习词典中的可行性

生成词库论关注词语的指谓及如何指谓的问题，希望通过对词语的语义结构作多层面的详尽描写和建构数量有限的语义运作机制，解释词义的语境实现。为实现这一目标，生成词库论尝试将部分百科知识和逻辑推理关系写入词义或词法。这一理论本身的特性使其能够被有效运用于词汇的释义与语境理解中。

---

①　本文获以下项目资助：国家社会科学基金一般项目（17BYY211），国家语委重点项目（ZDI145-17），科技创新 2030 重大项目（2020AAA0109700），教育部科技司项目（MCM2020_4_2），国家语委科研项目（ZDI135-101）等。

21世纪初，生成词库论被引入国内。张秀松等（2009）以Pustejovsky所著的《生成词库论》为基础介绍了生成词库论的基本主张、研究目标与理论框架，并尝试利用生成词库论对汉语中名词、动词的逻辑多义现象进行解释。自此之后，许多学者纷纷开始尝试将生成词库论运用到汉语研究的实践中。

在学者们的研究中，将生成词库论应用于现代汉语名词及相关搭配的占绝大多数。袁毓林（2014）根据汉语名词在文本中基本的组合方式、搭配习惯和语义解释，提出了一种汉语名词物性结构的描写体系。也有学者尝试将现代汉语的动词及相关搭配的研究与生成词库论相结合，如程杰（2010）用生成词库论分析了汉语名源动词（如"锄地"的"锄"）的语义生成，得出生成词库论的语义生成机制和句法推导中的结构关系会共同作用于名源动词语义生成的结论。

近些年来，有学者开始尝试将生成词库论与词典释义相结合，探寻更科学的释义方式。李强、袁毓林（2016）以名词语义类型和物性结构为基础，探讨了名词的用法特点和词典释义问题，并引发了学界讨论。

对外汉语学习词典的编写与理论发展需要理论基础，恰而生成词库论本身的出发点与理论特点使其能够被有效运用于词汇的释义与语境理解中，再者学者们已从生成词库论出发对汉语研究及词典释义中的一些问题进行了许多研究。因此，将生成词库论引入对外汉语学习词典中是具有一定可行性的。

2   以生成词库论为基础进行喜爱义心理动词的释义尝试

要以生成词库论为基础进行喜爱义心理动词的释义尝试，也需站在外向型词典必有部分的基础上。要以物性结构与论元结构为释义重点，在科学理论的基础上，用规范的语言和示例解释规范语义、展现规范用法，准确描述词义，以浅显易懂的语言呈现给使用者和学习者，帮助使用者和学习者灵活运用喜爱义心理动词。

如根据喜爱义心理动词"爱"的语义表征，得出图1：

$$
\begin{aligned}
&\text{爱}\\
&\text{EVENTSTR}=\text{［事件1 (E1)} = e1 = \text{状态 (state)}\\
&\text{事件结构}\\[2pt]
&\qquad\qquad\qquad\quad \text{论元1 (ARG1)} = \boxed{1}\,\text{有生命个体 (animate\_ind)}\\
&\qquad\qquad\qquad\qquad\qquad \text{物质实体 (FORMAL = physobj)}\\
&\text{ARGSTR}=\quad \text{论元2 (ARG2)} = \boxed{2}\,\text{人类个体 (anthropic\_ind)}\\
&\text{论元结构}\qquad\qquad\qquad \text{物质实体 (FORMAL = physobj)}\\
&\qquad\qquad\qquad\quad \text{论元3 (ARG3)} = \boxed{3}\,\text{抽象概念 (abstract)}\\
&\qquad\qquad\qquad\quad \text{论元4 (ARG4)} = \boxed{4}\,\text{集合 (collective)}\\[2pt]
&\text{QUALIA} =\quad \text{形式角色 (FORMAL)} = \text{喜爱状态 (love\_state)}\\
&\text{物性结构}\qquad\quad (e1, \boxed{1}/\boxed{2}/\boxed{3}/\boxed{4})
\end{aligned}
$$

图1　心理动词"爱"的语义表征

"爱"表喜爱义的动词用法中，事件结构包含表状态的子事件，事件同时发生。论元结构中包含四个论元，分别是有生命的物质实体$\boxed{1}$，个体的物质实体$\boxed{2}$，抽象概念$\boxed{3}$，物质集合$\boxed{4}$。"爱"是一个表状态的概念聚合，形式角色是人类实体、物质实体、抽象概念或物质集合被爱的状态，施事格是有生命的物质实体$\boxed{1}$"爱"的心理状态。这样，我们就可以在释义中以浅显的语言凸显出喜爱义心理动词"爱"的这些语义特点："人或动物对人、动物或事物有很深的好的感情。"

下面，将在爱、爱好、宠、宠爱、敬爱、酷爱、怜爱、溺爱、热爱、喜爱、喜欢、心疼、钟爱13个常用的、汉语学习者接触较多的喜爱义心理动词的词汇表征特点的基础上总结出释义要素，并用更浅显的语言将词汇表征整合起来，进行释义尝试。

2.1　爱

"爱"的词义的词汇表征直观来看如表1所示：

表1　"爱"的词义的词汇表征

爱	
事件结构	
表状态，事件同时发生	
论元结构	
论元	有生命的物质实体、个体的物质实体、抽象概念、物质集合
物性结构	
形式角色	人类实体、物质实体、抽象概念或物质集合被爱的状态
施事格	有生命的物质实体

若将这些元素编入释义，需要用更简洁易懂的语言进行呈现，如图 2 所示：

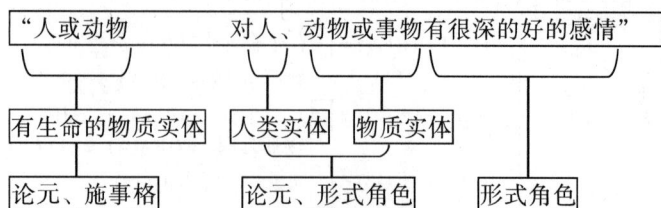

图 2   "爱"的释义

具体释义条目如下：

【爱】（愛）ài ［动］人或动物对人、动物或事物有很深的好的感情：~祖国｜~人民｜一般人觉得，我们要 ~ 人，不要恨人。｜他 ~ 上了一个姑娘。

2.2   爱好

"爱好"的词义的词汇表征和释义如表 2、图 3 所示：

表 2   "爱好"的词义的词汇表征

爱好	
事件结构	
e1 表状态，e2 表过程，事件同时发生	
核心事件	e2
论元结构	
论元	人类实体、个体的物质实体、抽象概念
物性结构	
合成类概念聚合	
形式角色	习惯行为这一状态
施事格	人类实体（有兴趣的心理状态）

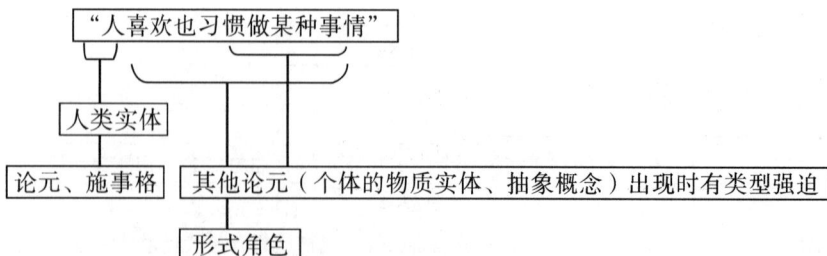

图 3   "爱好"的释义

具体释义条目如下：

【爱好】（愛好）ài hào［动］人喜欢也习惯做某种事情：～体育｜～音乐｜他有许多～科学的朋友。

2.3　宠

"宠"的词义的词汇表征和释义如表3、图4所示：

表3　"宠"的词义的词汇表征

宠	
事件结构	
表状态	
论元结构	
论元	人类实体、个体的物质实体
物性结构	
形式角色	小辈、被关爱的人类实体或物质实体
施事格	人类实体（地位较高、力量更强）

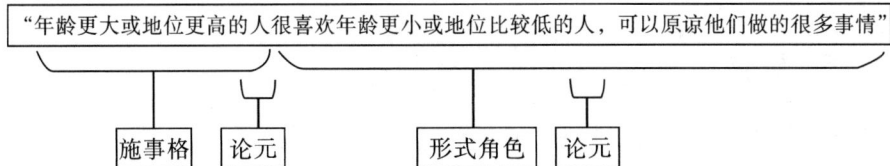

图4　"宠"的释义

具体释义条目如下：

【宠】（寵）chǒng［动］年龄更大或地位更高的人很喜欢年龄更小或地位比较低的人，可以原谅他们做的很多事情（后面常加补语："这样会宠坏孩子的"）：～孩子｜～狗｜她如同一个小公主，总是被人们～着。

2.4　宠爱

"宠爱"的词义的词汇表征如表4所示：

表4　"宠爱"的词义的词汇表征

宠爱
事件结构
表状态

（续上表）

论元结构	
论元	人类实体、个体的物质实体
物性结构	
形式角色	小辈、被关爱的人类实体或物质实体
施事格	人类实体（地位较高、力量更强）

　　"宠爱"与"宠"的词汇表征大致相同，但"宠"后常加补语"坏"，如"宠坏孩子"。另外，"宠爱"与"宠"常搭配的受事名词不同。除"宠孩子"这一搭配外，"宠"还会与单音节自然类受事名词搭配，如"宠狗""宠猫"；"宠爱"多与双音节受事名词搭配，如"宠爱妻子""宠爱动物"。故而，在此次释义尝试中，"宠爱"与"宠"的释义用语并无太大差别，差别主要体现在用例上。以下是"宠爱"的具体释义条目：

　　【宠爱】（寵愛）chǒng ài［动］年龄更大或地位更高的人很喜欢年龄更小或地位比较低的人，可以原谅他们做的很多事情：~孩子｜~小动物｜她是母亲最~的女儿。

2.5　敬爱

　　"敬爱"的词义的词汇表征和释义如表5、图5所示：

表5　"敬爱"的词义的词汇表征

敬爱	
事件结构	
表状态	
论元结构	
论元	人类实体
物性结构	
形式角色	受尊敬的、有声望的人类实体
施事格	人类实体（有尊敬及喜爱的状态）

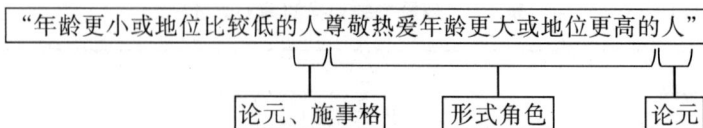

图5　"敬爱"的释义

具体释义条目如下：

【敬爱】（敬爱）jìng ài［动］年龄更小或地位比较低的人尊敬热爱年龄更大或地位更高的人：～父母｜～老师｜这些孩子都很～长辈。

2.6　酷爱

"酷爱"的词义的词汇表征和释义如表6、图6所示：

表6　"酷爱"的词义的词汇表征

酷爱	
事件结构	
表状态	
论元结构	
论元	人类实体、物质实体、抽象概念
核心论元	人类实体
物性结构	
合成类概念聚合	
形式角色	与物质实体或抽象概念有关的行为习惯、很深的兴趣状态
施事格	人类实体（有感兴趣的状态）

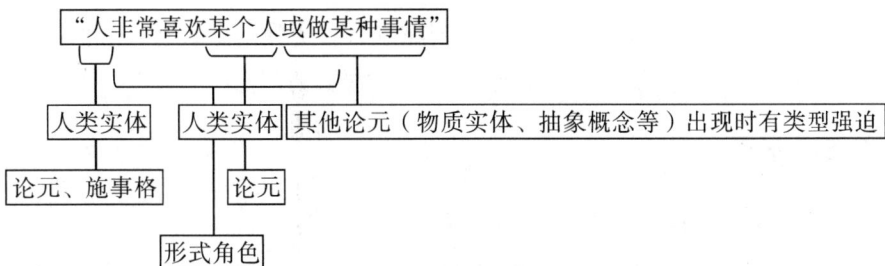

图6　"酷爱"的释义

具体释义条目如下：

【酷爱】（酷爱）kù ài［动］人非常喜欢某个人或做某种事情：～书法｜～音乐｜中华民族～和平。｜他～文学，写过很多小说作品。

2.7　怜爱

"怜爱"的词义的词汇表征和释义如表7、图7所示：

表7　"怜爱"的词义的词汇表征

怜爱	
事件结构	
表状态	
论元结构	
论元	人类实体、物质实体
核心论元	人类实体
物性结构	
形式角色	人类实体或物质实体喜欢、想要保护的状态
施事格	人类实体（地位较高或力量更强）

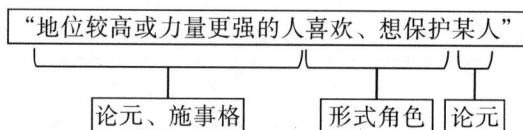

图7　"怜爱"的释义

具体释义条目如下：

【怜爱】（憐愛）lián ài［动］地位较高或力量更强的人喜欢、想保护某人：
~女儿丨~太太丨这孩子个子小小的，眼睛大大的，真惹人~。

2.8　溺爱

"溺爱"的词义的词汇表征和释义如表8、图8所示：

表8　"溺爱"的词义的词汇表征

溺爱	
事件结构	
表状态	
论元结构	
论元	人类实体
物性结构	
形式角色	进行溺爱的、被溺爱的人类实体
施事格	人类实体（长辈）

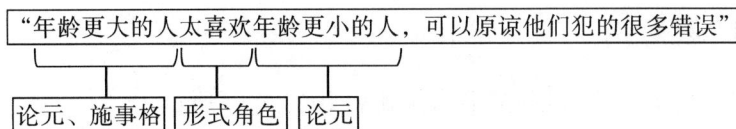

```
  "年龄更大的人太喜欢年龄更小的人，可以原谅他们犯的很多错误"
         ┌──────┬─────┬────┐
    ┌────┴───┐ ┌───┴──┐ ┌┴──┐
    │论元、施事格│ │形式角色│ │论元│
    └────────┘ └──────┘ └───┘
```

图 8　"溺爱"的释义

具体释义条目如下：

【溺爱】（溺爱）nì ài［动］年龄更大的人太喜欢年龄更小的人，可以原谅他们犯的很多错误：～孩子｜～儿女｜外祖母一直很～外孙。

2.9　热爱

"热爱"的词义的词汇表征和释义如表9、图9所示：

表9　"热爱"的词义的词汇表征

热爱	
事件结构	
表状态，事件同时发生	
论元结构	
论元	有生命的物质实体、个体的物质实体、抽象概念、物质集合
物性结构	
形式角色	物质实体、抽象概念或物质集合很深的、被爱的状态
施事格	有生命的物质实体

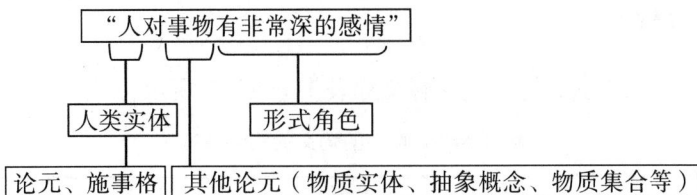

```
        "人对事物有非常深的感情"
       ┌──────┬────┬──────┐
   ┌───┴──┐      ┌───┴──┐
   │人类实体│      │形式角色│
   └──┬───┘      └──────┘
  ┌───┴────┐ ┌──────────────────────┐
  │论元、施事格│ │其他论元（物质实体、抽象概念、物质集合等）│
  └────────┘ └──────────────────────┘
```

图 9　"热爱"的释义

具体释义条目如下：

【热爱】（热爱）rè ài［动］人对事物有非常深的感情：～工作｜～祖国｜因为家庭文化的影响，她从小也～艺术。

2.10 喜爱

"喜爱"的词义的词汇表征和释义如表10、图10所示：

表10 "喜爱"的词义的词汇表征

喜爱	
事件结构	
表状态，事件同时发生	
论元结构	
论元	有生命的物质实体、个体的物质实体
物性结构	
形式角色	物质实体、有生命的物质实体、抽象概念很深的被喜欢的状态
施事格	有生命的物质实体（有很深的喜欢的状态）

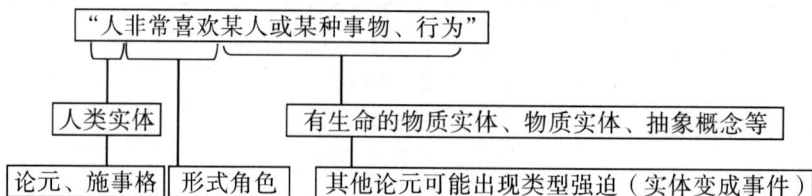

图10 "喜爱"的释义

具体释义条目如下：

【喜爱】（喜愛）xǐ ài［动］人非常喜欢某人或某种事物、行为：~游泳｜~书法｜巴西和墨西哥人民~可可树。｜这小孩子真惹人~。

2.11 喜欢

"喜欢"的词义的词汇表征和释义如表11、图11所示：

表11 "喜欢"的词义的词汇表征

喜欢	
事件结构	
表状态，事件同时发生	
论元结构	
论元	有生命的物质实体、个体的物质实体
物性结构	
形式角色	喜欢物质实体、有生命的物质实体、抽象概念的状态
施事格	有生命的物质实体（有喜欢的状态）

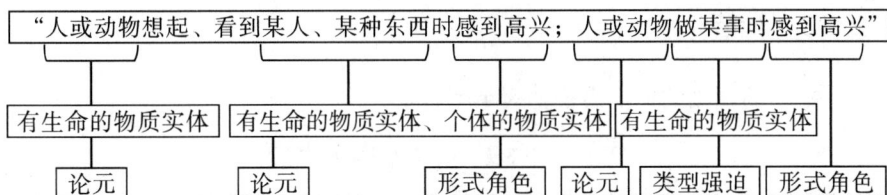

图 11　"喜欢"的释义

具体释义条目如下：

【喜欢】（喜歡）xǐ huān［动］人或动物想起、看到某人、某种东西时感到高兴；人或动物做某事时感到高兴：~祖父｜~兔子｜~戏剧｜他~文学，我~数学。

2.12　心疼

"心疼"的词义的词汇表征和释义如表 12、图 12 所示：

表 12　"心疼"的词义的词汇表征

心疼	
事件结构	
表状态	
论元结构	
论元	人类实体、物质实体
核心论元	人类实体
物性结构	
形式角色	担心人类实体受损的或被担心受损的状态
施事格	人类实体

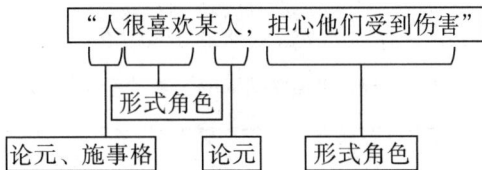

图 12　"心疼"的释义

具体释义条目如下：

【心疼】xīn téng［动］人很喜欢某人，担心他们受到伤害：~妈妈｜~老人｜老太太最~小孙子。

2.13　钟爱

"钟爱"的词义的词汇表征如表 13 所示：

表 13　"钟爱"的词义的词汇表征

钟爱	
事件结构	
e1 表状态，e2 表过程，事件同时发生	
核心事件	e2
论元结构	
论元	人类实体、个体的物质实体、抽象概念
物性结构	
合成类概念聚合	
形式角色	有针对性的习惯行为的状态
施事格	人类实体（有兴趣的心理状态）

具体释义条目如下：

【钟爱】（鐘愛）zhōng ài ［动］人特别喜欢很多人或东西中的一个：～大自然｜～中国菜｜祖母～最小的孙子。

3　内向型、外向型词典中喜爱义心理动词的释义对比

为了解各类词典对喜爱义心理动词的释义方式，我们选取《现代汉语词典》《现代汉语学习词典》《商务馆学汉语词典》与《当代汉语学习词典》这四本词典进行参照。

《现代汉语词典》与《现代汉语学习词典》的释义方式很相似。《现代汉语词典》《现代汉语学习词典》对"爱""宠爱""溺爱"的释义对比（见表 14）：

表 14　《现代汉语词典》《现代汉语学习词典》对"爱""宠爱""溺爱"的释义

	《现代汉语词典》	《现代汉语学习词典》
爱	对人或事物有很深的感情	（动）对人或事物有深厚的感情
宠爱	（上对下）喜爱；骄纵偏爱	（动）（上对下）偏爱；骄纵
溺爱	过分宠爱（自己的孩子）	（动）过分宠爱

《当代汉语学习词典》的释义方式比较特别，将词放在语境中，以语境解释来解释词汇（见表15）：

表15　《当代汉语学习词典》对"爱""爱好""敬爱"的释义

	释义
爱	他～妻子，对妻子很好。→他对妻子有很深的感情。
爱好	我～运动。→我喜欢运动。
敬爱	人们～这位伟大的总统。→人们尊敬他、热爱他。

《商务馆学汉语词典》的释义方式与《现代汉语词典》和《现代汉语学习词典》两本词典较为类似，但对一些喜爱义心理动词的释义的用词用句更为浅显（见表16）：

表16　《商务馆学汉语词典》对"宠爱""溺爱"的释义

	释义
宠爱	（动）（上对下）因喜欢而过分偏爱
溺爱	（动）（对孩子）过分地爱

与上述这些词典对喜爱义心理动词的释义相比较，本文尝试站在生成词库论的基础上，对这些心理动词进行分析、释义。在释义中显示这些心理动词最常用的施事角色、受事角色、形式角色及主要论元。但相较于这些词典对喜爱义心理动词的释义，本文的释义方式看起来更为烦琐，似乎也因成分烦琐而不够简单易懂，且重点不够突出。

如《商务馆学汉语词典》对"宠爱"的释义：

【宠爱】（动）（上对下）因喜欢而过分偏爱。

本文对"宠爱"的释义尝试：

【宠爱】（寵愛）chǒng ài［动］年龄更大或地位更高的人很喜欢年龄更小或地位比较低的人，可以原谅他们做的很多事情：～孩子｜～小动物｜她是母亲最～的女儿。

为了将"宠爱"表状态的事件结构、与人类实体及个体的物质实体有关的论元结构、与被关爱小辈的人类实体或物质实体相关的形式角色、地位高力量强的人类实体施事格纳入释义，本文对"宠爱"的释义显然不如《商务馆学汉语词典》中对"宠爱"的释义简洁易懂、重点突出。

4 对外汉语学习词典释义接受度调查

为了验证本文中释义尝试的效果，本文以《现代汉语学习词典》《商务馆学汉语词典》与《当代汉语学习词典》这三本词典的释义为基础，以爱、爱好、宠、宠爱、敬爱、酷爱、怜爱、溺爱、热爱、喜爱、喜欢、心疼、钟爱 13 个常用的、汉语学习者接触机会较多的喜爱义心理动词的不同释义接受程度为调查内容，设计了一份释义认同度调查表，以中级水平汉语学习者为调查对象进行了调查。

这次调查邀请了 43 名中级水平汉语学习者，这些学习者包括 9 名黑龙江大学国际文化教育学院留学生、24 名首都师范大学国际文化学院留学生、6 名美国明德大学北京中文学校 2018 年秋季学期学生及 4 名在北京语桥文化交流中心学习的留学生。测试者大多为韩国国籍汉语学习者，共有 17 名；美国留学生 6 名；俄国留学生 5 名；日本留学生 4 名。另外也有阿根廷、意大利、德国、泰国等国留学生。

调查时，我们请他们在调查表中勾选自己更喜欢、更认同的释义方式，调查结果如表 17 所示：

表 17　释义认同度调查结果

	一		二		三		四	
	《商务馆学汉语词典》		《当代汉语学习词典》		《现代汉语学习词典》		本文	
	人数	占比	人数	占比	人数	占比	人数	占比
爱	29	67.44%	2	4.65%	0	0	12	27.91%
爱好	19	44.19%	4	9.30%	0	0	20	46.51%
宠	12	27.91%	——	——	5	11.63%	16	37.21%
宠爱	17	39.53%	——	——	2	4.65%	24	55.81%
敬爱	17	39.53%	3	6.98%	0	0	13	30.23%
酷爱	28	65.12%	——	——	4	9.30%	11	25.58%
怜爱	19	44.19%	2	4.65%	0	0	24	55.81%
溺爱	27	62.79%	——	——	13	30.23%	3	6.98%
热爱	7	16.28%	13	30.23%	0	0	23	53.49%
喜爱	14	32.56%	——	——	13	30.23%	16	37.21%
喜欢	11	25.58%	6	13.95%	13	30.23%	13	30.23%
心疼	20	46.51%	——	——	1	2.33%	22	51.16%
钟爱	16	37.21%	——	——	14	32.56%	23	53.49%

由统计结果来看，或许是因为使用习惯，中级水平汉语学习者较少接受《当代汉语学习词典》中引导句和解说句结合、在语境中释义的方法。如：

【爱好】我～运动。→我喜欢运动。

在这一释义中，"我爱好运动"为引导句，是包含被解释词语"爱好"的基本句；"我喜欢运动"为解说句，用词典中有的其他词语显化引导句意义。

相较于没有列出词性的释义，中级水平汉语学习者更喜欢列出词性的释义。如：

《商务馆学汉语词典》对"敬爱"的释义：

【敬爱】（动）尊敬热爱。

《现代汉语学习词典》中对"敬爱"的释义：

【敬爱】尊敬热爱。

有39.53%的受调查者选择了标出词性的《商务馆学汉语词典》中的释义，但没有受调查者选择《现代汉语学习词典》。

总体而言，我们的中级水平汉语学习者调查对象可以接受本文在生成词库论的基础上进行的以较浅显的语言在释义中标注论元结构、事件结构、形式角色等的释义方法。接受程度似乎会受到释义用语长短及语言烦琐程度的影响。

如本文对"溺爱"的释义尝试：

【溺爱】［动］年龄更大的人太喜欢年龄更小的人，可以原谅他们犯的很多错误。

这一释义中，包含了"溺爱"表状态的事件结构、与人类实体相关的论元结构、与被溺爱的人类实体相关的形式角色及一般为长辈的人类实体的施事格，释义内容多、语句长。

仅有6.98%的受调查者更喜欢这条释义，而有62.79%的受调查者选择了《商务馆学汉语词典》中对"溺爱"的释义：

【溺爱】（动）（对孩子）过分地爱。

再如本文对"钟爱"的释义尝试：

【钟爱】［动］人特别喜欢很多人或东西中的一个。

这一释义中，将"人"这一人类实体施事格放在最前，包含了与人类实体、个体的物质实体、抽象概念相关的论元"人、很多人、东西"，以"……中的一个"来点出表示有针对性的习惯行为的状态的形式角色。

有53.49%的受调查者选择了这条释义，有37.21%的受调查者选择了《商务馆学汉语词典》中对"钟爱"的释义：

【钟爱】（动）特别喜爱（用于长辈对子女或其他晚辈中的某一个）。

可见，中级水平汉语学习者更喜欢长度较短、用语简洁的释义。当本文尝试的释义用语较简短时，受调查者更能接受本文的释义尝试。

但也有例外情况，如有 55.81% 的受调查者选择了本文对"宠爱"的释义尝试：

【宠爱】［动］年龄更大或地位更高的人很喜欢年龄更小或地位比较低的人，可以原谅他们做的很多事情。

为了将"宠爱"表状态的事件结构、与人类实体及个体的物质实体有关的论元结构、与被关爱小辈的人类实体或物质实体相关的形式角色、地位高力量强的人类实体施事格纳入释义，本文对"宠爱"的释义不够简洁易懂、重点不够突出。

有 39.53% 的受调查者选择了《商务馆学汉语词典》对"宠爱"的释义：

【宠爱】（动）（上对下）因喜欢而过分偏爱。

出现这种情况的原因似乎是《商务馆学汉语词典》的释义中用了并不常用的"偏爱"一词对"宠爱"进行释义。

总体而言，中级水平汉语学习者是可以接受本文所尝试的在释义中标注论元结构、事件结构、形式角色等的释义方法的。但本文的释义方式看起来更为烦琐，似乎也因成分烦琐而不够简单易懂，且重点不够突出。当用这种方法进行的释义更加简短、用语更加易懂时，中级水平汉语学习者对本文的释义接受程度更高。

5　结语

在生成词库论的基础上，本文尝试着对选出的 13 个喜爱义心理动词进行了释义，并就释义内容以中级水平汉语学习者为调查对象进行了调查。调查结果显示，总体而言，当基于生成词库论进行的释义更加简短、用语更加易懂时，中级水平汉语学习者对这种释义模式接受程度更高。中级水平汉语学习者是可以接受本文所尝试的基于生成词库论的释义中标注论元结构、事件结构、形式角色等的释义方法的，但这种释义方式看起来更为烦琐，似乎也因成分烦琐而不够简单易懂，且重点不够突出。当然，基于生成词库论的这种烦琐的释义模式是否更加适用于计算机的语义理解，是我们未来需要进一步研究的问题。

参考文献

[1] 程杰. 汉语名源动词生成的句法机制刍议 [J]. 现代外语, 2010 (2).

[2] 李强. 名词物性结构为汉语研究提供新视角 [J]. 中国社会科学报, 2013 (496).

[3] 李强. 从生成词库论看动词"读"与名词的组合 [J]. 云南师范大学学报 (对外汉语教学与研究版), 2015 (2).

[4] 李强, 袁毓林. 从生成词库论看名词的词典释义 [J]. 辞书研究, 2016 (4).

[5] 李强. 《从生成词库论看名词的词典释义》补议: 对尚简 (2017) 的回应 [J]. 辞书研究, 2018 (1).

[6] 李强. 国内生成词库理论研究的回顾与展望 [J]. 云南师范大学学报 (对外汉语教学与研究版), 2018 (1).

[7] 鲁健骥, 吕文华. 商务馆学汉语词典 [Z]. 北京: 商务印书馆, 2006.

[8] 商务印书馆辞书研究中心. 现代汉语学习词典 [Z]. 北京: 商务印书馆, 2010.

[9] 宋作艳, 赵青青, 亢世勇. 汉语复合名词语义信息标注词库: 基于生成词库理论 [J]. 中文信息学报, 2015 (3).

[10] 宋作艳. 类词缀与事件强迫 [J]. 世界汉语教学, 2010 (4).

[11] 宋作艳. 生成词库理论与汉语事件强迫现象研究 [M]. 北京: 北京大学出版社, 2015.

[12] 袁毓林. 汉语名词物性结构的描写体系和运用案例 [J]. 当代语言学, 2014 (1).

[13] PUSTEJOVSKY J, 张秀松, 张爱玲. 生成词库论简介 [J]. 当代语言学, 2009 (3).

[14] 张志毅. 当代汉语学习词典 [Z]. 北京: 商务印书馆, 2020.

[15] 赵青青, 宋作艳. 现代汉语隐喻式双音节名名复合词研究: 基于生成词库理论 [J]. 中文信息学报, 2017 (2).

[16] 中国社会科学院语言研究所词典编辑室. 现代汉语词典 [Z]. 7 版. 北京: 商务印书馆, 2016.

[17] JAMES P. The generative lexicon [M]. Cambridge (Mass.): MIT Press, 1995.

[18] JAMES P. Type construction and the logic of concept [J]. The syntax of word meanings, 2001.

[19] JAMES P, et al. Advances in generative lexicon theory [M]. Berlin: Springer Netherlands, 2012.

用户视角下外向型汉语词典编纂的
几点建议与期待

孙红玲

（首都师范大学）

摘　要：本文基于用户视角对当前外向型汉语词典的编纂提出几点建议与期待。首先，关于词典的称说，"××学习词典"的说法不够严谨。一是外向型汉语词典至少包括学习型与教学型两大用户，而"学习词典"这一称说在内涵上明显把教学型用户排除在外，使得词典的内涵与外延不一致；二是外向型汉语词典的词目不再局限于"词"，一些相对固定常用的"语块"也会收入其中，而且有些融媒词典（如 Pleco）即便不以"××学习词典"命名也备受欢迎和喜爱，所以外向型汉语词典是否非要叫"词典"值得商榷。其次，从词典类型看，纸版词典质优量大却备受冷落，电子词典错漏百出却大受欢迎，解决这一尴尬现状的最好途径就是大力发展融媒词典。最后，关于未来的外向型汉语词典，希望它在融媒之路上能始终秉承用户友好的理念，实现检索查询可以"按需提取"，内容可以随时更新，拥有丰富的配套练习和完善的用户反馈系统，最终成为一个动态的超级词库。

关键词：外向型汉语词典；融媒词典；词典编纂

词典编纂研究是词典学研究的一部分，其终极目的是产出实用、好用、有用的词典。而一部词典好不好用或怎样才算好用，最好的检验者和建议者就是用户，即使用者。外向型汉语词典重要的用户之一是汉语教师。因此，作为一名从教多年的汉语教师，如果能从用户的视角对外向型汉语词典的编纂提出一些建议和期待，这对词典的编纂来说无疑是一种有效的促进和帮助。另外，根据金沛沛（2015）对近 30 年外向型汉语词典研究状况的综合考察，外向型汉语词典研究的一个明显薄弱环节就是基于使用者视角的研究。鉴于此，本文拟从用户的视角，从以下几个方面对外向型汉语词典的编纂提出几点建议与看法，以期对未来词典的编纂提供一定的参考。

1　关于词典的称说

关于外向型汉语词典的称说，不论是在书面文献中，还是在学界诸多专家学者的口头表述中，比较普遍的都是"××学习词典"。而其中又以"对外汉语学习词典""外向型汉语学习词典"居多①。

此外，从学界先后推出的几十余部外向型汉语词典的名称来看，其中也不乏"学习"之说，包括一些主流的外向型汉语词典，如《现代汉语学习词典》（孙全洲，1995）、《现代汉语学习词典》（商务印书馆辞书研究中心，2010）、《商务馆学汉语词典》（鲁健骥、吕文华，2006）、《当代汉语学习词典·初级本》（徐玉敏，2005）、《当代汉语学习词典》（张志毅，2020）等。

不难看出，这些称说均以"学习"为核心限定词，或至少会带上"学"这一字眼。之所以如此，是因为学界普遍认为外向型汉语词典是专门针对母语为非汉语的第二语言学习者编纂的，目的是满足非汉语母语者的使用需求，供其学习汉语使用，强调其不同于普通汉语词典的最大特点就是"学习性"。也就是说，外向型汉语词典内涵的核心就是"非汉语母语学习者学汉语"的工具书。这样的称说和界定虽然能较为容易地将内向型汉语词典和外向型汉语词典的本质区分，但也明显存在一些问题。

1.1　"学习" 的限定导致词典的内涵与外延不一致

众所周知，外向型汉语词典的用户并不只是二语学习者，还有从事汉语教学的教师，尤其是本土汉语教师。事实上，从目前出版的几十部外向型汉语词典的使用情况看，真正使用这些词典的留学生寥寥无几。金沛沛（2015）曾指出，尽管目前国内已出版的面向外国学习者学习汉语的工具书（词典或字典）无论是品种还是数量都不少，但真正的使用者却不多。所以，仅从用户数量看，现有外向型汉语词典的学生用户并不多。相反，真正在用且较多使用的是广大汉语教师。以具有标志性意义的经典汉语学习词典《现代汉语八百词》为例，尽管该词典初衷是主要供非汉语族人士学习汉语使用，但实际上使用更多的不是学生，而是从事教学的汉语教师。

所以严格地说，外向型汉语词典的用户至少应该有两大类：二语学习者和汉

---

① 该结论主要根据近 30 年外向型汉语词典相关研究文献目录统计得出。

语教师，我们把前者称为学习型用户，后者称为教学型用户。从这一点来看，用"学习"去限定外向型汉语词典的内涵，明显把教学型用户即汉语教师排除在外，名称所限定的使用对象与实际使用对象显然不一致：内涵小，外延大。

对一部词典来说，其名称最直接的作用就是明确该词典的使用对象和使用目的，以便用户选择。而"内向型/外向型"的说法已经足以区分词典使用对象的本质不同，明确其使用对象的特定性，再用"学习"去限定反而显得有些画蛇添足。所以相比之下，名称中不带"学习"的外向型汉语词典，如我们熟知的《现代汉语八百词》（吕叔湘，1980）、《现代汉语常用词用法词典》（李忆民，1995）、《汉语 8000 词词典》（北京语言文化大学汉语水平考试中心，2000）、《汉语 5000 词用法词典》（郭先珍等，2015）、《汉语教与学词典》（施光亨、王绍新，2011）等，其称说反而显得更严谨。

1.2 外向型汉语词典是否一定要叫 "词典" 值得商榷

外向型汉语词典是相对于内向型汉语词典来说的，二者的本质区别就是所针对的用户不同。用户不同，词典的选词立目、释义、配例等就会不同。而其中，词目的选取尤为重要。普通内向型汉语词典的词目一般以"词"为主，而外向型汉语词典中所谓的"词"要比传统意义上"词"的概念宽泛得多，词目不再局限于"词"。李禄兴（2020）指出，从用户角度来看，选取汉语被释词（词目）的时候，编写者可以突破传统意义上"词"的概念，让"词"的边界变得相对"开放"。而且从词典使用者的调查来看，他们并不关心词与语的界限，把一些"语块"当作被释词的词典可能更受他们的欢迎，尤其是一些自由组合而成的、使用频率高的短语。

事实上，不论是从学习者使用需求、学习特点和规律看，还是从汉语教师的教学需求看，外向型汉语词典以"词"为"目"都是远远不够的。正如李禄兴（2020）所说，从对外汉语教学角度出发，无论是旧版还是新版 HSK 词汇大纲，都已经突破了严格意义上的"词"的概念，收录了"连……也""百分之……""又……又"等语言格式。词典使用者关心的并不是词与非词的概念问题，而是如何快速、准确地获得语言能力的问题。因此，在一定程度上打通词语边界，是一种基于使用者视角的正确做法。作为一名汉语教师，站在教学型用户角度，我们特别赞同这一观点，突破"词"的边界，把一些相对固定和常用的语块（如固定搭配、结构、短语等）收入其中，既便于教师处理教学难点，也便于学生对词进行整体理解和运用，从而尽可能地减少偏误。

　　所以，一部实用的外向型汉语词典，所收词目应该不只是"词"。既然词典里不止有"词"，那么词典是否一定要叫"词典"也就值得商榷。

　　此外，从介质看，词典有纸质版，也有电子版（又分普通电子词典和融媒词典）。如果说传统的纸质词典叫"词典"还相对合适，那么在电子产品盛行的当今，像 Pleco 这样尽管错误百出却依然大受欢迎的产品，叫不叫"词典"可能真就没那么重要了。

　　总之，对外向型汉语词典，其称说用"学习"去限定并不足够严谨，也不必太纠结是否非要冠以"词典"二字。好的词典，便捷实用、满足用户需求才是最重要的。

2　关于词典的类型

　　词典是一种查询用的工具书，查询需求不同，使用的词典就不同。外向型汉语词典的学习型用户大都是来自不同国家的汉语学习者，语言和文化不同，语言能力和水平也参差不齐，可谓背景复杂，需求各异，所以很难有一部词典能满足所有需求。而按用户需求编纂适用于某一人群、某一目的的专门性词典，也不可能实现全覆盖。目前较为常见的一般是按学习者汉语水平编纂的适用于不同级别或阶段的分级词典，如针对初级汉语水平学习者的《汉语入门词典》（郑定欧，2017）、《当代汉语学习词典·初级本》（徐玉敏，2005），针对中级汉语水平学习者的《商务馆学汉语词典》（鲁健骥、吕文华，2006），以及系列分级词典《新 HSK5000 词分级词典》（李禄兴，2013/2014）等。此外，还有针对某类或某部分词语的专项词典，如离合词、虚词、成语、惯用语、近义词等专项汉语词典①。这些词典针对某一群体或某一领域词语编纂，种类繁多。

　　不管是通用型词典还是适用于某一群体、某一目的的专项词典，从载体和介质看，一般都可分为纸质词典和电子词典两大类；从释义形式看，又有单语词典和双语词典两种类型。国内现有的几十部外向型汉语词典主要以纸质词典为主，其释义形式以单语居多。但从使用情况来看，用户在词典的介质和释义形式上还是表现出了明显的喜好倾向。

---

　　①　如杨寄洲、贾永芬的《1700 对近义词语用法对比》（2005）、《汉语 800 虚词用法词典》（2013），周上之的《汉语常用离合词用法词典》（2011），杨金华的《留学生汉语习惯用语词典》（2009）等。

2.1　从释义形式看，汉外双语（双解）词典更受初中级汉语水平学习者欢迎

前面说过，一部词典好不好用，最终还要看使用者。李禄兴（2020）也指出，编纂外向型汉语词典需要了解使用者需求，因此针对用户意见和需求的研究就显得尤为重要。这一点很多学者都已注意到，如杜焕君（2010），解海江、李莉（2012），李曼（2016），李禄兴（2020），王晓涵（2021）等。这些研究中，涉及词典释义形式的调查显示，大部分学习型用户更喜欢用汉外双语（双解）词典，如解海江、李莉（2012）的研究发现，"从词典类型和使用频率看，学生拥有率和使用最多的都是汉语词目—母语释义词典，其中汉语词目—汉语母语双解释义词典拥有率和使用频率均高于汉语词目—汉语释义词典"。杜焕君（2010）对教学型用户的调查显示，79.31%的教师认为"汉—外"或者"外—汉"双语词典更有助于留学生汉语水平的提高。对此，我们亦有同感。从个人教学实际来看，这一点对初中级汉语水平的学生来说尤为明显。初中级阶段的学生因为掌握的词汇量小，在使用情境上不论是听、读等语言解码的情况，还是说、写等语言编码的情况，很大程度上都习惯依赖汉语与母语的对应。所以"对于初级和中级汉语水平的学习者来说，这些词典的双语注释更能给使用者带来信任感和依赖感"（李禄兴，2020），汉语词目—汉语母语双解释义词典自然也就成了他们的首选。

不过，对高级汉语水平学习者来说，双语释义词典的吸引力并不大。从我们对本校汉语专业20多位研究生的初步调查来看，他们反而更倾向于使用单语词典（见表1）。

表1　高级汉语水平学习者对词典的选择倾向

词典类型（按释义形式）	人数/人	比例/%
汉语词目—汉语释义	7	30.4
汉语词目—母语释义	7	30.4
汉语词目—汉语英语双解释义	2	8.7
汉语词目—汉语母语双解释义	6	26.1
无所谓，哪一种都行	1	4.4

从严谨性看，这一数据还远不能充分体现高级汉语水平学习者对词典的选择倾向。但从中至少可以看出，对这些汉语专业的研究生来说，双语释义词典并不

是第一需求。但在释义语言上，多数人又更倾向于选择有母语释义形式的词典。可见，不论是哪种汉语水平的学习者，在使用词典时都对母语有着不同程度的依赖性。

目前国内大部分外向型汉语词典都以汉语单语释义为主，有的虽然也搭配外语注释，但一般只是词目的注释，具体释义部分并无相应译文，且外语也以英语为主，"汉语词目—汉语母语双解释义"的词典很少。李禄兴（2020）指出，"初级汉语水平的学习者更多的是在课堂上学习汉语，掌握的词汇以汉语课本为主，不习惯使用以目的语释义和例句为主的词典"。从把汉语作为第二语言的学习者的整体看，大部分学习者汉语水平都是初中级，且与高级汉语水平学习者相比，他们对词典的依赖和需求更多。外向型汉语词典要被广泛接受和使用，就不能不考虑学习者的这种群体现状和普遍需求。

2.2 从载体和介质看，电子词典需求大，融媒词典是新宠

自 1976 年北京语言学院首次编写《汉英小词典》起，国内陆续出版的外向型汉语词典已有 50 余部。"但令人遗憾的是，95% 左右的汉语学习者没有使用过中国出版的汉语学习词典"（杨玉玲，2022），究其原因，除了释义、配例、用词等方面的诸多问题外，介质单一也是重要原因之一。

在互联网和信息技术迅速发展的当今，便捷、智能已成为人们生活的一种普遍需求，而传统纸质词典显然在这方面不具优势。相反，电子词典因为便携易查，正受到越来越多学习者的青睐。根据解海江、李莉（2012）的研究，60.7% 的留学生认为电子词典对学习汉语更有帮助，电子词典拥有率达到 79.5%，使用频率达到 66.8%，明显高于纸质词典。在使用场合上，无论阅读、翻译、写作还是学习词汇，电子词典的使用频率均高于纸质词典。李曼（2016），杨玉玲、杨艳艳（2019）的调查也显示，77% 以上的学习者使用的都是电子词典。不过最新研究发现，实际情况可能远比这些数据展现的更糟糕。章宜华（2021）在研究中明确指出，随着新媒体终端的普及，纸质词典的使用率已降至"冰点"，现在基本 100% 的学生都在使用词典 App，常用纸质词典的人大概只有 10%。显然，对数字信息时代的词典用户而言，纸质词典已不再是他们的首选、常用之辞书。他们手中的外向型汉语词典不论是在拥有率还是使用率方面，电子词典都占据了更大的市场份额。

不过，电子词典之所以受欢迎，最重要的还是因为它的便捷性，若从词典内容看，无论是在词目和义项的编排，还是在释义、配例、词性标注等方面，都可

谓漏洞百出、错误频现。从这一点看，电子词典无法与纸质词典相比，更谈不上权威。可即便如此，学习者依然更钟情于电子词典。对此，杨玉玲（2022）指出，"这些电子词典多是单纯依靠技术网络提取，而无汉语专业人员参与，内容错误较多，配例不分义项随意堆砌，汉语二语学习者对内容优劣并无判断能力，故出现上述错位问题"。

纸质词典内容优质，却因不够便捷而备受冷落；电子词典错漏百出，却因方便易查而广受欢迎，这种错位让现有外向型汉语词典的存在略显尴尬。但正如章宜华（2021）所说，无论词典学家如何努力，纸质词典的"进化"都变得越来越困难。杨玉玲（2022）认为，解决这一供需错位问题的根本出路在于发展汉语融媒词典，将融媒时代的基本特点和优质词典内容有机结合。这一观点其实代表了学界许多同仁的共同想法，如章宜华（2019）在此之前就已提出，媒体融合已经成为信息处理和传播的必然趋势，融媒体辞书也将是辞书人的必然选择。此外，李宇明、王东海（2020），唐舒航（2021），刘永俊（2021），解竹（2021）等也都对此持一致看法。不可否认，未来的外向型汉语词典，"融媒"之路是趋势，也是必然。而从学习者使用电子词典的现状看，即便是错漏百出，他们仍然给予了电子词典极高的满意度和包容度，那么集权威性（优质词典内容）和便捷性（数字、媒体、信息等现代技术）于一体的融媒词典，也必将成为辞书界的新宠。

2.3　小结

综上可见，在外向型汉语词典的选择上，学习者在释义形式和载体介质方面有着明显的选择倾向。从释义形式看，初中级汉语水平学习者更倾向于选择双语释义形式的词典，其中"汉语词目—汉语母语双解释义"词典又是他们的首选。但对高级汉语水平学习者来说，单语释义词典反而更受欢迎。但不论哪种汉语水平的学习者，他们在使用词典时都对母语有着不同程度的依赖性，所以母语释义形式是外向型汉语词典吸引学习型用户的一个重要因素。

从载体和介质看，纸质词典内容优质、种类丰富，却越来越不受青睐和肯定，使用率降至"冰点"；电子词典错漏百出、数量有限，却一直备受欢迎和包容，使用率和拥有率都远超纸质词典，占据了极大的市场份额。在这种状况下，发展融合优质词典内容和现代信息技术于一体的融媒词典，将是改变外向型汉语词典尴尬现状的有效选择。

3 外向型汉语词典的 "融媒" 之路

关于融媒辞书，章宜华（2019）指出，其核心就是词典文本和一切与文本生产、存贮、传播相关的活动的高度融合。但融媒词典区别于传统辞书的最大不同除了介质、信息量、高科技融入等显性因素外，更重要的是它重视用户需求、强调用户友好的编纂理念。秉承这一理念，融媒词典除了在文本内容上要像纸质词典一样保证精准科学、优质权威外，还要从用户需求出发，兼顾现代信息技术所能提供的最大支持，对传统文本内容进行重新设计和调整。简言之，不论是在核心的词典文本层面，还是在辅助的现代技术层面，只有践行了用户友好的理念，外向型汉语词典的"融媒"之路才算真正开启。

作为非专业人士，我们不便对融媒词典的诸多研究细节发表意见和看法，但作为用户，我们特别期待未来的外向型汉语融媒词典至少在以下几个方面能超越传统辞书，做得更出色、更完善。

3.1 充分考虑用户需求， 让检索查询可以 "按需提取"

按照功能词典学理论，用户类别不同，查阅情境不同，用户的查询需求就不同。

外向型汉语词典的用户主要是学汉语的非汉语母语学习者及汉语教师，按身份、汉语水平、国别、母语、学习目的及动机等不同特征可分为不同的用户类别。用户类别不同，查询需求也不同。李睿、王衍军（2020）曾指出，初级汉语水平学习者更多的是检索一些基础词汇，并且他们大多只需要了解基础词汇的核心意义，而高级汉语水平学习者更需要语法和语用等信息。比如同样是查询"今晚可以多玩会儿，反正明天没课"一句中的"反正"，初中级汉语水平学习者可能只需知道"反正"在这里是什么意思即可；而高级汉语水平学习者可能对"反正"在此处的用法更感新奇；教学型用户则可能需要全面了解和掌握"反正"在句法、语义、语用等方面的综合信息及注意事项，甚至还要考虑它与"因为"的异同辨析等信息，以备教学中的各种答疑和偏误预警。教学型用户一般都是出于备课和授课的需要使用词典，"要给学生一碗水，自己得有一桶水"。作为教师，只有储备足够的专业知识和技能，才能在"授业、解惑"的过程中得心应手、应对自如。从这一点看，教学型用户对外向型汉语词典的需求并不比学习型用户小，某种意义上说甚至需求更大。

从查阅情境看，用户使用词典有时是因为在教学中遇到困难，有时则是因为在学习中遇到困难。而学习中的困难可能是在"听"和"读"的过程中遇到的，也可能是在"说"和"写"的过程中遇到的。按功能词典学理论，前者为信息接收情境，后者为信息产出情境。在两种查阅情境中，用户希望得到的信息是不同的：在信息接收情境中，用户查词典主要是为了扫除听读障碍，一般只需理解词义即可，词典此时提供的信息只要能帮助学习者"懂其义"就行；而在信息产出情境中，用户查词典主要是为了学习词语的用法，除了要明白词义，还要知道词的用法、语用等信息，词典此时提供的信息除了要帮助学习者"懂其义"，还要帮助他"得其法"，即会说会用。显然，不同的用户、不同的查询情境，希望得到的信息也不同。信息需求不同，词典的信息呈现方式也应该不同，否则就会信息冗余。"一锅粥"式的信息只会增加用户的检索和查询负担，违背用户友好的理念。

所以，要真正做到从用户需求出发，词典的编纂就必须考虑用户的类别和查阅情境，让用户可以根据自己的需求"按需提取"目标信息，而不是只能在通篇的信息中慢慢搜寻浏览。但是根据李睿、王衍军（2020）的研究，目前国内的词典基本上都是"一锅粥"式的检索模式，所有用户，无论是何种外语水平等级，也无论是处于何种查阅情境，均以同一检索界面进入词条呈现界面，并得到同样的词条呈现结果。结果就是，一个教学型用户和一个学习型用户，一个初级汉语水平学习者和一个高级汉语水平学习者，一个英语母语学习者和一个韩语母语学习者，一个在听读中遇到困难的学习者和一个在说写过程中遇到困难的学习者，他们在查询同一个词语或结构的时候，检索到的内容是一样的。也就是说不管学习者什么水平，哪国人，母语是什么，理解和掌握了多少、能接受多少，在什么情况下、需要哪些信息等，所有与该词目相关的意义、用法、配例等都会一股脑儿地呈现在用户面前。这对不同类别的用户，尤其是初级汉语水平学习者来说，无疑增加了查询负担和难度，因为他们需要从所有内容中去分辨目标信息和冗余信息。

由此，按用户类别和查询情境去设计词典文本，同时关联检索模式进行融媒体客户端的技术设置，让词典在文本内容和技术支持上同时做到"按需分配"，才能让用户的查询和检索实现"按需提取"。这是外向型汉语词典"融媒"之路上重要且必要的一步。

3.2　词典是一个动态的超级词库

随着社会的发展，词汇也会不断推陈出新。传统辞书限于介质的局限，空间不足，更迭困难，所以即使新词新语不断涌现，纸版辞书仍难以做到与时俱进，尤其是许多极具时代特色的流行语，向来都被传统辞书拒之门外。不过，介质受限只是客观原因之一，传统的编纂模式才是最易被忽视的症结所在。章宜华（2019）、杨玉玲（2022）都指出，传统词典的编纂模式以"词典"为编写单位，即整部词典不彻底完成就不会接触用户。该模式一个极大的弊端是"忽视用户需求"，整部词典一旦完成，内容也基本固定，很难不断更新完善。

不同于传统词典，融媒词典既有介质上的显著优势，又有现代科技的技术支持，编写单位完全可以不再是"词典"，而是"词条"。这样，即使只有一个词条发生了变化，词典文本也可以即时更新调整。整部词典就如同动态语料库一样，完全也可以是一个动态的超级词库：词目是动态的，可以随时增添和删除；配例、释义、义项编排是动态的，可以不断调整、完善；释义形式是动态的，多模态、多语言的内容可以不断丰富、持续更新。总之，按章宜华（2019）的表述，融媒词典的实质就是一个"多模态数据库"，而融媒体赋予了这个数据"眼睛"、"耳朵"、"心智"（灵魂），使得它能与用户互动，理解用户的需求。

当外向型汉语词典成为动态的超级词库，传统词典的诸多问题和困境就会迎刃而解。

比如流行语收词的问题。与规范的现代汉语比，流行语确实在规范性和稳定性上达不到传统辞书的收词要求，但相较于规范的、一板一眼的信息交流，它生动幽默又略带调侃式的表达不但能传达更多的深层含义，还能带给人们更多交流的乐趣，让日常交际变得丰富生动和轻松愉悦。所以流行语的存在其实是对现代汉语词汇的一种极大丰富。但流行语最大的特点就是"流行"，某一流行语可能会长久存在，也可能很快便从人们的交际中消失，所以一部词典"能收、敢收"流行语的必要前提是词典必须能随时更新词目。显然，传统词典很难做到这一点，但这对融媒词典来说完全不是问题。

再如词典"部头多"的问题。为尽可能满足不同用户的查询需求，许多学者都提出应该分别编纂适用于不同人群的外向型汉语词典。如杜焕君（2010）、章宜华（2019）、李禄兴（2020）等都提出，词典编纂应充分考虑目标用户的不同语言层次、母语文化特点及偏误规律等特征，根据其文化差异和母语负迁移等特点进行释义、偏误分析和提示等，分别编纂适合某一阶段、某一人群、某一目的的系列分级词典或不同的汉语—民族语词典。这些建议值得肯定和提倡，但很可能只是一个美好的愿望，因为真要为不同的人群分别编纂不同的词典，那未来外向型汉语词典的数目将是一个难以想象的数字，而且这个数字只会越来越大。

这样看来，传统纸质词典即使有用户友好的理念，但因空间有限无法承载面面俱到的足量信息，只能通过"多部"系列或专项词典去实现，不可能做到一部词典即可满足各种用户的万千需求。这并非词典编纂者的责任，实在是介质局限所致。而融媒词典完全可以对现有的词典进行资源整合，融多部为一部，解决词典"多部头"的问题。对此，章宜华（2019）也指出，有了现代技术的支持，完全可以通过融媒体综合平台把分散的辞书编纂力量联系在一起，把分散的辞书资源整合到一起，把不同种类、不同专业的词典融为一体，最后建成一个超级辞书库。这与我们所期待的动态超级词库恰好是一致的。

3.3　有丰富的配套练习

从学习规律看，新知识在接收后，还要借助相应的练习，经过不断巩固和强化才能被充分消化和吸收。学习型用户查询的词语或结构大都是在学习过程中疑惑不解或感到困难的，对这样的词语结构，学习者若只停留在"知道/理解"的学习层面而没有进行针对性练习，其学习效果必定会大打折扣：一方面，学习者无法真实了解自己的掌握程度，不确定是否真懂真会；另一方面，仅存的一点学习效果也很可能会一闪而过，即查询过后很可能就不记得了。对词典来说，在词目下提供相应的配套练习，也就为用户提供了自我巩固和检测的机会。传统辞书限于介质的局限，一般只能提供形式单一的文字练习，缺乏趣味，更谈不上生动和丰富。而融媒词典因其介质的优势，不但可以提供多模态的释义形式，也完全可以提供多模态的配套练习，如文字、语音、声音①、图形、视频等多种形式的互动练习。它们既增加了学习的趣味性，利于学习者提高自学能力，同时也为教学型用户提供了丰富的教学资源。以往的研究曾多次提到外向型汉语词典的"学习性"不够，这其实是基于学习型用户视角考虑的。而外向型汉语词典的另外一个重要用户群体——教学型用户，却一直被忽略，即很少有人从他们的视角去关注外向型汉语词典"学习性"之外的一些特征，比如"教学性"。强调外向型汉语词典的"学习性"自然是没错的，但忽视其"教学性"也实属不该。外向型汉语词典不只是汉语学习者必备的学习工具书，也是汉语教师必备的教学工具书。

3.4　有完善的用户反馈系统

杨玉玲（2022）指出，融媒词典并非单纯的一部词典，而是包括低层数据

---

① 指语言以为的声音。

库、中层产品、高层服务的一个词汇学习平台。优质的词典除了要有优质的内容，还要有优质的配套服务。对融媒词典来说，这种服务的核心理念就是一切以用户为中心。词典编纂之前，用户需求是词典编纂的指挥棒；编纂完成后，用户需求又是词典改进和完善的指挥棒。融媒词典如果要做到尽善尽美，就必须有一套完善的用户反馈系统。通过这一系统，词典用户可以随时指出问题、建言献策、提供资源等，词典编纂团队则可以根据反馈及时对词典进行调整、改进和完善。任何词典都不可能做到完美，但通过用户的反馈和词典团队的不断努力，未来的外向型汉语词典一定会愈加完善、日趋完美。

4　结语

词典编纂是一项大工程，而外向型汉语词典的编纂难度尤其大、内容尤其多。不论是宏观上的总体设计、原则把控，还是微观细目里的音形义、字词句，面对复杂的用户类别和不同的查阅情境，每一项、每一步都要深耕细作、精雕细琢。即便如此，也很难有一部词典能一步到位地满足所有用户的全部需求。虽然我们把各种美好的期待和希望都寄托在未来的融媒词典上，但美好的愿景是要靠不断的努力一步一步实现的。我们期待在所有词典人的共同努力和坚持下，早日收获这样一部优质的、广受欢迎和喜爱的外向型汉语融媒词典。

参考文献

[1] 杜焕君. 教师视角的对外汉语词典用户需求研究：对外汉语词典用户需求调查 [J]. 广东外语外贸大学学报，2010 (5).

[2] 金沛沛. 对外汉语学习词典研究 30 年 [J]. 云南师范大学学报（对外汉语教学与研究版），2015 (3).

[3] 李禄兴. 外向型汉语学习词典使用者的需求调查 [J]. 国际汉语教学研究，2020 (4).

[4] 李曼. 外国留学生汉语学习词典应用与需求状况调查 [D]. 石家庄：河北师范大学，2016.

[5] 李睿，王衍军. 功能词典学理论下外向型在线汉语学习词典的编纂与构建 [J]. 华文教学与研究，2020 (1).

[6] 李宇明，王东海. 中国辞书历史发展的若干走势 [J]. 鲁东大学学报（哲学社会科学版），2020 (1).

［7］刘永俊．辞书融合出版的优化路径研究：兼评《现代汉语词典》（第 7 版）App［J］．北京联合大学学报（人文社会科学版），2021（2）．

［8］唐舒航．融媒体时代数字化词典编纂出版的现状及其问题［J］．西华大学学报（哲学社会科学版），2021（5）．

［9］王晓涵．外国学生使用外向型汉语词典 App 学习汉语现状调查与分析［D］．大连：辽宁师范大学，2021．

［10］解海江，李莉．外向型汉语学习词典需求状况调查研究［J］．鲁东大学学报（哲学社会科学版），2012（1）．

［11］解竹．浅析融媒外向型汉语词典的发展路径［J］．传播与版权，2021（8）．

［12］杨玉玲，杨艳艳．汉语学习词典调查分析及编写设想［J］．现代语文，2019（2）．

［13］杨玉玲．融媒时代外向型汉语学习词典编纂理念与实践［J］．首都师范大学学报（社会科学版），2022（2）．

［14］章宜华．融媒体视角下多模态词典文本的设计构想［J］．辞书研究，2021（2）．

［15］章宜华．论融媒体背景下辞书编纂与出版的创新［J］．语言战略研究，2019（6）．

［16］赵新，刘若云．关于外向型汉语词典释义问题的思考［J］．语言教学与研究，2009（1）．

编辑视域下单语外向型
学习词典的语境创设①

——以《国际中文学习词典（初阶）》为例

李津

（人民教育出版社）

摘　要：本文从编辑视角，在广义语境理念下，以单语外向型初级中文学习词典《国际中文学习词典（初阶）》为例，重点研究该词典在编写和编辑两个维度下语境动态创设过程，从语用、文化和视觉三个层面对该词典的语境创设进行了分析。该词典遵循最新发布实施的《国际中文教育中文水平等级标准》（GF0025－2021）中相互连通的"四维基准"等级量化指标体系，与初阶1～3级的词汇表全面对标，定位明确、用户特征清晰，对语境创设呈现出立体架构、循序渐进的样态。其中，语用层面表现在义项选择与排序、释义表述、例证选用、词语辨析和图示照应等方面；文化层面表现在中国文化呈现、中外文化比较和文化性引申义处理等方面；视觉层面表现在系列性规划下的设计效果、字词习得要求下的呈现方式和语言认知透析后的符号助力等方面。因此，语境创设不是游离于纸张以外、专注于语言学习本身的设计，而是始于策划、规划、编写、编校到最终印制全流程的、多方交互协作的行为，是整合了多重关注和多维干预的动态过程，是在编者和编辑高度参与、多视角融合、全流程交流、深层次探究等互促互进下的综合产出，是在文本、配图、版式、装帧相叠交织之间融汉语本体、国际中文教学以及词典学于一体的系统工程。

关键词：单语外向型中文学习词典；语境创设；语用；文化；视觉

① 该文为2022年度教育部中外语言合作交流中心、世界汉语教学学会"国际中文教育研究课题"重点项目"新标准视域下国际中文词汇学习资源的数字化、可视化建设"（项目批准号：22YH58B）阶段性成果。

1　引言

　　语境对字词的意义有导向、确认和解释的功能，可以为词语的识记增加线索，促进词语的保持。在国际中文教育中，恰当的语境创设是帮助那些以中文为第二语言的学习者更好地理解、掌握词汇的有效途径。作为面向国际中文学习者的外向型中文学习词典，语境的创设也体现在多个层面和诸多细节之中，为编者和研究者所关注。编者视角下的语境创设是词典规划、编写中通过创造性劳动呈现的最完美的诠释；研究者视角下的语境创设则是对成书条分缕析地探究，并通过描绘与点评提出的经验型结论或创新型建议。本文则从编辑视角出发，以《国际中文学习词典（初阶）》（以下简称《国际中文词典》）为例，追踪并分析多方交互下语境创设的动态过程，力求探究单语外向型初级中文学习词典语境创设的本质。

2　单语外向型初级中文学习词典的特殊性

　　随着我国综合实力的不断提高，中国在国际上的形象正在逐步从"他塑"转向"自塑"。外向型词典的编纂工作也在创新中逐渐呈现单语化、多元化、精细化等特点，满足学习者在中文学习中的多种需求，促进他们对中文的语言认知，提升中国文化的国际传播力和影响力。单语外向型初级中文学习词典即是彰显民族自信、突出文化自信的一类自主研发词典，打破了外向型初级学习词典多为双语的常见体例，元语言控制在初级学习者可以理解和使用的范围，用例和辨析在关注使用者的习得特点和语言认知水平的同时也与相应级别的汉语水平考试紧密相关。

　　本文所讨论的《国际中文词典》缘起于国家最新颁布的、面向新时代的国家级汉语水平标准——《国际中文教育中文水平等级标准》（GF0025 - 2021）（以下简称《等级标准》），收词范围即为该标准的词汇表，等级划分与词汇等级的量化指标完全一致，义项选用与该标准的音节、汉字、语法联通处置，语料库参照了 HSK 考试对应级别的内容，凸显此类词典的特殊性。

　　首先，这种特殊性表现在封闭域内的释义语言设定。《国际中文词典》收入了《等级标准》初阶 1 ~ 3 级共计 2 245 个词语，释义及举例用词只限于这些词语，亦即其元语言受限于本词典中经过释义的词。例如："标准"作名词时，在

《现代汉语词典》中的释义为"衡量事物的准则"，其中的"衡量""事物""准则"分别为《等级标准》中六级词、四级词及高阶词。由于这几个关键用词均不在《国际中文词典》词表中，编者最初将其释义为"进行比较、检查的一种依据"。但在成稿之后，尚在微调中的《等级标准》又将"依据"调为四级词，于是编者又据此修改释义为"进行比较、检查的一种规范"，其中"规范"为三级词。

其次，表现在单语设定下的综合释义方式。《国际中文词典》的释义以使用者对词语的习得为目的，除个别音译外来词引用了外文译文，多采用语境带入、形态描述、图片辅助和用法/句型说明等方式释义。例如："水"在同是外向型学习词典的《汉语5000词用法词典》中的释义为"无色、无味的液体，是氢和氧的化合物，化学式为 H_2O，water"，该释义科学准确并通过英文译文精准指向"水"的基本义项。根据单语的设定要求，在不使用英文译文的前提下，《国际中文词典》做了描述性释义——"没有颜色、味道，人、动物等生命在生活中离不开，自然状态下向低处运动，温度在零摄氏度以下或超过100摄氏度的时候形状会发生变化的东西"，并配以图例。

再次，表现在高度关联规则下的用例渐进式拓展。《等级标准》中的音节、汉字、词汇、语法"四维基准"构成的等级量化指标体系相互联通，具有高度关联性。《国际中文词典》依存这一体系，用例也与音节、汉字和语法深度相关，音节引领汉字、汉字带入词语、词语用例关照语法。例如："按照"为三级词语和语法点，用例先给出短语"按照计划进行"，再给出简单句"坚决按照要求完成计划"，最后给出复合句"只要你按照我的办法去做，一定能成功"。通过这样渐进拓展的举例，在呈现三级词"按照"使用方法的同时，将其语法应用以及二级语法点"只要……就……"的应用融合其中，形成高度紧密的关联。

最后，此类词典的特殊性还表现在使用者语言能力解析下的立体化语境创设。为了帮助学习者在不同情境下正确使用中文交流，不同的外向型学习词典也将语境创设于字里行间。有的词典采取以例句触发使用者学习词语的方式，没有说明性的用例，而是词条后直接呈现例句，再对这个例句进一步解释说明，来帮助使用者通过简单的上下文学习相应词语。《国际中文词典》的语境创设方式更显立体化特色，包括借助描述性释义中的上下文铺垫、用例指向的插图配置、代替说明文字的语用式词语辨析等形式。例如："事故"的释义"不好的事（多指安全方面的事）"给出了这个词的应用场景，例句"一定要注意安全，防止事故发生"，利用"注意安全"铺设出"事故"这一词的使用场合。

3　不同层面语境创设的动态观

学习词典的语境研究对象多为已经出版的成书，即固化的静态成品，语境研究是对其中释义或用例的语境进行考察、分析和综合。而语境的创设实际上是存在于词典的编纂和编辑动态过程中，在编者和编辑人员的交互中不断升华构建而成。一般认为，图书的出版流程是线性的——初始于出版需求阶段的策划/规划，成形于编纂者的创造性劳动，流转于出版社编辑人员的设计与操作，呈现于印制装订后的最终样态。然而，这貌似粗略的流程中每一个环节都衍生出若干细枝末节，每一个看似独立个体完成的活动都得益于多方交互沟通，每一本成书都是多因素动态相关的结果。由此，当我们研究外向型学习词典的语境创设时，也应从编者和编辑双重维度出发，以动态的视角从语用、文化、视觉三个层面进行考量。

3.1　语用层面的语境创设

语境是语用的中介场，而单语、外向型、初级的学习词典语境在语用层面需要更多关注使用者本身的认知特点和第二语言习得规律，其语境创设中的适切性尤为重要，主要体现在义项的选择与排列、释义的表述、例证的选用、易混淆词的辨析以及配图的照应等方面。

义项的选择与排列是一种隐含的语境设计，是为了帮助使用者有效学习本级别范围内词语而进行的抉择。因此，对于本身义项较多的词语，需要根据《等级标准》以及使用者的学习需求与必要进行适切的选择和排序。例如："步"在《现代汉语词典》中有 8 个义项，《商务馆学汉语词典》选用了其中 3 个义项，《当代汉语学习词典》则只选取了其中 1 个名词义项，即与英语"step"对应的义项。鉴于《等级标准》中的"步"为三级字和三级词，《国际中文词典》选择了其作为名词和量词的这两个义项，即"走路时前脚和后脚中间为一步"以及"表示步的数量单位"。

外向型初级学习词典从使用者学习需求出发，根据他们在学习和生活中接触和学习词语的顺序，对词语义项进行不同于内向型学习词典的排列。例如：《国际中文词典》中"气"合并了《现代汉语词典》中第二个义项"特指空气"和第五个义项"气味"为其名词义项"一般指空气；也指（空气中的）味道"，又合并了《现代汉语词典》中第九个义项"生气；发怒"和第十个义项"使人生气"为其动词义项"生气；使人生气"。词典最初根据传统词典的义项排列顺序，先出名词义项，再出动词义项。在编校过程中，编者在进一步分析 HSK 考试和国际中文教材等资料的基础上，将义项顺序调整为先出动词义项，再出名词义项，符合使用者实际的学习顺序。

受到《等级标准》初级词语表为释义元语言的限制，《国际中文词典》的释义在语境创设表述中也同样存在一定的制约。例如："如果"在一般词典中会说明这个词表示假设，和口语中的"要是"相同。但《等级标准》中的"假设"一词出现在 7～9 级词语表，初阶语法项目中涉及假设复句的项目是"如果……，就……；……的话，……就；要是……，就……"，《国际中文词典》将其释义为"要是，常和'就''那么'等词配合使用"，通过同义对释的方式给出了较为标准的解释之后，又结合初阶语法项目给出使用方式，从而帮助使用者学会词语的使用方式。

学习词典一般会特别关注为虚词提供语义背景和意义表达方面的语境。《国际中文词典》限于单语的要求，又囿于元语言的范围，在一些实词的释义中也提供了相应的语境，多为对其使用范围进行的界定。例如："动"的第一个义项释义为"（人或东西）改变现在的地方、状态；使（人或东西）改变地方、状态"，将其他词典常常会分别释义的两个义项合而为一，降低了使用者对这两个义项的细节区分，又通过括号中的"人或东西"说明了主语或宾语的位置。

示例是学习词典中语境创设的主要依托，尤其是复合句用例通过上下文创造语言语境，可以有效促进使用者正确理解和恰当使用词语。有的词典直接用例句代替释义，有的词典仅以复合句举例，呈现出较为丰富的例句群和语境群。

《国际中文词典》则在兼顾语言本体知识习得和词语浸入使用的初衷下，将传统词典的例证模式进一步拓展为从词语、短语到简单句、复合句或对话的渐进式举例方式，并规定了离合词的例句采用先"合"词举例，再"离"词举例的方式。例如："推动"一词的例证即按照以上顺序："～力｜～工作｜～社会进步｜～事业发展｜这件事说了很长时间，一直推不动。"作为初阶词表中略显抽象的一个词，短语、短句的用例主要呈现其在抽象概念下的用法，在复合句呈现了其在较为具体概念下的用法，因而也将该词"离"的用法用在了这个复合句例句中。在对学习词典的配例研究中，诸多学者对语境创设都给予了特别的关注，蔡永强（2008）认为"语境配例把词目的句法、语义、语用特征集中在一起，让词义更加具体化"。这样的表述也恰好与《等级标准》中词汇与语法的高度关联以及语言要素选取中的交际性这一核心原则相吻合。

　　无论内向型还是外向型学习词典，易混淆词辨析是最具特色的设计，在语用层面担任着重要角色。不同的是，内向型学习词典和高阶外向型词典的辨析阐述更加精准、举例更加明晰、对比更加显著，而初阶外向型词典的辨析内容考虑到使用者的认知能力和既有语言水平，主要采取例句比对的方式辨析，这往往就要通过上下文创建的语境助力区分两个词语在语义和语言上的不同。例如：《国际中文词典》在辨析"走开①"和"离开"时，首先说明了"'走开'和'离开'意思差不多"，并给出了两个词可以替换使用的句子"你在这儿等我，不要走开↔你在这儿等我，不要离开"，随后从使用的角度进行辨析："但是，'走开'后面不能再带任何词，下面句子不能用'走开'"，阐明可以使用"请你们离开这个地方"而不能用"请你们走开这个地方"，最终用这样的方式进行区分。越是精细化的辨析，越需要学习者更多的语言知识背景，通过创设语境进行对比的方式能够有效提升初级学习者辨析的能力。

　　词典中配图的作用首先是以图释义，但在外向型学习词典中配图还承担着辅助语用的责任。这表现在说明性插图与列举性插图并存，对比性插图与关联性插图相互照应，增强性插图与指示性插图增加等方面。

　　以《国际中文词典》为例，"男"的配图为突出性别特征的从男孩到老年男人的一组图片，与之相呼应的，"女"的配图则是同样风格的从女孩到老年女人的一组图片；词语"楼上""楼下"使用了同一张二层楼的图片，用箭头指向不同的位置对照出两个词的差别；"骑"的配图为骑马、骑摩托车和骑自行车的图片，而"骑车"仅以骑自行车为配图。此外，和其他图解词典中名词、动词配图较多的情况不同，该词典从语用的角度增加了较多形容词配图，例如"高兴""快乐""累""老"等均有配图。从语用的层面来看，这些配图为释义提供一定的语境，有利于使用者理解词义。《国际中文词典》中还存在一部分为用例提供语境的配图，例如："后"的一个例句为"门后有人"，在编辑过程中拟配一张门后一个小姑娘探出头来的图片，于是商议让编者将例句调整为"门后有个女孩儿"，从而与图片两相呼应，为词的使用提供了恰当的范例。

　　由此可见，语用层面的语境创设与词典的主要项目息息相关，是语境创设的根本目的。这个创设过程首先是基于词典顶层设计的编者创新，其次是编者在后期参与编辑流程中精益求精的细节完善，也融入了编辑人员与编者交流互动下对稿件的调整。

---

　　① "走开"在《等级标准》的词汇表中为二级词。

3.2　文化层面的语境创设

语言是文化的载体，二者具有高度的黏着性。文化与词语的生成直接相关，词语是反映文化的基本语言单位，不同文化语境下的词语语义亦不尽相同。外向型学习词典在兼具对词语进行解释说明和促进词语学习的双重功能定位下，一直强调创设非语言语境中的文化语境，呈现出不同于传统词典的文化特质。

全面而客观地展示中国文化。将语言的学习置于有中国特色的文化情境之中，有利于初级中文学习词典的使用者更好地了解中国、学习中文和正确使用汉语。词典中兼顾传统与现代、多元与发展的中国文化展示，在助力使用者学习语言的同时，引导他们对中国文化的尊重、移情和热爱。《国际中文词典》的编者和编辑在整体规划之初，就确定了文化语境不仅要巧妙创设于释义和例句中，还要贯穿于各个板块设计的理念。经多次往复商议，书中配图定位在以中国传统风格的绘图为主，仅给一些难以绘制的、具有现代意义的词语或情景非常具体的词语配以照片。例如："鸟类在天空中活动"义项下的"飞"，配图为飞翔于江南的燕子；"下雪"配图为雪中古色古香的红墙；"体育场"和"体育馆"的配图为国家体育场"鸟巢"和冬奥会场馆的照片。

此外，在历次校样调整的过程中，编者在释义、例句和辨析部分特别关注到对中国文化的全面性阐述，出现"中国"关键词的释义和例句有200余处，其中既有对中华传统文化的阐述，也有对现代中国生活和文化的说明。例如："龙"在释义中强调"中国古代传说中一种很有力量的动物"，用例则进一步对"龙"的特点进行了说明："龙头上有角，下面有脚，能走能飞能下水，力量强大，古代老百姓对它又爱又怕"；"级"在例证中提到了中国普通话水平考试的等级划分："中国的普通话考试一级代表最高水平"，以及中国医院的级别设置："中国的三级医院是条件很好的医院"；"流行"用例中"这个城市流行喝汤，因为人们觉得喝汤对身体好"关注到中国不同地域的饮食特色。这些文化内容在编者多次揣摩之后，在有限的元语言下调整而成，有机地将词语的学习融合在中国文化大背景之下。

语言学习动力常常来自对另一种文化的好奇、比较、移情和热爱。外向型学习词典的文化语境创设应在尊重其他地域文化的前提下，引导使用者通过比较深入了解中国文化、热爱中国文化。

《国际中文词典》在国际视野下的初设计中，编者对部分需要配图的词条提出了中西两种方式的图示要求。例如："结婚"的配图分别展示了中式婚礼和西式婚礼；"快餐"的配图既有汉堡可乐，又有中式盒饭；"演出"和"演员"词条相邻，一个以西式剧目演出呈现，一个以中国京剧演员示意，形成了隐形的文化比较；"美元"的举例中用"美元在中国要换成人民币才能买东西"一句比较了两个国家货币名称的不同。此外，编者又对一些涉及种族、宗教、烟酒嗜好等问题的释义或例句做了多次调整，避开了可能会引起使用者不适的文字。例如：量词"杯"在释义中不可避免地提到"酒"（"表示用杯子喝水、茶、酒等的数量单位"），但编者将原来为了复现三级词"红酒"而用的例子"要了两杯红酒"调整为"要了两杯红茶"。

单语语境下的中文学习词典面向的是不同国家和地区的使用者，不同于课堂教学和某个语种教材可以有针对性地进行文化比较，《国际中文词典》的处理方法是以中西方文化比较为主，兼顾其他区域的文化特点和禁忌。在国际中文教育日趋国别化的今天，以此为蓝本改编多个语种版本词典的需求也应运而生，文化尊重则成为基本前提。

很多词语的引申义带有浓郁的文化风格，需要通过一定文化语境下的说明、解释和对比帮助初级学习者理解和使用。例如："红"作为形容词是指"像血一样颜色的"，文化含义上需要说明"在中国，表达欢乐或庆祝的时候常用这种颜色"，但如果直接在其释义后进行文化阐述，连贯而成的两句话可能会引起使用者误解"中国人认为血的颜色是喜庆的意思"，编者与编辑商议后，形容词"红"词条下仅给出了"像血一样颜色的"和"代表成功、顺利；非常受欢迎，流行"这两个义项，没有进行文化层面的说明。不过，即便是中文初学者也在有限的语言接触中知道"红"的颜色在中国具有特殊的意义，这是需要在初级词典中就给出的文化内容。因此，名词"红色"的释义被调整为"红的颜色。在中国，表达欢乐或庆祝的时候常用这种颜色"，并在例句中以"结婚""春节"等话题对其文化含义进一步予以说明。"红色"的另一引申义"象征革命或政治觉悟高"，并没有被初级词典收入，采取了在后续的中阶和高阶词典用例中体现的处理方式。这样的文化语境创设研究往往是匿身成书背后、渗透在各个环节之间的，但又是为了更好的语境创设而必然经历的过程。

在编辑加工的过程中，编者和编辑人员始终将二语学习者对中国文化的认知程度作为创建文化语境的基点，一方面在释义和用例中搭建联结文化与习得的上下文语境或图示语境，另一方面注意到可能会带给使用者不适的文化表述，多次往复调整，通过适当的方式传播中国文化，引导使用者客观、正确地理解中国文化，并进一步移情、热爱中国文化。

3.3 视觉层面的语境创设

纸质书的视觉设计是多种元素的融合输出，是逻辑、时空、图像、文字、色彩、材质等诸多设计在语言理念下的多维交互与作用的结果。然而，图书设计的重点不在于追求其外在的视觉美感，而是要找到书籍语言最佳的传达方式，词典亦然。外向型中文学习词典的视觉设计则在秉承以上设计理念的前提下，充分考虑词典本身辅助二语习得的功能和使用者的认知需求，形成内外兼修的产品形态。因此，视觉设计不是单纯编辑维度的构造，而是编者和编辑双方不断沟通下的双螺旋建构过程，是基于宏观语境创设理念的多方共治。

3.3.1 系列规划与视觉效果

很多学习词典存在不同级别或不同侧重点的系列性规划，如"牛津英汉双解词典"系列有初阶、中阶、高阶的级别规划，《新编学生字典》和《新编学生词典》成相辅相成的姊妹关系。这些成体系的词典在视觉上进行一体化设计，在考虑使用者认知特点的基础上，与词典内文相互照应，形成语境氛围，促进词典编写目的的达成。

《国际中文词典》以《等级标准》为选词和等级设置依据，初阶之后还规划了中阶和高阶两个级别。词典编者由此提出了对整体设计的要求，封面采用统一风格、不同色彩的设计以彰显系列化特色，内文与封面的色彩搭配使用相近色系以减少色彩反差带来的学习障碍；编辑人员针对不同级别使用者的主要人群特点，提出了采用配图从手绘的、色彩明丽的、以中国风为主的图片向专题性创意照片逐级过渡的方式。在编辑过程中，还多次针对不同词条的配图进行了调整，方便使用者有效习得词语。例如：词典中涉及"动物"等表示类别的词语最初设计为扩展配图的方式，即在"动物"词条下配以各种动物的图片并标注这些动物的名称，以创设充分的语境帮助学习者了解和学习"动物"。但在实际配图后，编者发现其中一些动物名称不属于《等级标准》初等词汇表的范围，这一方面有悖于词典自足性要求，另一方面会对使用者造成学习上的困扰，这样的语境实际上不是最优选择。最后，"动物"的配图确定为一张"动物合影"的图片，从而促进使用者对该词的理解。

3.3.2 字词习得与视觉呈现

学习型字典重在对汉字本身的认知，《新编小学生字典》《汉语图画字典》分别作为内向型学习字典和外向型学习字典，在视觉设计上都采用了同样的方法，即汉字的部首和笔画数分两行排列，置于与字头等高的两竖线之间，紧随字头之后，凸显汉字的"方框字"形体特征，拼音或引领于同一音节的汉字之前，或排在汉字部首和笔画数之后。而在各类词典中，无论是单音节词还是多音节词，一般都是在词条后接排词性、释义、用例等内容。

《国际中文词典》的特殊性在于其综合了字典和词典的双重角色，既对字头/单音节词进行部首、笔画数和结构、级别的分析并呈现，也对单音节词和多音节词标注拼音并释义、举例。设计之初，词典遵从传统的字词典视觉呈现风格，字头/单音节词后排笔画数和部首、结构，再排拼音，而多音节词后接排其注音。这样的版式设计对使用者分辨单音节词和作为语素的汉字造成了混淆，也不符合使用者优先学习汉字/词语读音的需求。在编者的建议下，编辑和设计人员让汉字和词语的注音紧随字词之后，汉字/单音节词的整字笔画数和部首缩小字号分两行排在拼音之后，其在《等级标准》中的级别列在同一行的最右侧，从而形成每一个字或词条的天然分割线。经过这样的处理，使用者在查询中首先满足了对字/词的首要需求——会读，再进行汉字的认识与了解以及词语的学习与应用。该词典在内文的字体设计中遵从国际中文教材的惯用字体，使用更有亲和力和体现汉字美的楷体引领字头和词条，释义根据词典的普遍体例采用宋体，用例则转换为清秀的仿宋体。这样的视觉设计铺设出引导使用者逐层探索和学习的途径，符合二语学习者的认知需求，也符合国际中文教育的教学策略。

3.3.3　语言认知与视觉符号

"提示"是学习词典有别于传统词典的一个重要板块。《牛津初阶英汉双解词典》的"辨析"为突出底色的板块式设计，《新编小学生词典》也设计了突出底色的板块并以"小知识"的方式对词语辨析和用法进行提示，从而明示了词语使用中特殊的语言环境，加深了使用者对词语的认知。区别不同板块内容的呈现方式展现了不同词典的视觉设计特色，多采用字体变换、色块突出、表格对比、文本框置入等方式，也有的词典通过不同的符号引领各个板块。

例如，《国际中文词典》针对初级使用者的学习能力相对薄弱的情况，采用了不同功能使用不同字体的方式——字头/单音节词为三号楷体，笔画数和部首为五号仿宋体，字的结构为五号楷体，字/级别为五号宋体，方括号中的词条为四号楷体，释义为五号宋体，用例为五号仿宋体，辨析中的说明文字为宋体，辨析中的用例为仿宋体。使用者初时未必能关注到不同字体与板块之间的联系，但随着使用频度的增加，他们会发现相比字体和字号变化不明显的词典，这种由字/单音节词整体带入的方式具有更强的便利性。视觉符号的使用也是这本词典的特色之一。以"☞"引出提示内容；辨析中以"↔"表示两个词可以相互替换，用"≠"表示两个词相互替换后语义不同，用前置"＊"表示替换后的句子不可用。这样的视觉符号在排版相对紧密的文字间形成自然隔断，让使用者在阅读中产生跳跃感，留给使用者停顿思考的时间，又免去了说明性文字带来的辨析干扰。

4　小结

在广义的语境理念下，有助于词语正确认知和使用的语境创设不限于释义和用例的呈现结果，也表现在图片和装帧设计的关联架构之中。单语外向型初级中文学习词典的语境创设是一个贯穿于词典编写和编辑流程中动态的生成，是多领域专家参与下相互协作和思维碰撞的产物，是融汉语本体、国际中文教学以及词典学于一体的综合成果，是浸润于词典字里行间、细枝末节中对使用者的责任。因此，对词典的语境分析与探究也跳脱出条分缕析下的静态成品词典，从多个视角考察和研究这个以持续完善语境创设为目标的动态流程。希望能以此文为单语外向型初级中文学习词典的语境创设分析提供一个新的视角，也为创设符合学习词典定位和使用者需求的语言语境和非语言语境提供一种模式参照。

参考文献

［1］蔡永强. 外向型汉语学习词典的释义用词［J］. 辞书研究，2018（4）.

［2］蔡永强.《当代汉语学习词典》配例分析［J］. 辞书研究，2008（3）.

［3］常敬宇. 语境和对外汉语教学［J］. 语言教学与研究，1986（2）.

［4］李禄兴. 外向型汉语学习词典使用者的需求调查［J］. 国际汉语教学研究，2020（4）.

［5］李行健. 一部全新的立足汉语特点的国家等级标准：谈《国际中文教育中文水平等级标准》的研制与应用［J］. 国际汉语教学研究，2021（1）.

［6］李亚男.《国际中文教育中文水平等级标准》解读［J］. 国际汉语教学研究，2021（1）.

［7］刘若云，张念，陈粉玲. 外向型汉语学习词典用例的语言与内容［J］. 语言教学与研究，2012（4）.

［8］鲁健骥，吕文华. 编写对外汉语单语学习词典的尝试与思考：《商务馆学汉语词典》编后［J］. 世界汉语教学，2006（1）.

［9］中华人民共和国教育部，国家语言文字工作委员会. 国际中文教育中文水

平等级标准 ［S］．北京：北京语言大学出版社，2021．

［10］ 苏新春．学习词典学习性的三大内涵及对词典新形式的期盼 ［J］．北华大
　　　　学学报（社会科学版），2019（5）．

［11］ 徐子亮．语境在汉语作为外语学习中的认知作用 ［J］．南京大学学报（哲
　　　　学·人文科学·社会科学），2000（5）．

［12］ 张志毅，张庆云．理论词典学 ［M］．北京：商务印书馆，2015．

［13］ 郑定欧．对国际汉语学习词典的再认识 ［J］．国际汉语教学研究，2014（1）．

基于语料库的汉语电子
学习词典语义网络研究

秦岁

（北京语言大学汉语教师教育学院）

摘　要： 在大脑中，词语不是独立存储的，不同概念通过语义网络的方式相互连接。外向型学习词典作为语言学习的重要工具，有必要重建这种网络联系，以完善学习者的二语心理词典。由此，本文在词典学理论框架的指导下，参考认知语言学、语料库语言学、二语习得等理论，从心理词典和词汇知识的角度探讨语义网络在电子词典中的实现问题，包括汉语电子学习词典语义网络框架构建、基于共现关系的关系词提取和呈现方式三方面内容，认为语义网络应用于汉语电子词典中应该以学习者为导向，参考心理词典的组织方式，以词项为基本单位，从形体关联和语义关联两个角度入手，呈现多种关系类型。本文根据词项间的不同关系，将语义关联分为内部关联和外部关联两类，针对外部关联下的动态组合关系，提出了基于语料库的关系词提取方案，以"医生"作为示例词考察了该方案的可行性，并为语义网络在汉语电子学习词典中的呈现方式提出建议。

关键词： 汉语学习词典；电子词典；语义网络；语料库

1　引言

词汇储存于人们大脑中，并不是孤立存在的，不同词汇通过各种关系互相联系，形成复杂的语义网络。从董燕萍、桂诗春（2002）的综述可以看出，尽管母语心理词典可以为二语词汇知识的获得提供一定的语义基础，但双语心理词典表征结构并非完全共享。因此，对二语学习者来说，在词典中构建目的语语义网络，有利于探索词汇内部规律，扩大词汇量，逐步建立一套接近于目的语的二语词汇知识表征系统。但传统的二语学习词典为了达到条目精细整齐、易于查询等效果，多采用字母排序方式，割裂了词与词间的这种有机联系。过去不少纸质词典试图克服传统编纂模式的这一弊端，却受到了媒介和技术的双重限制。电子词典的出现打破了纸质媒介的限制，为语义网络的系统呈现带来了可能。从现状来看，英语电子学习词典在这个领域已先行一步，如韦氏电子词典中置入了相关词检索功能，朗文电子词典提供了主题、搭配等相关词信息。而汉语词典在这个领域却仍处于起步阶段。但不论是英语电子学习词典还是汉语电子学习词典都亟待进一步探索。因此，本文基于二语学习者的词典需求，尝试从呈现内容、提取方法、呈现方式三方面入手探讨语义网络在汉语电子学习词典中的实现问题，以期帮助学习者构建起不同词汇间的联系，完善其二语心理词典。

2　语言中的关系网络

二语习得理论认为，语言习得的关键在于创造出下意识地获得语言知识的环境，因而需要加强对语言输入的了解。若要在学习词典中沟通词汇关系，提高词汇输入的质量，有必要探索一语和二语心理词典组织和提取信息的方式，厘清语义网络关系类型，使词典中呈现的语义网络既符合母语者心理词典又能有效完善学习者心理词典。

2.1　心理词典的组织方式

心理词典（mental lexicon）是指词汇知识有组织地存储在大脑中，并能够进行输入和输出加工的表征体系（邢红兵，2013）。学习词典的最终目的是完善学习者的二语心理词典，使之尽可能地接近母语者的心理词典。因而理想中的词典应在编排方式上符合心理词典的信息组织方式，在信息展示上体现母语者心理词典的关系聚类。

在心理词典的组织方式方面，心理学界也提出了不少假说。其中最有影响力的是 Collins & Quillian（1969）的层次网络模型（hierarchical network model）和 Collins & Loftus（1975）的激活扩散模型（spreading-activation model）。两个模型都认为词语在心理词典中并不是按形式，而是按意义来储存的。他们用"节点（node）"来代表词或词所承载的概念，不同的节点之间通过各种复杂的关系连接在一起，构成一个庞大的语义网络。不同的是，前者认为这个系统具有严格的层次性，各个节点并不都处于同一水平层次上，有些节点所处的层次会高于或低于其他词。而后者认为词汇的组织主要依赖于意义或概念间的相关性，而不具有严格的层次性。这个模型最为重要的特征是"激活扩散"，一个概念只要被激活，就会扩散激活与之有一定关系的其他概念。但激活强度以节点为中心向外逐渐减弱，距离越远，激活的强度就越弱。虽然学界普遍认为意义是心理词典的组织中心，但心理词典保存的绝不仅仅是意义信息，应该包括词语的所有语言信息。因此，Bock & Levelt（1994）对激活扩散模型进行了改进，他们认为人们的心理词汇知识可以分为三个层面：①与意义或概念相对应的概念层（conceptual level），类似上述的前两个模型；②与句法相对应的词目层（lemma level），包括词性、形态和搭配等；③与外部形体（form properties）相对应的词项层（lexeme or sound level），包括语音和文字形式。学习词典可以从这三个层面入手来拟构心理词典中的语义网络。

　　上述假说对心理词典的组织方式和信息提取有很强的解释力，但一语和二语心理词典的组织方式是否相同还需要得到实证研究的进一步验证。根据舒华等（2003）对研究现状的综述，心理词典系统至少包含五个部分：语音输入词典、字形输入词典、语义系统、语音输出词典和字形输出词典（见图1）。这五个部分可以概括为两个系统：语义系统与词形系统。这两大系统在认知上相互关联，但在功能上却是相互独立的。不少研究发现，一语心理词典主要以语义相连进行词汇存储和表征，但二语心理词典却是非语义和语义混合的。随着二语水平的提高，即使学习者表现出了从语音联结到语义联结的变化，但是语音在二语词汇联想中仍起着非常重要的作用（张淑静，2005；张萍，2009/2010）。张淑静（2005）通过实验进一步指出"二语心理词汇中语义联系缺乏的主要原因就是母语中介"。反过来说，加强语义关系的联结对减少母语负迁移也有一定的作用。因此，在二语学习词典的编排上，虽有必要体现一定的词形关系，但重点仍应是体现目的语的语义关系。

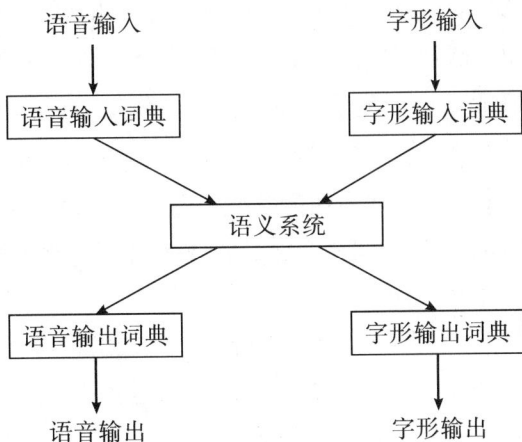

图1　心理词典系统的功能结构简图（舒华等，2003）

2.2 语义网络的关系类型

词语关系知识是词汇知识的一个重要方面，也是将语义网络应用于词典编纂需要解决的关键问题。那词汇间究竟存在哪些关系？上面提及 Bock & Levelt（1994）指出人们的心理词汇知识可以分为意义、句法和外部形体三个层面。从语义网络的角度来看，汉语词汇关系在句法层面主要体现为搭配关系，而"词语搭配的性质，归根到底是语义"（常敬宇，1990）。因此，我们认为语义网络中的词汇关系主要体现在形体关联和语义关联上。

在形体关联方面，Saeed（2000）将同音和同形关系可以统为一类的，称为Homonymy。章宜华（2021）构建的语义关系网络表中也区分了形体关联，文中称为形态关联，但该框架主要针对英语，包括同族、同根、同缀、同音、同形五种关系。而汉语作为孤立语，虽然几乎不存在前三种关系，但其音形关系与英语相比更为复杂。除了同音和同形关系外，还应关注到汉字形体方面的形近关系和形义相关的同素关系。

在语义关联方面，赵彦春（2003）认为词汇记忆包括语义列和语义场两个途径。语义列关注的是词汇内部意义间的关系，以及词汇的语义扩展特征。如 diamond 的语义列：diamond 1（钻石）– diamond 2（菱形）。语义场着眼于词汇外部与其他词之间的建立在概念基础上的语义关联。不同于传统的语义场理论，他认为语义场应用于词典学中，需要着重研究的不是世界知识的开放性，而是如何根据人类的认知规律和特点将不同词汇进行组合。基于这个前提，他认为语义场包括词汇场（lexical field）和联想场（associative field）。词汇场是静态语义场，主要反映词义之间的聚合关系，相当于语言学中普遍认知的语义场概念。联想场是动态语义场，主要反映词义之间的组合关系。联想场中的词具有一定的内在联系，是以共现性为基础组合而成的。我们认为，联想场至少包括两个层面的共现，一是情景层面的共现，如书中说到的"pilot – sky – flighter – aerodrome…"一类。二是句法层面的共现，具体表现为搭配关系，如"讲故事"，一般不能说成"说故事"或者"告诉故事"。词典中尤其应体现目的语的习惯搭配，以区分学习者按母语系统而"生造"的搭配。

下面用简图（见图2）展示上述关系：

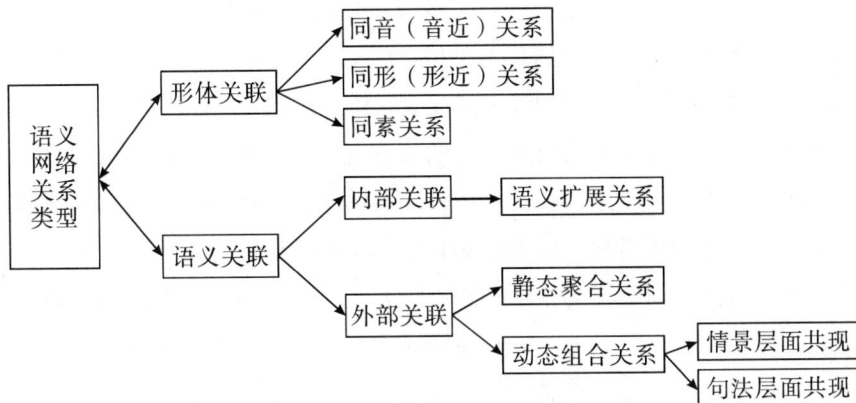

```
                    ┌──→ 同音（音近）关系
            ┌─ 形体关联 ├──→ 同形（形近）关系
 语义       │          └──→ 同素关系
 网络  ─────┤
 关系       │          ┌─ 内部关联 ──→ 语义扩展关系
 类型       └─ 语义关联 ┤
                        └─ 外部关联 ┬──→ 静态聚合关系
                                    └──→ 动态组合关系 ┬──→ 情景层面共现
                                                      └──→ 句法层面共现
```

图2　语义网络关系类型图

3　汉语电子学习词典中的语义网络框架

心理词典按语义网络的方式组织起来，储存了意义和形式的配对。汉语电子学习词典如何拟构心理词典中的语义网络，呈现其中重要的形义关系？我们认为，这不仅需要构建一个适用于学习者的词典语义网络框架，而且需要为其中的关系词寻得合理来源。

3.1　词典中的语义网络框架

3.1.1　框架构建原则

我们认为在词典中构建语义网络至少应遵循以下三个原则。

（1）词典中的关系网络应以词项为基本单位。

词项是概念的表现者，是一个义项同词语的语音形式的结合体。一个单义词既是一个词，也是一个词项。一个多义词是若干个词项的复合体（周国光，2005）。电子学习词典打破了传统纸质词典按字母排序的局限，让使用者可以通过多种方式轻松检索到目标词，这种目标词的获取方式与心理词典更为相似。但不同的是，心理词典以语义为组织中心，语音、形态、语法、概念和用法都是语言认知和习得过程中的语义表征形式（章宜华，2015），而电子学习词典多是以词形为基点设立词条，整合词汇的所有音形义信息，同一个词的不同意义通过义项的方式在词条下聚合。但是，多数语言中纯粹的单义词很少，大多数词都是多义词，这就导致以语义为中心的语义网络系统与以词形为中心的词典词条无法完全对应。若以词条为单位，则无法使关系网络与语义对应。因此，应以词项作为语义网络在词典中提取和呈现的基本单位。

（2）词典中的关系网络结构应符合心理词典的组织方式。

将语义网络应用于词典编纂中，目的是重现心理词典中的词汇网络关系，以增强学习者的词汇学习效果。因此，拟构词典语义网络框架应从心理词典的组织方式和词汇学习的角度考虑，而不是对自然语言中的语义关系进行分类。科学的分类追求角度统一，所获得的子项必须不相容。而在心理词典中，不同的节点间以网络状形式相互联系，且节点本身还同时储存着形、义等多方面的信息，任何一部分的信息被激活，都可能激活与之相关的其他部分。因此，同样的一对词项可能属于不同的关系。如"雨衣—雨伞"就既有形态上的关联也有语义上的关联。"医生—护士"一方面属于"职业"的下位义场，一方面又在具体的语言情景中具有强共现关系。

（3）选择词典中呈现的关系类型应以学习者心理为导向。

俄罗斯语义学派为了满足机器翻译工程语义的需要，曾使用词汇函数对俄语词的语义关系进行了尽量穷尽式的检测。结果发现，词与词之间抽象的语义关系是可以列举的，已被揭示并加以研究的有 70 余种（王东海、张志毅、王丽英，2007）。但对于学习词典的编纂而言，呈现过多、过细的关系类型既不利于操作，也会对学习者造成心理负担。因而学习词典在选择呈现内容时，应从学习者出发，考虑关系类型的典型性和心理激活强度。着重选择上下位关系、同义关系、反义关系等十分经典且能在学习者心中迅速构建起联系的关系类型，以及由于经常共现而在语义记忆中联系较强的关系类型。陆勋林（2009）的心理语言实证研究结果显示，主题分类、并列与搭配结构在被试者心中的联系极为紧密牢固。Kent 和 Rosanoff 的词汇联想测试发现：不考虑习惯性联想，属性关系、功能关系、对比关系和相似关系的激活强度最强，是最容易产生联想的关系类型（余萍，2014）。因此，这些关系类型也应该在词典编纂中体现。

3.1.2　框架结构与关系类型

根据上述三个原则，汉语电子学习词典的语义网络框架可以借鉴心理词典，以形体关联和语义关联为基点，呈现不同的词汇关系类型。具体分类如下：

（1）形体关联。

揭示不同词项形体上的关联：根据二语学习者的需求把在字音、字形上存在密切关系的不同词语联系起来。提高学习者汉语心理词典各单元表征及其相关联结之间的清晰性、条理性和稳定性，培养他们的语素意识，从而构建起形音义的有效联系。主要包括同音（音近）、同形（形近）、同素三大类，可以细分为以下几种关系：

同音同形关系：通过同音同形聚合的形式揭示同一形体下的不同意义。如"【生气】[1]：因不合心意而不愉快"和"【生气】[2]：生命力；活力"。

同音异形关系：通过揭示同音关系下的字形差异建立形音义的有效联系。这一关系对拼音文字背景下的学习者来说尤为重要。如"实话—石化"。

音近关系：通过音近词类聚的方式建立形音义的有效联系。如"不仅—不尽—不禁"。

同形异音关系：通过揭示同形关系下的读音差异建立形音义的有效联系。声调上的差异对非声调语言背景下的学习者来说较难掌握。如"【供养 gōngyǎng】：供给生活所需；赡养或抚养"和"【供养 gòngyǎng】：用供品祭祀（神佛或祖先）"。

形近关系：通过揭示字形上的差异建立汉字形体意识。如"土—士"。

同素关系：通过同素类聚的方式培养学习者的语素意识。如顺序类聚下的"血管—血型—血迹—血仇—血肉……"，倒序类聚下的"气血—鲜血—淤血—热血—心血……"或居于词语中间的"白血病—混血儿—高血压—吸血鬼……"。

（2）语义关联。

揭示不同词项语义或概念上的关联：根据目的语语义类聚的特点，将目的语心理词典中具有强激活关系的词语联系起来，拓展二语心理词典的语义网络，扩大学习者的词汇量。主要包括以下几种关系：

语义扩展关系：通过揭示词语的语义扩展为多义性的路径来构建词汇内部基本义和引申义之间的语义联系。如【深】从基本义"【深】[1]：从上到下或从外到里的距离大"引申出"【深】[3]：深奥""【深】[4]：深刻；深入"等引申义。

同义/近义关系：通过同义类聚的方式厘清词项间的细微语义差异。同/近义词与易混淆词之间具有交叉关系。如"闻名—著名—驰名"。

反义关系：通过反义类聚的方式揭示概念范畴中相反或相对的语义关系。如"善良—邪恶"。

上下位关系：通过揭示不同概念层级的关系可以突显词项的类属概念。上下位关系与层次网络模型对应，包括纵向的层级关系和横向的并列关系。如"米饭""面条""面包"等既属于并列关系，又同属于"食物"的下义词项。

整体—部分关系：通过对概念的分解来揭示词项间的包容关系。整体—部分关系内部也存在一定的层级关系，但分解所得的各词项同属于一个整体。如"汽车"和"轮胎"。

顺序关系：通过揭示概念的顺序关系从而有效且有序地拓展词汇。顺序关系包括线性关系和循环关系两类。如"小学—中学—大学"属于线性关系，"春—夏—秋—冬"属于循环关系。

情境关系：通过揭示词项在交际功能中的强共现关系以起到拓展词汇的作用。处于情境关系下的词项不一定符合逻辑分类，但因经常共现而在心理词典中有较强激活作用，包括主题关系、属性—宿主关系、功能关系等。如"医院—医生""牛—憨厚""下雨—伞"。

搭配关系：通过揭示句法层面的共现关系来把握词项的固定组合关系，搭配关系在减少母语的负迁移和易混淆词辨析方面都有重要的作用。搭配关系包括语法学中的修饰、动宾、主谓等关系。如我们一般说"心地善良"而不说"心善良"或"心脏善良"。

以下用简图（见图3）展示上述关系分类：

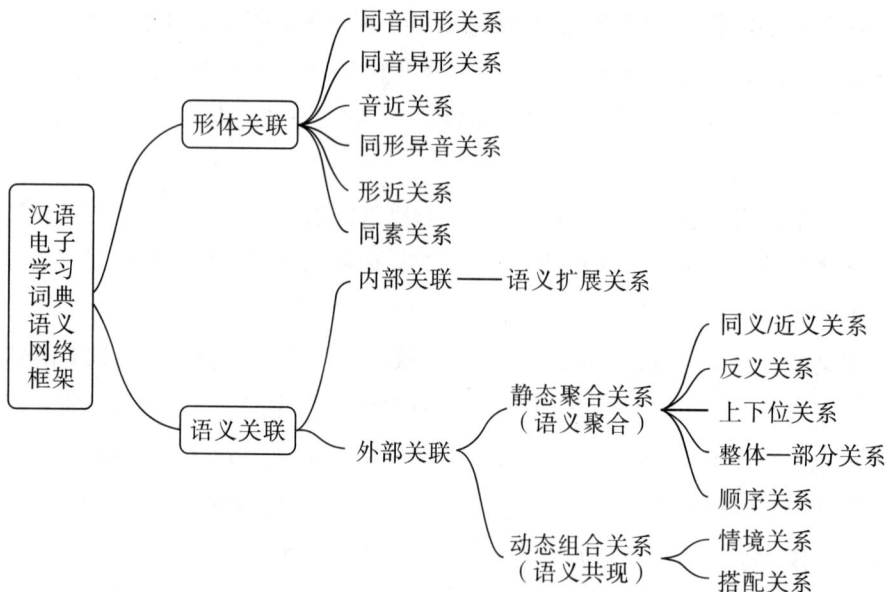

图3　汉语电子学习词典语义网络框架图

3.2　基于语料库的共现关系词提取

语义网络框架构建后，关系词的来源也是亟待解决的问题。我们认为，语义的外部联系分为静态聚合和动态组合两种关系。其中同义/近义关系、反义关系、层级关系等静态聚合关系主要依赖相关语义的聚合，传统纸质词典已经对这些关系有过较为全面深入的研究，可以成为这一部分关系词的参考来源。但我们对情境关系和搭配关系这两类动态组合关系的研究较少，目前尚未发现对此进行专门分类的词典。动态组合关系可以看作情景和句法层面的共现关系，若依靠个人主观经验选取难以展现出自然语言的整体面貌。我们认为目前较为科学且可行的方式是以大量客观的语料事实为依据，以共现频率为标准进行提取。本节将以"医生"为例尝试提取其情境关系词和搭配关系词，以此探讨将语料库作为共现关系词来源的可行性。

3.2.1　关系词提取方案

想要保证提取的结果具有代表性，对语料库的选择尤为重要。语料库的规模必须足够大，样本量充足。程月（2008）的语料库搭配研究和肖莉（2021）的共现词关系研究表明，检索词的索引条数在万条以上最适合做共现或者搭配提取。另外，语料来源的规范性也极为重要，语料的语言使用必须准确无误。综合考虑下，我们选择了北京大学的 CCL 在线语料库（以下简称"CCL 语料库"）。此外，所得关系词的"常用度"和"相关度"也是必须考虑的两个维度。因此，基于语料库获取目标词的共现语料，分析共现数据，提取出共现关系词后，还需要通过高"共现率"并辅以"语义相似度计算"[①] 保证提取出的关系词既有较高的使用频率又与目标词有密切的联系。

基础提取步骤如下：

第一步，以目标词为检索关键词，从选定的语料库中下载所有检索结果。

第二步，使用分词软件对所得语料进行分词处理，并人工检查分词结果。

第三步，使用软件对共现情况进行分析统计，提取出共现频率较高的词语。

第四步，从上一步得出的结果中，去除掉使用频率高，但是不存在意义关联和搭配关系，也没有实际含义的词类。包括各类虚词、数词、代词、叹词、拟声词、判断动词、能愿动词、副词等。

第五步，获得目标词的共现关系词。

上述是提取情境关系词和搭配关系词的基本步骤，但由于上述两类关系有各自的特点，其具体处理步骤也必定存在一些差异。情境关系主要基于词汇间意义

---

① 语义相似度计算是自然语言信息处理中的基本问题，指基于一定角度计算两个概念的相似程度，通常指两个概念本身具有某些共同特征。本文采用语义相似度计算作为辅助，有助于提取出一些共现频率不高但与目标词有高相关性的关系词。

的相关性，而搭配关系则更看重与目标词的前后共现关系。因此，首先二者在跨距①的选择上不同。我们将情境关系的跨距设定为一个句子。为了保证下载语料能包含完整的句子，在操作步骤前，需将语料库语料显示字数设置成 100，将全部索引行下载并导入 Excel 文件人工分句后，才能进行第二步的分词处理。而在搭配关系上，本文将示例名词"医生"的跨距设定为 −2/＋1。其次，为了保证得出的关系词通过语义类聚，在提取情境关系词时，还需要辅以语义相似性分析，将第四步所得的结果与目标词逐一进行相似度计算，再根据计算结果去除掉相似度低的词语，得出引申联想关系词。图 4 和图 5 分别简单展示了两种语义关系的提取方法：

图 4　情境关系词的提取

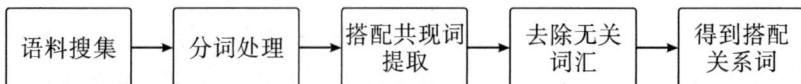

图 5　搭配关系词的提取

3.2.2　关系词提取示例

考虑到选取的示例应具有代表性，在语料库的索引条数不应过高或过低，我们选择了名词"医生"作为提取示例。"医生"在 CCL 语料库的索引条数为 25 633 条。需要说明的是，由于 CCL 语料库的语料为生语料，可能存在分词错误及单条语料包含多个含有目标词句子的情况。因此，在分析前需对语料作进一步校对处理。经过处理后，含有"医生"的总句数为 28 960 句。表 1 是使用 QUITA 软件对该词词型、词例②和型—例比率③进行统计的情况。

---

① 跨距就是以关键词为中心的左右语境。跨距的选择对能否提取出相应的聚合语义联结词至关重要。选取的跨距要足够长，能保证聚合语义联结词与关键词共现。但如果跨距过长，又容易导致过多无关高频共现词的出现。因此，应该根据关系类型的不同选择不同的跨距。

② 词型与词例（type and token）出自：戴维·克里斯特尔. 现代语言学词典［Z］. 4 版. 沈家煊，译. 北京：商务印书馆，2000。词型（type）指一个语篇样品中不同词的全部数目，词例（token）指语篇样品中实际出现的词的全部数目。

③ 型—例比率（type-token ratio）是在一个语篇样品中不同词［型（type）］的全部数目与实际出现的词［例（token）］的全部数目的比率。

表1　"医生"共现词型一例统计结果

目标词	共现词型	共现词例	型一例比率	共现频次≤5 的词型数
医生	40 576	780 541	0.051 984	30 112

从上述统计情况来看，示例词"医生"的语料词汇数量虽大，但与其共现的词型并不多，型一例比率约为 0.051 984，也就是说平均每个词在文本中约使用了 19.24 次。且其共现词相对比较集中，共现频次大于 5 次的词只占总词型数的约 25.79%。下面将分别介绍其情境关系词和搭配关系词的提取结果。

（1）情境关系词的提取。

本文使用 QUITA 软件统计共现频率，去除无关词汇后，提取出共现频率较高的前 500 词，与示例词"医生"进行语义相似度的计算。提取结果按语义相似度降序排列，选取相似度 0.5 以上的相关词作为示例词的引申联想关系词，尽量保证提取词汇的同时具备高共现率与高相似度。与示例词"医生"相似度在 0.5 以上的共有 83 个词，以下截取前 30 词列出（见表2）。

表2　"医生"情境关系词（节选前30词）

序号	相关词	频次	频率	频次排名	相似度
1	护士	1 074	0.138	34	0.813 4
2	医师	149	0.019	367	0.812 1
3	病人	2 739	0.351	5	0.804 4
4	医院	3 985	0.511	3	0.789 0
5	医护人员	146	0.019	374	0.744 6
6	大夫	259	0.033	168	0.743 6
7	患者	1 657	0.212	17	0.741 5
8	会诊	145	0.019	382	0.737 9
9	诊所	162	0.021	325	0.732 0
10	手术	2 060	0.264	10	0.723 1
11	就诊	133	0.017	422	0.714 9
12	治疗	2 012	0.258	11	0.708 4
13	诊断	833	0.107	41	0.701 8
14	病情	524	0.067	69	0.700 4
15	门诊	207	0.027	242	0.694 1

（续上表）

序号	相关词	频次	频率	频次排名	相似度
16	看病	422	0.054	97	0.684 5
17	住院	374	0.048	112	0.682 1
18	诊治	191	0.024	261	0.679 0
19	确诊	121	0.016	485	0.675 8
20	内科	195	0.025	255	0.666 1
21	出院	171	0.022	306	0.665 1
22	外科	823	0.105	42	0.664 8
23	处方	265	0.034	165	0.643 4
24	医	300	0.038	140	0.638 3
25	药	951	0.122	35	0.638 1
26	家属	222	0.028	214	0.636 3
27	医德	120	0.015	490	0.636 3
28	病房	257	0.033	170	0.633 9
29	肿瘤	186	0.024	270	0.626 3
30	眼科	237	0.030	194	0.623 9

　　"医生"的情境关系词主要为名词和动词，其中名词56个，约占67.47%，动词27个，约占32.53%。其关系类型主要包括主题关系、功能关系、属性—宿主关系几类（见表3）。

表3　"医生"情境关系类型

情境关系类型	关系词
主题关系	护士、医师、病人、医院、医护人员、患者、诊所、门诊、内科、外科、眼科、手术、就诊、病情、大夫、住院、确诊、出院、看病、药、处方、家属、病房、肿瘤
功能关系	会诊、治疗、诊断、诊治、医
属性—宿主关系	医德

　　由此可见，对名词而言较为重要的主题关系和功能关系提取效果都比较理想，能提取出与目标词具有强联系的相关词汇。但相较而言，属性—宿主关系词较少。值得一提的是，我们通过计算共现频率能够提取出一些较容易与"医生"

建立心理联系的形容词，如：专业（相似度 0.448 8）、忙（相似度 0.312 3）、成功（相似度 0.291 2）、著名（相似度 0.268 3）等。而在该语义相似度计算方法下，这些词均未能达到 0.5 以上的相似度。但相信随着技术的发展，若能实现更多维度的词语相关性计算，关系词的提取结果定能更全面完整。

（2）搭配关系词的提取。

本文采用汪腊萍（2006）研究中的方法，将 MI 值①和 t 值②统计结合起来。在 AntConc 软件中分别使用 t 值和 MI 值进行两次检索，提取 t 值≥2.33 和 MI 值≥3 的搭配词③。剔除掉无关词汇后，分别以"医生"的左右共现频数进行排序，提取前 30 个共现频数较高的词，得出以下显著搭配词表（见表 4）。

表4　"医生"左右两侧的显著搭配词（节选前 30 词）

排序	左搭配词	共现频数	MI 值	t 值	右搭配词	共现频数	MI 值	t 值
1	医院	1 435	3.276 2	35.803 86	说	2 059	3.704 64	48.532 6
2	名	962	3.799 62	31.407 86	给	710	3.589 32	29.284 02
3	位	839	3.693 75	28.274 99	护士	708	4.198 59	26.976 83
4	去	717	3.497 34	27.267 4	诊断	419	3.821 13	20.485 7
5	说	704	3.704 64	48.532 6	来	380	3.184 29	22.655 43
6	外科	656	4.337 91	24.914 58	告诉	345	3.931 52	20.323 2
7	看	594	3.828 46	27.981 07	认为	328	3.731 07	18.723 61
8	心理	515	4.000 77	22.245 44	看	312	3.828 46	27.981 07
9	请	487	4.222 98	23.028 13	检查	309	3.344 82	20.716 6
10	当	485	3.718 84	22.273 29	介绍	248	3.818 09	16.119 3
11	找	435	4.087 84	20.577 48	没有	243	3.024 71	20.775 04

① MI 值指互信息熵值（Mutual Information），用来测量中心词和其搭配词之间的相互关联程度或搭配强弱。

② t 值指 t 检验值，用来检验中心词和其搭配词之间有无差异，常用在样本较小的数据统计中。t 值和 MI 值都可用于计算词语的搭配强度，但有各自的优缺点。汪腊萍（2006）的研究发现 MI 值有偏重低频词的问题，而 t 值偏重高频词，二者存在较强的互补关系。因此本文采用 MI 值和 t 值相结合的方式。

③ 一般来说，若某词项组合的 t 值≥2.33 和 MI 值≥3，则该词项组合被认为是典型且常用的词项搭配（Church & Hanks，1990；Church et al.，1991；李沛良，1987；冯跃进、汪腊萍，1999b）。

（续上表）

排序	左搭配词	共现频数	MI 值	t 值	右搭配词	共现频数	MI 值	t 值
12	中国	418	3.287 68	19.970 28	建议	237	3.907 59	15.618 2
13	好	344	3.354 95	18.402 62	发现	225	3.025 26	14.886 06
14	乡村	338	4.506 41	17.859 59	开	220	3.389 63	14.585 99
15	没有	318	3.024 71	20.775 04	指导	212	4.214 57	14.839 59
16	给	310	3.589 32	29.284 02	做	211	3.148 79	19.296 4
17	女	309	4.047 88	17.324 26	名	183	3.799 62	31.407 86
18	科	300	3.893 46	17.147 66	去	178	3.497 34	27.267 4
19	主治	276	4.638 99	16.317 7	问	166	3.926 06	17.527 4
20	来	268	3.184 29	22.655 43	医院	159	3.276 2	35.803 86
21	做	262	3.148 79	19.296 4	组织	133	3.344 51	13.157 74
22	家庭	256	4.047 47	16.300 12	表示	127	3.269 79	11.686 58
23	保健	220	3.825 59	14.096 09	处方	122	3.813 92	11.564 66
24	检查	219	3.344 82	20.716 6	知道	114	3.044 35	12.582 27
25	美国	216	3.209 16	14.816 86	请	105	4.222 98	23.028 13
26	问	186	3.926 06	17.527 4	律师	102	4.298 93	12.805 36
27	眼科	178	4.324 45	13.301 22	看病	102	3.570 88	13.176 77
28	临床	173	3.569 01	13.520 74	位	100	3.693 75	28.274 99
29	作为	169	3.780 63	13.595 95	抢救	96	3.367 78	11.878 8
30	老	155	3.442 75	12.614 81	当	96	3.718 84	22.273 29

　　"医生"左侧的显著搭配词主要包括动词（47%）、名词（45%）、形容词（6%）、量词（2%），最常见的结构类型是偏正结构和动宾结构。通过计算共现词频的方式，我们提取出了一系列非常具有代表性的偏正结构组合，如外科医生、心理医生、乡村医生、主治医生、家庭医生、眼科医生等。Wolter（2006）曾提出，不同语言间基本共享聚合型知识，而在组合/搭配知识方面则差异较大。这类短语在日常生活中使用频率高，其内部联系紧密，搭配十分固定。但学习者很少能通过教材或课堂去学习这些组合结构，导致在使用时常常临时将类似的词语东拼西凑去"生造"短语表达相应的意思。基于母语语料库提取出符合母语语感的组合联结类型并应用于词典编撰和教学中，有助于构建学生的语块意识，避免这类偏误的出现。与偏正结构相比，动宾结构内部联系比较松散，如：看医

生、当医生、找医生等，但这些组合在日常交际中共现频率极高，也可以为学习者提供一定的参考。此外，量词是学习名词时的一大难点，该方法也可以提取出具有搭配关系的量词，如 Num + 名/位 + 医生。

"医生"右侧的显著搭配词以动词为主，占 64%，也包括名词（28%）、形容词（4%）、量词（2%）。提取结果中最典型的结构类型是主谓结构，该方法能够提取出与"医生"具有强搭配关系的动词，如：诊断、检查、建议、知道、抢救等。

总的来说，就示例名词"医生"而言，该提取结果较为可靠。但不同词语有其特殊性，该方法是否适用于大规模提取还有待进一步考察。此外，由于词典中的关系网络以义项为单位，而目前语料库尚未对词语的义项进行分类标注，因此，多义词的处理离不开大量的人工分析，要在电子词典中大规模推广应用仍亟待技术的发展和语料库的完善。

3.3　语义网络在电子学习词典中的呈现方式

电子词典的出现打破了纸质媒介的限制，为语义网络的呈现带来了新的可能。但语义网络不仅关系复杂且属于开放型网络，如何将脑海中的语义网络更好地可视化呈现？这一问题的解决不仅需要模拟心理词典构建电子词典中的语义网络框架，还需要考虑其具体应用中的呈现方式。

3.3.1　分层呈现语义网络

在呈现方式方面，应充分利用电子词典的媒介优势。国外的可视化分类词典如 Visuwords 模拟激活扩散模型通过节点和连接线的方式实现关系词项的联结。如图 6 所示：

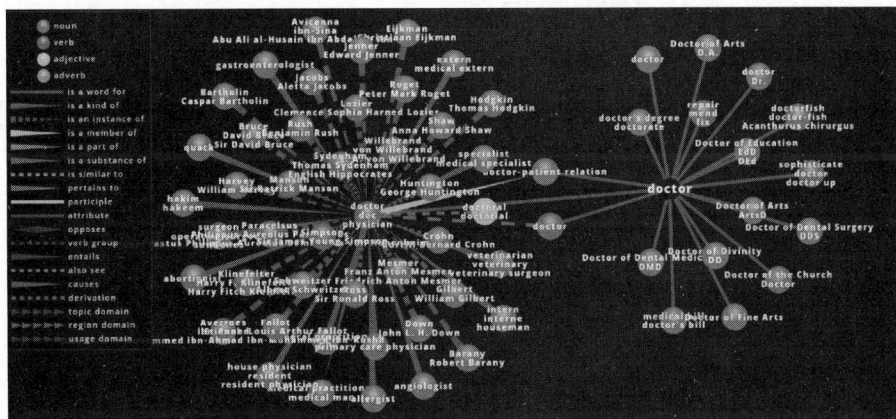

图6　Visuwords 网站"doctor"关系图

这种呈现方式虽然新颖且看似符合心理词典的组织模式，但其网状的呈现模式很难实现信息的快速捕捉，并不适用于实际的词汇学习。我们认为，在电子词典中，众多关系词可以通过上下位关系实现词典内词条的类属分类，通过语义扩展关系厘清词条内词项的扩展路径，使形体关联和外部语义关联下的各种关系类型可以在不同词项下类聚，实现词条—词项—关系的分层连接。

3.3.2　分级呈现关系词

虽然电子词典本身就是一个综合性的大型数据库，没有规模的限制，但一次性呈现过多的词条信息容易造成学习者心理负担，不利于词汇学习。如上述我们从示例词"医生"提取出了"患者""诊断""确诊""处方"等词语，虽然这些词在母语者看来与"医生"的相关度较强也较为常用，但其难度等级大大超越了目标词本身，学习优先级也就不如"药""医院""护士"等难度等级较低的词语。因此，提取出的语义网络关系词可以使用《汉语水平词汇与汉字等级大纲》等作为标准进行分级，方便学习者根据自身的学习需求获取对应水平的关系词。

4　结语

语义网络实现了心理词典的词汇概念连接，电子词典应借鉴语义网络的组织方式，帮助学习者拓展词汇量、减少母语负迁移，完善他们的二语心理词典。本文从词典语义网络框架的构建入手探讨语义网络在电子词典中的实现问题，认为汉语电子词典应以形体联系和语义联系为基础，呈现同音、同形、同素关系，情境关系，搭配关系等十四种关系类型。其中外部语义关系可以分为静态聚合关系和动态组合关系。目前学界对各类聚合关系的研究已较为深入，各类研究成果可以成为这类关系的权威参考来源。而动态组合关系以共现关系为基础，我们认为语料库是其最为可行且科学的来源途径。基于此，我们提出了基于语料库的提取方案，并以"医生"为示例词提取了动态组合关系词。通过示例分析发现，语料库的关系词提取结果较为可靠，但不同词性下关系词的提取有其特殊性，文中的提取方案是否可行还需要进一步验证。此外，由于语料库尚未对义项进行分类，单义词的提取较为容易，而处理多义词就必定离不开大量的人工处理。语义网络对电子词典的意义不言而喻，但若要实现词典全部词条的整体关系构建，无论是在关系词提取工作上，还是在呈现方案设计上，都还需要做大量的工作。

参考文献

[1] 常敬宇. 语义在词语搭配中的作用: 兼谈词语搭配中的语义关系 [J]. 汉语学习, 1990 (6).

[2] 程月. 现代汉语动宾搭配多角度考察及其自动识别 [D]. 南京: 南京师范大学, 2008.

[3] 董燕萍, 桂诗春. 关于双语心理词库的表征结构 [J]. 外国语, 2002 (4).

[4] 陆勋林. 语义网络的关系结构和词义检索模式 [J]. 江苏工业学院学报 (社会科学版), 2009, 10 (2).

[5] 舒华, 等. 词汇表征和加工理论及其认知神经心理学证据 [J]. 应用心理学, 2003 (2).

[6] 王东海, 张志毅, 王丽英. 电子词典编纂中的语义网与义链研究 [J]. 长江学术, 2007 (4).

[7] 汪腊萍. 词项搭配的定量分析方法 [J]. 上海师范大学学报 (哲学社会科学版), 2006 (6).

[8] 邢红兵. 基于语料库的词语知识提取与外向型词典编纂 [J]. 辞书研究, 2013 (3).

[9] 肖莉. 基于全句共现的汉语词语网络关系研究 [D]. 北京: 北京语言大学, 2021.

[10] 余萍. 浅析心理词汇与学习词典中观结构的构建 [J]. 科教导刊 (中旬刊), 2014 (8).

[11] 张萍. 词汇联想与心理词库: 词汇深度知识研究现状 [J]. 外语教学理论与实践, 2009 (3).

[12] 张萍. 中国英语学习者心理词库联想模式对比研究 [J]. 外语教学与研究 (外国语文双月刊), 2010, 42 (1).

[13] 张淑静. 从联想测试看二语心理词汇之间的联系 [J]. 解放军外国语学院学报, 2005 (2).

[14] 周国光. 语义场的结构和类型 [J]. 华南师范大学学报 (社会科学版), 2005 (1).

[15] 章宜华. 基于论元结构构式的多维释义探讨 [J]. 现代外语, 2015, 38 (5).

[16] 章宜华. 融媒体英语学习词典的设计理念与编纂研究 [J]. 外语电化教学, 2021 (3).

［17］赵彦春. 认知词典学探索［M］. 上海：上海外语教育出版社. 2003.

［18］COLLINS A M, QUILLIAN M R. Retrieval time from semantic memory［J］. Journal of verbal learning & verbal behavior, 1969（8）.

［19］COLLINS A M, LOFTUS E F. A spreading-activation theory of semantic processing［J］. Psychological review, 1975, 82（6）.

［20］BOCK K, LEVELT W. Language production：grammatical encoding［J］. Handbook of psycholinguistics, 1994.

［21］SAEED J I. Semantics［M］. Beijing：Foreign Language Teaching and Research Press, 2000.

［22］WOLTER B. Lexical network structures and L2 vocabulary acquisition：the role of L1 lexical/conceptual knowledge［J］. Applied linguistics, 2006（27）.

基于元语言理论的汉语学习词典释义研究

——以《当代汉语学习词典》为例

张莹

（北京语言大学）

摘　要：外向型汉语学习词典的编纂需要摆脱传统内向型学习词典的模式，树立一定的元语言意识，使释义语言浅显、易懂，便于汉语使用者理解和学习。因此，编纂者不仅要控制释义基元词的数量，尽可能使用最低限度词汇进行释义，同时也要降低释义难度，以易释难，最大限度地遵循"释义用词难度不高于被释词"的原则。基于此，本文以《当代汉语学习词典》为研究对象，在释义元语言理论的指导下，从释义基元词的数量和释义难度两方面，对词典进行定量分析与研究，以此考察词典对释义元语言理论的落实程度。首先笔者借助计算机技术提取出词典的释义基元词表，并从增幅趋势、词频等方面考察了释义基元词的数量情况；其次参照《国际中文教育中文水平等级标准》（GF0025 - 2021）对释义基元词及释义文本的难度进行了分析，同时通过分层随机抽样抽取了 554 个词汇，考察具体被释词及其释义用词的难度关系；最后针对词典释义存在的问题提出几点修改意见和建议，以期为后续外向型汉语学习词典的编纂提供一定的参考。

关键词：《当代汉语学习词典》；释义元语言理论；释义基元词；外向型汉语学习词典

1　前言

随着对外汉语教学事业的不断发展，人们对外向型汉语学习词典释义的要求越来越高。为更好地满足词典使用者的学习需求，体现用户友好性，释义语言应在准确、细致的基础上做到浅显易懂。只有释义用语易于理解，学习者才能明白词汇含义，进而展开语法、文化等信息的学习。而要实现释义语言的浅显性，就需要在词典编纂时摆脱传统内向型汉语学习词典的释义模式，树立起元语言意识。编纂者不仅要控制释义基元词的数量，尽可能使用最低限度词汇释义；同时也要降低释义难度，最大限度地遵循"释义用词难度不高于被释词"的原则。

国外词典学界在二十世纪二三十年代便开始用定量词汇进行释义，以《朗文当代英语辞典》（1995）为代表的五大英语学习词典①均将释义基元词数量控制在了 3 500 个之内（蔡永强，2018）。数据如表 1 所示：

表 1　五大英语学习词典收词及释义基元词数量统计表　　　　单位：个

词典名称	收词数量	释义基元词数量
《朗文当代英语辞典》（1978） *Longman Dictionary of Contemporary English*	5.6 万	2 169
《牛津高阶英语词典》（1995） *Oxford Advanced Learner's Dictionary*	6.3 万	3 500
《朗文当代英语辞典》（1995） *Longman Dictionary of Contemporary English*	8 万	2 000
《柯林斯高阶英语学习词典》（1995） *Collins COBUILD Advanced Learner's English Dictionary*	7.5 万	2 500
《剑桥国际英语词典》（1995） *Cambridge International Dictionary of English*	5 万	2 000
《麦克米伦高阶英语词典》（2003） *Macmillan English Dictionary for Advanced Learners*	—	2 500

由此可见，对释义基元词进行定量控制是词典编纂的重要理念之一。相比之下，我国词典编纂的释义元语言意识较为欠缺：一方面，现行的外向型汉语学习词典中，有意识地控制释义基元词的数量和难度的词典并不多见；另一方面，词典学界尚未提炼出成熟的释义元语言工具。虽有学者从《现代汉语词典》（第 3 版）（下文简称《现汉》）中提取出了释义基元词表，如安华林（2005）、苏新春（2005），但其研究成果是基于内向型汉语学习词典得出的，并不完全适用于外向型汉语学习词典的编纂。因此，从总体来看，我们距建立起现代汉语释义元语言体系仍有较长的路要走。

---

　　① 五大英语学习词典包括《朗文当代英语辞典》《牛津高阶英语词典》《柯林斯高阶英语学习词典》《剑桥国际英语词典》《麦克米伦高阶英语词典》。

可喜的是，最新出版的《当代汉语学习词典》（下文简称《当代》）以"义细、例丰、元少、用多"八字方针为编写原则，使用定量词汇对 6 683 个词条进行释义，在数量上体现出了一定的元语言意识。不过在词语释义上，我们发现词典中有不少被释词的释义用词过难①，例如：

干净（一级）【形】：❶没有<u>尘土</u>（超纲）、<u>污垢</u>（超纲）、<u>杂质</u>（超纲）<u>等</u>（二级）；

❷<u>语言</u>（二级）、<u>思想</u>（三级）<u>等</u>（二级）不<u>污秽</u>（高等）。

安装（三级）【动】：把<u>机械</u>（六级）、<u>器材</u>（高等）、<u>软件</u>（五级）等<u>装配</u>（超纲）<u>固定</u>（四级）在一定<u>位置</u>（四级）。

俊（高等）【形】：❶<u>容貌</u>（超纲）<u>清秀</u>（超纲）好看；

❷<u>才智</u>（超纲）出众。

由此可见，《当代》对释义用词难度的把控仍显欠缺，词典中有不少词条的释义用词难度在被释词之上。因此，《当代》释义的难度究竟如何，该词典到底在多大程度上践行了释义元语言原则，这些都需要进一步的考察与研究。基于此，本文将在释义元语言理论的指导下，从释义基元词数量和释义难度两方面对词典进行定量统计和定性分析，考察其对释义元语言原则的落实情况，同时针对词典释义存在的问题提出修改意见和建议，以期为后续外向型汉语学习词典的编写提供参考。

2　《当代》 释义基元词的提取与分析

2.1　《当代》 释义基元词的提取

本文对《当代》释义基元词的提取主要借助计算机技术，研究大体可以分为以下三个步骤：

2.1.1　制作《当代》释义电子文本，离析释义性语料

鉴于《当代》对词条的解释不只包含描述性释义，还带有该词的词性、词体、语体色彩、用法说明、语法结构等，因此提取出的释义文本还需要删去一部

---

① 本文以《国际中文教育中文水平等级标准》（GF0025 – 2021）（下文简称《标准》）为参照考察被释词的释义用词难度，画线词后的括号内显示该词在《标准》中的难度等级。

分内容。本文参考了安华林、曲维光（2004）对《现汉》释义文本的处理标准，结合《当代》释义的具体情况，酌情剔除以下几类内容：

（1）释义文本中的拼音、英文字母、阿拉伯数字等非汉字符号，例如：

比重【名】：❶一种事物在整体中所占的分(fen)量。

（2）被释词的另称、别称、近义词，例如：

报纸【名】：❷一种纸张，用来印刷报纸或一般书刊。也叫白报纸或新闻纸。

（3）与被释词相关的语法结构，例如：

爱【动】：❷"爱+动词/形容词"，表示喜欢某种活动或状态；❸"爱+名词（多是双音节）"，表示喜欢或爱惜某种事物。

（4）释义文本中的举例部分，例如：

反问【动】：❷一种修辞方式，用疑问语气表达跟字面相反的意义，以加强语气。如，"难道我不想取得好成绩吗?""出了这么大的事，我能不着急吗?"

2.1.2　对释义文本进行分词处理，并辅以人工校对

本文选用语料库分词和词性标注程序 Corpus Word Parser（肖航中文分词软件）对释义文本进行分词。该软件整体分词能力较强，且可以自动为词语进行词性标注，但仍然存在一定的分词错误，许多数量、方位、状中短语等均未分开，如"一种""手里""不好"，因此我们需要对分词结果进行人工校对。分词的标准整体上参照《现汉》，《现汉》中词语分合不合理之处本文进一步加以处理，大致原则如下：

（1）将儿化词与原形式按一个词进行统计，如"花儿"与"花 n"；

（2）将专有名词及释义常用语处理为一个词，如"黄河""长江""简称""泛指"；

（3）将《现汉》收录的词组分开处理，如"粮食/作物""交通/工具"；

（4）将"者""学""家""色""品""力""性"处理为词缀或类词缀。当这些成分前面的词汇为双音节时，将其分开处理，如"操作/者""心理/学""思想/家""工艺/品""强制/力""可能/性"；

（5）将表示次序和形状的"第×""×形""×状"分开处理，如"第/一""条/形""片/状"。

2.1.3　用 QUITA 软件（Quantitative Text Analyzer）对校对后的分词结果进行词频统计，得出释义基元词的总量以及每个词出现的频次和所占比例

2.2　对《当代》释义基元词数量的考察

为便于在考察释义基元词总量的同时，分析其增长幅度与趋势，笔者对《当

代》6 683 个词条的释义基元词进行了分段统计，每 1 000 个词条提取一次。统计结果显示，词典的释义文本中共有 127 577 个词例，释义基元词有 9 063[①] 个，超过了词典收词总量，平均每个释义基元词出现了 14.08 次。被释词与释义基元词的数量情况如表 2 所示。

表2　被释词与释义基元词数量分段统计表　　　　　单位：个

被释词数量	释义基元词数量	新增释义基元词数量
1 000	3 693	—
2 000	5 375	1 682
3 000	6 432	1 057
4 000	7 389	957
5 000	8 086	697
6 000	8 732	646
6 683	9 063	331

从表2可知，释义基元词数量与被释词数量呈正相关关系，释义基元词数随被释词数的增加而增加。根据表2数据，我们可以得到释义基元词数量变化趋势图（见图1）。

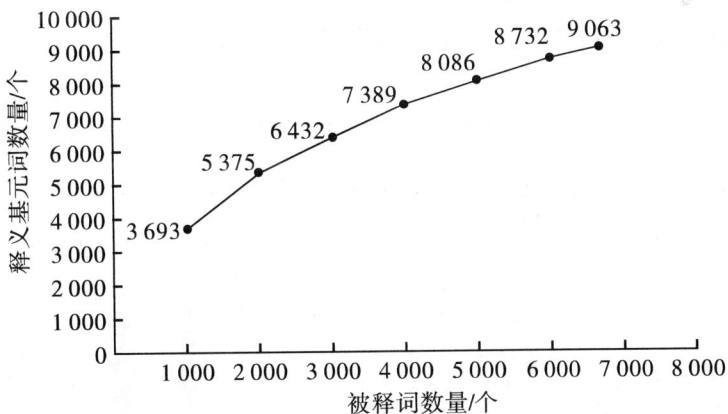

图1　释义基元词数量变化趋势图

从图1可以看出，虽然随被释词数量的增加，所用的释义基元词也逐渐增多。但是增幅趋势总体变缓，新增释义基元词的个数总体上随被释词数量的增加而减少。

---

①　由于笔者与词典官方对释义文本的删减标准及分词依据不同，故而统计结果与给出的 4 233 个释义基元词有出入。

　　在 9 063 个释义基元词中，助词"的"的使用频率最高，在释义文本中共计出现了 10 036 次，占释义基元词总数的 0.01%，占释义文本的 7.87%。词频最高的前 10 个词还有"或$_{4\,501}$""等$_{2\,339}$""人$_{2\,030}$""不$_{1\,927}$""某$_{1\,784}$""一$_{1\,479}$""表示$_{1\,433}$""在$_{1\,384}$""用于$_{1\,062}$"。词频为 1 的词语共计 3 184 个，占释义基元词总数的 35.13%，占释义文本数量的 2.50%。我们按照词频对释义基元词进行分段统计，可得到表 3。

表 3　释义基元词词频统计表

词频段	词语数量	占释义基元词比例	占释义文本比例
词频 > 1 000	13	0.14%	24.38%
1 000 ≥ 词频 > 500	12	0.13%	6.49%
500 ≥ 词频 > 100	135	1.49%	20.44%
词频 > 100	160	1.76%	51.31%
100 ≥ 词频 > 50	199	2.20%	10.92%
50 ≥ 词频 > 10	1 248	13.77%	21.31%
100 ≥ 词频 > 10	1 447	15.97%	32.23%
10 ≥ 词频 > 5	1 092	12.05%	6.53%
5 ≥ 词频 > 1	3 180	35.09%	7.45%
词频 = 1	3 184	35.13%	2.50%

　　为了更直观地展现释义基元词数量随词频变化的情况，我们制作了释义基元词词频与对应词语数量关系图，如图 2 所示。

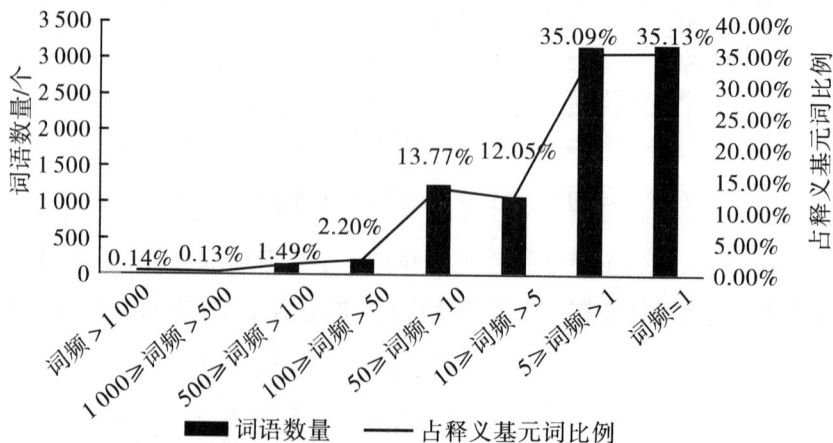

图 2　释义基元词词频与对应词语数量关系图

　　从图2可以明显看出，词频与对应的词语数量呈负相关：词频越高，对应的词语数量越少；词频越低，对应的词语数量越多，词频为1的释义基元词数量最多。根据词语的使用频率，我们可以将释义基元词大致分为高频、次高频、中频、次低频和低频五个词频段。其中，高频词的词频大于100，共有160个，占释义基元词总数的1.76%，占释义文本的51.31%；次高频词的词频大于10小于等于100，共有1 447个，占释义基元词数量的15.97%，占释义文本的比例为32.23%；中频词是词频大于5小于等于10的词，数量为1 092个，占释义基元词总数的12.05%，占释义文本的6.53%；次低频词为词频大于1小于等于5的词语，共有3 180个，占释义基元词总数的35.09%，占释义文本的比例为7.45%；低频词的词频为1，共计3 184个，占释义基元词数量的35.13%，占释义文本的2.50%。具体数据如表4所示。

表4　释义基元词词频等级与数量统计表

词频段	分类标准	词语数量	占释义基元词比例	占释义文本比例
高频词	词频＞100	160	1.76%	51.31%
次高频词	100≥词频＞10	1 447	15.97%	32.23%
中频词	10≥词频＞5	1 092	12.05%	6.53%
次低频词	5≥词频＞1	3 180	35.09%	7.45%
低频词	词频＝1	3 184	35.13%	2.50%

　　对比数据可以发现，虽然高频词数量很少，仅占释义基元词总数的1.76%，但释义功能非常强大，占释义文本用词总量的比例超过了1/2；相反，次低频词和低频词虽然数量众多，有6 364个，但70.22%的释义基元词仅占释义文本总词量的9.95%，可见其释义功能之弱。根据表格中的数据，笔者制作了下面的图（见图3），以期更加直观地展现不同词频段词语释义功能的强弱。

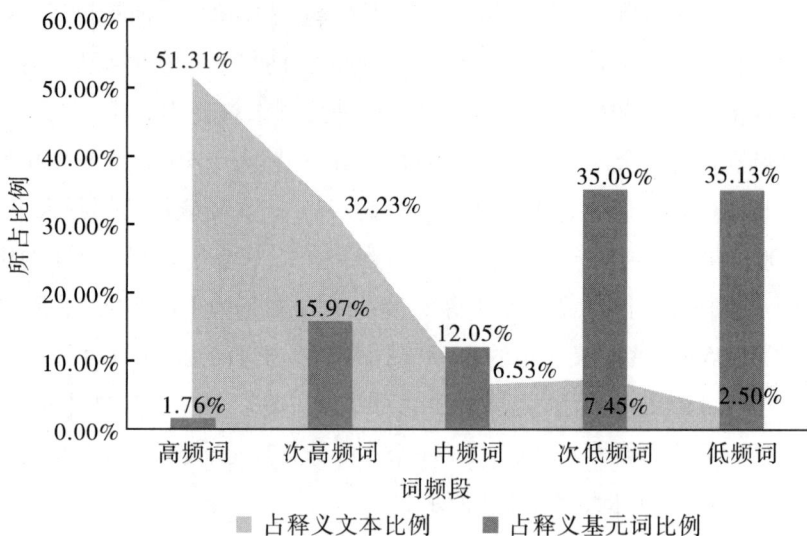

图 3　释义基元词词频与所占比例图

　　图 3 中浅色部分的面积表示占释义文本比例，柱状部分显示占释义基元词比例。从图中可以看出，高频词、次高频词和中频词以较少的释义基元词数量覆盖了绝大部分的释义文本。这三类词语共有 2 699 个，仅占释义基元词总数的 29.78%，却占了释义文本词汇总量的 90.07%。因此，我们可以将这三类词汇视为释义常用词。而次低频词和低频词释义功能明显较弱，虽然两类词汇在释义基元词中占比很高，但覆盖的释义文本量极少，因此我们将其视为释义非常用词。

2.3　对《当代》释义难度的考察

2.3.1　对《当代》释义基元词难度的考察

　　本文对释义基元词难度的判断主要参考《标准》。《标准》是由教育部、国家语言文字工作委员会发布的首个面向外国中文学习者，全面描绘评价学习者中文语言技能和水平的规范标准，自 2021 年 7 月 1 日起正式实施。它将汉语学习者的中文水平分为"三等九级"，涵盖音节、汉字、词汇和语法四种语言要素。就词汇而言，《标准》共收录 11 092 个词，一至三级为初等词汇，四至六级为中等词汇，七至九级为高等词汇。以此为依据，本文考察了《当代》释义基元词的难度。经统计，9 063 个释义基元词中共含 1 740 个初等词汇，其中一级词 373 个，二级词 561 个，三级词 806 个；共含 2 083 个中等词汇，其中四级词 729 个，五级词 733 个，六级词 621 个；共含 2 184 个高等词汇以及 3 056 个超纲词汇。详细数据如表 5 所示。

表 5　释义基元词难度等级表

难度等级		《标准》中的数量	释义基元词表中的数量	占《标准》相应等级的比例	占词表总词汇的比例
初等	一级	500	373	74.60%	4.12%
	二级	772	561	72.67%	6.19%
	三级	973	806	82.84%	8.89%
	总计	2 245	1 740	77.51%	19.20%
中等	四级	1 000	729	72.90%	8.04%
	五级	1 071	733	68.44%	8.09%
	六级	1 140	621	54.47%	6.85%
	总计	3 211	2 083	64.87%	22.98%
高等	七~九级	5 636	2 184	38.75%	24.10%
超纲		—	3 056	—	33.72%
总计		11 092	9 063		100%

　　为了更清楚地显示不同难度等级词汇的占比情况，笔者制作了释义基元词难度等级分布图，如图 4 所示。

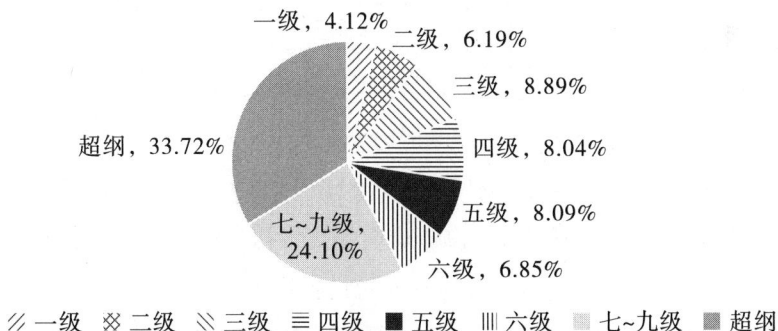

一级，4.12%　二级，6.19%　三级，8.89%　四级，8.04%　五级，8.09%　六级，6.85%　七~九级，24.10%　超纲，33.72%

∥ 一级　⊗ 二级　╲ 三级　≡ 四级　■ 五级　‖‖ 六级　七~九级　■ 超纲

图 4　释义基元词难度等级分布图

　　从图 4 可以明显看出，《当代》的释义基元词中初等词汇所占比例较低，仅占 19.20%；中等、高等词汇所占比例大致相同，分别为 22.98% 和 24.10%；超纲词汇占比较高，共占释义基元词总数的 33.72%，超过了词语总量的 1/3。总体来看，词典的释义基元词对初中级汉语学习者来说，具有一定的难度。我们仔细分析超纲词汇可以发现，其中含有不少行业用语，如"磁性""显影""定影""元器件""感光纸"等，这类词汇难度较高，且在日常生活中使用频率很低，受到社会专业范围的限制，并不适宜作为释义基元词出现。

2.3.2　对《当代》释义文本难度的考察

为整体分析《当代》释义文本难度，笔者以"汉语阅读分级指难针"为工具对词典释义进行了考察。该工具以《汉语国际教育用音节汉字词汇等级划分》（2010）与《国际汉语教学通用课程大纲》（2008）两个大纲为定级参考标准，通过既定算法计算出文本难度数值结果。难度值的范围从1到4，共包含6个区间段；从易到难对应《国际汉语教学通用课程大纲》（2008）的一至六级；每两个区间段之间的差值为0.5，每两个区间和《汉语国际教育用音节汉字词汇等级划分》（2010）的一级相对应。

由于"指难针"每次处理的文本容量有限，文本字数需在（100，5 000］字的范围内。因此本文对释义文本难度进行了五次考察，每次选取2 000字符进行分析，最终取多次统计结果的平均值，以避免结果的偶然性与随机性。表6是五次统计的结果。

表6　《当代》释义文本难度统计表

次数	词汇难度	文本难度	等级划分
第一次	0.37	3.44	高等五级
第二次	0.36	3.40	高等五级
第三次	0.33	3.24	高等五级
第四次	0.34	3.20	高等五级
第五次	0.37	3.35	高等五级
平均值	0.354	3.326	高等五级

五次统计的结果数据较为一致，波动较小。结果表明，词典释义文本的平均难度为3.326/4，位于高等五级，总体难度偏高，初中级汉语学习者理解起来较为困难。

2.3.3　对《当代》释义用词与被释词难度关系的考察

词典释义语言难度低一方面体现在释义基元词整体难度低，高等、超纲词汇少，另一方面体现在具体被释词的释义难度低，即尽可能保证每个被释词的释义用词难度不高于该词语。基于这个原则，笔者参照《标准》对《当代》进行了分级随机抽样，考察词典被释词及其释义用词的难度关系。

本文借助EXCEL的RANDBETWEEN函数，按照5%的比例对《标准》"三等九级"的词汇进行了分层抽样，以保证样本中不同等级的词汇所占比例与《标准》相同，防止因不同级别的词汇比例失衡而对研究结果造成影响。当所抽词汇未被《当代》收录时，将剔除该词汇，同时补充相同难度等级的词语。最终，我们共抽取了 554 个词汇，初等、中等、高等词汇分别为 112、160、282 个，各级别的词汇数量比为 25：38：49：50：53：57：282。随后，笔者制作了样本词汇的电子释义文本，并依据《标准》对被释词的释义用词进行难度等级标注，统计样本词中符合"释义用词难度不高于被释词"原则的词条数目。

统计结果表明，在抽样考察的 554 个被释词中，有 218 个被释词的释义用词难度不高于被释词，占样本总词汇数的 39.35%，各个难度等级的词汇数量分别为 1、1、4、5、15、14、178。其中，初等词汇共有 6 个，占样本总词汇数的 1.08%；中等词汇有 34 个，占样本词汇数的 6.14%；高等词汇有 178 个，占样本总词汇数的 32.13%。详细数据如表 7 所示。

表 7　具体被释词释义难度情况表

等级		样本词汇数	释义用词难度不高于被释词词条数	占同级样本词汇数比例	占样本总词汇数比例
初等	一级	25	1	4.00%	0.18%
	二级	38	1	2.63%	0.18%
	三级	49	4	8.16%	0.72%
	共计	112	6	5.36%	1.08%
中等	四级	50	5	10.00%	0.90%
	五级	53	15	28.30%	2.71%
	六级	57	14	24.56%	2.53%
	共计	160	34	21.25%	6.14%
高等	七~九级	282	178	63.12%	32.13%
总计		554	218	39.35%	39.35%

图 5 显示了 554 个样本词中释义用词难度不高于被释词的比例：

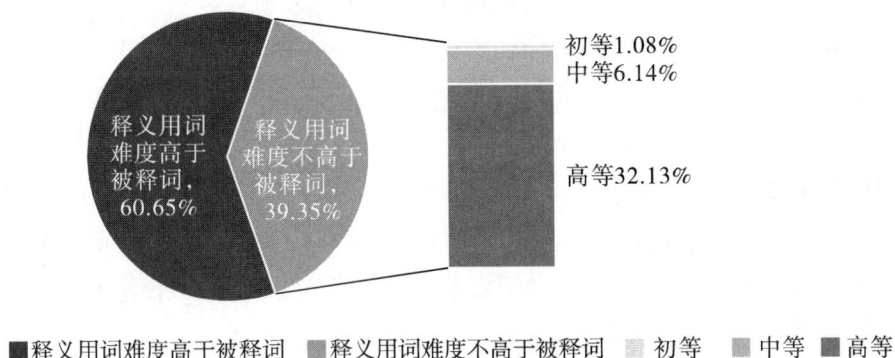

图 5　样本词中释义用词难度不高于被释词的比例

　　整体来看，《当代》释义难度偏高，对学习者而言不易理解和掌握。一方面，词典对释义元语言原则的落实程度不够，释义用词难度高于被释词的词汇占比高达60.65%，而释义用词难度与被释词相当的词汇占比较低，为39.35%；另一方面，词典在不同难度等级被释词的释义用词方面重视不足，一至六级词汇的释义用词较难，符合释义元语言原则的词条数目很少，仅有7.22%的初、中等词汇的释义难度与被释词相当。下面的图表更直观地展现了在各个等级的被释词中，符合释义元语言原则的被释词占同级样本词汇数的比例（见图6）：

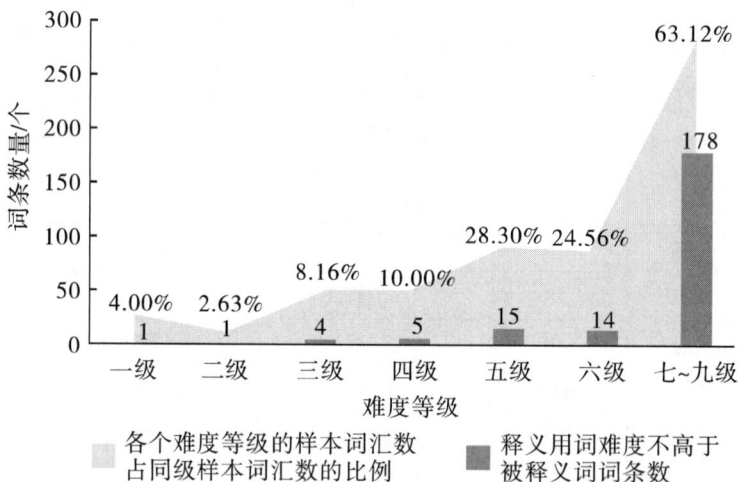

图6　释义用词难度不高于被释词的词条数占同级样本词汇数的比例

　　图6中浅色部分面积表示各个难度等级的样本词汇数占同级样本词汇数的比例，柱状部分面积表示对应等级中释义用词难度不高于被释词的词语数量。由图6可知，随着被释词的难度等级越来越高，释义用词难度与被释词相当的比例也越来越大。初、中等词汇的柱状部分覆盖样本词的面积较小，一级词汇中释义遵循元语言原则的词语所占比例为4.00%，二级词汇仅为2.63%，三至六级词汇柱状部分覆盖程度均不高。这说明词典对初、中等词汇的释义难度控制不够，对元语言原则的践行程度不高；相比之下，七至九级被释词的柱状部分覆盖样本词程度较高，有63.12%的释义符合释义元语言原则。诚然，难度等级低的词汇释义难度控制起来相对不易，很难完全遵循"释义用词难度不高于被释词"的原则，但我们可以在释义时加强元语言意识，尽可能地降低释义难度，避免选用难度等级过高的词汇。事实上，词典中许多未能遵循元语言原则的释义情况是可以避免的。例如下面两个词语的释义：

　　化石（五级）【名】：生物的遗体（高等）、遗物（高等）、遗迹（超纲）埋

藏（高等）在地下经过很长时间后变成像石头一样的东西。（《当代》）

救（三级）【动】：援助（六级）；帮助。a）使生命脱离（五级）危险或灾难（五级）；b）消除（五级）、制止（高等）危险或灾难（五级），使人或物免（高等）受损失（五级）。（《当代》）

这两个词的释义中存在许多高等甚至超纲的词汇，但如果我们将其进行优化，用更简单、易懂的词语进行解释，例如将释义修改为：

化石【名】：古代生物死后的身体等在地下经过很长时间后变成的像石头一样的东西。（JUZI 初稿）

救【动】：帮助某人或者动物，使他们没有危险或者没有困难。（JUZI 初稿）①

这样一来，就可以避免高等以及超纲词汇的出现，保证释义用词的难度不高于被释词，从而降低了释义难度，方便汉语学习者更好地阅读和理解。

3　《当代》 释义存在的问题及修改建议

3.1　《当代》 释义存在的问题

3.1.1　超纲词汇占释义基元词比例较高

统计结果表明，超纲词汇占词典释义基元词总数的33.72%，超过了1/3。高比例的超纲词极大地增加了初中级汉语学习者的理解难度，对词典用户而言友好性较弱，词典编纂者应考虑用难度等级较低的纲内词汇进行替换。

3.1.2　低频词、次低频词占释义基元词比例较高

数据显示，在《当代》释义基元词中，低频词和次低频词共有 6 364 个，所占比例为70.22%，其中词频为 1 的词语共有 3 184 个，占比为35.13%。这些词在释义时被使用的次数较少，释义功能较弱，词典编纂者应尽可能选用其他词汇替代，降低低频词与次低频词的占比。

3.1.3　释义用词难度高于被释词的词条占比较高

外向型词典的释义用词难度应尽可能与被释词难度相当，这样才便于学习者理解文本内容。但抽样考察结果显示，完全遵循"释义用词难度不高于被释词"原则的样本词仅有 218 个，占抽样词汇的 39.35%。此外，词典对初、中等词汇的释义用词难度把控更显不足，许多词语用多个高等、超纲词汇进行解释。

---

①　示例来自杨玉玲主编的外向型汉语学习词典 JUZI。该词典由众多对外汉语教学经验丰富的一线教师共同编纂，目前尚未出版。

3.2 《当代》释义的修改建议

3.2.1 避免使用成语等熟语

成语在意义上具有整体性、结构上具有凝固性，其丰富的文化底蕴和内涵很难被初中级汉语学习者理解和掌握，因此并不适合作为释义基元词出现。而本文提取出的释义基元词中包含不少四字成语，如"无足轻重""言过其实""拖泥带水""贪得无厌""为非作歹"等。编者应尽可能使用基本词汇进行释义，避免选用成语等熟语。例如：

干脆【形】：非常爽快，不拖泥带水；不犹豫；痛快。

虚心【形】：不自以为是，愿意接受别人的意见，肯向别人请教。

可以修改为：

干脆【形】：形容一个人说话、做事不犹豫；态度明确。（JUZI 初稿）

虚心【形】：形容人愿意接受批评和意见，不骄傲。（JUZI 初稿）

3.2.2 避免使用缩略语

为使言语交际简洁凝练、方便迅捷，人们常对一些常用词或短语进行缩略，如"英国—英""农业—农"。经统计，《当代》的释义文本中也含有不少缩略语，如"工商业""动植物""英美制""大小便""病虫害""企事业""祖父母""节假日""优缺点"等。但初中级汉语学习者对这类缩略语的敏感性较弱，不能准确、快速地把握词语结构和意义的特殊性，理解起来具有一定的难度。因此在词典编纂时，我们应避免使用这类词汇，而是将其转换成原形式进行释义。例如：

宿舍【名】：学校或机关、企事业单位等给学生或工作人员及其家属住的房子。

可以修改为：

宿舍【名】：学校、公司等安排学生或者工作人员住的房子。（JUZI 初稿）

3.2.3 避免使用书面语色彩较浓的词或短语

书面语表达正式、规范，在词汇和句式等方面比口语或中性语体更为复杂、严谨，对汉语学习者理解与认知能力的要求更高。释义文本中出现书面语色彩较浓的词或短语无疑会增加理解难度，不利于学习者对词语含义的快速掌握。因此编纂者应避免选用这类词汇，尽可能使用中性语体的词或短语进行释义。例如：

词【名】：❸一种起于唐代、盛于宋代的押韵的诗体，按谱填写，句式长短不一。

可以修改为：

词【名】：中国古代的一种文学形式。和诗很像，句子按照一定的规矩排列，但有长有短。（JUZI 初稿）

3.2.4　避免使用行业用语等非常用词

词典的释义基元词中还包含不少行业用语，如"切削""车床""滑轮""叶绿素""感光纸""元器件"等。这类词多用于某个特定的行业或领域，在日常生活中使用频率不高，不应用于释义。编者可以选择使用频率高、难度等级低的词语替换它们。例如：

洗【动】：❸冲印胶卷；对胶片、相片进行显影定影。

植物【名】：生物的一大类，没有神经，没有感觉，一般有叶绿素，能通过光合作用自己制造营养，多以无机物为养料。

可以修改为：

洗【动】：用一定的技术把影像显现在照片纸上。（JUZI 初稿）

植物【名】：生物的一大类，固定生长在土里或者水里，有叶子和根，有一些可以开花。（JUZI 初稿）

3.2.5　同义词或近义词只保留一个

统计发现，词表中存在大量同义词及近义词，例如下面几组例子：

"或—或者""刚—刚刚""应—应该""该—应该""及—以及"

"偷窃—偷""年龄—年纪""有时—有时候""泪—泪水—眼泪"

"里头—里面""草拟—起草""铺子—店铺""手指头—手指"

"但—但是""婉—委婉""怎样—怎么样""已—已经""虽—虽然"

"早晨—早上""菜蔬—蔬菜""气力—力气""对不住—对不起"

根据经济性原则，我们在词典释义时可以舍去一个，选择难度等级低、使用频率高的词语，如上面每组词中后面的词语。

4　结语

本文借助计算机技术提取了《当代》的释义基元词，并从数量和释义难度两方面进行了定量统计和定性分析。考察结果显示：①《当代》的释义基元词共有 9 063 个，其中高等和超纲词汇较多，所占比例分别为 24.10% 和 33.72%；②基于"汉语阅读分析指难针"，词典释义文本的平均难度为 3.326/4，位于高等五级；③抽取的 554 个样本词汇中，释义用词难度不高于被释词的共有 218

个，占比为 39.35%。总体来看，本文提取出的释义基元词数量较多，词典对释义难度的把控稍显不足，高等和超纲词汇占比较高，且多数词条的释义用词难度在被释词之上，因而词典的释义元语言意识仍有待增强。基于词典释义存在的问题，本文尝试提出了几点修改意见和建议，希望能对后续词典的编纂提供参考和借鉴。此外，除释义基元词外，释义元语言意识同样应体现在释义句法上。《当代》的释义句式、句法结构等相较于内向型学习词典有何不同，是否体现出外向型汉语学习词典的特征，这些我们将在后续进行讨论和研究。

参考文献

[1] 中华人民共和国教育部，国家语言文字工作委员会. 国际中文教育中文水平等级标准 [S]. 北京：北京语言大学出版社，2021.

[2] 安华林. 现代汉语释义基元词研究 [M]. 北京：中国社会科学出版社，2005.

[3] 安华林. 元语言理论的形成和语言学的元语言观 [J]. 内蒙古社会科学，2005（1）.

[4] 安华林，曲维光.《现代汉语词典》释义性词语的统计与分级 [J]. 语言文字应用，2004（1）.

[5] 蔡永强. 外向型汉语学习词典的释义用词 [J]. 辞书研究，2018（4）.

[6] 金檀，陆小飞，林筠，等. "汉语阅读分级指难针". 广州：语言数据网（http：//languagedata. net/editor），2018.

[7] 李尔钢. 建立高质量的释义元语言 [J]. 辞书研究，2007（1）.

[8] 苏新春. 汉语释义元语言研究 [M]. 上海：上海教育出版社，2005.

[9] 张津，黄昌宁. 从单语词典中获取定义原语的一种方法 [J]. 清华大学学报（自然科学版），1997（3）.

[10] 张志毅. 当代汉语学习词典 [Z]. 北京：商务印书馆，2020.

[11] 张志毅，张庆云. 词汇语义学 [M]. 北京：商务印书馆，2001.

[12] 中国社会科学院语言研究所词典编辑室. 现代汉语词典 [Z]. 7 版. 北京：商务印书馆，2016.

论外向型汉语学习词典编纂的两大原则①

李泉　刘琪瑶

（中国人民大学国际文化交流学院）

摘　要：汉语学习词典的编写和研究是国际中文教育学科建设和资源建设的重要内容。现有学习词典总体上仍囿于字词释义与配例的传统观念和做法，学习功能还未能得到充分开发。应更新和创新外向型学习词典编写理念和模式，以充分满足学习者的"学"为核心理念，确立"大学习词典"观，将相关的中国文化知识、语法和语用知识等一并融入学习词典。本文认为，①能否充分体现汉语汉字的特点与二语学习规律，充分融入汉语语法与语用知识；②能否准确揭示词语和语句中的文化内涵与文化现象，并从跨文化角度做出恰当的诠释，是影响汉语二语学习词典编写水平和质量、学习效益和外向型特征的两大核心原则。

关键词：汉语汉字特点；外向型学习词典；学习词典编写原则；中国文化对外诠释

1　学习词典编研：成绩与问题

1.1　学习词典编研：成绩述要

第二语言学习词典的种类、数量和质量，不仅显示该语言二语教学研究和学

---

①　本文为教育部中外语言交流合作中心 2022 年度国际中文教育研究重点项目"全息论视角下国际中文教育在线教学研究"（项目编号：22YH48B）和北京语言大学重大基础研究专项"新时代国际中文教育模式创新研究"（项目编号：21ZDJ03）的阶段性成果。

习词典编撰与研究的水平，也标志着该语言国际化的深广程度。汉语学习词典是汉语国际化不可或缺的重要资源，相关研究成果是汉语二语教学学科发展的重要标志。20 世纪 90 年代以来，伴随社会需求和汉语词典学自身的发展，汉语学习词典便不断问世，如《现代汉语学习词典》（孙全洲，1995）、《现代汉语常用词用法词典》（李忆民，1995）、《汉语学习词典》（晁继周等，1998）。其中，既有为国人编写的内向型学习词典，也有为外国人编写的外向型学习词典。21 世纪以来，汉语学习词典编写和研究势头强劲，"以学习词典命名或者以语文学习、语言学习为编纂目的的词典已经有 50 多部"（崔希亮，2022）。其中代表性的外向型汉语学习词典如《商务馆学汉语词典》（鲁健骥、吕文华，2006）、《汉语教与学词典》（施光亨、王绍新，2011）。学习词典研究成果也越加丰硕，根据我们初步的统计和估计，近 30 年来国内汉语界和外语界发表的内向型和外向型学习词典研究的论文有 300～400 篇，国际中文教育界甚至还出版了外向型学习词典研究的专著。相关研究不仅涉及面广，研究内容也不断深入，如近年来对学习词典元语言问题的研究①，对单双音同义动词释义模式区分度的相关研究②，对融媒体汉语学习词典的编写实践与相关研究③，等等。可以说，21 世纪以来汉语二语学习词典编写研究成绩显著，对外向型学习词典的认识不断加深，编写实践着力体现学习者语言学习的特点和需求，着力区别于面向汉语母语者编写的汉语词典。比如，利用汉语拼音给所释词语以外的词语注音，例句尽量通俗而实用，普遍设立"注意""比较""提示""扩展"等便于外国人学习汉语的常规栏目。汉语学习词典编研成绩显著，但存在的问题亦不应忽视。

1.2 学习词典编研： 问题述要

总体定性方面：郑定欧指出，对外汉语词典学还存在理论尚未成熟、规范尚未建立、队伍尚未组成的问题（郑定欧，2004）；周上之（2005）认为，由于编写方式不足、编写者资历不够等原因，目前还没有真正的对外汉语学习词典；章

---

①　翁晓玲. 基于元语言的汉语学习词典释义模式研究［M］. 上海：上海社会科学院出版社，2017；杨玉玲，宋欢婕，陈丽姣. 基于元语言的外向型汉语学习词典编纂理念和实践［J］. 辞书研究，2021（5）；崔希亮. 汉语学习词典的元语言问题［J］. 汉语学习，2022（6）.

②　李琪，李红印. 汉语学习词典单双音同义动词释义模式区分度的实证研究［J］. 汉语学习，2022（5）.

③　章宜华. 论融媒体背景下辞书编纂与出版的创新［J］. 语言战略研究，2019，4（6）；李宇明，王东海. 中国辞书历史发展的若干走势［J］. 鲁东大学学报（哲学社会科学版），2020，37（1）；杨玉玲. 融媒时代外向型汉语学习词典编纂理念与实践［J］. 首都师范大学学报（社会科学版），2022（2）.

宜华（2011）强调，外向型汉语学习词典在收词、体例、释义和配例等方面，都应与内向型词典有较大的差异，但许多对外汉语学习词典仍旧沿袭传统词典的编写模式。这些方面的问题至今还不同程度地存在，但历经多年的研究和编写实践的发展，相关问题大都不断得到改善。事实上，"理论的成熟"需要相当长的过程，而"真正的对外汉语学习词典"也并没有绝对的标准。不过，国际中文教育界对外向型汉语学习词典缺乏理论研究，共识性的编写理念还不够多，好用好学的外向型汉语学习词典难得一见，却也是事实。

具体研究方面：针对外国人使用汉语学习词典时仍然存在难查、难懂、难学等问题，绝大多数的研究成果集中在对汉语二语学习词典的编写提出创新设计和改进建议方面，具体涉及汉语学习词典的释义原则、释义内容和释义语言分析、收字收词原则、配例原则与配例分析、词性标注问题、编写方法等①。毫无疑问，这些问题是学习词典编研必然要涉及的，相关考察和评估、讨论和改进有助于学习词典理论研究的深化和词典编写质量的提高，今后仍需加强对这类基本问题的研究。然而，汉语学习词典编研更应该加强对至今尚未触及或涉及不多的宏观性、策略性和理论性的问题的研究，如汉语拼音在学习词典编写中的工具地位和应用范围问题，学习词典是否仅限于词汇学习，汉语学习词典编写应确立哪些原则，等等。

特点分析方面：有关学习词典特点的研究还不多见。章宜华（2011）在汉英学习词典对比分析的基础上提出的看法很有代表性，即学习词典有如下几大特点：微观结构中的信息相比普通语言词典要多得多，语词注释比较详尽，辅助释义的例证也比较丰富；采用分解释义，把句法结构、搭配结构等语词分布信息纳入词典释义，同时还需增加有关释义的词法、语法、用法、辨析和语义框架成分等信息，多层面地揭示语词的意义和用法，以消除传统词典同义对释所带来的循环释义问题；控制释义用词，不能以难释易、以术语释普通词、以抽象释具体等，同时要确保词典信息的闭环性和系统性。这些特点值得重视和体现，但二语

① 李红印. 对外汉语学习词典如何标注词性［J］. 辞书研究，1999（1）；鲁健骥，吕文华. 编写对外汉语单语学习词典的尝试与思考：《商务馆学汉语词典》编后［J］. 世界汉语教学，2006（1）；赵新，刘若云. 关于外向型汉语词典释义问题的思考［J］. 语言教学与研究，2009（1）；蔡永强. 对外汉语学习词典编纂的用户友好原则［J］. 辞书研究，2011（2）；章宜华. 基于用户认知视角的对外汉语词典释义研究［M］. 北京：商务印书馆，2011；刘若云，张念，陈粉玲. 外向型汉语学习词典用例的语言与内容［J］. 语言教学与研究，2012（4）；杨玉玲，宋欢婕，陈丽姣. 基于元语言的外向型汉语学习词典编纂理念和实践［J］. 辞书研究，2021（5）.

学习词典除应具备这些常规性、内涵性特点以外，还应具有基于语言文字类型的特点。换言之，某种二语学习词典应首先体现该语言文字的特点及其在二语教学中的学习需求。

1.3 学习词典编研：问题评估与本文主张

汉语二语学习词典编研虽取得很好成绩，但尚未见突破性进展，缺乏相关研究是其中的重要因素。①缺乏基础理论研究：从汉语词典编写历史和外向型词典的属性看，汉语学习词典的编写无疑是一项新生事物。换言之，汉语二语学习词典跟汉语母语者通用语言词典和语言学习词典，跟拼音文字的通用语言词典及二语学习词典有何异同，应该编写什么样的汉语学习词典及理据为何，编写目标和编写原则如何确定，学习词典应具备哪些学习功能等，还缺乏应有的研究。②缺乏外向特色研究：外向型词典与内向型词典的使用对象、使用需求和用户使用能力差别明显，沿袭内向型词典的编写体制显然不合适。换言之，如何体现汉语汉字自身特点，体现汉语汉字作为二语教学和学习的规律，如何建构外向型学习词典的编写模式等重大问题还缺乏必要的研究。③缺乏顶层设计研究：汉语二语学习词典的研究，总体上仍旧集中在收词范围、释词方式、释词语言、例句配置和体例设计等具体问题上，这些问题虽然十分重要而值得研究，但在相当程度上，是微观性、技术性问题，而不是宏观性、策略性问题。换言之，汉语二语学习词典编写缺乏影响全局的编写理念和编写原则、内容取向和学习效率、外向型特色和跨文化属性等顶层设计方面的研究。

本文认为，内向型学习词典的用户主要是汉语母语者，主要功能是"查询"，查询字义词义；外向型学习词典的用户是汉语学习者，主要功能是"学习"，学习字义词义和语言文化。因此，汉语二语学习词典的编写和研究应该更新观念，突破既往的"词典"编写理念与模式，以充分满足用户的"学"为词典编写的核心理念，确立"大学习词典"观，尽可能提供更多学习资源，包括语法语用资源、与语言学习相关的文化资源、中国国情资源，使"词典"成为汉语学习的"宝典"。换言之，学习者使用汉语二语学习词典不应只是学习词语，更应借由词语的学习来学习语言和中国文化，即词典应结合词语的学习尽可能融入汉字和汉字构词知识、汉语语法和语用知识，揭示词语中的文化内涵，链接与词语相关的文化语句并诠释语义内涵。这些问题和大胆的想法基本上未曾被讨论过。然而，这些问题关乎外向型学习词典的编写策略、内容取向、学习效益，影响外向型学习词典的整体面貌和特色、编写质量和水平、应用价值和效益，不可谓不重要。这至少应是一种值得讨论的新构想、值得尝试的新思路。

　　基于以上认识，本文在"大学习词典"观理念下，重点讨论影响外向型学习词典格局、特色和使用效益的两个核心编写原则：①充分体现汉语汉字作为二语教学的特点与学习规律，以确保汉语学习词典真正具备汉语的特色和学习价值；②汉语学习词典应注重中国文化知识的融入与对外诠释，以确保汉语学习词典应有的外向型特征和功能。

2　学习词典编写：　应充分凸显汉字汉语特点

2.1　学习词典编研：　应注重体现汉字特点

　　汉字既是记录汉语的文字符号，也是汉语的最小构成单位语素，汉字兼具文字和语言成分的双重属性（李泉、宫雪，2017），这是汉语语言与文字关系不同于拼音文字语言与文字关系的重要表现。学习词典应体现汉字的双重属性。比如：①作为文字，首次出现应该呈现其由笔画、笔顺组合的书写规则，检索的部首，形符的义类，笔画数和相关的繁体字等，比如：话（話），huà，左右结构；讠（言）部，表示跟说话有关。也即作为文字应该展示汉字构成的基本笔画、笔顺、结构方式、检索的线索、表意表音信息，如提手旁（扌）的字，意思都跟"手"有关；草字头（艹）的字，意思都跟"草"有关，如此等等，以便于学习者形成对汉字符号的系统性认知。教学实践表明，学习者对汉字形符的表意功能普遍掌握得好，并能够借此识记字义。然而，这些汉字知识并没有在汉语学习词典中得到系统化体现。②作为语素，应该呈现其构词特征及构词能力，如"话：话语、话剧、电话、神话、说话、谈话、讲话"，又如"店：饭店、书店、商店、旅店、店员、店铺"等，从学习词典应便于学习的角度看，不必在意是词还是词组，至少两个字的组合都可以视作词。③汉字最大的弱点是"见字不知音"，字音需要死记硬背。学习和记忆字音、词音是汉语学习不可逾越的挑战。因此，标注拼音是必需的，不仅是字词、短语及例句中必要之处都应考虑注音，为方便学习者"认字（音）"，还应考虑同音互注，即以常见字注不常见字、以常见词语注不常见的同音词等方式，来增加学习者认字记音的机会，也便于学习者把同音字词联系起来记忆。比如：清，qīng，音同"青"；紧，jǐn，音同"仅"；攻势，gōngshì，音同"公事"。例句全部或部分注音：一心扑（pū）在工作上；心里感到惭愧（cánkuì）不安。

2.2　学习词典编研：　应注重体现汉语特点

　　学习词典的编研应体现汉语特点。理论上说，这不应该有什么争议，而且既有的汉语学习词典也有这样的表现，但这一点并没有成为一个普遍性原则，学者也没有对此进行过相关的研究和探讨。汉语有哪些特点以及如何在词典中体现，是很值得研究的课题。本文主旨不在于讨论汉语特点，只是提出学习词典的编研应着力体现汉语特点这一原则，并借助对汉语特点的相关研究来尝试讨论如何体现的问题。沈家煊（2011）将前人对汉语主要特点的认识概括为：①作为基本的造句单位，语素的地位不亚于词；②语素和词、词和词组的界限不清；③动词、形容词作主宾语没有"名词化"；④词组和句子是一套结构规则。沈先生对汉语特点的新认识：⑤重叠是汉语最重要的形态，一种不同于印欧语的形态手段，单音变双音的"双音化"也是一种形态手段；⑥印欧语是"名动分立"，汉语是"名动包含"；⑦汉语语法和用法分不大开，离开用法就没有多少语法可讲；⑧汉语构词法以复合为主、派生为辅，造句法也更多采用复合的手段；⑨汉语语句"主观性"强，"移情"成分多等。假如我们认定沈先生概括和提出的这9条就是汉语的特点（从词典编纂和用户汉语学习需求的角度看，应该不限于此），那么，就应该思考如何体现这些特点，以便学习者更好地体认和学习汉语。下面试就以上特点做如下建议性讨论，以供参考。

　　①汉语语素地位很重要，且多数情况下一个语素即一个汉字，一个单音节词，学习词典就应该从字义讲起，单音词如此，双音词亦如此。

　　②语素和词、词和词组界限不清晰，学习词典就应语素"词化"，必要的非成词语素可视作词收入词典；难以确定是词还是词组的双音字组可视作"词汇化"收入词典，如"看懂、学会、开开、救命、点菜"等。

　　③动词、形容词作主宾语没有条件限制或者说是常态，学习词典即应在描写动词和形容词用法时，有意呈现其作主宾语的用例，如"去也行，不去也行""吵闹解决不了问题""大方是装不出来的"，以便学习者全面体认汉语动词和形容词的用法。

　　④词组和句子是一套规则，即句子不过是主谓结构、述宾结构、述补结构、偏正结构、联合结构等单独存在或层层套叠而成，词典编写就应该考虑如何把"这一套规则"体现出来，让经常使用词典的人"体会到"。比如，释义后尽可能用词组、小句展示所释字词在不同句法结构中的用法，这样学习者既可以更好地学习相关词语的用法，也能在无形中习得汉语的"这一套规则"，这是学习词

典应有的"软实力"。

⑤重叠是汉语词汇的重要特点，学习词典就应展示相关词语的重叠方式及用法。

⑥"名动包含"是一种新的观点，是否需要和能否在词典中有所体现还需要研究。

⑦汉语"用法就是语法""离开用法就没有多少语法可讲"的特点，对汉语学习者来说是一个"重大利好"，学了用法即可直接进入"交际"，不需要由形态变化"转为"用法再进入交际过程。因此，学习词典应加强对用法的描述。

⑧汉语构词法以复合为主，造句法亦如此，词典编写就应考虑以何种方式加以呈现。

⑨汉语语句的"主观性"强，词典编写即应考虑如何将现有的研究成果（如主观大量、主观小量，表处置义的"把"字句，表遭受义的"被"字句）以适当方式加以呈现。

2.3　学习词典编研：　应注重融入汉语语法

学习词典的编写应融入汉语语法，这一点也许不会有太大的争议，并且既有的一些学习词典业已不同程度地体现了这一点。但是，这种融入的意识还不强，更没有成为普遍性的原则。事实上，外向型学习词典不仅要融入汉语的基本语法，还要确立"大语法"观，尽可能多地融入汉语的语法和用法，包括对主观化格式的恰当引入及其语义的准确阐释，对凝固化和习语化的结构及其言外之意的说明等，以使词典的学习价值和效益最大化。出色的学习词典在融入汉语语法方面都做得很用心。如《商务馆学汉语词典》的配例就照顾到了相关词语的主要用法。如"商量"：～一件事 | 有事多跟别人～ | 我们一起～～ | 我想和你～一下 | 他们～了一个小时才～出来一个办法。例中涉及"商量"带宾语、补语，用"跟/和"引出商量的对方，重叠后作谓语，用于重动句等用法，读懂了不同的例句也就习得了不同的用法，而用法就是语法。当然，从拓展学习资源的角度看，还可以考虑加上这两个用法：这事儿没～（表示拒绝，意思是：这事儿不能商量） | ～～来～～去，也没～～出一个结果来（"～～来～～去"的意思是反复商量）。

学习词典融入汉语语法具有广阔的空间，其学习价值和效益也应该更多地体现在这方面。例如：①注释"是"或"是"字句，应考虑呈现："不是＋少数特定名词（时候/地方/味儿/话）"，意思是"不是合适的＋名"，"你来得不是时候""那张画挂得不是地方""这东西不是味儿了""你这说的不是话"，意思分别是"你来得时间不合适""那张画挂的地方不合适""这东西不是好味儿了（变味儿了）""你说的话不合适"。②注释"一……就……"格式，应说明其中的"一＋动＋就（是）＋数量词语"是一种主观化格式，表示说话人觉得时间长、数量多等主观大量，如"她这一等就是 6 年（比较：她等了 6 年）"，"（苹果）他一买就一箱（比较：他买了一箱苹果）"。③注释"有"，应说明"有＋水平/价值/能力/力气/兴趣"等，是一种主观化的用法，表示主观大量，分别是水平高、价值高、能力强、力气大、兴趣浓的意思（李泉，2015）。④注释"瞧"和"颜色"，应特别说明"等着吧，有你好瞧的""我得给他点儿颜色瞧瞧"的言外之意。⑤注释"不 A 不 B"格式，应分别说明"不大不小、不多不少、不胖不瘦、不冷不热（天气）"表示正合适的意思，而"不好不坏、不甜不咸、不冷不热（态度）"表示负面的意思。⑥比较"博得"和"赢得"的异同，可说明二者都是"得到"的意思，都可以跟"掌声、欢笑、赞赏、好评"等搭配，但可以说"赢得了时间"，不能说"博得了时间"，如此等等。把相关教学经验、研究成果以恰当的表述吸收到学习词典中，甚至为了提升学习词典的针对性和实用性而先研究或边编写边研究相关语言现象的特别寓意和用法。

2.4　学习词典编研：　应考虑用户阅读习惯

学习词典是为了帮助用户学习字词的意思和用法，便于读懂是其根本目标，而便于读懂不仅在语言的通俗化等方面可做文章，词典的呈现形式也有开发的空间。具体如：汉语没有形态变化，也不实行分词连写，书面呈现就是一个个方块汉字紧密相连，直到出现标点符号才表明"这是一个语义片段"。这种书写方式对于习惯了阅读分词连写的欧美学习者来说很不方便，往往断词断句都成问题（李泉、孙莹，2023）。为此，学习词典释义、配例等文字说明，如实行分词连写，母语分词连写的用户自然就知道"空格"两边是"语义单位"，从而有助于提升阅读速度和语义理解的准确性。当然，汉语词的界限有时并不分明，分词连写有时会遇到一些困难，但这些困难通过技术处理和必要的规定可以得到一定程度的解决。比如，短语词、插入语、习用语块、单位名称等都视作一个词，如"见面、磕头、飞往、生于、就是说、实际上、没错儿、出版社、商务印书馆"等。学习词典是工具书，根本用途是为使用者答疑解惑、帮助其学习和增长语言文化知识。作为"工具"应以"好用"为好，"不好用"就应改进。

3　学习词典编研：应揭示和诠释中国文化

3.1　学习词典应介绍和诠释中国文化

注重中外文化差异是外向型学习词典的属性，揭示词语及语句的文化内涵和对文化差异之处做出合理的诠释，应该成为外向型学习词典的重要功能和标志性特征。换言之，外向型学习词典既应是语言学习的工具，也应是文化学习的工具，如此才符合二语学习的需求，也是其区别于内向型词典的重要标志。因此，应该像重视字词释义和配例那样，重视对相关词语文化内涵的介绍和对外阐释；应该像仔细斟酌字词释义和反复打磨文字表述那样，精心概括相关文化内涵和认真推敲内容的表述。可以说，对词语和语句文化内涵的揭示程度、对可能产生文化冲突之处的关照及其恰当程度，是衡量一部学习词典质量和水平的重要标准。这是因为：语言中蕴含着文化，有些词语本身就是文化词或有文化蕴藉（如"龙""狗""春节""荷花"），二语学习是一种跨文化的活动，学习词典应该介绍相关的文化，这样才能更好地服务学习者学习语言和了解中国文化的需求。然而，教学实践表明，不少中国文化现象和内涵，"并非一介绍，外国人就能理解乃至欣然接受，许多时候恰恰相反"（李泉、孙莹，2023）。如何从跨文化视角来诠释学习者可能不解或误解的文化内容，是学习词典编研的重要课题。

3.2　学习词典中文化词语释义例析

外向型学习词典应注意揭示词语和词语应用中的文化内涵，应该对可能引起观念冲突的文化现象做出必要的说明。这一点在代表性的汉语学习词典中已经有所体现。试以汉语母语者的词典（1）和两部汉语学习词典（2）、（3）对"狗"的解释为例来观其大略：

（1）《现代汉语词典》（第7版）。狗：哺乳动物，嗅觉和听觉都很灵敏，舌长而薄，可散热，毛有黄、白、黑等颜色。是人类最早驯化的家畜，种类很多，有的可以训练成警犬，有的用来帮助打猎、牧羊等。也叫犬。（"狗×"词条及释义，从略）

（2）《商务馆学汉语词典》。狗：①［名］一种动物，种类很多，可以帮人看家或打猎等。一只狗｜一条狗｜公狗｜母狗｜我有一只可爱的小狗｜这条狗的毛真长｜最近养狗的人越来越多了。②［名］骂人的话，比喻坏人或帮助坏人做坏事的人。他是主人的一条狗｜狗东西，他要是再干坏事，我绝不饶他！｜他不是人，是条狗。

（3）《汉语教与学词典》。狗：①［名］dog　量：只、条　一种动物。嗅觉和听觉灵敏。现在多为家养。他养了一只小狗，很可爱｜他听到几声狗叫的声音｜这条狗从不咬人。②［名］比喻忠于主人或帮助做坏事的人。他是那个坏蛋的一条狗｜那是一个狼心狗肺的人，从来没有好心。提示：在汉语中"狗"的比喻义多表示不好的意思，用来骂人，要谨慎使用。扩展：狗屁、狗熊、走狗、狗腿子、狗急跳墙、狗血喷头、狗仗人势、狼心狗肺。

不难看出，跟内向型词典（1）相比，（2）、（3）的外向型特征非常明显。不仅释义简洁实用、所配词组和例句实用价值高，更可贵的是都从学习者的角度增设了义项②，让学习者了解"狗"及相关词语在汉语里可以用作骂人的话，可以比喻坏人或帮助坏人做事的人。这是学习词典注重中外语言文化差异的表现。当然，如何诠释得更恰当似还可以讨论，现有解释虽然指出了"狗"可用作骂人的话，其比喻义多表示不好的意思，但学习者并不知道为什么是这样。例如，有外国人就疑惑"狗娘养的"为什么是骂人话呢？"狗是人类的忠诚朋友，狗妈妈生了狗宝宝，这实在是一件美好的事，怎么用来骂人呢？"① 外国人的疑惑，正是本文主张，学习词典要注重揭示和解释词语和相关语句中中国文化内涵的重要理据。

事实上，"狗"本身不是文化词，但它被用作骂人话，用作指代和贬损坏人坏事，则涉及文化问题。而如何解释"狗"用作骂人话，解释得让外国人理解而不是误解，实非易事。文化揭示容易诠释难。这里试着做如下诠释，以供讨论：中国人认为，狗是人类的朋友，它忠于主人，能帮主人看家护院。中国人喜欢狗，也喜欢养狗特别是宠物狗。但是，汉语里与狗有关的词汇大都用来比喻不好的人和事，如"狼心狗肺""狗眼看人低"；也常用来骂人，如"狗东西""狗娘养的"，这实在有些对不住狗，但这不意味着中国人讨厌狗。中国人记出生年的十二种动物中就有"狗"，没有人歧视属狗的人；而且汉语里也有"子不嫌母丑，狗不嫌家贫"这样"狗"表示忠诚的褒义用法。

上述说明是否准确、能否起到释疑解惑的作用还存疑，这里只是想借此强调：编写汉语二语学习词典不仅要揭示相关词语的文化含义，更要站在跨文化的角度诠释好相关的文化现象，让学习者理解而不是误解相关的文化。这无疑是个很大的挑战，因为文化问题往往不是三言两语就能说得明白的，甚至"多言多

---

① 刘镰力. 美国友人李又安教授与《高级汉语阅读》教材的编写［C］//马箭飞，刘利. 国际中文教育70周年纪念文集. 北京：北京语言大学出版社，2021.

语"也难以说得清楚。但是，介绍中国文化知识，有助于学习者了解中国文化，也有助于拓展词典的学习内容，故不可不为。

3.3　学习词典应融入中国文化资源

既要学习语言知识，也要学习文化知识，这是二语学习的常识和常态。学习词典在提供语言学习资源的同时，也提供文化学习资源。为此，本文抽查了"牡丹、荷花、龙、乌鸦、饺子、春节"6个文化词在内向型和外向型词典中的呈现情况（见表1）。

表1　"牡丹、荷花、龙、乌鸦、饺子、春节"在内向型和外向型词典中的呈现情况

	（1）《现代汉语词典》（第7版）	（2）《商务馆学汉语词典》	（3）《汉语教与学词典》
牡丹	……是著名的观赏植物	……是中国有名的花	未收该词条
荷花	莲的花；莲	莲，也指莲的花	未收该词条
龙	①我国古代传说中的神异动物，身体长，有鳞，有角，有脚，能走，能飞，能游泳，能兴云降雨。②封建时代用龙作为帝王的象征，也用来指帝王使用的东西	①中国古代传说中的一种神奇的动物。它身体像蛇，有鱼一样的鳞；头上有角；长着像鸟一样的爪；能飞，能走，能游泳，能降雨。②也指像龙一样的东西：在古代中国，～被认为是最高权力的象征｜中国的皇帝都把自己说成～｜在中国，～被认为是一种吉祥的动物	①中国古代传说中的动物，身子像蛇，头像牛，有胡子和爪子，能飞，会游泳：墙上画着一条～｜传说中华民族是～的继承人。②古代皇帝的象征。也指与皇帝有关的事物。③指优秀的人才：天下的父母都望子成～
乌鸦	鸟，嘴大而直，全身羽毛黑色，翅膀有绿光。多群居在树林中或田野间，吃谷物、果实、昆虫等	一种鸟，羽毛是黑色的，嘴比较大：一只～｜中国人不喜欢～｜树上落着很多很多～	未收该词条
饺子	包成半圆形的有馅儿的面食，煮、煎或蒸熟后食用	一种食品，用和好的面做皮儿，用蔬菜或肉做馅儿，包成半圆形：一个～｜包～｜煮～｜中国北方人过春节的时候都要吃～	中国的一种传统面食，半圆形，有馅儿：在中国北方，有春节吃～的习惯｜一家人在一起包～，很热闹

（续上表）

春节	农历正月初一，是我国传统的节日，也指正月初一以后的几天	中国最重要的传统节日，指农历正月初一和之后的几天：过~又叫过大年｜~是中国人最大的节日｜~期间，人们往往要互相拜年｜今年~，还是放七天假吗？	中国的传统节日之一。时间在农历的正月初一，也指正月初一以后的几天：大家都忙着回家过~｜~期间商品供应非常丰富｜今年的~过得很热闹

　　其中，内向型词典（1）不涉及这 6 个词的文化含义。外向型词典（2）未对"牡丹""荷花"作文化诠释，（3）未收录这两个词。然而，这两个词在汉语里都是有文化象征意义的。"牡丹"在中国不仅仅是有名的花，它寓意富贵吉祥，象征繁荣昌盛，被称为"花中之王"。千百年来有大量诗文赞美牡丹，唐代诗人刘禹锡"唯有牡丹真国色，花开时节动京城"就是其中著名诗句。至今许多中国家庭挂有牡丹画，20 世纪 80 年代初乔羽等创作的《牡丹之歌》传唱至今。同样，"荷花"是否也应以适当的文字呈现这样一些内容：荷花，也称莲花，具有"出淤泥而不染"的品质，寓意清白、纯洁；具有"濯清涟而不妖，中通外直，不蔓不枝"的气质，象征质朴、高贵。从古至今有大量诗文赞美莲花，宋代周敦颐《爱莲说》便是其中的名篇。现代文学家朱自清的散文《荷塘月色》被收入中学语文课本，广为传颂。可见，中国的一些植物所寄寓的"精神文化故事"很值得在外向型学习词典中加以介绍。

　　外向型词典（2）、（3）对"龙"的释义，特别是配例涉及龙的文化内涵，如"在中国，龙被认为是一种吉祥的动物""指优秀的人才：天下的父母都望子成龙""传说中华民族是龙的继承人""在古代中国，龙被认为是最高权力的象征"。当然，是否还可以进一步诠释：龙在中国神话和传说中已流传几千年，是中国文化最具代表性的符号，至今人们还有赛龙舟的活动，节日欢庆时刻舞龙舞狮；龙在中国人十二属相中排列第五位，有很多中国人属龙。（2）对"乌鸦"有解释，其中"中国人不喜欢乌鸦"的例句涉及习俗文化，但这只是揭示了中国人的这一文化心理，没有进一步加以诠释。可否作这样的诠释：中国人不喜欢乌鸦，认为它是不祥之鸟，这可能因为乌鸦是纯黑色的，其叫声听着也不舒服，容易让人产生压抑乃至恐怖的联想，乌鸦食腐肉更是让人厌恶。汉语有"天下乌鸦一般黑"的谚语，字面意思是所有的乌鸦都是黑色的，比喻任何地方的坏人都一样坏；"乌鸦嘴"比喻说话难听、不吉利，如"闭上你的乌鸦嘴"。但是，千百年来中国同时流传乌鸦反哺的故事，用来比喻和赞美对父母的孝心，教导人们要像乌鸦一样知道报恩。小学语文课本里还有《聪明的乌鸦》的故事。此外，(2)、(3) 对"饺子""春节"都做了很好的释义和配例，但从学习词典应该像重视释词一样重视文化的介绍来看，似乎也还需要考虑再丰富一些相关内容，比如：春节，也叫过年（农历新年），是中国最大最重要的传统节日，有关春节的关键词有"贴春联、年夜饭、放鞭炮、吃饺子、守夜、拜年、压岁钱、春节晚会"等，中国人"过个团圆年""有钱没钱，回家过年"的信念是传统文化流传至今的表现，春节是中国人团圆观念和亲情观念的集中体现，每年春运都有数亿人次回家过年，成为当代中国特有的景象（李泉，2011）。

4 结语

学习词典的编写应秉持两个核心原则：凸显汉语汉字特点，诠释相关中国文化内涵。如此，才能显示"汉语"学习词典及其外向型属性。学习词典编写应以学习者的"学"为中心，确立"大学习词典"观，拓展词典学习内容的边界，使词典的学习价值和效益最大化。应更新学习词典的编写观念：第二语言学习不仅仅是词汇的学习，字词和语句的学习、语法和语用及相关文化的学习应一体化，学习词典中的"词"应是词典编写的切入点，而非学习内容的全部；确立"有体例，不唯体例""因需设例""一词一例"等编写理念，以便把词语的文化蕴含、特殊用法、相关格式及代表性的文化句等吸纳进来；收词主要应收初中级词汇，但允许有文化象征意义或体现当今社会生活的"纲外词"。初中级阶段是语言学习"关键期"，语言能力"发育期"，对中国文化"强烈需求期"，要有足够的学习资源来"滋养"。

参考文献

[1] 崔希亮. 汉语学习词典的元语言问题 [J]. 汉语学习，2022 (6).

[2] 李泉. 文化内容呈现方式与呈现心态 [J]. 世界汉语教学，2011 (3).

[3] 李泉. 体系内语法与体系外语法：兼谈大语法教学观 [J]. 国际汉语教学研究，2015 (1).

[4] 李泉，宫雪. 汉字作为文字教学的"终止期"：基于汉字"字""语"兼具属性的考量 [J]. 华南师范大学学报（社会科学版），2017 (4).

[5] 李泉，孙莹. 论国际中文教育五种微观关系 [J]. 民族教育研究，2021，32 (5).

［6］李泉，孙莹．中国文化教学新思路：内容当地化、方法故事化［J］．语言文字应用，2023（1）.

［7］沈家煊．语法六讲［M］．北京：商务印书馆，2011.

［8］章宜华．对外汉语学习词典释义问题探讨：国内外二语学习词典的对比研究［J］．世界汉语教学，2011，25（1）.

［9］郑定欧．对外汉语学习词典学刍议［J］．世界汉语教学，2004（4）.

［10］周上之．对外汉语的词典与词法［J］．汉语学习，2005（6）.

词块：国际中文学习词典
收录条目的又一依据

付彦白

（北京语言大学出版社）

　　摘　要：本文从汉语学习者实际出发，认为国际中文学习词典除收入词语条目外，还应将词块作为词典收条的依据。文章首先从对留学生HSK 动态作文语料库偏误语料的考察与分析入手，并结合词块的功能和数量，论述了国际中文学习词典词块收条的必要性与可行性。然后在总结词语收条原则的基础上论述了词典中词块收条的特殊原则，即交际性、常用性、系统性与经济性、针对性原则。最后，本文考察了国际中文教育常用词语在全球汉语中介语语料库、BCC 语料库、HSK 动态作文语料库中的实际表现，并以《国际中文教育中文水平等级标准》（GF0025 –2021）初等一级前100 个词语为例，归纳整理这些词语在构句层面上与其他成分搭配和组合运用上的规律，结合全球汉语中介语语料库，给出词语常见、常用的词块，同时提供词块在 BCC 语料库中的收条数量以及部分词块在 HSK 动态作文语料库中的偏误示例，并结合词块与词语的关系，系统描写出这些词语和派生的词块在国际中文学习词典中的条目收录情况。

　　关键词：国际中文学习词典；词块；收条；语料库

1　词块的内涵

　　词块，有学者也称之为语块。词块的定义有多种不同的表达。如："词块是介于单词和自由搭配组合之间的半固定搭配。"（王玲，2005）"词块就是词与词的组合，是一个具有一定的结构、表达一定的意义的语言单位。"（郝友，2006）"语块是由两个或两个以上词构成的、连续的或不连续的序列，整体储存在记忆中，使用时整体提取，是一种预制的语言单位。"（刘叔新，2006）"语块就是一些词汇单位，只不过在学习要求中语法性重于词汇性。"（亓文香，2008）"语块是固定或半固定的多词组合。"（江新、李璧聪，2017）"语块是一种同时具有词汇与语法特征的语言结构，通常由多个词构成，并具有特定的话语功能。"（房艳霞，2018）"由多个词语单位组成的较为固定的结构体叫语块。"（蔡淑美、施春宏，2020）虽然学者们对词块的定义表述有别，但在确定词块的核心内涵上仍基本一致。即：

（1）结构上相对稳定，是介于单词和自由搭配组合之间的半固定格式。

（2）在语用功能和意义上有比较特定的范围。

（3）脱胎于句子或句式的常用表达。

（1）是从词块的结构层面分析；（2）是从语用和意义层面分析；（3）突出强调了词块的交际功能。我们强调词块在国际中文学习词典收条中的重要地位，也是为了提升学习者的言语交际能力。

2   国际中文学习词典词块收条的必要性与可行性

2.1   国际中文学习词典词块收条的必要性

国际中文学习词典作为外向型词典，不同于《现代汉语词典》等内向型词典，最大的不同就是适用对象的不同。外向型词典的适用对象是汉语学习者，其学习、使用汉语词汇的方式不同于母语学习者。这方面，王还（1994）曾有过非常经典的论述："我们用一个词并不是严格地按照定义去用的，学汉语的人就不是这样。他们是严格地按照定义去理解运用一个词的，如果我们给的定义只接触到表面现象而没有揭露出本质，他们往往就会用错。"他还以"反而"为例，证明词典对"反而"的定义有问题。沿着这一思路，我们依据 HSK 动态作文语料库 2.0 对留学生使用中文的偏误语料做实证考察，发现除"反而"外，还有很多词语存在运用时出现偏误的情况。如：

（1）＊从我七岁开始，除了上学以外，回到家里还要帮忙妈妈煮饭、洗衣和照顾幼小的弟妹。

（2）＊这个意思是小鱼去天堂，把今年内的好事和坏事报告神，然后由神判断一年的结果。

（3）＊为了保持生命，吃的食品后来变成威胁人类生命的存在。

（4）＊他们还是具备比较保守的思想。

（5）＊他们持续保守旧时代的生活方式。

以上这些偏误再次说明以《现代汉语词典》为代表的内向型词典不适用于国际中文教育。对于这些偏误，我们认为是由于汉语学习者没有完全掌握词语定义、混淆了某些近义词而产生的。如，例（1）中"帮忙"的词典定义是"帮助别人做事，泛指在别人有困难的时候给予帮助"，学习者误以为"帮忙"就是"帮助"，由此产生偏误。例（2）中"报告"的词典定义是"把事情或意见正式告诉上级或群众"，学习者误以为"报告"就是"告诉"，由此产生偏误。例（3）中"保持"的词典定义是"维持（原状），使不消失或减弱"，"维持"的词典定义是"使继续存在下去；保持"，学习者误以为"保持"就是"维持"，由此产生偏误。例（4）中"具备"的词典定义是"具有；齐备"，学习者误以为"具备"就是"具有"，由此产生偏误。例（5）中"保守"的词典定义是"保持使不失去"，学习者误以为"保守"就是"保持"，由此产生偏误。

但我们再具体考察 HSK 动态作文语料库 2.0 时，发现很多偏误不是由学习者不理解词语定义造成的，而是没有掌握词语常见的搭配格式和用法规则，也就是没有掌握词块造成的。如：

（6）＊让我们赶快去北京大使馆签证。

（7）＊我已经不是孩子了，我给您保证我自己走好我的路，妈！

（8）＊妈妈您不用为我担心，哥哥对我很好，他每天对我问，考试准备得怎么样？

（9）＊绿色食品虽然给我们带来了健康，但不能保守我们的生命。

（10）＊只有充分了解对方的思想，就能创造和平的气氛，达到互相了解的目的。

（11）＊年纪越大越保守，如果一个人变成保守的话，不可能接受其他人的意见和想法。

例（6）是学习者没有掌握"办签证"这个词块，例（7）是学习者没有掌握"向……保证"这个词块，例（8）是学习者没有掌握"问……"这个词块，例（9）是学习者没有掌握"保护生命"这个词块，例（10）是学习者没有掌握"只有……才……"这个词块，例（11）是学习者没有掌握"变得"这个词块。沿着这一思路，我们再回头看例（1）~（5），这些偏误的产生，我们也可以将其分析为学习者理解掌握了词语的定义但没有掌握词语的常见搭配格式（词块）。如例（1）~（5），是学习者没有掌握"帮……忙""报告给""向……报告""维持生命""具有思想""具备条件/能力""持续保持"等词块。如果把上面这些词块作为条目明确收入词典中，学习者就可以直接学习、模仿使用这些词块，上面这些偏误就可以有效避免。

综上，我们认为：

（1）以《现代汉语词典》为代表的内向型词典不适用于国际中文教育。

（2）外向型中文学习词典要从汉语学习者实际出发，揭露词语运用的本质。

（3）汉语学习者习惯严格地按照词典定义学习、理解、运用词语，那么给汉语学习者的外向型中文学习词典就应该把词语释义描写清楚，尤其是释义时要慎用易混淆词，要具体说明词语的常见搭配格式和用法规则，即要明确给出词块。

（4）对外向型中文学习词典来说，给出词语在交际使用时的词块比单纯的释义更重要。

2.2　国际中文学习词典词块收条的可行性

钱旭菁（2008）指出，词块有提高交际效率和增强社会交际功能两大功能，词块的两大功能决定了语言使用中存在着大量的语块。杨玉晨（1999）提到词块在英语语言交际中占到90%，钱旭菁（2008）指出法语中词块数量远远超过词的数量。周健（2007）根据统计指出，45个汉语句子中共有常用词块63个，平均每个句子有1.4个词块，从而证明汉语中也同样存在大量的词块，也为国际中文学习词典的词块收条提供了可能。其实，关于词典中的词块收条，已有学者做过论述。董秀芳（2004）曾指出："各类词典首先应该全面收录那些内部不可分析或内部结构模式不具有能产性的词汇成分。对于那些由能产性较强的词法模式所造成的形式，就可以根据词典的规模和适用对象等做或多或少的收录。"而这种能产性较强的词法模式，就是词块。

另外，对词块进行描写，将词块作为条目收入国际中文学习词典中，已有先例。由郑定欧编著的《汉语入门词典（汉英对照）》于2017年出版，该词典是专门为零起点和初级汉语学习者编写的一套学习型词典。在收条时，就创造性地选取最常用的交际词语和词块共计5 000条，词块如"开发票""帮帮忙""对……不满""不是……而是……"等，涵盖了搭配式、离合式、框架式、系联式等多种词块类型。该词典在词块选取与收录的原则上还可进一步商榷，但它开创性地收录了大量词块，为我们进一步探索研究词典的词块收条提供了借鉴。

2.3　小结

近年来，国内学者专注用词块理论研究汉语的文章越来越多，一方面是本体研究，以描写词块结构、阐释意义为主；另一方面是对外汉语教学研究，从数量上来看，以词块理论用于汉语词汇教学的论述较多，但真正将词块理论用于词汇教学实际的并不多。赵雪涵、田兴斌（2021）也指出："人们对汉语语块的认识不够深入，语块教学尚未得到推广。"我们认为，相比于课堂教学的差异化和个性化，应加强词块理论在工具书，尤其是外向型中文学习词典中的运用。国际中文学习词典的编纂应关注词块，在收条时要把词块连同词语一并考虑进来，视词块为国际中文学习词典收录条目的又一依据。国际中文学习词典应将常用词语在构句层面上形成的词块提取出来，让那些隐藏在句子中、起重要构句作用的词块同一个个词语一样，全面而系统地展现在学习者面前，跟词语一样加以描写。不同的是，词语是静态描写，而词块是动态描写。国际中文教育最主要、最基本的目标是培养学习者的交际能力。词语和意义是静态的，交际是动态的，必然涉及词块，为保证交际顺利进行，学习者就要掌握词块。对于汉语学习者来说，掌握常见的词块能减少其使用词语的偏误情况，使词汇学习效果事半功倍。同时，国际中文学习词典收条时收录词块，将汉语中大量存在的常见词块全面而系统地描写出来，也可促进汉语词块教学与研究，加快实现词块教学理论落地，提升汉语词汇教学实效。

3　国际中文学习词典词块收条的原则

关于词典收词的原则，学者们有过深入的研究。王楠（2021）在前人研究的基础上，指出"通用性、平衡性、系统性、查考性、经济性等原则，则是词典收词时需要着重考虑的因素"。词块是运用词语进行交际时产生的，是词语和其他成分组合形成的半固定搭配，词语是词块形成的来源和基础，所以国际中文学习词典的收词原则也适用于词块收条。但词块又不同于词语，在收条时有其特殊原则。

3.1　交际性原则

交际性是词块收条首要考虑的原则，这跟国际中文学习词典适用对象是汉语学习者密切相关。汉语句子和句式表达灵活多样，这意味着词块也是复杂多样的，收录哪些词块，首先要考虑适用对象，保证收录词块的交际性，能够解决汉语学习者学习、模仿使用词语的实际问题。也就是说，词块必须是汉语学习者实际话语交际中真实存在的，如果提取的词块在实际话语交际中不独立存在、不符合句法分析规则，则该词块不宜作为条目收录。例如，郑定欧（2017）曾列举《现代汉语词典》"慌、可怜、要命"等条目，认为《现代汉语词典》对这三个条目的释义会使汉语学习者造出这样的病句：

（12）＊我得慌他的批评。

（13）＊才五块钱，实在可怜。

（14）＊我要命生气。

基于此，郑定欧认为二语词典应将"得慌、得可怜、得要命"作为条目收录。"得慌、得可怜、得要命"作为词块收条从成分分析角度看稍有悖于我们的认知常识，因为这里的"得"是补语标志，将脱离中心语的补语标志和补语放置在一起作为词块容易干扰对句子成分的分析。另外，从交际性原则看，"得"与前面的中心语结合似更紧密，如语料库中存在"看把这小家伙给累得""没暖气把我冻得"等表述。也就是说，在实际话语交际中，存在中心语与补语标志"得"结合使用省略补语的情况，但没有"得"和补语结合使用省略中心语的情况。而且，考察 HSK 动态作文语料库 2.0，我们发现"慌"的偏误示例 18 条、"可怜"的偏误示例 124 条、"要命"的偏误示例 46 条，总计 188 条，但这 188 条偏误都是"用错词、补语使用错误"等其他原因造成的，没有一条偏误属于上面的病句情况，这说明"得慌、得可怜、得要命"作为词块收录没有科学依据。同理，我们在全球汉语中介语语料库中，也发现大量不符合句法规则、不符合交际性的词语搭配情况，如"爱的""爱是""爱很""的爱""是爱""的白""了白"等，这些词块在语料库中数量很多，但在实际话语交际中并不独立存在。因此，这类词块我们不作为条目收入国际中文学习词典中。

3.2　常用性原则

常用性，是指提取概括的词块要常见、各领域通用，在日常交际中使用频率较高。结构过于特殊或者不常见的搭配格式不宜作为词块收条。廖承敏、夏立新（2020）就曾以评介《汉语入门词典（汉英对照）》为出发点，并以"小心你的头"为例，指出该词典收词时存在一定的局限性。"小心你的头"确实是一个交际语块，但交际使用范围较窄，属于不常见的搭配格式，"BCC 语料库中只有 6 条索引"（廖承敏、夏立新，2020）。所以，这类日常交际中存在但不常用的词块，我们也不作为条目收录在国际中文学习词典中。沿着这一思路，我们发现《汉语入门词典（汉英对照）》中类似的条目还有"打开雨伞""收起雨伞""英籍华人""按字母顺序""交通拥挤"等，我们在BCC语料库中没有检索到一条相关条目索引。因此，这些词块我们都不作为条目收录在国际中文学习词典中。在全球汉语中介语语料库中，对词语搭配情况的统计中大量存在只有一次或少量几次搭配的合法词块，如"非常白""真白""桌子矮""爱好麻将""爱好上网"等，这些词块不常用，也不常见，我们也不作为条目收录。

3.3　系统性与经济性原则

除交际性、常用性外，作为学习型工具书，收条时也要注意处理好系统性与经济性的关系。系统性要求词块收条保证全面、系统，比如：收录了"办不到"，就要考虑"办得到"；收录了"写繁体字"，就要考虑收录"写简体字"。但词语搭配是丰富多样的，词块收录不能无穷无尽，也要遵循经济性原则，即收录那些话语交际中常见的、常用的、易出现偏误的，控制好词块收条的限度。比如，收录了"挨打"，按系统性原则，就要全面收录"挨~"词块，如"挨骂、挨饿"等，但不是所有的"挨~"词块都要收录，如"挨宰、挨冻、挨烫、挨砸、挨白眼、挨掐、挨捏、挨批评、挨数落"等属于不常见的词块，可不必收录。那么，常见不常见衡量的标准是什么？笔者认为，要依据语料库中词块的实际表现。江新、李矕聪（2017）在进行不同语言水平和母语背景的汉语二语者语块研究时，将"BCC语料库综合语料库中出现次数在100次以上的搭配确认为常见搭配类语块"。我们以此为参考，依托于词典的定位和目标对象，如果是普通的汉语学习者，以在全球汉语中介语语料库中搭配数量是否在10次以上，BCC语料库的多领域类别中以词块检索结果是否在1 000条以上作为词块是否常见的一个判定标准。限于篇幅，个别词语（如"不、吃、的"等）用法搭配非常灵活，产生的词块数量巨大，这种情况下我们选取搭配数量在前10位的词块。

3.4　针对性原则

针对性原则是国际中文学习词典应额外关注的。即针对前文提到的汉语学习者词语使用的常见偏误情况收录词块，解决汉语学习者词语使用偏误的实际问题。如收录"充满爱"词块，就可以避免"我爷爷生病之前我们家总是充满爱情"这类偏误；收录"白的"词块，就可以避免"现在在美国是冬季，到处都是一片白地，看起来美丽又纯洁"这类偏误。另外，有的词块可能在全球汉语中介语语料库中搭配数量没有达到 10 次以上，或者 BCC 语料库多领域类别中以词块检索结果没有在 1 000 条以上，但这类词块汉语学习者在使用时比较容易出错，产生的偏误较为普遍，我们也作为条目收录，如"需要帮忙""帮你忙"等。

4　国际中文学习词典词块收条

4.1　词语收条与词块收条

如果说词块是国际中文学习词典收录条目的又一依据，那么词典收条时就要明确词语收条与词块收条的关系。尽管本文一再强调词块的重要性，强调国际中文学习词典要收录词块。但必须承认，词典收条仍要以词语为主。词块收条不是放弃词语收条，相反，词语是词块形成的来源和基础，词块是运用词语进行交际时产生的，是"词语＋其他成分"组合形成的半固定搭配格式。因此国际中文学习词典在收条时应以词语为主，词块为辅。词语为主，在形式上表现为词语是主条目，前面配编号；词块为辅，在形式上表现为词块是词语的副条目，是运用词语进行话语交际时提炼概括的衍生结构，位于词语的下方缩进位置，前面不配编号。国际中文学习词典收录词语，主要是体现词典的检索功能；收录词块，主要是体现增加词典的交际使用功能。

4.2　国际中文学习词典词块收条示例

国际中文学习词典收条以什么为标准？当以权威性的大纲/标准为参照。当前，对国际中文学习词典来说最可以依托参照的就是《国际中文教育中文水平等级标准》（GF0025 - 2021）（以下简称《标准》）。"《标准》是新时代的国家级标准，是国家语委首个面向外国中文学习者，全面描绘评价学习者中文语言技能和水平的规范标准。"（教育部中外语言交流合作中心，2021）《标准》的主要用途之一就是"编制国际中文教育常用字典、词典的重要参照"（教育部中外语言交流合作中心，2021）。《标准》分三等九级，共计收录词语 11 092 个，限于篇幅，本文仅以《标准》初等一级 500 词的 A、B 词条为例，通过考察这些词语在 BCC 语料库和 HSK 动态作文语料库中的实际表现，尝试为这些词语归纳整理其在构句层面与其他成分搭配和组合运用上的规律，描写出词语常见、常用的词块，为国际中文学习词典提供词语和词块收条示例。具体做法是先依据全球汉语中介语语料库，考察词的搭配组合情况，并依据上文提到的原则和标准初步选出符合交际实际的常用词块，然后考察词块在 BCC 语料库多领域类别中的检索情况进一步筛选，最后考察筛选后的词块在 HSK 动态作文语料库中的实际表现，重点关注有无该词块使用的偏误情况，如有，选取其中一个典型的偏误示例作为词块收条的补充印证，形成系统的词块收入条目统计表（详见表1）。

表1　词块收入条目统计表

序号	词语	词块	BCC 语料库中条数	HSK 动态作文语料库偏误语料
1	爱	最爱	53 766	世界上最爱上我的爸爸。
		我爱你	41 981	
		爱上	41 092	
		不爱	39 551	所以很多男人喜欢她，可是她不爱上他们，爱上了我。
		爱他/她	34 551	
		爱吃	16 029	
		很爱	15 244	也爱好中国历史悠长的文化。
		真爱	13 742	
		爱自己	9 203	
		爱得	5 300	因为他们爱孩子，但爱地太过分。
		爱喝	2 827	
		爱笑	2 489	
		充满爱	2 125	我爷爷生病之前我们家总是充满爱情。
		爱学习	1 139	
		爱哭	1 970	
2	爱好	兴趣爱好	1 782	
		业余爱好	826	
3	八	第八	23 669	
		八月	16 939	
		八个	16 245	
		八点	12 878	
		八年	11 221	
		八岁	3 127	我也因为比我小八年的妹妹渐长大的，被妹妹视为老土和专制的一个。

（续上表）

序号	词语	词块	BCC 语料库中条数	HSK 动态作文语料库偏误语料
3	八	八号	2 670	
		八天	1 810	
4	爸爸|爸	我爸	16 916	
		爸爸妈妈	11 786	
		我爸爸	6 039	所以我的行为我的爸爸根本不能理解。
5	吧	好吧	100 178	第一个和尚抬起头，说："那好了，我去山下抬水吧。"
		去吧	31 534	
		来吧	21 791	
		是吧	17 727	
		说吧	10 250	就拿早晨起床的事说呗……
		对吧	10 436	
6	白	白的	9 136	现在在美国是冬季，到处都是一片白地，看起来美丽又纯洁。
		白了	7 285	
		很白	1 208	
		皮肤白	1 047	
7	白天			
8	百	几百	23 847	
		百货	11 150	还有可以一起去百华商店。
		百事	3 632	
		百米	3 446	
		百忙	1 539	
9	班	我们班	7 903	
		一个班	3 025	
		分班	1 030	
10	半	半个	45 538	
		……点半	28 934	
		半小时	22 134	

（续上表）

序号	词语	词块	BCC 语料库中条数	HSK 动态作文语料库偏误语料
10	半	……年半	8 395	来华以后，在北京语言文化大学学汉语一个半年。
		一个半	7 338	
11	半年	半年多	3 413	
		半年了	1 167	
12	半天			
13	帮	帮我（们）	49 652	
		帮你（们）	34 853	
		帮他（们）	13 735	
		能帮	10 380	住在发达国家的我们能做到什么？能帮助什么？
		可以帮	9 003	
		要帮	7 646	
		会帮	4 820	
		想帮	2 999	
14	帮忙	帮帮忙	4 301	
		来帮忙	2 416	如果你们很忙没有空来帮做菜就不用早点儿来帮忙，到时间来吃菜就够了。
		帮个忙	1 177	
		帮你忙	253	从我七岁开始，除了上学以外，回到家里还要帮忙妈妈煮饭、洗衣和照顾幼小的弟妹。
15	包	一包	9 475	
		一个包	2 821	
		包着	2 584	
		包饺子	2 261	
16	包子			
17	杯	一杯酒	2 794	
		一杯咖啡	2 339	
		一杯水	1 723	

（续上表）

序号	词语	词块	BCC 语料库中条数	HSK 动态作文语料库偏误语料
18	杯子	杯子里	1 273	
19	北	向北	6 123	
		北面	3 086	
		往北	2 359	
20	北边			
21	北京	在北京	67 545	
		到北京	8 452	
		北京奥运会	5 376	
		去北京	4 385	
		来北京	3 120	
22	本	这本书	12 879	我喜欢这本书的原因主要有两个：一我觉得这本书里把斯米坦那的著名作品都分析得很仔细……
		一本书	9 304	其次，对我们学外语的学生来说，流行歌曲就是一个很好的书。
		一本杂志	596	我曾看过一篇杂志，在杂志里写着……
23	本子			
24	比	比我	47 639	
		比你	23 284	
		比他	15 800	
		比以前	6 526	尤其是这几年内父母对孩子们的教育花的钱比过前多。
		比现在	3 536	
		比什么都	3 171	我觉得学习语言时比什么最重要的就是口语。
		与……相比	6 518	比以前没有新鲜的感觉。
		比比	5 632	

（续上表）

序号	词语	词块	BCC 语料库中条数	HSK 动态作文语料库偏误语料
25	别	别忘了	10 738	父母别忘自己是孩子的第一个老师。
		别想	10 392	负担很重，但是从来没有跟我说："家里穷，不要想上大学了。"
		别这样	7 807	
		别哭	4 947	
		别担心	4 028	
		别去	3 942	
		别生气	2 493	
		别问	2 412	
		别忘记	1 770	我希望家长们千万别忘这一点。
		别吃	1 482	
		别紧张	1 123	
		别着急	1 085	
26	别的	没有别的	5 746	
		别的事（情）	4 712	
		别的地方	3 052	
		别的人	2 450	
		别的东西	1 329	
		别的办法	1 200	
		别的方面	334	可是我认为所有东西都有利与弊，因此我们从各别方面来吸收它们的好处。
		别的朋友	151	我觉得我从小孩儿时候就比较成熟，所以跟别人朋友不一样。
		别的想法	150	可是，我学汉语不仅仅是因为对中国有兴趣，也有另外个想法，那就是我想将来在中国就业。
27	别人	跟别人	2 406	我们既然在社会上跟人家一起生活，用不着跟人吵架，打架什么的。
		帮助别人	1 263	

（续上表）

序号	词语	词块	BCC 语料库中条数	HSK 动态作文语料库偏误语料
28	病	生病	22 176	我好希望代妈妈病呀！
		有病	15 555	把大量的钞票"烧"了不说，还给自己留下了有疾病的身体。
		治病	12 498	
		病了	9 406	
		一种病	2 429	
		什么病	2 327	有科学家说，跟吸烟者一起生活可是他自己不吸烟的话，得到疾病的可能性比吸烟者更大。
		得病	2 271	
		没（有）病	2 182	
		这个病	1 332	
29	病人			
30	不大	不大好	2 552	
31	不对	对不对	13 866	
		是不对的	3 050	
32	不客气			
33	不用	不用担心	6 649	有了你们，无论发生什么情况，我没问题。
		不用去	2 550	
		不用了	4 992	
		不用看	1 529	
		不用怕	1 490	
34	不	也不	677 273	您让我从小学音乐，当时我觉得一点儿也没感兴趣。
		都不	351 386	
		不知道	347 743	小孩子毕竟是小孩子，犯错误时根本没有在哪里做错了。
		就不	263 471	
		还不	214 740	
		不可能	111 412	生产绿色食品不放农药我感觉生产不了。

（续上表）

序号	词语	词块	BCC 语料库中条数	HSK 动态作文语料库偏误语料
34	不	不懂	94 907	我在日本的时候，在一家服装店做过推销员，那时，我对服装根本不摸门。
		很不	86 203	
		真不	65 583	
		不喜欢	64 257	吸烟者的周围的人更不愿意甚至讨厌吸烟这种行为。
		不去	55 420	
		不多	51 186	医生证明病人剩下的时间不久了，证明病人很痛苦。
		不让	49 932	虽然你们已经累得站也站不住，但是为了以免我们受累、让我们好好休息，你们居然选择做务或别的。
		不一样	48 832	他们的想法就是我的想法，后来随着年龄增大我的想法跟他们差一些了。
		不高	44 119	
		不需要	43 419	开始时很顺利，大家很满足。因为要水时自己去抬水，不必要别人的水。
		不像	42 375	如今，在公共场所吸烟的人没有像过去那样多。
		不容易	37 664	我来中国以后家里人都搬家了，所以当时找自己家都好不容易，可是这次就跟以前不一样了。
		不愿意	37 566	谁也不希望自己最爱的人的不幸，如果为了病人自己，家人牺牲的话，病人也不满意。
		不明白	35 888	瘦了也不满，发福也不满，真不知道。
		不出来	34 343	
		不吃	31 889	
		不应该	27 380	但是三个和尚或很多人住在一起的话，应该有合作精神，不要去自私。

（续上表）

序号	词语	词块	BCC 语料库中条数	HSK 动态作文语料库偏误语料
34	不	不可以	26 747	怎么会不可能呢？
		不舒服	25 928	第一，它造成污染的空气，让非吸烟者感到不适意。
		不认识	22 723	那个平时跟我联系的人突然提到我不变识的职员，我一下子不知道该怎么办，导致工作太慢的结果。
		不高兴	15 306	
		不同意	12 911	有这样的想法，所以我不通了"安乐死"。
		不满意	11 928	人人都对这种生活环境都不满足。
		不习惯	10 989	

5　结语

　　本文从 HSK 动态作文语料库的留学生偏误实际出发，呼吁外向型汉语学习词典在收条时要注意区别于内向型词典，收入词块词条时注意词块与词语的关系，保证收录词块的交际性、常用性、针对性等。同时，本文依据上述分析所得结论，考察国际中文教育常用词语在全球汉语中介语语料库、BCC 语料库、HSK 动态作文语料库中的实际表现，并尝试为《标准》初等一级 500 词的 A、B 词条在语料库中的表现归纳整理相关词语在构句层面与其他成分搭配和组合运用上的规律，描写出词语常见、常用的词块，并结合词块与词语的关系，为国际中文学习词典提供词语和词块收条示例，以期抛砖引玉，引发业界在此方面有更多、更深入的思考和实证研究，进一步提升国际中文学习词典的编纂水平。

参考文献

[1] 蔡淑美，施春宏. 汉语基本知识：词汇篇 [M]. 北京：北京语言大学出版社，2020.

[2] 董秀芳. 汉语的词库与词法 [M]. 北京：北京大学出版社，2004.

[3] 郝友. 词块：对外汉语词汇教学中待开发的资源 [J]. 湘潭师范学院学报

（社会科学版），2006（6）.

[4] 房艳霞. 提高语块意识的教学对汉语第二语言学习者口语产出的影响 [J].
世界汉语教学，2018，32（1）.

[5] 江新，李嫒聪. 不同语言水平和母语背景的汉语二语者语块使用研究 [J].
解放军外国语学院学报，2017，40（6）.

[6] 教育部中外语言交流合作中心. 国际中文教育中文水平等级标准（国家标
准·应用解读本）第一分册：等级描述、音节、汉字 [M]. 北京：北京语
言大学出版社，2021.

[7] 教育部中外语言交流合作中心. 国际中文教育中文水平等级标准（国家标
准·应用解读本）第二分册：词汇 [M]. 北京：北京语言大学出版社，2021.

[8] 廖承敏，夏立新. 词汇—语法理论在外向型汉英学习词典中的应用：评
《汉语入门词典（汉英对照）》[J]. 辞书研究，2020（4）.

[9] 刘叔新. 词汇研究 [M]. 北京：外语教学与研究出版社，2006.

[10] 鲁健骥，吕文华. 商务馆学汉语词典 [Z]. 北京：商务印书馆，2006.

[11] 亓文香. 语块理论在对外汉语教学中的应用 [J]. 语言教学与研究，
2008（4）.

[12] 钱旭菁. 汉语语块研究初探 [J]. 北京大学学报（哲学社会科学版），
2008，45（5）.

[13] 王还. 对外汉语教学：汉语内部规律的试金石：以"反而"为例 [J]. 世
界汉语教学，1994（1）.

[14] 王玲. 以"词块理论"为原则的对外汉语教学 [J]. 安徽工业大学学报
（社会科学版），2005（4）.

[15] 王楠. 中型语文词典中常用词语的收词立目问题 [J]. 辞书研究，2021（4）.

[16] 荀恩东，饶高琦，肖晓悦，等. 大数据背景下BCC语料库的研制 [J]. 语
料库语言学，2016（1）.

[17] 杨玉晨. 英语词汇的"板块"性及其对英语教学的启示 [J]. 外语界，
1999（3）.

[18] 赵雪涵，田兴斌. 国际汉语语块教学法研究述评 [J]. 汉字文化，2021（8）.

[19] 郑定欧. 对外汉语学习词典学国际研讨会论文集（三）[M]. 北京：中国
社会科学出版社，2008.

[20] 郑定欧. 汉语入门词典（汉英对照）[Z]. 北京：北京语言大学出版社，
2017.

［21］中国社会科学院语言研究所词典编辑室. 现代汉语词典［Z］. 7 版. 北京：商务印书馆，2016.

［22］中华人民共和国教育部，国家语言文字工作委员会. 国际中文教育中文水平等级标准［S］. 北京：北京语言大学出版社，2021.

［23］周健. 语块教学在培养汉语语感中的作用［C］//《第八届国际汉语教学讨论会论文选》编辑委员会. 第八届国际汉语教学讨论会论文选. 北京：高等教育出版社，2007.

国际中文教材附录词汇表研究

邬峰高

（澳门科技大学国际学院）

摘　要： 附录词汇表是一种特殊的词典。我们认为它属于诸多词典类属的一种，是因为它符合"收集词汇加以解释供人检查参考的工具书"的特征，同时又认为它比较特殊，其最大的特殊点在于绝大部分附录词汇表并未单独印刷成册（即未成书）。另外，其特殊性还表现为内容极其简约，且仅收录单一书本中出现过的生词等。本文以《新实用汉语课本》《发展汉语》等国际中文教材中的附录词汇表作为研究对象，在词典学的视域下，从性质、内容、功能、地位、排序、搭配、互动关系、使用对象八个方面研究附录词汇表的特点。在此基础上，分析附录词汇表自成一体的个性特征，独特鲜明的优势和高效便捷的教学功能，以便为国际中文教材附录词汇表的设计和研究提供实际例证、参考范本，为词典批评和中文词汇教学提供分析依据，并为教学词典、双语词典等工具书的编纂提供新视角、新借鉴。

关键词： 中文教材；词汇；词汇表；词典学

1　引言

不少书籍，特别是专业性的书籍，通常会在书后成排、成列地放置大量的词语。这些由词语组成的表格，包括显性的或者隐性的表格，我们大都可以笼统地称之为词语表。其中，尤以术语表居多。教材后面也常附词语表，国内外的很多语言类教材，像英语、阿拉伯语类教材，就常附词汇表。国际中文教材也不例外，也常在书后附设词汇表。

为了便于分析，本文在研究范围上有所取舍，有所变化：国际中文教材，特指教科书，不含教案、词汇大纲等教学材料；附录词汇表，主要是指放置在国际中文教材后面的，一般以附录形式出现的词语表，不含单元词汇表、课前生词表等；课前生词包括课文（指主课、副课，甚至课后阅读性文章）前面、后面出现的生词，也包括课中以注释的形式出现的生词；词汇，包括曾毅平（2013）所认为的"本体意义的'词''固定短语'，也包括各种'语块'"，除此以外，还包括语素。也就是说，只要这些构式出现在了书后的词语列表中，那么它们就都是本文研究的对象。

我们知道，在书后附录词汇并非中文教材首创。但早期的中文教材就已沿袭了这种做法，它们把书中各课出现的新词汇聚在一起，置于书后，以便集中查阅。如1958年出版的《汉语教科书》（下册），在书后（自709页至745页）排版了"词汇对照表（附录一）"。1980年出版的《基础汉语课本》（第四册），在书后（自274页至全书尾页）附录了"词汇表"。当今的中文教材，在书后附录汉语词汇表已成定式，鲜有例外。

附录词汇表在各种国际中文教材中都很常见，我们不能视而不见。遗憾的是，研究中文教材词汇以及词汇表的论著非常多，但专门研究附录词汇表的却非常少。以"附录词汇""书后词汇""词汇总表""生词索引""生词总表""词语索引"等为主题，在知网检索，能查到的仅有汪晓希的《两套高级商务汉语综合教材的词汇分析对比研究》、庞奥霞的《高级"附录"中离合词的离析形式及其语义分析》以及刘畅的《基于初级对外汉语教材词汇表编排上不足的研究——以〈信心汉语〉、〈博雅汉语〉、〈体验汉语〉为例》等十几篇相关论文。虽然上文所选取的关键词不一定最具代表性，但从这些搜索结果中仍能窥见一个重要信息，那就是专门研究附录词汇表的学术成果非常少见。

《现代汉语词典》认为，"收集词汇加以解释供人检查参考的工具书"就称为词典。如果以这个定义为准，当我们把附录词汇表从教材中分离出来，单独印制成书，那么这样的词汇表就是外向型袖珍中文学习词典。虽然这样的中文教学型词典甚为罕见，却无法否定书后附录词汇表所具有的词典的某些特征。基于此，下文主要以2022年能在市场上买到的最新的《新实用汉语课本》《发展汉语》《HSK标准教程》和《当代中文》等教材为文献，选取其中的附录词汇表作为研究对象，主要从词典学的视角去分析这些书中的词表所具有的特点，包括设计的特点、使用的特点等，并重点关注其中的优点。

2　附录词汇表的特点和优势

经过前辈和时贤的不断改革创新，附录词汇表的设计取得了不少进展。这种进展以其自成一体的个性特征、独特鲜明的优势和高效便捷的教学功能为代表。

和一般的语文词典相比，附录词汇表具有多种特点，其中不少特点甚至还是它别具一格的优势。我们可以从多个层面对其特点甚至优势进行分析、考察：在性质上，词汇表属于词汇的展示、聚合形式；在内容上，它重在展示其形音义；在功能上，它起到查考与辅助的作用等。

2.1　性质上，属词汇的展示形式

首先，词汇表属于语言学的研究范畴。正如郑定欧（2021）所认为的"直接为对外汉语教学服务的词表属于应用语言学范畴"，它涉及字音（音韵学）、字形（字形学）、字义（训诂学）等中国传统语言文字学的研究范围，且"词表的收录一般需要包括语言层面、言语层面和社会层面"，同时又属于西方现代语言学研究的范畴。

其次，附录词汇表所展示的主要内容，所收集乃至翻译、解释的客体主要是汉语词汇，且主体是词，但也包括少量的语素、固定词组等构式，词表中一般不会出现不代表任何语素的单个汉字，且不会出现个别句子。另外，其收录的词汇并不以书面或口语语体作为分类依据，这和专门的书面语词典、口语词典有所不同。

以《发展汉语：中级综合（I）》为例，在该书的"词语总表"中，我们选择以 B、C、D 为拼音首字母的词语表为分析对象。经研究，发现这三个首字母下面共有 97 个词语，其中除了"摆地摊儿""抽烟""打交道""大部分"这四个是短语以外，其他的都是以名词、动词、形容词等为主的词，共 85 个，在总共 97 个词语中占比约为 87.6%。所以说，词表展示的主要是词，而且主要是实词。

展示词汇是词表的性质特征，所以词表中不会出现分析汉字笔画顺序的现象，那是汉字笔顺表的势力范围。当然，词表中一般也不会出现"术语表""中国历代纪元表""文化点索引"等内容。

最后，附录词汇表主要是词语的聚合排列形式和展示补充形式，但不能说主要是词语的解释形式和参考方式。有的教材，如《当代中文》，其词表中仅保留词汇和索引页码，并不对词进行解释。

2.2　内容上，重在展示形音义

附录词汇表具有词典的诸多特征，而词典又是工具书的一种。《现代汉语词典》认为，工具书是"专为读者查考字形、字音、字义、词义、字句出处和各种事实等而编纂的书籍"。词表主要展示词汇的形音义，展示字词的出处，只是这里的"出处"仅仅指在某一部特定的教材中首次出现的地方，而不是分析词源，在可查考的文献史料中找到并列出其首次使用的地方。

附录词汇表展示词汇的形音义，总体上和工具书展示字的形音义如出一辙。它展示了词语，也就展示了组成词语的汉字的形体结构。与此同时，因为它展示的主要是生词，加上其使用对象主要是汉语非母语者，为了方便这些人学习中文词汇，所以词表中还必须标注拼音，并且尽量用学习者的母语去翻译、解释这些词语。

另外，词表还可能展示词语的词性。它们展示词汇的形音义，展示词汇的词性和出处，目的是使读者能明其形，通其声，懂其义，知其用，考其源。

2.3　功能上，查考与教学并行

附录词汇表属于工具书，它具备查考功能。另外，根据功能分类法（魏向清、张柏然，2001），它类似于教学词典、学习词典，又具备教学词典的功能。它能"缩短词典读者从语言能力、文化能力到社交能力形成的语言习得过程，真正实现词典作为语言习得桥梁的价值"。所以，查考性、教学性、学习性是其功能特点。

查考是具备词典类工具书特点的附录词汇表所必备的功能，该功能包括两项：检查和参考。从汉语二语学习者的角度来看，有了词表，他们就能快捷地定位到相应词语初次出现时的课号，由此查阅课文，通过具体情景去识记、温习词汇，从而达到加深词语的学习效果的目的。从国际中文教师的角度出发，借助这份词表，他们就能够方便地获知编者在词语上（特别是在某些关联词语上）的安排顺序，进而参考、利用这种顺序进行词汇教学，监控、掌握词语教学的全过程，提升教学效率。所以说，附录词汇表具有统领全书、标示来源、提供查阅、通鉴参考和教学辅助的作用和价值。

作为中文教材的一部分，附录词汇表自然还具备教学辅助功能。它还能辅助学生复习生词（助记功能、学习功能），协助他们筛查出尚未完全掌握的词语，进而帮助他们有针对性地查漏补缺，快速扩充中文词汇量。教师在准备测评时，可以从表中选用相应的词语作为出题语料库等。如果说"汉语学习词典成为连接汉语教学与教材的纽带"（蔡永强，2017），那么附录词汇表就是连接词汇教学与测评的纽带、黏合剂。

需要强调的是，查考与教学功能均属于辅佐功能，毕竟这些功能都是依靠人去实现的，所以我们既应该十分重视师生在词汇教学活动中的主观能动性，同时，又不能忽视甚至无视附录词汇表的辅助作用，因为它在功能、地位上并非可有可无。

2.4　地位上，并非可有可无

2.4.1　位置上，词汇表常附于书后

它一般不放在书前或者中间部位，理据有很多。一是功能定位论。它的主要功能是查阅检索，而不是协助学生预习，所以没必要置于书前；当某个词语多次出现于书中时，词表只能标记其首次而不是历次出现的位置（如具体页码），它放在书的中部并不能起到连贯前后文的作用，反而会使书籍正文被其强行割裂，所以也没必要置于书的中部。二是用户定位论。词表应该以人为本，而词表放在书前或者中部，用户体验不好。若把它放在书的前部，学习者只要翻开书，首先便能看到大量的不认识的生词。这无论是从畏难情绪（心理）还是从情感过滤（语言习得假设）上去分析，都对学习词汇不利。若把它放在中间，就会给人们查找、定位附录词汇表带来不便。当然，如果是电子教学资源，那么词表放在教学资源的前、中、后部都是可行的，但目前看来，依然以放在后部为最佳。

附录词汇表能够脱离教材，单独直接印刷成册，从而变成词典，但一般没必要这么做。一是因为它所占的篇幅非常有限（一册书中的词汇表所占页码少则数页，最多一般不超过二十页），若不扩充解释，增加页码，则没有必要单独成书；二是单独成册弊大于利，如果把它单独印刷成书，就存在着学习者将它与教材分开存放、使用的风险，从而造成它与某篇课文，甚至与整本教材脱节，难以互相照应，进而不利于发挥其查考功能。

2.4.2　非核心内容，但不可或缺

从课文组成要素的角度分析，一般情况下，正、副课文以及课前生词表，课中生词注释（含超纲词汇注释），课后补充生词（或者拓展生词）等才是中文教材的重要组成部分，并且是其核心内容，它们之间互相配合，承载着词汇讲解、语言拓展等多项功能。站在某篇具体课文的角度上分析，附录词汇表还无法达到与课文前后生词表同等重要的地位，因为即便删除了附录词汇表，也不会对某一课词汇教学产生严重影响，但若站在整个教材的角度上观照，则它比具体课文中的课前生词作用更大，地位更重要。

虽然附录词汇表并不是中文教材的必备章节，舍弃后影响有限，但它依然出现在绝大多数中文教材后部，而实用性、便捷性正是其存在的重要原因。另外，如果一本教材后面还附有其他表格或者图文，那么附录词汇表也常常放在它们前面，而不是后面（附录词汇表常居于附录一，而不是附录二、附录三或者其他），这也印证了词汇学习的重要性和附录词汇表的基础性地位。

2.5　排序上，推行音序编排法

音序编排法非常适合绝大多数汉语非母语学习者，它简单、易学、易认。部首排序法使用频率、认可程度都相对偏低，因为汉语非母语学习者，特别是初中级汉语水平的学习者，很难判定一个字到底隶属于哪个部首。笔画排序法同样难以应用，因汉语非母语学习者很难准确判定某个待查字的笔画总数，所以该方法的使用凭据和重要优势无法得以发挥，也就是英雄到了客场，无用武之地。总的来说，音序编排法的优势更明显，更值得推行，且该方法已经在很多教材词表的设计和使用中得到了实践检验。

值得深思的是，如果学习者不知道待查词语第一个汉字的拼音、部首、语义或者笔画总数等信息，就很难从大型语文工具书中查询到该词，就算采用"容错性索引"（雷华、史有为，2004）也无济于事。但因为课后附录词汇表的内容少，词汇总数少，所以，学习者可以在不使用任何检索方法的前提下，突破上述编排法的缺陷，通过穷尽性查找，找到待查的词，这个优势是一般字典、词典不可能具备的，但对汉语学习者来说，它却成了最后的有效方法。

2.6　搭配上，主张一主一副

2.6.1　二重切分搭配法

在不同的教材中，附录词汇表可能会有不同的名称，比如生词表、词汇对照表、词汇总表等。而"词汇总表"自然还有分表，这是一种"总表＋分表"总分式的搭配法，但实际使用的一般都是一主一副、二重切分搭配法。

一主一副、二重切分搭配法在不同的教材中略有差别。《发展汉语》采用"词汇总表＋专名"搭配法，即以词汇总表为主要内容，专有名词为补充，即一主一副的搭配形式。《博雅汉语》、《汉语教程》（修订本）采用的都是"词语索引＋专名"搭配法。《成功之路》采用了"词语索引＋扩展词语索引"搭配法。《新实用汉语课本》则采用了"生词索引＋补充生词"搭配法，即以"生词索引"为主，同时搭配"由学习者量力吸取"的补充生词。

2.6.2　多重切分搭配法

这种方法是对附录词汇表中的所有词汇从多个角度进行分门别类，然后把不同类别的词分别放在不同大类中的一种词汇区分法、归类法。该方法是基于语言的组合和聚合关系而采用的一种词汇搭配方法。因为附录词汇表还能细分，可分为生词表、超纲词汇表、专用名词表（甚至细分为地点名词表、人物名词表）

等。例如，《HSK 标准教程》后就有"词语总表"，其中分别包括"词性对照表""生词""专有名词""超纲词""旧字新词"等，且"旧字新词"下面还包括"来自本册"和"补充"的词汇。

不管是采取一主一副、二重切分搭配法，还是采取多重切分搭配法，都是把由比较重要、核心、常用的词汇组成的分表放置在前面，把由相对不够重要，或者相对使用频率较低的词汇组成的分表放后面，目的是让学习者更高效、便捷地查阅到目的词。而可查、能查、速查正是附录词汇表的特点，甚至是其优点。

2.7　互动关系上，与课前生词表呼应

如果说附录词汇表与用户之间的互动属于绝大部分工具书都具备的属性，那么它与课前生词表之间的互动则属于其独有的属性。附录词汇表与课前生词表可以说是教材中的一对组合体系、黄金搭档。编者把附录中的词汇和各课课文中的新词分开处理，以便这两个体系各居其位，分工合作，分别发挥各自的使用价值。

2.7.1　附录词汇表与课前生词表的相同之处

排列在这一对组合体系中的词汇具有很多相同点，编者对它们进行的解释、描写，规范、限定也比较统一。比如，在两个词汇表中，都标明了词语的词性，都标注了拼音，都用外语作为翻译、注释的媒介语，都是为教学服务，都是帮助海外学习者学习中文，都采用集中展示法汇聚词汇，都按照一定的顺序对词汇进行排序，大都采用自左到右、自上到下的排版顺序，都不标明词语首次出现时的具体课文页码，两个表中的词汇总数大致相同，等等。

2.7.2　附录词汇表与课前生词表的不同之处

虽然两者前后呼应，互承互补，但是，它们毕竟是两种体系，彼此之间也有很多不同点，它们当中的词汇在排序、用例等方面也不完全相同（见表1）。

表1　课前生词与附录词汇的区别

词汇	区别特征						
	位置	排序	教学功能	囊括范围	标明来源	用例	详略
课前生词	书中，文章前、后	按文中出现的先后顺序	用于预习、复习	某一课	不标明课号	常举例子	详细
附录词汇	书后	按拼音顺序	用于查考、复习	整本书	标明课号	不举例子	简洁

正是因为课前生词和附录词汇之间存在着诸多不同，所以，学习者可以采用不同的方法、途径利用它们，对课前生词采取各个击破法进行识记、复习，对附录词汇采用鸟瞰法进行学习。

2.8　使用对象上，以汉语非母语者为主要群体

附录词汇表的使用群体主要是汉语非母语者。教材的使用对象决定了附录词汇表的使用对象，教材的注释语种也限定着使用对象的范围。由于中文教材的用户群体主要是汉语非母语者，而不是中文教师，所以词汇的注解也不能照搬内向型词典。正如周小兵（1997）所认为的，"由于词典的读者是具有初级或中级汉语水平的外国外族人，汉语只是他们的第二语言，在选词、释义、举例、辨析、用法说明等方面就要处处以此作为出发点，千万不能把它混同于给汉族人使用的词典"。外向型词典如是，附录词汇表甚矣。

当然，附录词汇表还有其他一些特点和优势。比如：在国别化上，追求注释语种的本土化（周小兵在《汉语教材词汇研究》中就专门提到了"《初级汉语教程》生词的俄语注释"）。在使用率、使用强度上，会因人而异，因此其发挥的使用价值也不一样。在语言等级上，注重词语的分级和梯度。在拼音标注上，采用的是汉语拼音方案中的拉丁字母，不采用注音字母、国际音标中的其他语言字母（例如希腊语中的 $[\varepsilon]$ 和 $[\theta]$），且拼音外面不加方括弧或双斜线。在改革发展上，能做到求变革新，今后在电子化、立体化的中文教材中，可能没有附录词汇表，取而代之的是生词库，即不再以教材为依据，不再根据课文中是否出现生词而设置该表，而是以教学对象为依据，根据学习者掌握某个词汇及其程度设置生词库。在设计形式上，附录词汇表一般都是以表格的形式，把每个词汇的拼音、词性、课号等分隔开，且采用实线或者虚线的形式隔开（亦可竖立的实线、虚线兼用）；一般不用横线把每个被注释词分开（但我们认为，用横线更好，便于读者找准待查的词汇）；表格的底色一般是白色，且不以图片为底图；大都双色印刷，且并列文字的颜色可能不同（但我们建议横向使用双色，而不是纵向使用双色）等。

3　附录词汇表的相关设计建议

我们研究附录词汇表的特点，尤其是它们的优点，同时并不否定它也可能存在少量的有待改进的地方。鉴于此，本文认为如果做如下一些调整，部分教材附录词汇表的设计、教学有可能会做得更好。

3.1　在不同教材附录词汇表中，相同术语的名称应该尽量保持一致

3.1.1　规范统一词汇表的标题

我们认为，把《HSK标准教程》附录词汇表中的术语"词性对照表"改为"简称表"（《博雅汉语》采用该叫法）、"略语表"（席玉虎主编的《学生实用英汉汉英多用词典》采用该叫法）、"语法术语及缩略形式参照表"（《发展汉语》采用该叫法）、"语法术语缩略形式一览表"（《实用汉语》采用该称呼）、"语法术语（含缩写）对照表"都是可以的。不过我们更倾向于使用《发展汉语》所采用的"语法术语及缩略形式参照表"叫法，理由有三个，一是标题用词短小精简者未必能概其大意。"简称表"或者"略语表"过于简短，与同一本书中诸如"语言点索引"等叫法不统一、不协调（除非"语言点索引表"也改成"索引表"，但显然不合适）。二是用词繁多冗长者未必不挂十漏一。比如，"语法术语缩略形式一览表"容易让读者认为这只是关于缩略形式的表格，而不是有关语法术语的表格，该叫法在表达上有缺失主要内容"语法术语"之嫌。再比如，《当代中文》中所采纳的"Chinese Grammar Terms（汉语语法术语表）"也不够准确，因为该叫法并没有包括其中列出的缩略形式，并且从相对完整形式（或者叫"全称"）来看，缩略形式（或者叫"简称"）才是生词词性、特征等标注的主体。生词后面标注的正是缩略形式，而不是全称（顺便提及的是，这里不需要强调是"汉语"语法术语，就像该书后附录的"语法项目索引"一样，并没有写成"汉语语法项目索引"。另外，书中以"Chinese Grammar Terms"作为标题，缺少由"词性""拼音""英文术语"等组成的表头）。三是在难以取舍之间，尽量择其善者而从之。因此，在绝大多数叫法都无法做到绝对准确、全面地囊括表格中内容的情况下，我们认为"语法术语及缩略形式参照表"这个叫法能反映表格中最主要的内容，更适合一些。

3.1.2　统一动词的标示符号（含文字符号）

"（动）"，"V"（大写字母），"v"（小写字母）都可以表示动词，但是如果采取中文表示法"（动）"这种形式，则建议在"动"的两边加括号（不加也没错，但如果加了，就不会因为排版空间的问题，造成"动"和前后的文字连在一起，造成连读、误读的情况）；如果采取英文"V"表示法，则建议在"V"后面加实心的圆点"."。而且用英文表示法可能更好一些，原因有两个，一是汉语非母语者更容易看懂，二是"V."占用的空间更少，更便于附录词汇表在有限的空间内展示更多其他的词汇信息。

当然，学术上可以百花齐放，但教学上还是尽量做到规范统一。"国际中文教育"在不做严格学术上的区分之下，也可以换用"对外汉语教学""汉语国际教育"，但如果统一使用"国际中文教育"，则对整个国际中文教育行业的发展可能更有利。同样，不同教材在相关术语、行业用词等方面的表述不尽相同，如果所有中文教材都保持统一，则对同时使用不同教材的学生来说可能更方便一些。但这只是一种理想的建议，实施起来还有一定的难度。

3.2　在相同教材的附录词汇表中，相关术语必须做到规范统一

3.2.1　《新实用汉语课本》

我们建议把其附录词汇表中的术语"补充生词"改成"补充生词索引"，以便使"生词索引""汉字索引"与"补充生词索引"保持统一，即词表中均含"索引"。在附录词汇表中，"词性"作为其中一个表头显得不够恰当，因为习惯短语、词尾不属于词性，放置在表头"词性"的下面似乎不妥。

3.2.2　《发展汉语》

该教材应该是在"词汇总表"的下面设立"生词表"和"专有名词表"，所以，建议在该"词汇总表"下面再加入"生词表"这个标题。再者，"专名"这个术语无法在书前的"语法术语及缩略形式参照表"中找到（建议补上），所以，建议把"专名"改成"专有名词"，并配上其英文名称，以便与书中"词汇总表"含英文单词"Vocabulary"保持一致。

3.2.3　《HSK 标准教程》

建议该书附录词汇表中的术语"生词"改为"生词表"，"超纲词"改为"超纲词表"，"补充"改为"补充词表"，这样才是"总表"下面包含"对照表"和"生词表""超纲词表"等各种分表，使表达上更加统一规范。

另外，在"词语总表"的首页，把"前缀"和"后缀"归入"词性"表，这不够严谨，因为词性并不包括"前缀"和"后缀"。并且"n."并不是"名词"的对照，而是"n."缩写前的"noun"的对照。此外，还建议《HSK 标准教程》中"词性"改为"中文词性"，以便与其"英文简称"对应，不能一个只写"词性"却不知道是英文的还是中文的，另一个却明示了是英文的。

在教材附录词汇表中，一般直接列出一两个与中文被释词对应的非中文词汇，且不做过多的解释或者说明，这和词典对被释词做严谨精确的解说式、下定义式注释说明完全不一样。当然，注释附录词汇时，一般也不考虑学习者的年龄层次和教育水平（特别是外语水平）。这些注释面临的问题是附录词汇表难以解

决的，但教师教学的时候可以进行调整，可以采取附录词汇表和专业词典相结合的办法去解决。

总之，上述建议仅就附录词汇表中的相关术语的表述进行分析，并依此提出个人的建议和看法。上述建议不包含分析表中词汇的解释方式，词表中的解释方式（如采用双语对译）也存在不足之处，"由于某个对应词语在两种语言中的一项或多项语义不对等，所以，在习得汉语语义时，学生就容易产生困惑"（邬峰高，2017），也不包含词表的行距设计、底纹使用等情况。而且上述建言，定有不当之处，错漏概由论文作者负责。当然，我们提出上述建议的目的是抛砖引玉，引起大家对附录词汇表中相关术语表述的关注和讨论。

4　余言

我们研究附录词汇表的主要目的，是挖掘编者在词汇表设计上的成功经验，希望今后的教材能够汲取以上经验，以便编写出更适合教学需要的附录词汇表。同时又要留意它所存在的一些不足，以便在今后的教学过程中做到有的放矢，合理取舍。

另外，附录词汇表和外向型学习词典可以在保持自身的发展优势和特色的同时，做到彼此学习，共同进步。附录词汇表内容单薄，设计还不够科学，它可以学习外向型学习词典，做到释义更精确，体例更严谨等。同时，外向型学习词典内容庞杂繁复，让学习者望而生畏，它可以向附录词汇表学习，做到内容极近简约，突出重点等。而且如果汉语非母语学习者能清楚附录词汇表和外向型学习词典各自的优缺点，并在实际使用中"因地制宜，乘势而为"，这对其学习中文无疑是大有裨益的。

最后，附录词汇表应该顺应时代趋势，进一步向动态化、智能化、定制化方向发展，且自身应该做到"适时对其进行动态调整"（邬峰高，2022），从而使词汇表的适应性更强，使用效果最优。

参考文献

[1] 北京大学外国留学生中国语文专修班. 汉语教科书：下册［M］. 北京：时代出版社，1958.
[2] 北京语言学院. 基础汉语课本：第四册［M］. 北京：外文出版社，1980.
[3] 蔡永强. 辞书强国语境下的对外汉语学习词典学［J］. 宁夏大学学报（人

文社会科学版），2017，39（3）．

[4] 姜丽萍．HSK 标准教程 3 [M]．北京：北京语言大学出版社，2014．

[5] 雷华，史有为．工具的工具：词典的易懂与易得——关于对外汉语学习单语词典 [J]．语言教学与研究，2004（6）．

[6] 李晓琪．博雅汉语：初级起步篇 II [M]．2 版．北京：北京大学出版社，2013．

[7] 刘珣．新实用汉语课本 [M]．2 版．北京：北京语言大学出版社，2010．

[8] 魏向清，张柏然．新世纪词典学理论研究趋势展望 [J]．外语与外语教学，2001（4）．

[9] 邬峰高．对外汉语教学视角下的义项选用：兼谈词义选用的原则和方法 [J]．汉语应用语言学研究，2017（1）．

[10] 邬峰高．运筹"建设 + 调适"机制，助力"中文 + 职业"教育教材研发 [C] //姜丽萍．首届专门用途中文学术研讨会论文集．北京：外语教学与研究出版社，2022．

[11] 吴中伟．当代中文 3：中英对照 [M]．修订版．北京：华语教学出版社，2015．

[12] 徐桂梅．发展汉语：中级综合（I）[M]．北京：北京语言大学出版社，2011．

[13] 杨寄洲．汉语教程：第三册上 [M]．修订本．北京：北京语言大学出版社，2006．

[14] 曾毅平．论两岸对外汉语教学融通词表的研制 [J]．江汉学术，2013（4）．

[15] 张伟．成功之路（跨越篇）：2 [M]．北京：北京语言大学出版社，2008．

[16] 郑定欧．词典—语法—教材的链接 [J]．汉语学习，2021（1）．

[17] 中国社会科学院语言研究所词典编辑室．现代汉语词典 [Z]．7 版．北京：商务印书馆，2016．

[18] 周小兵．对外汉语学习词典的编写 [J]．辞书研究，1997（1）．

[19] 周小兵．汉语教材词汇研究 [M]．北京：商务印书馆，2022．

浅谈印尼汉语词汇教学中词汇选取的文化导入

——以《现代汉语分类词典》肢体动作词汇范围为例①

Fransiska Wiratikusuma（黄世友）[1]　　Dyah Tjaturrini（丁瑞妮）[2]

（厦门大学[1]，President University Indonesia[1]，

Universitas Jenderal Soedirman Indonesia[2]）

摘　要：语言是文化的载体，也是文化的结晶。在印尼，汉语词汇教学词目选取往往是被母语、语言环境与文化背景和习惯影响的。因此，为了克服这些问题与困难，印尼汉语词汇教学需要有系统地反映中国现代社会与文化现况的工具书。《现代汉语分类词典》是针对汉语义务教育母语者的分类词典，这部词义词典对印尼汉语词汇教学也具有参考价值。本文在前人对《现代汉语分类词典》与相关研究的基础上，结合对印尼大学生的调查结果，对印尼汉语词汇教学中词目选取的文化导入问题展开分析。首先，以《现代汉语分类词典》肢体动作词汇分类范围的"触—按；拉—扯；拿—掀；举—抬；放—置；包—扎；穿—脱；摆弄；洗—擦—浇—汲；切—割；握手；走—跑；跳—跃；蹬—踢；坐—立"为主要研究范围以及以印尼语分类词典和其他教辅资源为参考，梳理相关的理论、研究和这本词典研究范围的汉印词汇对照。其次，设计了给印尼大学生的词汇练习与调查，找出并分析印尼大学生词汇教学中有关词目选取的文化导入影响。通过两国肢体动作词汇范围的文化导入分析，为印尼汉语词汇教学提供了使用《现代汉语分类词典》作为词汇教学教辅资源的新理念。

关键词：肢体动词词汇分类；《现代汉语分类词典》；《印尼语分类词典》；印尼汉语词汇教学；文化导入；新理念

---

①　该文为2020年度教育部哲学社会科学重大课题攻关项目"海峡两岸统一进程中的语言政策研究"之子课题"海峡两岸统一进程中的国际中文教育政策研究"（项目编号：20JZD043 – A – 5）阶段性科研成果。

　　文化和语言之间有密切的关系。词汇结构中的文化意义可以从词语的出现和消失来追溯，词语的出现和消失体现了其内在的文化因素；词语命名揭示了民族文化、心理、风俗根源；一个词的演变体现了民族文化心理的发展。文化意义的研究可以帮助两国人民了解两国的文化，加强其跨国沟通能力，减少沟通中的误解。印度尼西亚（下文简称"印尼"）汉语学习者在词汇教学中，特别是在选取词汇时往往会碰到困难。对在印尼土生土长的汉语学习者以及没有汉语环境的学习者来说，他们在寻找和选取词汇时不知道要用哪本参考书比较合适。如果要用双语词典或者释义词典的话，也没有相关词汇群可参考，因为它们大部分是按字母来编排的；要用近义词词典的话，虽然有解释，但是相关词汇分类内的词语不能覆盖某个范围；要用翻译软件的话，也只能显示对应翻译词汇。当然，这些词典和工具的主要功能并不是搜索与词汇范围有关的词语，因此，在老师的帮助和指导下，印尼汉语学习者需要能满足这些汉语词汇教学需求的工具书。

　　在《现代汉语分类词典》（后文简称为 TMC）主编苏新春教授的指导下，通过阅读前人的相关研究以及了解这部分类词典修订版团队在校对时所做的工作，我们有个决心，即把这部分类词典介绍给印尼汉语学习者。2021 年年中，青岛大学田静老师给我们介绍这部分类词典肢体动作词汇范围。通过她的启发，我们选择肢体动作词汇范围来浅谈印尼汉语词汇教学中词汇选取的文化导入。在中国人民大学举办的"第五届汉语学习词典学学术研讨会"小组报告中，中国社会科学院侯瑞芬老师和沈阳师范大学夏军老师也对本论文提供了宝贵的参考意见。作为研究印尼汉语词汇教学的学者，我们倍感荣幸，通过听本会专家主旨报告和会议小组的学术交流也获得了新的知识和启发。我们希望通过肢体动作词汇范围研究给印尼汉语词汇学习者，特别是《现代汉语分类词典》的使用者提供参考性意见。

1　汉语词汇教学的工具书

　　李璘（2016）认为"词汇教学是第二语言教学中极为基础和关键的部分"。在中国境外，特别是在印尼，要达到这个要求并不是简单的事情，除了很难找到有针对性的教辅资源之外，也很难选用搭配的词语。因此，印尼词汇教学需要一些对词汇教学，特别是反映中国文化和社会的词汇认识的、比较有针对性的教辅资源。Sutami（2007）认为在印尼很受欢迎的汉语，不仅是对印尼华人很重要，而且对印尼本地人也是一种外语学习兴趣和需求。不过，由于在印尼曾有过汉语学习的断层时期，印尼汉语学习者，特别是非华裔学习者对汉语的认识还需要提高。① 1966—1998 年有 30 多年时间汉语在印尼被禁止使用，这种"桎梏"导致汉语在印尼的发展出现巨大的断层。虽然现在印尼对汉语学习没有限制，但是汉语在印尼的发展还赶不上其他南岛语系国家。作为在印尼土生土长的汉语学习者，特别是没有中国语言和文化背景的汉语学习者，对中国常用词汇和文化内涵的理解还不够深入。为了克服这种使用上的困难，人们可以通过分类词典的词汇分类，更全面地了解汉语词汇的内涵，拉近两国语言的"距离"。Tjaturrini 认为语言与文化两者间是密不可分的。因此，语言学习离不开文化学习。厦门大学教授苏新春（2013）提出"词汇是词典的材料，词典是词汇材料的结晶。词典也是词汇理论的结晶"。当印尼汉语学习者学汉语时，需要了解汉语词汇中蕴含的文化因素。印尼汉语词汇教学中也需要能反映中国社会和文化的词汇工具书。按词义分类的 *TMC* 有助于增进印尼汉语学习者对汉民族自然环境与社会环境的认知（Wiratikusuma，2020）。此外，Mountain（2007）的研究和分析表明分类词典有助于语言词汇学习。分类词典在对外汉语，特别在印尼汉语词汇教学的使用中是个新概念。印尼汉语词汇教学中对分类词典的使用价值的认识还不够深入，还需要介绍和推广。

2　两部分类词典肢体动作词汇范围概括

本研究使用两种研究方法。首先，收集 *TMC* 和 *Tesaurus Tematis Bahasa Indonesia*（《印尼语分类词典》，后文简称为 *TTBI*）两部词典的肢体动作词汇范围三级类的词汇主题，并按这些主题分析汉印分类词典对这些词汇的收集与分类情况。其次，根据已收集的词汇，设计出针对印尼苏迪曼将军大学不同年级的学生关于词汇使用练习的"问卷调查"。

2.1　汉印肢体动作词汇范围

因为两部分类词典"肢体部分"的词汇数量较多，所以我们只提出两部分类词典的肢体动作词汇三级类的"小主题"。以下是 *TMC* 和 *TTBI* 两部词典的肢体动作范围词汇收集三级类的词汇主题（见表 1）。

---

① SUTAMI H. Fungsi dan Kedudukan Bahasa Mandarin di Indonesia［J］. Paradigma：Jurnal Kajian Budaya，2016，2（2）.

表1　*TMC* 和 *TTBI* 两部分类词典的肢体动作词汇

肢体动作范围	*TMC*（动词）三级类	*TTBI*（动词）三级类
手部动作	触—按；拉—扯；拿—掀；举—抬；放—置；包—扎；穿—脱；摆弄；洗—擦—浇—汲；切—割；握手	*pegang*（触、碰）；*gandeng*（拉手）；*tangkap*（抓）；*genggam*（抓）；*bawa*（带）；*ambil*（拿）；*pungut*（捡）；*pukul*（打、擂、揍、动手、打击、击打等）；*tampar*（打耳光）；*tepuk*（拍）；*ketuk*（敲）；*tangkis*（挡着）；*sentuh*（触）；*singgung*（触碰）；*gamit*（触碰）；*menganjur*（拉）；*mengulur*（松开）；*capai*（拿到）；*tekan*（点击）；*pijit*（按）；*jepit*（夹）；*masuk*（进、加入、属于、成为、参与、受到）；*tangkup*（盖住）；*gerak*（挪动）；*lambai*（扬起）；*gosok*（擦）；*ciduk*（捞）；*angkat*（举）；*acung*（举）；*jahit*（封）；*ikat*（系）；*ukur*（量）；*tumpang*（放）；*tilang*（罚款）；*raba*（摸）；*ampu*（扶）；*lingkar*（围绕）；*guna*（使用）
脚部动作	走—跑；跳—跃；蹬—踢；坐—立	*bertumpu*（踮）；*berdiri*（立）；*mendengkleng*（用一只脚站着）；*bertegak*（起立）；*berjinjit*（踮脚）；*melangkah*（跨越）；*berjalan*（走）；*menimpang*（倾斜走）；*merongkok*（背驼着走）；*mengayak*（大摇大摆）；*kelintaran*（走来走去）；*lari*（跑）；*berpacu*（赛跑）；*bersiah*（狂奔）；*bersengau-sengau*；*menjepit*（夹）；*menginjak*（踩）；*menyepak*（踢）；*tending*；*menyodok*；*bangkit*（站起来）；*mengukur*（量）；*lompat*（跳）；*meloncat*（跳）

　　表1中是 *TMC* 与 *TTBI* 三级类的肢体动作词汇。不同词典对这一类词汇范围的收集方法虽然不同，但是都是按肢体动作来分类。*TMC* 把这些词分类到一级类的范围五中，就是"伍、生物活动"的下一类，收集的词汇都是动词。*TTBI* 把肢体动作词汇范围分类到人体器官（*organ tubuh*）下一类的动词范围中。随着社会上使用的词汇的演变，在该种类中有一些是低频词，即现代社会中不常用的一些词汇，如 *gamit*（触碰）、*menganjur*（拉）、*mendengkleng*（用一只脚站着）、*menimpang*（倾斜走）、*mengayak*（大摇大摆）、*bersiah*（狂奔）等。随着社会生活方式的演变，传统社会在玩游戏时常用的词汇也在演变，如 *merongkok*（背驼着走）、*kelintaran*（走来走去）。有的释义已扩展的词汇，它们的释义不仅是属于手部肢体动作词汇范围，还属于其他范围，如 *ampu*（扶）这个词现在一般是在高校某个课程的释义。也有的已发生词汇演变被"淘汰"了，不收录到《印尼

语大词典》（后文简称为 *KBBI*），如 *bersengau-sengau*、*tending*，这些词找不到它的释义。在印尼有很多民族，不同的民族有不同的文化，不同的文化影响到词语的使用，爪哇族占41%。这些在 *TTBI* 的罕用词语是被一些地区的方言影响的，如 *gamit*（触碰）、*menganjur*（拉）、*mendengkleng*（用一只脚站着）、*menimpang*（倾斜走）、*mengayak*（大摇大摆）是爪哇语。还有一些其他词语也是参考印尼其他地区的。这些词语只有来源地区的人们才了解。两部词典收集的词汇在排序、数量、编排上也有不同点，如在 *TTBI* 手部动作范围的"*pukul*（打）"包括"*tampar*（打耳光）"。这部分类词典对该范围的词汇有比较系统的分类，例如"伍一 Ab"范围内有对什么打、怎么打、用什么打、用力打的程度等的分类，如"伍一 Ab03"的"打板子、打棍子、打闷棍、打屁股"；"伍一 Ab010"的"钉、钉死、钉住；等其他例子"。印尼学生需要词汇教学上的新概念和新突破，需要有系统分类的相关词汇来帮助他们认识这些词。我们用 *TTBI* 去对应翻译 *TMC* 四级类，得出表2。

表2　*TMC* 四级类在 *TTBI* 中的对应词

三级类	四级类	*TTBI* 中的对应词	四级类	*TTBI* 中的对应词
A 触、按	a 触碰	*sentuh*	f 磨	*giling*
	b 打；叩；拍；捶	*pukul*；*ketuk*；*tepuk*；*tinju*	g 揉；搓	*gosok*；*putar*
	c 摸；挠	*sentuh*；*gengam*	h 拨	*cabut*
	d 压；碾	*tekan*；*giling*	i 开；关	*buka*；*tutup*
	e 按；捏	*tekan*；*cubit*		
B 拉、扯	a 推；拉	*orong*；*tarik*	c 采摘	*petik*
	b 折；劈	*lipat*；*belah*	d 剥；撕	*cukur*；*sobek*
C 拿、掀	a 执拿	*ambil*	d 夹	*jepit*
	b 搀扶		e 掀；撩	*angkat*
	c 搂；抱	*peluk*	f 递；接	*sambut*
D 举、抬	a 托；举	*angkat*	c 撑	
	b 抬；挑；背			

（续上表）

三级类	四级类	TTBI 中的对应词	四级类	TTBI 中的对应词
E 放置	a 放；置	meletakkan；menaruh；mendudukan	d 盖；铺	
	b 吊挂	menggantungkan	e 填；埋	mengisi
	c 扔；投	buang；lepas	f 塞；嵌	
F 包扎	a 包装		c 贴涂	
	b 捆；绑	mengikat		
G 穿戴	a 穿；戴	memakai	b 脱	melepaskan
H 摆弄	a 摆弄		d 搬动	memindahkan
	b 比画	menggambarkan	e 搅拌	mengaduk
	c 摆动	menggoyangkan		
I 洗擦、浇汲	a 洗	mencuci	e 滤	menyaring
	b 擦	mengelap	f 捞	menjaring
	c 浇	menyiram	g 汲	
	d 沏；斟	menyeduh		
J 切割	a 切；割	memotong	e 挖；掘	menggali
	b 削；刮	mencukur	f 刺；捅	menusuk
	c 剪；裁	mengunting	g 镂；刻	memahat
	d 砍；伐	menebang		
K 握手	a 握手	berjabat tangan	c 背手	
	b 抱拳		d 徒手	
L 走跑	a 走	berjalan	b 跑	berlari
M 跳跃	a 蹦跳	meloncat	b 跨越	melangkah
N 蹬踢	a 踢踏	berjingkrat-jingkrat	c 伸腿	
	b 踮			
O 坐立	a 坐；骑	duduk；mengendarai	b 蹲	jongkok

　　表 2 中留空表示在 TTBI 里没有对应词。这并不是说在印尼语中没有对应翻译词。有一些"肢体动作"的词在 TMC 有，但是在 TTBI"肢体动作"范围内没有，如"搀扶""撑（topang）""抬；挑；背（pikul）""塞；嵌（menyumbat）""包装（bungkus）""摆弄（utak-atik）""徒手（tangan kosong）""伸腿（menyelonjorkan）"

"跰（*jinjit/jengket*）"。这些词都被收录到 *KBBI*，但是未被收录到 *TTBI*，如伍一 Cb "搀扶"印尼语对应翻译是"*papah*"。按 *KBBI* "*papah*" 是〈动词〉"*menolong orang berjalan dengan menyangga tangan orang itu*"（扶对方的手帮人家走路）。不过在 *TTBI* 没有这个词。实际上，这个词在社会上的使用频率高，所以应该被收录到 *TTBI*。有的词在 *TTBI* 没有属于"肢体动作"的对应翻译，如伍一 Ed "盖；铺"对应翻译是"*tutup*"，*KBBI* 中"*tutup*"的第二个义项就是"*memberi tutup（dengan）menudungi；menyelubungi dan sebagainya*"（用盖子盖住）。*TTBI* 只收录"*tutup*"在 *KBBI* 表示第五（补偿）、第六（结束）、第七（隐瞒）和第八（付完）的义项。表 2 显示一些在 *TMC* 的词没有被收录到 *TTBI*。这些词并不是没有印尼语的对应翻译，而是 *TTBI* 还需要补充收录这些词到"肢体动作"范围。伍一 Fc "贴、涂"的对应翻译"*menempel*"只表示"爬行动物在表面'贴上'的动作"，并不表示"肢体动作"的"贴、涂"。因为印尼语里这些动词一般是用前后缀，所以我们在 *TTBI* 搜索跟 *TMC* 对应的词汇时用词根和已加上前后缀的词根，如对"贴、涂"这个词，我们用"*tempel*"和"*menempel*"来搜索。此外，还有一些在 *TTBI* 中虽然有相近的对应词，但是由于动词的对象不同，如伍一 Ig "汲"印尼语翻译是"*menimba air（dari sumur）*"[（从井里）打水]，但是 *TTBI* 未收录"*menimba*"的本义，只收录其引申义。

2.2　肢体动作词汇使用

本文使用肢体动作的词汇设计对印尼苏迪曼将军大学学生的问卷调查，问卷调查分为两个部分。第一部分是用词汇练习方式来测试和了解学生对肢体动作词汇的使用、搭配等一些认知。第二部分是用印尼文先了解教辅资源使用对学生在汉语词汇教学中的重要性和学生对教辅资源使用的需求。

第一部分是针对词汇练习，是用翻译练习的方式测试学生对词汇的认知。这个练习的问题参考自北京语言大学 BCC 语料库的 HSK 资源常用词例句。在语料库选取例句是以"触—按；拉—扯；拿—掀；举—抬；放—置；包—扎；穿—脱；摆弄；洗—擦—浇—汲；切—割；握手；走—跑；跳—跃；蹬—踢；坐—立"这些词以及这些主题下一级类的相关词语为基础。这些词语都是"肢体动作"范围内的动词。其他范围的词语就不收到这个词汇练习中。

第二部分，我们用谷歌问卷调查（Google form）把问卷调查发给学生。问卷调查是用印尼文了解教辅资源使用对学生在汉语词汇教学中的重要性和学生对教辅资源使用的相关需求。问题包括学生对汉语词汇教学的兴趣、原因和背景；学生对汉语词汇教学的体验；学生对教辅资源特别是对词典的重要性和实用性的需求；词汇教学中文化因素的重要性；文化因素在词汇选取中的重要性；词典词汇中文化因素的重要性；词典在词汇选取中的重要性；词典在词汇教学中的重要性等。

3　*TMC* 有助于汉语词汇文化内涵的认知

两部分类词典收集的肢体动作词汇范围的词汇有自己的特征。每部分类词典都反映每个国家在社会中常用的词汇。但是无论是在 *TMC* 还是 *TTBI* 中，肢体动作范围内都有不少罕用词，如"彳亍"还有"*mendengkleng*（用一只脚站着）"。社会上常用的词是分类词典通过词汇对现代社会反映的"概貌"。此外，那些社会上罕用的词是分类词典通过词汇对社会提供宝贵的"概貌记录"。以下是印尼学生对肢体动作词汇使用的认知分析以及对印尼汉语词汇教学教辅资源的新理念分析。2021 年 11 月 4 日，我们通过邮件向 *TMC* 主编苏新春教授请教为什么还将罕用词汇收入这部词典中，苏教授表示"这些词语，虽然有的不太常用了，已经是具有较浓书面语的词语了，但是为呈现一个断代的词汇面貌收入这些词语还是应该的"。

3.1　印尼学生对肢体动作词汇使用的认知

TMC"肢体动作"词汇分类到第一级类的第五个分类"伍_ 生物活动"：伍_ 生物活动→一_ 肢体动作，这种类"肢体动作"五级类的词种一共有1 626个。在 *TTBI*，"肢体动作"词汇分类到第一级类的第五个大范围人体器官（*organ tubuh*）：V. *Organ tubuh*（人体器官）→5.1 *Organ luar*（外科）→137. *Tangan*（手部）和138. *Kaki*（足部）→*Verba*（动词）。在 137. *Tangan*（手部）词汇范围内进行两种词性分类。"动词"范围下一类分成 38 个小分类，这小分类包含相关的词汇，如在 V. *Organ tubuh*（人体器官）→5.1 *Organ luar*（外科）→137. *Tangan*（手部）和 138. *Kaki*（足部）→ *Verba*（动词）→*pegang*（触、碰）的下一类有"*pegang*（触、碰）"同一类的其他 18 个词语。*TTBI*"肢体动作（手部和足部）"五级类的词种一共有 410 个。以下是针对 *TMC* 肢体动作词汇范围在"触—按；拉—扯；拿—掀；举—抬；放—置；包—扎；穿—脱；摆弄；洗—擦—浇—汲；切—割；握手；走—跑；跳—跃；蹬—踢；坐—立"15 个小范围的词汇数量统计。统计词种数是为了概括哪一个范围有比较"丰富"的词语。统计之后分析印尼苏迪曼将军大学不同年级的学生对这些范围内一些词的认知使用（见图1）。

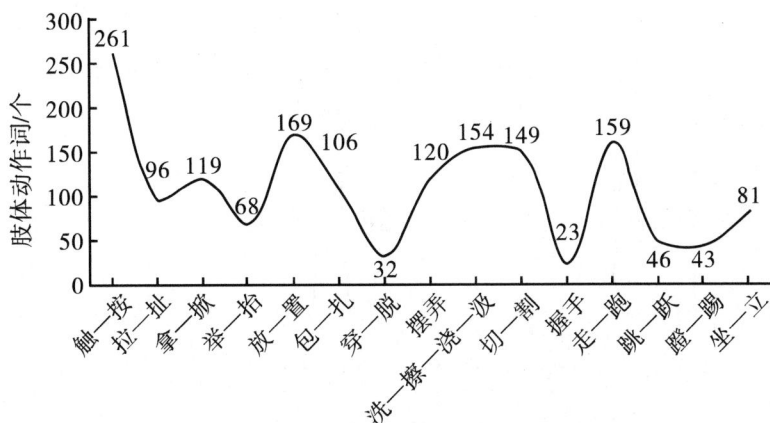

图1 TMC 肢体动作词种数

如图1所示，在 TMC 中肢体动作范围的词种数最多的是"触—按"，占16.05%，共有261个词种；"拉—扯"占5.90%，共有96个；"拿—掀"占7.32%，共有119个；"举—抬"占4.18%，共有68个；"放—置"占10.39%，共有169个；"包—扎"占6.52%，共有106个；"穿—脱"占1.97%，共有32个；"摆弄"占7.38%，共有120个；"洗—擦—浇—汲"占9.47%，共有154个；"切—割"占9.16%，共有149个；"握手"占1.41%，共有23个；"走—跑"占9.78%，共有159个；"跳—跃"占2.83%，共有46个；"蹬—踢"占2.64%，共有43个；"坐—立"占4.98%，共有81个。这表示在汉语中肢体动作范围的词语非常丰富。"触—按"部分的词语显示在"触"和"按"范围内的不同词语，表示怎么打、用什么打、打什么等。在"拉—扯"部分也表示很丰富的词语，表示拉什么、怎么拉、怎么推等。

印尼汉语学习者也可以从词汇范围和汉字特征等方面进行学习，如从汉字部首的特征了解肢体动作范围的词汇。在肢体动作部分的词语，与手部动作有关的有"提手旁"词语，而与足部动作有关的有"足字旁"词语。

在第一种问卷调查中，我们选取"触—按；拉—扯；拿—掀；举—抬；放—置；包—扎；穿—脱；摆弄；洗—擦—浇—汲；切—割；握手；走—跑；跳—跃；蹬—踢；坐—立"中的一些词汇设计了翻译练习。调查问卷中使用翻译练习方式，分成两个部分，第一部分是汉语翻译成印尼语，第二部分是印尼语翻译成汉语。每个部分有25个题，两个部分一共有50个题，每个题参考 TMC "伍一"肢体动作中的词汇。最终收回9份有效问卷。通过这9份问卷我们总结与分析学生对这些词汇的认知。在翻译中，有对整个句子的翻译失误的现象，从中我们总结和评估学生对肢体动作词汇的认知。以下是对9个学生第一部分"汉语翻译成印尼语"的评分（见图2）。

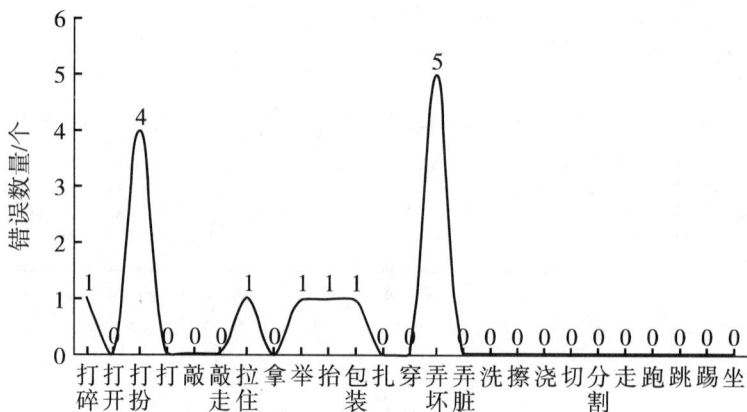

图2　肢体动作词汇翻译的错误

图2显示，在25个题中72%词汇的翻译是正确的，即"打开""打""敲""敲走""拿""扎""穿""弄脏""洗""擦""浇""切""分割""走""跑""踢"和"坐"。这个翻译正确的原因不仅是学生对词汇的认识恰当，而且也是学生对词汇在整个句子中的意思理解恰当。如"敲走"和"分割"对印尼初级汉语学习者来说算是难度高的词汇，学生通过对整个句子的理解认识这两个词，如：（1）问题：一个长面包平均分割成三段，给三个孩子吃。学生答案：*Roti panjang dipotong menjadi tiga bagian，diberikan dan dimakan tiga anak*；（2）问题：他利用我想出国旅游敲走了我一笔钱。学生答案：*Dia memanfaatkan keinginanku ke luar negeri dengan mengeluarkan uang dariku.* 翻译结果显示，学生对一些词语的翻译是有误的，或者该词是被忽略的，如"打扮""弄坏""打碎""拉住""举""抬"和"包装"。虽然有一些词语算是常用词，但是翻译结果表明，学生对这些"肢体动作"词语在句子中的认知不够，如（1）问题：琳达是晚会中打扮得最漂亮的一个，学生将这句话翻译成"*Linda adalah salah satu orang yang tercantik yang menghiasi di tengah pesta ini* ［参加晚会最漂亮（的女孩）之一的琳达让晚会更美好］"。有的翻译成"*Linda pakaiannya paling cantik di pesta itu*（琳达的衣服是在晚会中最漂亮的）"。在印尼语中"打扮"的翻译是"*dandan*"。据 *KBBI* 这个"*dandan*"词语的释义是"〈动〉*mengenakan pakaian dan hiasan serta alat-alat rias*（穿衣服、装饰和化妆）"和"〈动〉*memperbaiki；menjadikan baik*（*rapi*）（修理；整洁）"。在 *TMC* 中"打扮"的释义是〈动〉使容貌和衣者好看；〈名〉打扮出来的样子；衣着穿戴。在印尼语中，"打扮（*dandan*）"也经常形容把一些东西"打扮"得更好看，如"*mendadani rumah*［使房子（装修得）更好看］"等。

表 3　学生翻译的词目

问题的词目	学生的答案								
sentuh 碰	碰	触摸	触摸	碰	碰	触摸	碰	碰	碰
tekan 按	按	按	按	按	按	按	按	按	按
buka 打开	打开	打开	打开	打开	打开	打开	打开	打开	打开
potong 切	切开	切	切开	切	切	切	切	切	切
memetik 采	采	采	采	采	采	采	采	采	采
merobek 撕	撕	撕	撕	撕	撕	撕	撕	撕	撕
menarik 拉	拉	拉	拉	拉	拉	拉	拉	拉	拉
mengambil 取	取走	拿	取	拿	拿	取	取	取	取
mengangkat tangan 举手	举手	举手	举手	举手	举手	举手	举手	举手	举手
mengangkat koper 抬	提行李	举行李	提起行李	抬的手提箱	抬个手提箱	抬个手提箱	抬行李箱	提起手提箱	提起手提箱
memgotori 弄脏	弄脏	弄脏	弄脏	弄脏	弄脏	弄脏	※	※	※
berjalan membungkuk 背驼着走	走得弯着腰	走得弯着腰	※	走得弯着腰	走得弯腰	走路弯腰	弯着腰走路	弯着腰走路	弯着腰走路
menginjak 踩	踩	踩	踩	踩	踩	踩	踩	踩	踩
berjalan 步行	散步	散步	散步	散步	走	散步	散步	散步	散步
melompat-lompat 跳	跳	跳	跳	跳	蹦蹦跳跳	跳	蹦蹦跳跳	蹦蹦跳跳	蹦蹦跳跳
duduk 坐	坐	坐	坐	坐	坐	坐	坐	坐	坐
bersemedi 打坐	沉思	冥想	沉思	沉思	沉思	沉思	沉思	沉思	冥想
naik motor 骑摩托车	骑摩托	骑摩托车	骑摩托车	骑摩托车	坐摩托车	骑摩托车	骑摩托车	骑摩托车	骑摩托车
berdiri 站	站	站	站	站	站	站	站	站	站
berdiri 起立	起来	起来	起立	起立	站	起立	起立	起立	起立
berlari 跑	跑	跑	跑	跑	跑	跑	跑	跑	跑
berjalan-jalan 散步	散步	散散步	散步	散步	散散步	散步	散步	散步	散步
menggali 挖	挖	挖	挖	挖	挖	挖	挖	挖	挖
berjinjit 踮脚	踮起脚	脚尖	踮走	举踵	脚尖	踮起脚尖	踮起脚尖	踮起脚尖	脚尖
menyelonjorkan 伸腿	双腿伸开	直腿	腿伸开	腿伸开	伸直双脚	双腿伸开	双腿伸开	双腿伸开	※

　　表 3 是问卷调查词汇练习翻译的第二部分。从整体上翻译句子，我们把肢体动作部分范围词汇收入到表格里，并分析学生翻译的词语。对一些词汇，9 个学生的翻译有一样的对应翻译，如"按""打开""采""撕""拉""举手""踩""坐""站""跑""散步"和"挖"这 12 个题。在其他的词语中，如"*sentuh*（碰）"，9 个学生中有 3 个学生把"*sentuh*（碰）"翻译成"触摸"，6 个学生翻译成"碰"。在翻译"打坐"时，有 7 个学生将其翻译成"沉思"，2 个学生翻译成"冥想"，并没有翻译成"打禅""静坐"和"坐禅"。学生在翻译的时候，大部分会用翻译软件。翻译软件的确会给翻译这个工作带来方便。但是，对初级汉语学习者来说，频繁依靠翻译软件并不是理想的学习词汇的方式。随着使用次数增多，翻译软件的数据会越来越多，翻译标准率也会提高。但是翻译软件中的结果还需要人工校对。因此，印尼汉语学习者对词语选择也要有系统性的参考。这个参考不仅能帮印尼汉语学习者找到适合的词语，也可以通过相关词语的积累提升词汇量。在"*mengambil*（*uang*）取（钱）"的翻译中，有 3 个学生翻译成"拿"，1 个学生翻译成"取走"，5 个学生翻译成"取（钱）"。

　　在翻译结果中，我们发现"肢体动作"词语也有被忽略。学生直接翻译整个句子的大概意思，如（1）问题：琳达是晚会中打扮得最漂亮的一个。学生的答案是"*Yang paling cantik di pesta itu adalah Linda*［在晚会中最漂亮（的女孩）是琳达］"。在这个问卷调查的第一部分，因为是将汉语翻译成自己的母语，所以正确率比第二部分从印尼语翻译成汉语的要高。

　　对于同一个词语，不同的学生会有不同的翻译结果。这些词语跟学生对汉语词汇的认知有关。为了方便，不少学生用翻译软件回答问题。可是翻译软件并不能提供更多的词汇选择。如印尼语的"*berdiri*"可以翻译成"站"和"起立"。此外，"走"这个词有不同的表达方式，走的目的、怎么样走、走的速度怎么样等。表 3 中"*berjalan-jalan*"大部分学生翻译正确，就是用"散步"一词。

3.2　印尼汉语词汇教学教辅资源的新理念

　　通过调查问卷了解学生对教辅资源在汉语词汇教学中的重要性的理解和需求，我们一共收回 35 份有效问卷。调查问卷里有 11 个是否选择问题和 1 个提供建议和意见的问题，主要是针对以下问题：学生对汉语词汇教学的兴趣、原因和背景；学生对汉语词汇教学的体验；学生对教辅资源特别是对词典的重要性和实用性的需求；词汇教学中文化因素的重要性；文化因素在词汇选取中的重要性；词典词汇中文化因素的重要性；词典在词汇选取中的重要性；词典在词汇教学中的重要性。

表 4　第二种调查问卷结果

序号	标题	是	否	其他
1	您是否凭借自己的兴趣学习汉语？	32	3	
2	您是否有汉语学习背景？	17	18	1（是，否）
3	汉语词汇是否难？	28	7	
4	在汉语词汇教学中是否需要词典作为教辅资源？	35	0	
5	在汉语词汇教学中词典是否会提供有益的帮助？	27	8	
6	在汉语词汇教学中线上词典是否更有效地帮助您解决词汇教学问题？	33	2	
7	在汉语词汇教学中文化习俗因素是否很重要？	35	0	
8	对文化因素的认知是否会帮您提高对词汇的认知？	35	0	
9	在词汇选取中，对文化因素的认知是否会有利于选用词汇？	31	3	1（是，否）
10	对您而言，能反映文化因素等的词典是否很重要？	35	0	
11	对您而言，能反映文化因素等的词典是否会有利于选用词汇？	34	1	

在苏迪曼将军大学中文系不同年级的学生中，我们收回 35 份调查问卷。统计结果显示（见表 4），在 35 个学生中，有 32 个学生是因为自己的选择而学汉语的；有 18 个学生没有汉语学习背景，他们是在上大学中文系后从零起点开始学习的；有 28 个学生认为汉语词汇对他们而言有难度；为了克服这个学习困难，所有 35 个学生认为在汉语词汇学习中需要有词典作为教辅资源；有 27 个学生认为在汉语词汇教学中词典会提供有益的帮助。目前为止，33 个学生认为在汉语词汇教学中线上词典能更有效、更方便地帮他们解决词汇教学问题。此外，除了感受到词汇的翻译对应和解释的功能之外，有 35 个学生认为在汉语词汇教学中文化习俗因素很重要，并帮助他们提高对词汇的认知。有 31 个学生认为在词汇选取中，对文化因素的认知是否清晰会影响他们选用词汇；有 35 个学生认为能反映文化因素等的词典很重要；有 34 个学生认为能反映文化因素等的词典也会有利于选用词汇。在第 12 个问题里，我们问学生在汉语词汇教学教辅资源中对文化的需求。从 35 个建议和意见中，我们总结出三个对印尼汉语词汇教辅资源的新概念：

（1）按词义分类的词典有助于提升学生的词汇能力。

（2）能反映文化与社会概貌的词典有助于提高学生的词汇认知。

（3）能反映文化与社会概貌的词典有助于在词汇教学中"创造"语言环境。

统计显示，苏迪曼将军大学中文系的学生在词汇教学中需要词典帮助他们提高对汉语词汇的认知。对他们而言，文化认知是会帮助他们提高对汉语词汇认知的因素之一。词典作为词汇教学的教学资源不仅能提供词汇的翻译或者解释，还能给学生提供能反映文化因素的认知。Wiratikusuma（2021）认为 TMC 有助于印尼汉语学习者认知汉民族自然环境与社会环境。目前，印尼汉语学习者对 TMC 的认识还不够，甚至还不知道有对词义分类的这种词典。在印尼有不少地区不具有汉语环境，有的地区有汉语环境但是词汇使用跟不上现代汉语词汇的动态发展。因此，印尼汉语学习者需要分类词典作为词汇教学资源。

4　小结

TMC 和 TTBI 的肢体动作词汇范围主要分成手部的动作和足部的动作。每部分类词典有不同的分类系统。在 TMC 中，这个部分分成"触—按；拉—扯；拿—掀；举—抬；放—置；包—扎；穿—脱；摆弄；洗—擦—浇—汲；切—割；握手；走—跑；跳—跃；蹬—踢；坐—立"的 15 个三级分类。TTBI 把这个范围先分成"手部"和"足部"两个部分再按三级分类分成"手部"的 37 个小题和"足部"的 24 个小题。虽然从数量上看，TMC 的 15 个三级分类小题比 TTBI 的 61 个三级分类小题少，但是在肢体动作范围中，TMC 的词种数比 TTBI 多了三倍。TMC "肢体动作"五级类的词种数一共有 1 626 个，TTBI 一共有 410 个。每部分类词典的词语反映在每个国家社会常用的词汇中，无论现在是否常用或者罕用。现在还常用的词语会给分类词典使用者提供词汇学习的参考。现在比较罕用的词语会给社会提供很宝贵的记录。这两部分类词典都有助于对各自国家社会常用词语的认知。语言离不开文化，社会习惯影响到词汇使用，如词汇选取是会被社会影响的。随着印尼汉语学习者在汉语词汇学习的需求增加，分类词典是汉语词汇教学教辅资源的新理念之一也会被逐渐推广。

参考文献

［1］洪桂治. 论《现代汉语分类词典》基础语义类的形成［J］. 云南师范大学学报（哲学社会科学版），2012（1）.

［2］黄世友．一部有益于印尼汉语学习者的词汇工具书：评《现代汉语分类词典》［J］．江西科技师范大学学报，2020（1）．

［3］李璘．马来西亚华语教材《华语入门》字词选编研究［D］．武汉：华中师范大学，2016．

［4］宋婧婧，苏新春．类义词典中的两种类型"同义"与"同类"：《同义词词林》与《朗文多功能分类词典》比较［J］．辞书研究，2004（4）．

［5］苏新春．现代汉语分类词典［Z］．北京：商务印书馆，2013．

［6］苏新春.《现代汉语语义分类词典》（TMC）研制中若干问题的思考［J］．中文信息学报，2008（5）．

［7］苏新春，洪桂治，唐师瑶．再论义类词典的分类原则与方法［J］．世界汉语教学，2010（2）．

［8］苏新春．词典与词汇的计量研究［M］．上海：上海辞书出版社，2013．

［9］张志毅．读苏新春的《现代汉语分类词典》［J］．辞书研究，2014（5）．

［10］WIRATIKUSUMA F．A Thesaurus of modern Chinese（TMC）for Chinese language learner in vocabulary learning［J］．Metalingual，2021，16（1）．

［11］WIRATIKUSUMA F．The use value of Su Xinchun's（Xiandai Hanyu Fenlei Cidian）：a thesaurus of modern Chinese（TMC）for C2 level Chinese language learners in choosing words wisely［C］//Proceeding of International Conference on Lexicology and Lexicography University of Indonesia．Depok：2018．

［12］MOUNTAIN L．Synonym success—thanks to thesaurus［J］．Journal of adolescent & adult literacy，2007，51（4）．

［13］SUTAMI H．Kekhasan pengajaran bahasa mandarin di indonesia［J］．Wacana，2007，9（2）．

［14］SUTAMI H．Fungsi dan kedudukan bahasa mandarin di Indonesia［J］．Paradigma：Jurnal Kajian Budaya，2016，2（2）．

外向型学习词典中"会"的
认识情态义释义商榷

张治

（中国人民大学国际文化交流学院）

　　摘　要：助动词"会"除了有表示技能的义项以外，还有表示对事物的认识的义项，后者的具体意义内涵在学界尚未有定论，争议的原因在于其本身的多义性和该义项的抽象性。本文通过对比内向型学习词典和外语学习词典上的释义，结合本体研究的成果，对现有外向型学习词典中对"会"的"对事物认识"的义项（即认识情态义项）的释义进行了研究，发现现有释义多是模糊的"有可能"或"有可能实现"，留学生无法通过查词典的方式了解该义项的具体意义内涵和使用方法，根据该义项含有"可能性＋主观推测＋必然性"的内涵，建议在外向型学习词典中改为"表示推测某种情况出现或存在的必然性"，可以使外向型学习词典发挥更有效的作用。

　　关键词：认识情态词；释义；外向型学习词典

1　选题缘由

　　认识情态动词"会"的使用频率高，至少存在以下三个义项：（1）表示能力，（2）表示可能，（3）表示承诺，其中"表示能力"的义项界限清晰，"表示可能"义则相对更抽象，"可以、可能、能够"也都可以表示抽象的"可能"义，什么样的可能性才需要用"会"，而不是"可能、能"呢？留学生对它的具体意义内涵和场景用法在脑海中都是较模糊的，比如留学生会说出以下偏误句：

1.1　该用 "会" 的地方， 却没有用

（1）在条件句中：
　＊你这样做，恐怕失败。
（2）在将来时态中：
　＊他昨天来过，今天也来过，我想明天他不来了。
（3）在表示承诺的句子中，出现了表示确定的情态动词时：
　＊别担心，我更努力找好工作减少爸爸的负担。
（4）在推测句中，与表示 "确定" 义的情态动词或 "可能" 义的副词同时
出现时：
　＊你放心，这事一定办成的。
　＊天阴得厉害，也许下雨。

1.2　不该用 "会" 的地方， 却用了

（5）在否定句中：
　＊你应该多穿衣服，免得会感冒。

1.3　"会" 与其搭配的词， 位置有误或该用却没有用

（6）前后分句之间有条件关系，后一分句中 "会" 和 "就" 的位置不当。
　＊我们有问题问老师，老师会就很热情地帮助我们。
（7）＊已经十点了，他大概不来了。

"会" 作为典型的多义助动词，不仅具备复杂的多义性，而且其意义内涵也
比较抽象。正如陈振宇（2020）[1] 所提到的：汉语虚化的 "会" 一般分为两个基
本义项："会$_1$" 表示对事物的认识，如 "明天会下雨""人都会死的""他怎么
会没来"；"会$_2$" 表示技能技艺，如 "他会写文章"。争议主要在 "会$_1$"。Tsang
（1981）将 "会$_1$" 称为表可能性的认识情态成分[2]，Tiee（1985）、汤廷池和汤
志真（1997）直接将其归入认识情态。黎锦熙（1992）、赵元任（1979）、吕叔
湘（1999）、丁声树等（1961）一些早期学者用 "表可能、可能性、有可能、估
测/猜测/推测" 等来解释。一些研究（黄郁纯，1999；谢佳玲，2002；彭利贞，
2007）还提出有 "会$_3$"，表示承诺，如 "我会/不会帮你的"。

---

① 陈振宇. 再说 "会"［J］. 世界汉语教学，2020（1）：13 - 31.
② 所谓认识情态是指说话人对命题为真的可能性或必然性的看法或态度，是情态系统
中重要的组成部分，汉语中表示认识情态意义的情态动词主要有 "可能""应该""会""要"
等，在表示认识情态意义时，"要" 和 "会" 的功能相近。

2 外向型学习词典中 "会" 的认识情态义项释义存在的问题

没有汉语语感的二语习得者在使用"会"的过程中，常常因为不清楚它的语法功能而出现以上的偏误。那么如果在中国的留学生自己去查词典，现有的外向型学习词典能否帮助他们了解"会"在认识情态这个义项上的用法呢？为此，我们查阅了现有的一些外向型学习词典中"会"在认识情态这个义项上的释义。

2.1 释义为 "有可能实现"

《学汉语用例词典》①："会₃". 有可能实现（be likely to；be sure to）常作状语，不能重叠。

例句：领导不会同意这样做。/明天的晚会，小刘会来的。/没想到事情会这么顺利。/你的理想一定会实现，努力吧。/如果你早来一会儿，就会看到她了。/没想到会下这么大的雨。

《现代汉语常用词用法词典》："会"五、有可能实现。可带动词、形容词宾语。不能带"了、着、过"，不能带补语，不能重叠。

例句：谁料到会下这么大的雹子？/没想到今天会这么热。

2.2 释义为 "有可能"

《现代汉语八百词（增订本）》②：有可能。通常表示将来的可能性，但也可以表示过去的和现在的可能性。可以单独回答问题。否定用"不会"。

例句：四个现代化的目标一定会实现③/ 他一定会成功的④/不久你就会听到确实消息的/他怎么会知道的？/没想到会这么顺利/现在他不会在家里/他会不会去？

《现代汉语八百词（增订本）》中还提到"会"有时可以和"要、肯"连用。

---

① 这部词典以提供大量词语运用实例为突出特色，义项编写的原则是：语言生活化、语义语境化（既凸显词义，又说明用法）、体现句法功能（尽量反映词语经常充当哪些句法成分），避免以难释易（选用常用度较高的词语注释常用度偏低的词语，而不是相反）。

② 吕叔湘. 现代汉语八百词（增订本）[Z]. 北京：商务印书馆，1999.

③ 与表示确定推测的情态动词"一定"一起连用。吕叔湘先生在《现代汉语八百词（增订本）》中也提到"会"有时可以和情态动词"要、肯"连用。

④ 与表示确定推测的情态动词"一定"一起连用。

例句：现在还不太清楚，情况会要向什么方向发展/条件如果起了变化，结果也会要发生变化。

《汉语常用词用法词典》①："会"（助动甲级词）有可能。

例句：你放心，这事一定会办成的/天阴得厉害，也许会下雨/那件事别人是不会知道的/她不会不来吧？/今天会不会刮风？

《商务馆学汉语词典》②：（十）（动）有可能。

例句：看天气，今天会下雨的。/这么晚了，他不会（不）来了吧？/我不相信他会说那样的话。/我们的理想一定会实现。

《当代汉语词典》："会"表示可能。

例句：她会来的。/天会下雨。/价格会有变动。/会不会是他回来了？

从以上外向型学习词典的释义和例句中可以看出：表示认识情态的"会"的义项释义，多数是"有可能"或"有可能实现"，这种情况不仅出现在外向型学习词典中，内向型学习词典如《现代汉语学习词典》③ 的释义也是如此："会"，助动词，有可能实现。吕叔湘（1980）在《现代汉语八百词》中最早提到"会"表示"有可能"，可以用"能"，也可以用"会"。这类句子，北方口语多用"能"，别的方言多用"会"。"可以"以表示可能性为主，"能"可以表示有某种客观的可能性，"可以"不行。也许是受到这本书的影响，很多外向型学习词典都在"会"的释义里以"可能""有可能""有可能实现"来释义。

但实际上，在汉语助动词中除了"会"，还有"能""可以""可能""能够"等都可以表示抽象的"可能"义，而且"能"和"会"还有交叉部分。"会"的可能性和"能、可以"有什么不同呢？如果留学生自己去查词典，是否能了解它在"可能性"用法上的具体不同？留学生学习"会"时，不清楚在怎样的"可能"义情况下才能用"会"，而不能用别的近义词。我们认为现有外向型学习词典中的这个释义没有完整地体现出"会"本身的意义，容易跟其他在意义上有交叉的近义词混淆。即使留学生用词典查到这个义项，仍旧不知道在哪种"可能性"语境中应该用"会"，而不是"能""可以""可能""能够"等词。

---

① 对学习汉语的外国人来说，主要难点在掌握词的细微差别、搭配条件、表达习惯上，这些都不是简单地告诉习得者名词可以作主语、宾语，及物动词可以带宾语等一般的语法规则就可以达到习得目的的，而是需要针对不同的词语给出具体的搭配例证。

② 我国第一部专门为具有中级汉语水平的外国人编的汉语原文词典。

③ 这是一部专门为母语为汉语的学习者编纂的学习词典。

大部分二语习得者使用的外向型学习词典只是简单地释义为"有可能"或"有可能实现"，对"可能性"的具体内涵没有详述，对与该义项近义的"能""可以"等词也没有进行意义辨析，这样的结果会导致二语习得者无法了解"会"在"可能"义的具体用法以及它在这个义项上与其他近义词的差别。

2.3　都表示 "可能性"， 但具体意义不同

其实"可能"与"会"的异同，在否定时就能表现得很明显，下面三例是"会""可能""一定"三个词在相同语境下对"可能性"的否定。但是，否定的程度有很大差别，可能性的高低排序依次是"不可能" > "不会" > "不一定"。

＊他昨天来过，今天也来过，我想明天他不会来了。【不来的可能性比较高，有较大的经验把握】

＊他昨天来过，今天也来过，我想明天他不可能来了。【不来的可能性最高，完全没有来的可能性，绝对不来】

＊他昨天来过，今天也来过，我想明天他不一定来。【不一定来 = 一般的推测】

3　认识情态义的 "会" 与 "主观推测" 和 "必然性" 有关

"会"是典型的多义情态助动词，情况非常复杂。本书中对"会"的复杂义项的研究虽有涉及，但是没有定论。前人对"会"的义项有以下分类方式：

赵元任（1979）简明地指出"会"的两大类意义：动力情态意义（能力）和道义情态意义（可能），对后者也是直接解释为"可能"。吕叔湘（1980）"会"的义项中也有"有可能"，通常表示将来的可能性，但也可以表示过去的和现在的。可以单独回答问题，否定用"不会"。鲁晓琨（2004）① 研究了吕叔湘先生提到的"会"在将来时和过去时中表达的"可能性"，她发现这种可能性实际上是一种推测，推测某种情况出现或存在，并且这种出现或存在带有必然性。从字面上看，"可能性"和"必然性"似乎本应该是矛盾的，却在"会"的"可能性"这个义项上得到了统一。当谓语动词是"认为、以为、觉得、认定、知道、相信、担心、想、盼"等，句中主语推测将来发生的事情，但谓语动词是"本以为、没想到"时，则是对已然情况追述或事情未发生前的推测。

---

① 鲁晓琨. 现代汉语基本助动词语义研究 [M]. 北京：中国社会科学出版社，2004.

　　鲁晓琨（2004）认为，这种推测的发生根据句中 NP 对 VP 是否可控，表现出不同的情况：当 NP 对 VP 不可控时，"会₂" 对这种必然性的推测取决于某种条件的存在，比如，"会" 可以用在虚拟句的后一分句，不能用于前一分句。为什么会有这样的形式特征呢？因为虚拟句的前一分句是假定条件，一旦作为条件出现，对后一分句来说，前一分句就成为事实根据，后一分句是根据前一条件得出的结果。当 NP 对 VP 可控时，"会₂" 对这种必然性的推测则取决于主体 NP 的主观决定，NP 可以是有生命的，也可以是没有生命但是被拟人化的主体，比如"老天"。需要注意的是，有些 VP 从静态看是"可控的行为"，但在句中和 NP 搭配时，就分"NP 可控 VP"和"NP 不可控 VP"两种情况。

　　彭利贞（2005/2007）在"会"的义项分类中对认识情态的语义强度有新的见解，使用"盖然"这个概念来表述义项，表示一种极高的可能性，指明"会"的可能性处于可能和必然之间；并认为"会"还应当有个义项，即"承诺"，是一种施加在自我身上的道义情态。这是比较新颖的观点。

　　明星（2013）和鲁晓琨（2004）都对"会"的"可能义"具体含义进行了详细阐述，"会"作为认识情态动词，表达的具体意义有所不同：明星（2013）提到"会"是典型的认识情态动词，它表达了说话者对事件发生可能性的推测。可见，"会"并非表达可能性本身，而是表达主观推测。她将自己认为的"会"和吕叔湘先生的解释进行了比较，吕先生把这个意义上的"会"解释为"有可能"，明星（2013）则认为"会"表达的可能性强度或程度比"可能"要高很多。"会"表达的认识情态是一种极高的可能性，即说话人推测事件的事实性或成为事实的可能性极高，但是达不到"必然"，而是位于"可能"与"必然"之间。可见，单纯地表示"可能性"太过笼统，因为"会"的情态义中其实是有"可能性 + 可能性极高 + 非必然"的意思，所以在外向型汉语学习词典中仅仅用"有可能性"来解释"会"显然没有把"会"的义项对等完整地展现给学习者。这种"极高的可能性"使得"会"可以出现在"规律性预测句""事理预测句"中，即所预测的事情在现实世界里已是规律或者事理的句子中。陆庆和在《实用对外汉语教学语法》中谈及助动词"会"时提出"会"可用于根据人或事物带有规律的客观特性所作的推断，这一推断在一定程度上印证了明星（2013）对情态助词"会"的观点。

　　鲁晓琨（2004）① 把"会₂"的语义概括为主观推测某种情况出现或存在的

---

① 鲁晓琨. 现代汉语基本助动词语义研究［M］. 北京：中国社会科学出版社，2004.

必然性。从她的这个解释可以看出，表示"可能"义的"会₂"与"主观推测"和"必然性"有关。

认识情态助动词"会"与"必然性"及"主观推测"有联系这一点，从一些外向型汉语学习词典如刘川平主编的《学汉语用例词典》① 和黄南松等主编的《HSK 词语用法详解》给出的英汉双解释义中也可以得到印证，《HSK 词语用法详解》的释义是："会"（V. aux）be likely to ②，be sure to③，例句：你会看见他的/他会来的。其中，be likely to 表示"有可能""很可能"，be sure to "表示必定，一定"，可见编者已经意识到"会"的可能性中包含了主观推测，有很大的把握。

4 外向型英语双解词典中助动词相似义项的释义

其实，各种语言中的情态动词都有相似的义项：比如"可能"义、"能力"义，英语中的 will 也有"可能"义，我们可以看一下同样作为外向型词典，给中国人使用的英汉双解词典中对于 will 的"可能"义项的释义是怎么处理的：

《牛津高阶英汉双解词典》（第四版，增补本）（2002）中对 will 的双语释义是这样的：Modal v. （1）indicating future predictions 用以表示对未来事物的预料，例句：Next year will be the centenary of this firm. 明年是这家公司成立的一百周年。He will start school soon，won't he? 他很快就要上学了，对吧? You will be in time if you hurry. 你要是快一点儿就能来得及。（2）indicating present predictions 用以表示对目前事物的预料。例句：That will be the postman now! 这准是邮递员来了。They will be home by this time. 他们现在一定到家了。编者也是直接用母语的"预料"来释义认识情态助词 will。

张道真主编的《现代英语用法词典》（2009）中，will 表示诺言（意思接近"保证""保证不"）；猜测（可译为"想必""一定是"等）This will be the house you're looking for. 《21 世纪中型英汉词典》（2005）④ 中的 will 释义为"表

① 以提供大量词语运用实例为突出特色，义项编写的原则是：语言生活化、语义语境化（既凸显词义，又说明用法）体现句法功能（尽量反映词语经常充当哪些句法成分），避免以难释易（选用常用度较高的词语注释常用度偏低的词语，而不是相反）。

② be likely to 表示"有可能、很可能"，那么"会"和"可能"是不是完全对等? 有什么区别?

③ be sure to 表示必定，一定。

④ 李华. 21 世纪中型英汉词典 [Z]. 北京：中国人民大学出版社，2005.

示倾向性、必然性"。例句：Boys will be boys. 男孩毕竟是男孩。表示推测：That will be his wife with him. 编者在词典中直接用母语的"猜测"来释义认识情态助词 will，并且提及了"想必""必然性"。

从英语为目的语的外向型词典中对 will 的释义处理，更加证实了汉语中同类的认识情态助词"会"的确切意义与"主观推测"和"必然性"有关。因此，我们可以大胆建议：汉语认识情态助词"会"在外向型学习词典中的确切释义可以用到"主观推测"和"必然性"这样的词来陈述。

同时我们发现《现代汉语八百词》中对"大概"的解释为"表示对情况的推测；可能"，从例句中可以看到"大概"经常和"会""能"等词共现，如：

（1）我想他大概会同意。

（2）已经十点了，他大概不会来了。

（3）你的事大概能办成。

5　"会" 的认识情态义项在外向型词典中释义模式建议

承前文，我们有以下三个发现：第一，"会"的可能性和"能""可以"的可能性的意义内涵不同，留学生容易混淆；第二，用"可能性＋主观推测＋必然性"来释义认识情态的"会"可以更加确切；第三，其他语种的认识情态助词比如 will 已有用"推测"直接释义的先例。

对于外向型学习词典中"会"的认识情态义项的释义模式，我们建议外向型学习词典在释义"会"的认识情态义项时做以下的调整：

5.1　增设 "词汇辨析" 或 "注意" 专栏， 给出表示 "可能性" 不同的词之间的差别

"可能性"的内涵非常丰富，"会"的可能性和"能""可以"的可能性的意义内涵不同。仅仅用"有可能"或"可能性"来释义会给留学生带来困扰，释义时除了给出词汇的确切词义外，还需要增设"词汇辨析"或"注意"专栏，给出表示"可能性"不同的词之间的差别。

《现代汉语词典》是给有语感的母语者使用的内向型学习词典，对同样表示"可能"的"能""可以""会"都进行了详细的"辨析"，如《现代汉语词典》（第6版）【注意】里写道：（3）跟"不……不"组成双重否定，"不能不"表示必须，"不会不"表示一定，如：你不能不来啊！/他不会不来的。在疑问或

揣测的句子里都表示可能，如：他不能（会）不答应吧？（4）对于尚未实现的自然现象的推测，用"能（够）"，不用"可（以）"，如：这雨能下长吗？（5）用在跟某些动词结合表示被动的可能性时，用"可"，不用"能"，如：我们是不可战胜的。

还通过单独的"注意"列举，并且在这三个词的义项中都互相标注出来了。

如《现代汉语词典》（第 6 版）对助动词"会"的解释义项为：（1）助动词，表示擅长：能说会道，会写会画的人倒不太讲究纸的好坏；（2）助动词，表示有可能实现：他不会不来/树上的果子熟了，自然会掉下来。

另一部内向型学习词典《现代汉语学习词典》中，编者也对"会"和"可以"单独列出了"辨析"，两者表示可能的不同在于："会"可以表示情势上有可能，"可以"没有这种用法，如"这么大雨，他还会来吗？"，不能说成"这么大的雨，他还可以来吗？"以及"能"和"会"都单独列了"辨析"：在这个词典中，"能"也有个义项是"表示可能"，例句：今天的会，他一定能来/他得了重病，文章不能写下去了/传遍了的事儿他能不知道？还列了"注意"项："不能不"表示必须或应该。

在《现代汉语学习词典》中，对于"会"和"能"单独列了"辨析"，助动词"会"释义为"有可能实现"，助动词"能"释义为"表示可能"；助动词"可以"没有用"有可能"来释义，只是在单独的辨析里提到"可以"和"会"都表示可能或能够，"会"可以表示情势上的可能，但是"可以"没有这种用法。

5.2 用 "可能性＋主观推测＋必然性" 来释义认识情态的 "会" 可以更加确切

"会$_2$"本体研究中对"会"的认识情态义内涵已有研究结果："会"的认识情态义项，其确切词义应该把模糊不清的"可能性"改成非常明显的"推测"义，但是推测后面的宾语需要说明白。"会"引出的陈述是"推测"的内容。鲁晓琨（2004）认为"会$_2$"的语义可以概括为"主观推测某种情况的出现或存在的必然性"，常常出现在 NP＋会$_2$＋VP 的结构里。

5.3 增设 "词汇搭配" 进行专门说明

鲁晓琨（2004）认为"会$_2$"表示的主观推测一般是由说话人进行的，但是"会$_2$"所在结构还常出现在宾语位置上（谓语动词是认为、以为、觉得、认定、知道、相信、担心、想、盼等），这时主观推测由全句主语进行。

5.4　可以做成目的语和母语双解

对少量例句中的难句进行整句或部分翻译，让留学生可以通过自己阅读例句和查看例句的翻译，体会"会"确切完整的内涵。

5.5　自拟实用的例句，可以出现在对话中

"传统汉语词典的例句一般是从经典文献著作中摘取，难度大且离现实生活比较远，不实用，这种做法不适合二语学习者。应当说，外向型词典不仅要起到释义辨析的作用，还应当是一部句子汇集，为学习者的生活和交际提供实用、常用的句子的词典。因此，外向型汉语词典的例句应以自拟为主。"① 对话更能体现词语出现的具体语境。如可以按照"NP + 会$_2$ + VP"结构中所分的两种类型：(1)"根据某种条件来推测某种情况出现或存在的必然性"②；（2）"通过推测主体的主观决定来推测某种情况出现或存在的必然性"来自拟例句。

参考文献

[1] 陈振宇. 再说"会"[J]. 世界汉语教学，2020（1）.

[2] 陈春红. 外向型汉语学习词典情态动词释义模式初探：以四本外向型学习词典为例 [D]. 广州：中山大学，2016.

[3] 丁声树，等. 现代汉语语法讲话 [M]. 北京：商务印书馆，1961.

[4] 商务印书馆辞书研究中心. 现代汉语学习词典 [Z]. 北京：商务印书馆，2010.

[5] 龚学胜. 当代汉语词典（国际华语版）[Z]. 北京：商务印书馆国际有限公司，2007.

[6] 黄郁纯. 汉语能愿动词之语义研究 [D]. 台北：台湾师范大学，1999.

[7] 黎锦熙. 新著国语文法 [M]. 北京：商务印书馆. 1992.

[8] 刘川平. 学汉语用例词典 [Z]. 北京：北京语言大学出版社，2005.

[9] 陆庆和. 实用对外汉语教学语法 [M]. 北京：北京大学出版社，2006.

[10] 李忆民. 现代汉语常用词用法词典 [Z]. 北京：北京语言大学出版社，1995.

---

① 赵新，刘若云. 关于外向型汉语词典编写的思考与尝试 [J]. 华文教学与研究，2010（3）：57 – 63.

② 与一般词典的"可能性"正好相反的是，鲁晓琨（2004）认为"会$_2$"体现得更多的是"必然性"，而且这个必然性是推测出来的。应该解释为"主观推测出来的必然性"。而且我们从例句可以看出，例句中的"会"很难用"可能性"来直接替换。

［11］吕叔湘. 现代汉语八百词（增订本）［Z］. 北京：商务印书馆，1999.

［12］吕叔湘. 把我国语言科学推向前进［J］. 中国语文，1981（1）.

［13］李晓琪，等. 汉语常用词用法词典［Z］. 北京：北京大学出版社，1997.

［14］李华驹. 21 世纪中型英汉词典［Z］. 北京：中国人民大学出版社，2005.

［15］鲁健骥，吕文华. 商务馆学汉语词典［Z］. 北京：商务印书馆，2006.

［16］鲁晓琨. 现代汉语基本助动词语义研究［M］. 北京：中国社会科学出版
社，2004.

［17］彭利贞. 论动力情态的现实否定［J］. 北方论丛，2005（1）.

［18］彭利贞. 现代汉语情态研究［M］. 北京：中国社会科学出版社，2007.

［19］明星. 情态动词"会"的研究综述［J］. 濮阳职业技术学院学报，2013（4）.

［20］黄南松，孙德金. HSK 词语用法详解［M］. 北京：北京语言大学出版社，
2000.

［21］汤廷池，汤志真. 华语情态词序论，世界华文教育协进会编《第五届世界
华语文教学研讨会论文集：语文分析组》［M］台北：世界华文出版社，
1997.

［22］谢佳玲. 汉语的情态动词［D］. 新竹：台湾"清华大学"，2002.

［23］赵新，刘若云. 关于外向型汉语词典编写的思考与尝试［J］. 华文教学与
研究，2010（3）.

［24］赵元任. 汉语口语语法［M］. 北京：商务印书馆，1979.

［25］张道真. 现代英语用法词典［Z］. 北京：首都师范大学出版社，2009.

［26］TSANG C L. A semantic study of modal auxiliary verbs in Chinese［D］. Cali-
fornia：Stanford University，1981.

［27］TIEE H Y. Modality in Chinese. In Nan-kil Kimand Henry Hung-Yeh Tiee
（eds.），Studies in East Asian Linguistics，84 – 96. Los Angeles：Department
of East Asian Language and Cultures，University of Sou-thern California，1985.

非洲汉语学习者汉语学习词典
使用及需求情况研究

王爽

（山东师范大学国际教育学院）

摘　要：对外汉语学习词典是汉语学习者非常重要的学习资源和工具，具有"外向型"和"学习性"的特点，最终目的是服务用户。如何更好地突出这两大特点，就需要从用户的角度出发，研究清楚汉语学习者对词典的真正需求及真实的使用情况。为了更好地研究非洲汉语学习者词典的使用和需求情况，本研究采用问卷法，调查了非洲汉语学习者使用词典的目的、频率、态度、偏好、习惯、评价、期望和使用技能等方面的情况。

对调查问卷的统计分析显示，非洲汉语学习者期望获得释义、词音、示例及词语使用语境、词语用法及写法 5 个方面的信息。与纸质词典相比，他们更倾向于使用电子词典，如 Pleco 和 Hanping Lite。电子词典虽然存在释义不准确、用法说明不足等缺陷，但能基本满足学习需求，加上易于携带和方便快捷的特点，使用频率较高。而对于纸质词典，非洲汉语学习者缺乏了解，使用少。因此，我们认为优秀成熟的纸质词典应尽快电子化。同时，词典编纂者也应针对非洲汉语学习者的特点，充分考虑他们的真正需求和使用情况，制定符合其特点的编撰原则，编写出真正适合非洲汉语学习者使用的外向型汉语学习词典。

关键词：汉语学习词典；非洲汉语学习者；使用情况；使用需求

1　引言

作为一门独立的、年轻的学科，汉语国际教育一直在不断地发展壮大，研究上所取得的丰硕成果有目共睹。作为重要学习资源和工具的汉语学习词典，如何更好地顺应这一蓬勃发展的态势，如何更有效地助力汉语学习者的汉语学习，已然成为亟须解决的重要问题。一方面，汉语学习词典发展时间长，最早可追溯到明清时期，欧洲在华传教士编印的《华英词典》即是雏形。另一方面，相对于学科体系中其他领域的研究与实践，汉语学习词典无论是在理论研究、编纂开发，还是在编写队伍建设等方面均尚处于起步阶段。

自 1976 年北京语言学院编印《汉英小词典》和《汉法小词典》至今，已有五六十部汉语学习词典问世。其中当然不乏广受好评、学术性强的佳作，如《汉语常用词用法词典》（李晓琪，1997）、《商务馆学汉语词典》（鲁健骥、吕文华，2006）、《现代汉语八百词》（吕叔湘，1980）等。词典虽多，但真正被汉语学习者经常使用的、普遍认可的词典却极少。这就说明了汉语学习词典的"外向型""学习性"和"用户友好"的特点及原则并没有被很好地贯彻执行。说到底，汉语学习词典的用户是母语非汉语学习者，词典的编纂应该在充分调查与描写用户需求与使用习惯的基础上进行。在已有的汉语学习词典研究成果中，从词典使用者的角度出发，对使用者需求及使用习惯的研究数量有限，且多数为学位论文。其中，对非洲汉语学习者的调查研究少之又少。非洲汉语学习者是汉语学习者的重要组成部分，近年来，非洲学汉语的人数不断攀升，人们对这一庞大学习群体的关注与研究也越来越多。我们认为，对非洲汉语学习者使用汉语学习词典的研究是汉语学习词典理论研究的必要补充，同时也会为词典编纂提供直接的、有针对性的意见和建议。

2　非洲汉语学习者汉语学习词典使用情况

为了收集非洲汉语学习者使用词典的信息和数据，我们采用调查问卷的方法，面向海内外非洲汉语学习者发放中英双语问卷。问卷共包括三部分：个人信息、词典使用情况以及词典使用需求，最终共回收有效问卷 41 份。

在个人信息部分，需要填写性别、国别、年龄、专业、HSK 和 HSKK 水平及汉语学习时间。在 41 名被调查者中，男性 16 人，女性 25 人，年龄在 19 ~ 35 岁。肯尼亚学习者有 25 人，人数最多，此外还有来自尼日利亚、塞内加尔等地的非洲汉语学习者。41 名被调查者中专业与汉语相关的有 23 人，其他 18 人的专业包括人力资源、法律、酒店管理等。根据他们的 HSK、HSKK 水平及汉语学习时间，处于初级阶段的被调查者有 16 人，中高级阶段的有 25 人。

问卷第二部分，即词典使用情况，是对非洲汉语学习者最常使用词典的各项情况的调查，包括最常使用词典的名称、类型、使用频率、使用熟练度、常用检索方式、最常查找内容、释义、示例、用法说明以及满意度等。通过对数据的收集、整理与分析，我们将非洲汉语学习者使用汉语学习词典的情况罗列如下：

2.1 常用词典基本情况

对于41名非洲汉语学习者来说，最常用的汉语学习词典是 Pleco 和 Hanping Lite。另外，学习者还提到了 Train Chinese、Google Translation、超级字典、网易有道、《现代汉语词典》等（见图1）。

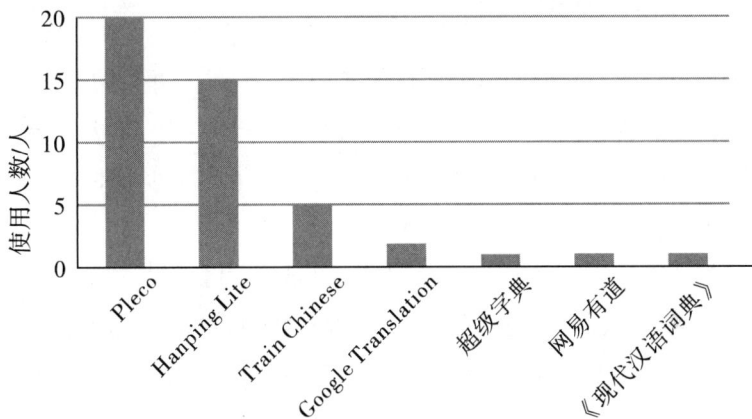

图1 非洲汉语学习者常用词典

我们将词典的载体划分为手机词典、网络词典（除手机 App 外的线上词典，如 Google 翻译等）和纸质词典。超过70%的学习者最常使用的是手机词典。超过85%的学习者最常使用的是双语词典，但不是图解词典。"手机""双语""非图解"正是 Pleco 和 Hanping Lite 的共有特征。

在如何选择词典这一问题上，"同学、朋友推荐"是最重要的途径，其次是"老师推荐"和"网上查到的"（见图2）。对于词典使用方法的学习，31人是通过"自己摸索"学会使用的，8人是通过"同学或朋友帮助"学会的，仅有2人是通过汉语老师的讲解学会的。

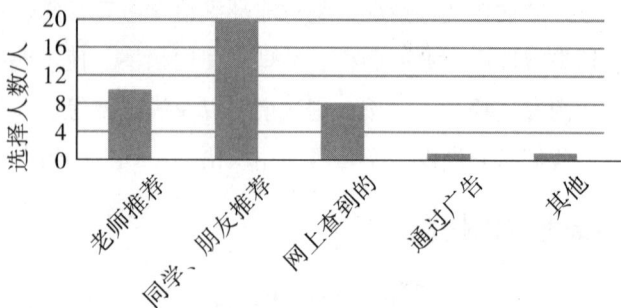

图 2　选择词典的途径

2.2　常用词典使用频率、熟练度

词典的使用频率是衡量词典重要性及实用度的一个标准。41 名非洲汉语学习者词典的使用频率很高，其中，15 人表示"每天都用"，18 人表示"经常会用"。这也再次印证了汉语学习词典对学习者来说是必不可少的学习资源和工具，词典的研究与编纂是学科发展中的必要一环。

在使用熟练度这一问题上，23 人表示使用得"很熟练"，16 人表示"一般熟练"，只有 2 人表示"不熟练"。至于"不熟练"的原因，1 人表示是学习汉语时间还不长，另 1 人表示觉得词典难以理解。结合之前的调查结果，75% 的被调查者是通过"自己摸索"学会了使用词典。可见，想要熟练使用 Pleco 等词典并非难事，且并不需要经过单独的、专门的学习。我们认为使用熟练度除了与使用频率高低相关外，还与手机词典的双语属性、操作易上手、界面简洁、检索快捷等有很大关系。

2.3　收词、常用检索方式、最常及最难查找内容

一本词典是否好用和实用，词目的选择和收录很重要。用户是否能在词典中找到目标词直接影响用户的使用体验。在我们的调查中，Pleco 等常用词典在收词方面能满足非洲汉语学习者大部分的学习需求。28 名学习者表示想查的词"大多数都能查到"，8 人表示"有时候能查到"，5 人表示"都能查到"。

Pleco 中内置两款免费词典，一款是流行的开源 CC – CEDICT，拥有超过 110 000 个常更新的词条。另一款是 Pleco 自己的 PLC 词典，拥有 125 000 个更多详细词条及超过 25 000 个例句（带拼音）。Hanping Lite 的收词同样来源于 CC – CEDICT，付费版的收词增加了文林 ABC 汉英和英汉词典。Train Chinese 收词超过 1 000 000

（词与词组），内置超过 1 000 个词汇表，包括国际关系、美式足球队等话题。

　　检索方式也是判断词典是否好用的重要标准。Pleco 的检索方式最多，包括汉字输入检索、拼音检索、笔画检索、英语检索、手写输入检索、拼音汉字混合检索和通配符检索。Pleco 的付费版本中，还可以使用 OCR （Optical Character Recognizer）光学检索，即通过手机摄像头扫描汉字实现识别与检索。Hanping Lite 没有拼音汉字混合检索和通配符检索功能，付费的 Hanping Camera 也可以实现 OCR 光学检索。而 Train Chinese 最简单，只有汉字输入检索、拼音检索和英语检索。对于 41 名非洲汉语学习者来说，最常用的两种检索方式为拼音检索（87.8%）和手写输入检索（46.34%）。

　　对"最常查找内容"的调查显示，非洲汉语学习者在使用词典时最常查找的 5 项内容依次是词语的"意思""读音""例句""词性和用法"以及"写法"。这说明词语的释义、发音、示例、词性标注、用法说明和写法是非洲汉语学习者的核心需求，也应该是词典编撰的核心内容。相较于纸质词典，Pleco 和 Hanping Lite 不仅可以"看"发音，还可以"听"发音。另外，汉字的笔画和笔顺也可以动态地进行播放演示。这些电子词典独有的优势特点无疑给非洲汉语学习者的学习提供了极大的帮助。

　　除了上述核心内容外，很多研究者也提出词典中应有近义词的辨析、语体和感情色彩的说明、词语用法的解释以及收录一些较新的词语，从而更好地突出词典的外向型和学习性。但在现有的大部分词典中，这些问题都没有得到很好的解决。即使非洲汉语学习者常用的是更新较快的电子词典，他们的反馈依然是在使用词典时有一些内容难以查到，"最难查到的内容"依次是"多义词的不同义项""近义词的区别""口语化较强的词语""词语的语体色彩和感情色彩""词语用法"和"比较新的词"。在收录口语化较强的词及新词方面，总体上来看 Pleco 略胜一筹。"小气鬼""穿小鞋""走后门""红眼病""耳旁风""隔墙有耳""刀子嘴，豆腐心"等口语化较强的词都可以查到。反映新生事物及社会现象的新词新语有些使用频率较高，已经进入一般词汇，我们认为应将这些新词纳入词典中。"大数据""二胎""躺平""新冠肺炎""点赞""扫码""冰墩墩"在 Pleco 中都可以查到。当然也有很多新词，像"刷脸""夸夸群""健康码""破防""鸡娃""元宇宙"等还没有被收录其中。

　　在上述讨论中我们提到词语的释义、用法和示例是非洲汉语学习者的核心需求，同时也是一部词典的核心内容。但通过调查我们也发现在释义方面，非洲汉语学习者认为词典没有很好地区分多义词的不同义项及近义词，词语的用法、语体色彩和感情色彩也很难查到。从总体上来看，核心内容在词典中的呈现不尽如人意。所以，下面我们将从非洲汉语学习者常用词典的角度，说明 Pleco 和 Hanping Lite 中词语释义、示例及用法的基本情况和问题。

2.4　常用词典的释义情况

在词语释义的问题上，我们调查了非洲汉语学习者习惯查看的释义语言（见图 3）、释义的有效性、释义难易度的情况。结果显示，习惯查看汉语释义的学习者非常少（5 人），而习惯查看英语释义的学习者中既有初级学习者，也有中高级学习者。除了学习者汉语水平有限这一原因外（针对初级学习者而言），我们认为 Pleco 和 Hanping Lite 单一的释义语言也是造成这一现象的原因。大多数电子词典目前只提供英语的词语释义，这虽然更有利于初级学习者的使用，但从学习的整个过程来看，对学习者建立汉语思维无疑是一种阻碍。所以，我们认为词语释义的语言应该采用中英双语，学习者可以自主选择，这样更有利于满足不同水平学习者的不同需求。

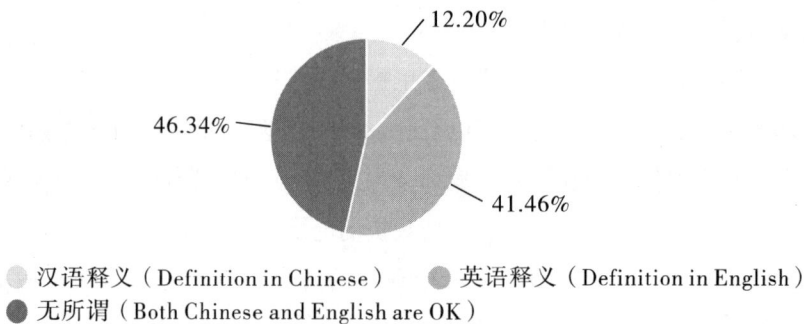

12.20%

46.34%

41.46%

⬤ 汉语释义（Definition in Chinese）　⬤ 英语释义（Definition in English）
⬤ 无所谓（Both Chinese and English are OK）

图 3　学习者习惯查看的释义语言

释义的有效性，即词语释义是否能帮助学习者正确理解目标词的意思。21名被调查者表示"大多数情况下"可以理解目标词的意思，20 人表示"有时候可以理解，有时候很难理解"。从调查数据来看，我们可以说非洲汉语学习者常用的电子词典 Pleco 和 Hanping Lite 释义的有效性是不确定的。为什么查看了释义后仍不理解词义呢？我们认为这个问题首先跟释义单纯依靠对译有关。章宜华（2007）指出不同语言会存在语义上的不对等，双语词典应该对两种语言单位语义的不对等性做明确的辨析。汉语和英语也是如此，很多中英文词语并非一一对等，如英语的"visit"对应汉语中的"参观""访问""拜访"和"看"。在解释

"参观"时，Pleco 和 Hanping Lite 都将其简单对译为"visit；have a look around"，对"参观"所涉及的主体、客体和限制条件都未加说明（见图 4）。学习者很容易将"visit"和"参观"完全画等号，所以出现"我们的总统参观过中国"这样的偏误也在所难免。

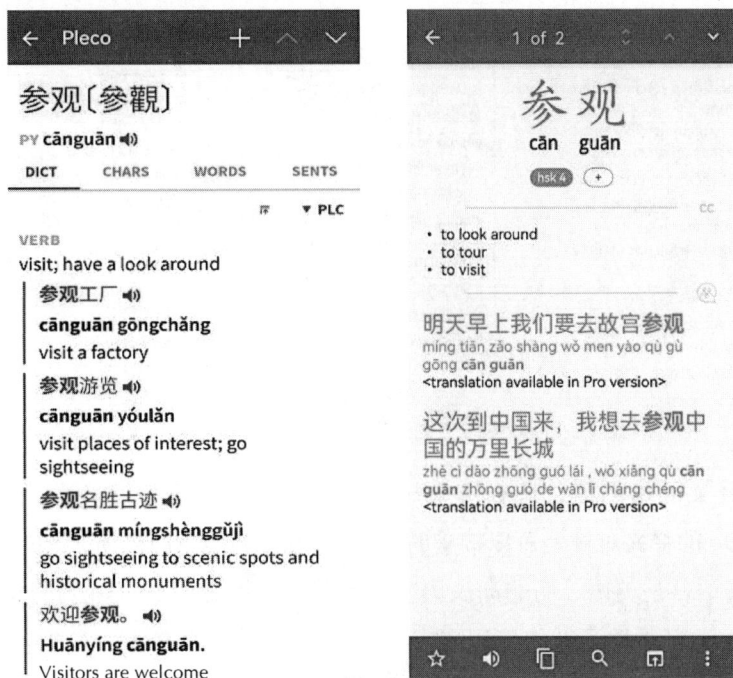

图 4　Pleco 和 Hanping Lite 中对"参观"的释义

其次，我们认为释义的有效性不高还和词典中未对近义词进行辨析有很大关系。以"高兴""愉快"和"幸福"为例（见图 5），它们在作形容词时，Pleco 的释义都是"happy""cheerful"，对三者的区别未做任何说明。这样的例子在词典中比比皆是。汉语近义词数量多，辨析难，是学习者学习中的一大难点。如果不能对常用近义词加以辨析，学习者将无法真正理解词义，那么词典释义功能的有效性将大打折扣。

图5 Pleco 中对"高兴""愉快""幸福"的释义

关于释义的难易度，调查结果显示，对于非洲汉语学习者来说，Pleco 和 Hanping Lite 的释义难度是可以接受的（见图6）。前面我们提到 Pleco 和 Hanping Lite 的释义语言是英语，而非洲汉语学习者英语水平普遍较高（如肯尼亚），正好契合了非洲汉语学习者的使用需求。另外，41 名被调查者中有 9 名认为释义"有点儿难"。"有点儿难"的原因中，选择最多的一个选项是"新词的意思常用近义词来解释，很难区分它们的区别"。这也再次印证了我们之前的讨论，是否对近义词进行辨析将会影响到学习者对词义的理解和掌握。

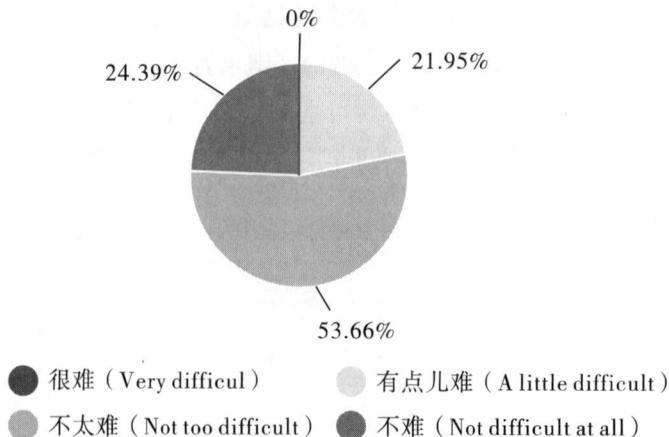

图6 释义的难易度

2.5　常用词典的示例情况

词典中的示例是用户的核心需求，也是词典的核心内容。示例一方面是对释义的再阐释，帮助学习者进一步理解与验证词典中给出的释义；另一方面是对词语用法的说明，通过示例可以学习词语的用法，这一功能是释义所不具备的。所以，我们认为示例兼具释义和用法说明的双重功能在外向型词典中十分重要。

在 Pleco 和 Hanping Lite 中，大部分词目都配有示例。两者不同的是 Pleco 的示例有拼音、真人发音及英文翻译，对用户更友好。而 Hanping Lite 中的示例只标注了拼音，没有发音功能，英文翻译也需另付费（见图7和图8）。两部词典中的示例对非洲汉语学习者理解和使用目标词是有帮助的。调查结果显示，51.22%的被调查者认为示例对理解词义"有一定的帮助"，43.90%认为"有很大的帮助"；56.10%的被调查者认为示例对使用词语"有一定的帮助"，36.59%认为"有很大的帮助"。由此可见，示例对汉语学习的作用是毋庸置疑的。

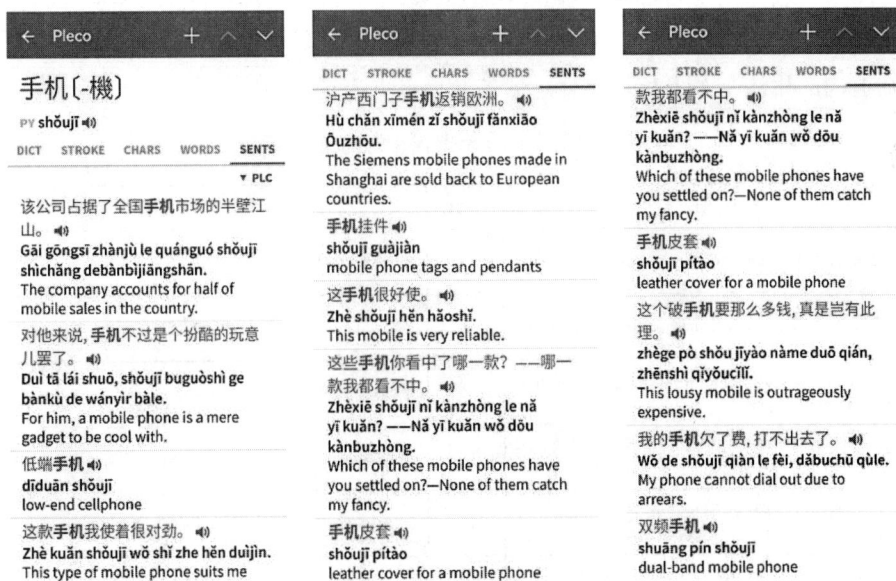

图7　Pleco 中的示例

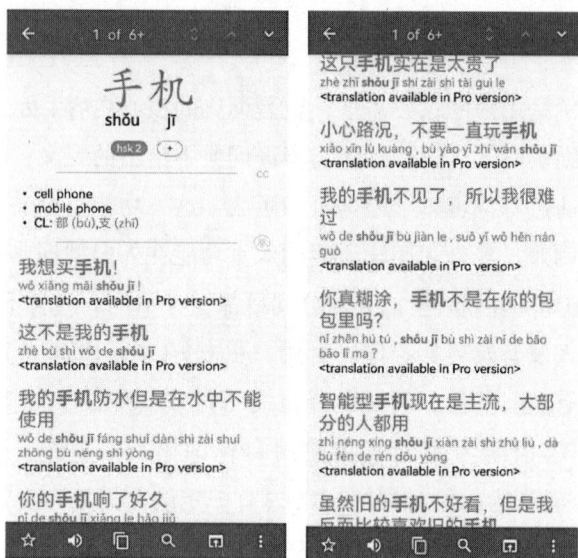

图 8　Hanping Lite 中的示例

　　而对于示例存在的问题，选择最多的是"例句数量太少"，其次是"例句不实用，平时很少用到"和"没有明确例句使用的语境"，再次是"看了例句仍然不知道词的用法"（见表1）。

表 1　词典示例存在的问题

选项	小计	比例
例句数量太少 There are too few example sentences.	27	65.85%
例句数量太多 There are too many example sentences.	5	12.20%
例句太难，不容易理解 Example sentences are too difficult to understand.	7	17.07%
例句不实用，平时很少用到 Example sentences are not practical and are rarely used in everyday life.	17	41.46%
没有明确例句使用的语境 There is no clear context in which the example sentences are used.	17	41.46%
看了例句仍然不知道词的用法 I still don't know how to use the words after reading the example sentences.	13	31.71%
例句没有英语翻译 Example sentences have no English translations.	3	7.32%
其他 Others：[详细]	2	4.88%
本题有效填写人次	41	

关于示例的数量，我们目前没有看到词典学界达成共识的统一标准。相对于数量，大家更关心的是什么样的示例是真正合适的、好的、有助于汉语学习的。Pleco 和 Hanping Lite 中有些词有示例，有些词无；有些词多些，有些词少些。非洲汉语学习者认为"例句数量太少"，我们对其分析不能简单停留在数量的层面。据我们了解，非洲汉语学习者认为的"例句数量太少"指的是令他们满意的示例太少。结合表 1 中的几大突出问题，也就是"实用的"、"有语境的"、显示"词的用法"的好示例太少。我们认为这与示例的来源和分级等问题有关。

第一，之所以非洲汉语学习者认为"例句不实用，平时很少用到"，主要是因为大多数词典中的示例直接来源于语料库，是对语料库的完全照搬。我们认为"二语学习词典需要的是专设语料库例句。这是因为媒体有着不稳定的时效性，文学有着修辞色彩或地域文化元素，专业有着非社会的陌生性。对学习词典编纂来说，凡此种种都可以视为负面因素。而词典、语法书、教材则是已经过专业人员筛选加工的、条理化的、待用值高的语言材料，这正是学习词典编纂所需要的"（郑定欧，2010）。词典中的示例应该来源于语料库、语法书、教材教辅的多种结合，经过筛选与加工，避免时效性、文学性、专业性和地域性过强的内容，最终进入词典的是使用频率高、学习者可理解、可使用的例句。

第二，示例是否实用，还取决于示例的难度是否适合不同水平的学习者，以及示例是否进行了分级排序。以"手机"一词为例，"手机"是个 HSK 二级的初级词。Pleco 给出的示例远远超出了初级学习者的词汇和语法水平，属于无效示例。只有第 4 条、第 7 条和第 13 条示例与初级学习者语言水平接近（见图7）。相比较而言，Hanping Lite 给"手机"一词配的示例更符合初级学习者的语言水平，也更实用（见图 8）。Pleco 和 Hanping Lite 属于综合类词典，面向所有水平的汉语学习者。考虑到综合类词典也应满足中高级学习者的学习需求，我们不反对给初级词配高级示例，但我们认为应该按照难易度对所有示例进行分级排序，也就是说在 Pleco 给出的所有"手机"的示例中，第 4 条、第 7 条和第 13 条示例应该排在最前面，这样更有利于使用者的查找和学习。

第三，对外汉语学习词典的一大特点是它的"学习性"，好的示例应该突显"词的用法"，只有掌握了词的用法，才可以说是完成了词的学习。所以要"集语义、语用、语法于设例一身，让读者从句子的整体上掌握相关的语言现象"（郑定欧，2004）；要"把词放在词以上的平面考察词与其他成分的组合关系，它的意义、用法以及出现的语义背景和语境等"（鲁健骥、吕文华，2006）。现有大多数词典中的示例不对词的组合关系、语义背景和语境等用法信息做说明，这就导致了非洲汉语学习者认为"看了例句仍然不知道词的用法"，或者认为自己会了，但一用就错。下面，我们就对词的用法做详细的说明。

2.6　常用词典对词语用法的说明

汉语学习者的最终目的是交际，也就是词的运用。与一语者不同，"词语的使用对象、场合、在句中的位置、与其他词语的搭配关系、句法功能、文化内涵、语气、感情色彩等，对缺乏汉语语感的外国人来说都很难掌握"（鲁健骥、吕文华，2006）。所以，对外汉语学习词典中应包含对用法的说明，即词语的词性、使用对象、场合、句中位置、搭配、句法功能、文化含义、语气、语体色彩、感情色彩和近义词辨析。

非洲汉语学习者常用的 Pleco 和 Hanping Lite 对词语用法的说明主要体现在标注的词性和给出的示例中。41 名被调查者中，53.66% 认为词典中"大多数词"都有对用法的说明，19.51% 表示"只有一部分词"有用法的说明。20 名被调查者表示词典中词语用法的说明对学习"有一定的帮助"，19 人表示"有很大的帮助"，2 人认为"帮助不大"。虽然调查结果显示非洲汉语学习者对该问题持积极肯定的态度，但针对词语用法的说明不管在数量上，还是在质量上，都有非常大的改进空间。

很多词典像 Pleco 和 Hanping Lite 一样，标注的词性和给出的示例虽然也传递了一部分词语用法的信息，如句法功能、句中位置和搭配等，但这些信息过于隐蔽，不利于初学者和未掌握汉语学习方法的学习者获取。

再者，现有词典中对词语用法的说明不够全面。比如在前文中我们提到词典中缺乏对近义词的辨析，导致对近义词的误用。词语搭配在词典中也鲜有涉及。以动词"打开"为例，Pleco 虽然给出了"打开门""打开盖子""打开缺口"等正确的搭配，但没有说明"打开"不能和哪些宾语搭配，如"嘴"和"翅膀"。而 Hanping Lite 只给出了"打开"的释义和示例，没有列举出正确的搭配。部分汉语词语对使用对象有一定的限制。以"吹捧"为例，Pleco 和 Hanping Lite 中没有说明"吹捧"带有贬义的感情色彩，不能用于长辈、师长和上级，不能说"×老师在吹捧我"。另外，汉语中还有大量用法特殊的词语，如离合词可合可分，用法特殊；某些名词可以用作形容词，如"很中国"等。这些特殊的语言现象在汉语中比比皆是，一旦在词典中未加说明，学习者就容易出现偏误。

所以，我们认为词典对词语用法的说明不应隐藏于词性与示例中，而应单列一栏，针对不同的词尽可能详细地说明其使用对象、场合、句中位置、搭配、感情色彩及近义词辨析等用法信息。这样才能最大程度地帮助学习者掌握用法，从而真正完成对该词的学习，最终实现用汉语进行交际的目的。

　　虽然 Pleco 和 Hanping Lite 在词语释义、示例和用法说明上存在一些问题，但作为电子词典，它们有其他词典难以替代的优势。41 名非洲学习者对两款词典的评分平均达到了 7.5 分（满分 10 分），这说明两款词典在很大程度上满足了学习者的学习需求。

3　非洲汉语学习者汉语学习词典需求情况

　　对外汉语学习词典的"外向型"和"学习性"是其区别于其他词典的典型特征。"要尽快适应词典编纂领域由规定主义转向描写主义进而转向以读者为中心的实用主义的编纂理念，树立'多想读者需要什么、少想我要编什么'的读者至上、用户至上的理念。"（蔡永强，2008）所以，对词典用户需求的调查是必要而重要的。在本次问卷调查中，我们考察了非洲汉语学习者对词典类型、检索方式、收词等方面的需求，以期使词典的编撰更有针对性，更能体现"用户友好"的原则。

　　在 41 名被调查者中，34 人表示词典对自己的汉语学习"非常重要"。他们更喜欢彩色的双语词典。对于他们来说，英语是更好地使用词典的有效手段，尤其是当用户中包括初级水平学习者时，这点尤为重要。具体到哪些部分需要标注英语，选择最多的是"词义"，其次是"用法"，再次是"例句"。词典中多种颜色的使用可以达到美观的目的，同时也具有提示、区分的功能。Pleco 和 Hanping Lite 将四声用不同颜色标注区分，用户可以在"设置"中进行个性化的设定。两款词典的词义和示例也都用英语加以呈现（Hanping Lite 示例的英语翻译需收费）。我们认为在编撰词典时，"双语"和"彩色"的需求应该纳入编撰者的考虑范畴。除了"双语"和"彩色"外，非洲汉语学习者对其他方面的需求将在下面具体说明（见图9、图10）。

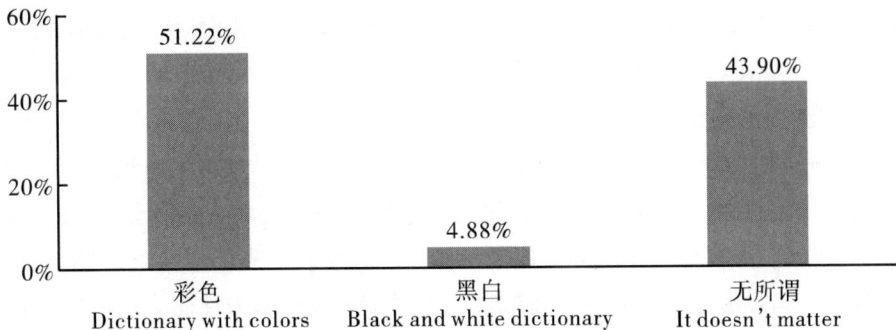

图9　非洲汉语学习者对词典的色彩需求

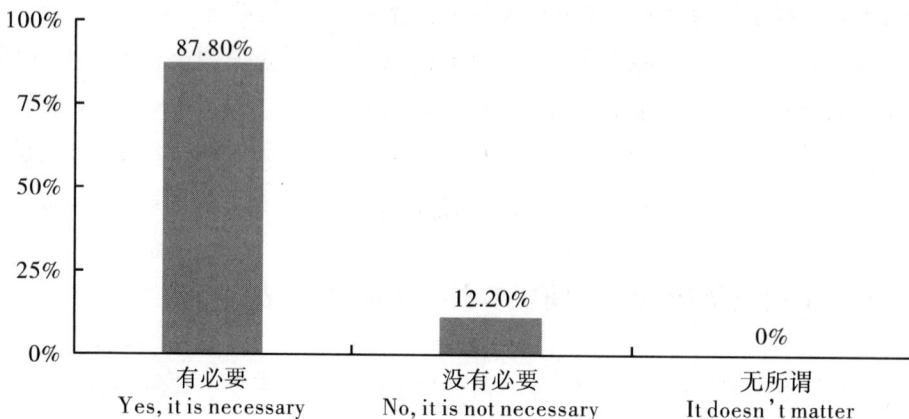

图 10   词典的双语需求

3.1   词典的检索与词目的收录

一本好的词典应该具有多样的、快捷的、符合用户使用习惯的检索方式。对于 41 名非洲汉语学习者来说，好词典应该具备的检索方式的排序为"拼音检索""扫描检索""手写输入汉字检索""笔画检索"和"部首检索"。纸质词典在现有技术水平下无法实现"扫描检索"和"手写输入汉字检索"，应该考虑如何简化传统的"拼音检索""笔画检索"和"部首检索"的检索步骤，从而更适合用户的使用习惯。而电子词典要将自身优势发扬光大，要继续探索如何实现检索更加智能化。

在词目收录方面，41 名非洲学习者中有 40 人认为一本好的词典"需要经常更新一些新词或网络词"。在前文中我们已经提到，电子词典在词库更新方面有着天然的优势，一些热词和新词已经可以查到。词典收词的一大原则是"常用性"，现有的对外汉语学习词典大多以《汉语水平词汇与汉字等级大纲》为依据选取词目，我们认为遵循这样的收录标准过于单一，应该借鉴《商务馆学汉语词典》的做法，依据《汉语水平词汇与汉字等级大纲》的同时参考多种材料，如语料库、教材和报刊等。

一本好用的词典应该对收录的词目进行必要的标注，如词汇等级、词性和拼音等的标注。在 41 名被调查者中，超过一半的人表示词典中的词语"需要标出等级并按照等级排列"。Hanping Lite 和 Train Chinese 实现了标注词语的 HSK 等级，我们认为在编撰纸质词典时也应该考虑对词语进行等级标注，从而使词典使用和汉语学习更有针对性。

除了标注词汇等级，所有的汉语学习词典都会标注目标词的发音。近 20% 的被调查者表示希望词典的"所有部分"都标注发音。另外，超过一半的被调查者不仅希望能"看到"发音，还希望能"听到"发音。Pleco 和 Hanping Lite 标注发音采用两种形式，汉语拼音与注音符号，用户可以根据自身情况在"设置"中选择切换。两款词典都实现了用户能"看到"并"听到"目标词、关联词组和例句的发音。从这个角度来讲，这两款词典都是符合非洲汉语学习者需求的好词典。

3.2　词典的内容

一本好的、受用户欢迎的对外汉语学习词典应该包含哪些内容呢？41 名非洲汉语学习者按重要程度对词典内容进行了排序，依次为词义、词音、词的写法、例句、例句使用的语境、近义词的区别与用法、词的用法、反义词及用法、词的文化意义、词性及语体和感情色彩。这与前面"最常查找内容"的调查结果大体吻合，词语的义、音、例句、使用的语境、词语用法以及写法是非洲汉语学习者认为最重要也是最常查找的内容。

此外，32 名被调查者表示词典中也需要有练习。Pleco 等电子词典具备纸质词典难以比拟的优势与便利，它们可以为用户提供多样的、个性化的词语练习。除了可以利用搜索历史来对查找过的词语进行回查和复习外，Pleco 的用户还可以下载安装 Flashcard（抽认卡/闪卡）来对 HSK 词汇进行练习。如图 11 所示，用户可以对闪卡上出现的词"效益"进行自测，回忆该词的发音、词性和词义，还可以通过手写来练习笔画和笔顺。点击下方的"reveal entire card"后，闪卡上会呈现词的发音、词性和词义信息。如果用户可以正确回忆起这些信息，就可以点击"mark correct"；如果回忆错误，点击"mark incorrect"，方便日后对自测错误的词语再次练习。同时，系统还会记录自测的对错比例。

图 11　Pleco 中的闪卡练习

为了进一步了解非洲汉语学习者对一本好词典的具体要求，我们让他们选出好词典应该具备的五个特点。调查结果显示，85.37%的人选择了"释义简单准确"，82.93%的人选择了"可以听到词的发音"，68.29%的人选择了"词的例句数量多，用词简单而且实用"，60.98%的人选择了"有词的写法（笔画及笔顺)"和"有词语的用法"。五大特点与上面提到的最重要也是最常查找的内容一一对应，是对词典各项内容的具体要求。我们认为这五大特点可以作为衡量对外汉语学习词典的基本标准，现有词典全部符合这五个特点的少之又少。不管是电子词典还是纸质词典，有待完善和提高的地方还有很多。

3.3　纸质词典与电子词典

据我们的观察了解，不仅是非洲汉语学习者，很多其他国家的汉语学习者自学习汉语之初几乎就没有使用过纸质词典。调查结果显示，41名非洲汉语学习者中虽然有56.10%的人"知道"纸质词典，但只有39.02%的学习者表示"使用过，但很少使用"，4.88%的学习者表示"经常使用"。非洲汉语学习者常使用的纸质词典有《新汉英袖珍词典》《现代汉语词典》以及 Collins 和 Oxford 系列。

26名被调查者表示更喜欢使用"电子词典"，1人更喜欢"纸质词典"，14人"都可以"。更喜欢电子词典的原因中，位列前六位的分别是："查询方便快捷""可以听见发音""便于携带""可以更新"和"可以点击链接继续查看相关词语""免费或者更便宜"。

由此可见，电子词典在非洲汉语学习者中更受欢迎，更顺应学习者的使用需求与习惯。我们认为，词典电子化是不可避免的趋势。国内优秀成熟的纸质词典应尽快实现电子化，通过课堂与教师向汉语学习者介绍推广，从而更好地服务于国际中文教育事业。

4　结语

综上所述，通过对41名非洲汉语学习者的调查，我们对这一重要学习群体的对外汉语学习词典使用和需求情况有了一定的了解。对外汉语学习词典对他们来说使用频率高，是重要的学习手段和资源。非洲汉语学习者常用的是以 Pleco 和 Hanping Lite 为代表的电子词典。Pleco 和 Hanping Lite 具有携带方便、检索多样快捷、收词量大、更新快、真人发音、笔画笔顺动态演示以及设置个性化等特点和优势。对于非洲汉语学习者来说，释义、词音、示例及其使用的语境、词语用法以及写法是其认为最重要也是最常查找的内容。此外，被调查者也提出了 Pleco 和 Hanping Lite 在释义的准确性、示例的实用性、用法说明的全面性等方面不够理想的问题。当然，这些也是纸质词典亟须解决的重要问题。我们只有从词典用户的角度出发，在了解用户使用和需求情况的基础上，有针对性地对词典进行设计和改进，才能真正编写出受用户欢迎的好词典。

参考文献

[1] 蔡永强. 辞书强国语境下的对外汉语学习词典学 [J]. 宁夏大学学报（人文社会科学版），2017（3）.

[2] 蔡永强.《当代汉语学习词典》配例分析 [J]. 辞书研究，2008（3）.

[3] 雷华，史有为. 工具的工具：词典的易懂与易得：关于对外汉语学习单语词典 [J]. 语言教学与研究，2004（6）.

[4] 李红印. 对外汉语学习词典对语素、词的结合能力的说明 [J]. 辞书研究，1999（5）.

[5] 鲁健骥，吕文华. 编写对外汉语单语学习词典的尝试与思考：《商务馆学汉语词典》编后 [J]. 世界汉语教学，2006（1）.

[6] 李晓琪. 外国学生现代汉语常用词词典编纂散论 [J]. 世界汉语教学，1997（3）.

[7] 郑定欧. 对外汉语学习词典学刍议 [J]. 世界汉语教学，2004（4）.

[8] 郑定欧. 谈双语学习词典编纂的基本问题 [J]. 辞书研究，2010（4）.

[9] 郑定欧. 续谈双语学习词典编纂的基本问题 [J]. 辞书研究，2013（1）.

[10] 苏培成. 汉语学习词典的特点及其编写：《应用汉语词典》评析 [J]. 辞书研究，2003（4）.

[11] 王东海，王丽英. 开放式辞书编纂与共享模式初探 [J]. 语言文字应用，2008（4）.

[12] 徐玉敏. 对外汉语学习词典的条目设置和编排 [J]. 辞书研究，2001（3）.

[13] 朱瑞平. 论留学生用汉语语文词典编纂的几个原则性问题 [J]. 北京师范大学学报（人文社会科学版），2002（6）.

[14] 周小兵. 对外汉语学习词典的编写 [J]. 辞书研究，1997（1）.

[15] 张相明. 我国对外汉语学习词典发展探析 [J]. 辞书研究，2010（3）.

[16] 章宜华，雍和明. 当代词典学 [M]. 北京：商务印书馆，2007.

韩国汉语学习者使用的
"中韩词典" 离合词编纂研究

——以《中韩辞典》和《进明中韩辞典》为例

王欣　李昶昊

（中国人民大学文学院）

摘　要： 离合词作为现代汉语中一种独特的语言现象，一直以来都是汉语本体研究和汉语学习者学习汉语的重难点之一。近年来，学习汉语的韩国学生数量逐渐增多。韩语里没有像离合词一样能"离"能"合"的特殊词汇，离合词是韩国学生较难掌握、偏误率较高的词汇之一。在学习汉语的过程中，除了需要教师在教学中加以强调和纠正偏误，外向型词典中有关离合词的释义和举例也十分重要。中韩词典中离合词的相关研究很少，尤其缺少基于客观语料组织编写并用于语言学习的离合词学习词典。本文对两本韩国汉语学习者使用较多的、具有代表性的中韩词典进行分析，这两本词典分别是理解型词典《中韩辞典》和生成型词典《进明中韩辞典》。我们对其中离合词的词性标注、释义方法、是否进行了离析及离析地道与否、例句选用及翻译等进行考察，从中发现不足和待改进之处，并提出有针对性的改进建议，以便更好地指导韩语母语者对汉语离合词的学习。

关键词： 对外汉语词典学；离合词；中韩词典

1　引言

离合词作为现代汉语中一种独特的语言现象，一直都是汉语本体研究和汉语学习者学习汉语的重难点之一。韩语里没有像离合词一样能"离"能"合"的特殊词汇，对韩国学生而言，离合词是较难掌握、偏误率较高的词汇之一。关于离合词的结构类型众说纷纭，主要有以下几类：

表1　学界对离合词结构类型的分类

离合词结构类型	相关研究
动宾型、动补型	张宝敏（1981）、李清华（1982）、蔡国妹（2002）、朱坤林（2006）
动宾型、动补型、联合型	金锡漠（1984）
动宾型、偏正型、联合型	段业辉（1994）
动宾式、动补式、主谓式	刘顺（1999）
动宾式、补充式、附加式	付士勇（2001）
联合式、动补式、主谓式、动宾式	王素梅（1999）、曹保平、冯桂华（2003）
动宾型、动补型、主谓型、联合型、偏正型	谢耀基（2001）

从表1可知，目前学界对离合词结构类型普遍较为认可的有动宾、动补两大类，而《现代汉语词典》认定并收录的离合词类型有动宾、动补、主谓三种，其中动宾型离合词约占97%，此外，动宾型离合词的扩展方式也最为丰富，因而本文将离合词结构界定为动宾型。

1.1　动宾型离合词的结构类型

动宾型离合词（又叫支配式离合词）前一个语素表示动作行为，后一个语素表示动作行为支配、关涉对象。根据其构成成分的语素能否独立成词可分为以下四类：

（1）自由语素＋自由语素。如：说谎、出事、点名、请假、提名。

（2）自由语素＋非自由（粘着）语素。如：保密、办公、放学、离婚、入境。

（3）非自由（粘着）语素＋自由语素。如：罢工、违法、旷课、操心、开工。

（4）非自由（粘着）语素＋非自由（粘着）语素。如：道歉、开学、执勤、毕业、鞠躬。（以上例词引自周上之，2011）

1.2　动宾型离合词的扩展方式

（1）插入"什么"。如：唱什么歌，放什么假等。

（2）插入"了、着、过"。如：吃了饭，吃过饭，吃着饭等。

（3）插入"得了、不了"。如：看得了病，看不了病等。

（4）插入时量和数量补语，有时时量和数量补语之前要加上动态助词。如：放三天假，看过一次病，洗了一个澡等。

（5）插入定语（形容词、名词等）。如：发高烧，放长假，洗热水澡等。

（6）插入单音节补语。如：握住手，上完课，洗好澡等。

（7）插入复合趋向补语"起来"。如：录起音来，跑起步来等。

（8）插入"单音补语＋动态助词＋数量补语＋定语1＋定语2……"。如：洗完了一个痛痛快快的热水澡等。（以上例子取自周上之，2006）

2　研究过程

首先，确定要研究的离合词的范围。本文意在考察作为工具书的中韩词典能否对韩国学生在汉语离合词的学习方面有帮助，因此选择《新汉语水平考试（HSK）词汇大纲中动宾式离合词统计（2012年修订版）》中收录的，在HSK动态作文语料库、全球中介语语料库和BCC语料库中具有离合词的性质和用法的84个动宾型离合词作为我们的研究对象（见表2）。

表2　拟考察的84个动宾型离合词

等级	动宾型离合词
HSK 1	睡觉、下雨
HSK 2	考试、旅游、跑步、起床、上班、生病、说话、跳舞
HSK 3	帮忙、唱歌、发烧、放心、见面、结婚、聊天、留学、爬山、请假、上网、生气、刷牙、洗澡、游泳
HSK 4	报名、比赛、毕业、付款、理发、迷路、排队、散步、填空、约会
HSK 5	熬夜、操心、吵架、吃惊、吃亏、出差、打工、贷款、道歉、罚款、干杯、结账、聚会、伤心、上当、受伤、握手、着火、着急、着凉
HSK 6	把关、罢工、拜年、保密、报仇、备份、打架、打猎、打仗、发财、发呆、分红、耕地、加工、剪彩、敬礼、就业、就职、鞠躬、考古、旷课、拼命、缺席、让步、投票、消毒、走私、作弊、做主

其次，选取两本韩国汉语学习者使用较多的具有代表性的中韩词典——《中韩辞典》和《进明中韩辞典》，从中找到这些离合词进行分析。《中韩辞典》①（以下简称《高丽》）是理解型词典，而《进明中韩辞典》（以下简称《进明》）

① 《中韩辞典》为高丽大学校民族文化研究所出版，为行文方便，简称《高丽》。

是韩国汉语学习者常用的生成型词典，通过对这两部词典离合词释义配例的考察，可以对韩国汉语学习词典离合词方面的编纂情况有一个较为全面的了解。

最后，将两部词典中关于离合词的注释制成表格（拼音、提示用词和近义词辨析部分用词不计入注释语言中进行研究），从词性标注、释义方法、离析形式、例句选用等多个角度进行微观分析，结合韩国汉语学习者的离合词习得偏误情况，看其是否有利于汉语学习者减少或规避离合词偏误，并进一步给出编纂建议。

3　研究结果

我们从两部词典的词目收录情况、拼音标注、词性标注、释义方法、离析形式、配例选用六个方面分析了离合词的编纂情况，并给出了相应的改进建议。

3.1　词目收录情况

通过考察，我们发现，有23个离合词《高丽》进行了收录而《进明》未作收录，但是《进明》中收录了相应的名词，分别是：付款、上网、填空、备份、发财、下雨、请假、熬夜、操心、吃亏、结账、把关、保密、打仗、耕地、剪彩、鞠躬、旷课、做主、干杯、拼命、约会、作弊。

举例来说，有关"打仗""保密""耕地"等离合词，《进明》的词目中只有"战争""秘密""土地"，即只有"打仗""保密""耕地"对应韩语的名词部分（见表3）。

表3　《高丽》收录的动词及《进明》收录的相应名词

《高丽》收录的动词	《进明》收录的相应名词
打仗：【动】 1. 전쟁하다. 싸우다. 打胜仗/打败仗/要准备打仗 2. 전용 (상점이) 판매 경쟁을 하다. 我们在生产战线上打了个漂亮仗。	전쟁 【战争】【名】 战争升级/战争降级/全面战争/战争创伤/战争艺术
保密：【动】 비밀을 지키다. 这事绝对保密/保密条例/保密文件	비밀 【秘密】【名】 守秘密/自然的秘密/泄露秘密/把战略定为秘密/秘密被流出/探究宇宙的秘密/秘密工作/秘密投票

（续上表）

《高丽》收录的动词	《进明》收录的相应名词
耕地：P658 【动】토지를 갈다. 【名】경지 耕地面积	토지 【土地】【名】 肥沃的土地

以上这些动词《高丽》进行了收录但《进明》却没有收录的原因可能是如果韩国人知道是名词"전쟁（战争）"，就会自动联想聚合关系内的动词"전쟁하다（打仗）"，所以我们在统计离合词的时候发现，编者在收录词目的时候，经常会只收录作为词根的名词。

但是，这样造成的结果就是，词典用户只知道汉语里"전쟁"是"战争"，不知道加上"하다"之后对应的动词用汉语怎么说，更不可能会知道这种动词作为一个离合词的特殊用法。

郑定欧（2013）曾指出，学习型词典词目的设立区别于一般词典，"传统意义的'词'应该由'词/语块'所替代"。李禄兴（2020）也认为编纂外向型汉语学习词典时可以根据"意义单位（语块）"来安排词目。"意即选取汉语被释词（词目）的时候，编写者可以突破传统意义上'词'的概念，让'词'的边界变得相对'开放'。编写者可以根据学习者的学习需求、查阅需求、学习特点、学习规律、学习策略等，灵活收录词、短语、句子等。"即使韩语"전쟁"和"전쟁하다"区别甚少，中韩词典中对于动词，尤其是能"离"能"合"的离合词，也应该收录到词目中，同时应对离合词的特殊用法进行恰当的标注和配例。

3.2　拼音标注

尽管这两本词典在编纂时都考虑到了离合词，且都在拼音中用"//"和"/"标注出了动词中间可以介入其他成分的情况，但没有明确说明是离合词或短语词。同时通过检索两本词典发现，《高丽》有"爬山""刷牙"等9个词没有被划分为离合词，《进明》甚至有"毕业""考试"等27个词没有标注为离合词（见表4）。

表4　《高丽》《进明》中有拼音标注但没有划分为离合词的动词列表

《高丽》	考试、旅游、爬山、上网、刷牙、比赛、填空、备份、考古
《进明》	毕业、考试、罚款、旅游、登山、刷牙、比赛、考古、帮忙、发烧、见面、受伤、迷路、贷款、报仇、走私、洗澡、排队、着急、放心、跳舞、生病、感冒、发呆、上班、聚会、加工

其中，考试、旅游、爬山、登山、刷牙、比赛、考古两本词典都没有划分为离合词。我们认为这可能与韩语母语者将其看作短语而非动词有关。因此在词典编纂中对于离合词的词性确认有待进一步的明确和加强。我们认为应该在拼音之外，利用其他表征手段对这类离合词进行凸显，同时也应该对拼音标注加以说明，单纯地使用符号很容易被学习者忽略。

3.3　词性标注

两部词典都将离合词基本上标注为动词，极个别词标注为名词，如：

付款【名】돈을 지불하다（지급하다）. 付款人/付款办法/付款票据。（《高丽》）

벌금【罚款】【名】罚款条款。（《进明》）

"付款""罚款"在汉语中都是离合词，应为动词词性，但是两部词典都误标注为名词。

我们在研究中也发现，尽管大部分词标注为动词，但是给的配例中多用这个离合词整体作为定语，而这并非汉语动词，特别是离合词的常用用法。例如：

结婚【动】결혼하다. 结婚年龄/结婚证书/结婚登记/结婚蛋糕/结婚戒指/结婚照。（《高丽》）

결혼【结婚】【动】【名】结婚登记/结婚蛋糕/结婚年龄/结婚证/结婚行进曲/结婚纪念仪式/结婚戒指/结婚照。（《进明》）

考试【动】【名】시험（을 하다）. 고사（를 하다）. 入学～；毕业～；～卷子；开卷～；闭卷～；书面～。（《高丽》）

시험【考试】【名】【动】入学考试/期中考试/期末考试/开卷考试/任用考试/口头考试/书面考试。（《进明》）

究其原因，与这些汉语的离合词意义相对应的韩语一般是名词，如：结婚、考试、理发、干杯等，在韩语里要通过加上动词词尾"하다"才能成为动词。所以，韩国汉语学习者经常把同义不同性质的汉语离合词当作韩语中的名词误用。

对此我们给出的建议是：首先，在词性标注方面应对离合词进行凸显，比如在拼音后面加上【离合词】或【短语词】的说明标志；其次，对于韩语中本身是名词词性的词应当特别注意标注其动词词性并给出相应的动词用法例句。

3.4　释义方法

这两本词典中的离合词采用的都是传统的同义对释法，连定义式释义都较少采用。虽然这在一定程度上符合学习者在阅读过程中遇到生词时最迫切想要知道的信息是生词的语义的需求（Tomaszczyk，1979；Bejoint，1981；Hartmann，1983）（转引自章宜华，2011：39），但是因为学习者翻阅词典获得此类释义，他们可能就会把这些用来释义的母语对等词的用法或多或少地迁移到被释义词上。例如：

聊天（儿）【动】한담하다. 잡담을 하다. 俩人聊了一会儿天儿。只好拿看书、看报、聊天来度光阴。(《高丽》)

帮忙【动】일손을 돕다. 원조하다. 일을 거들어 주다. 가세하다. 你给我帮忙吧；我不能帮你的忙。(《高丽》)

《高丽》中直接用了韩语中对应的"한담하다""원조하다"这种一般性动词进行释义。

도와 주다【帮助】【动】他帮助我学外文。

【援助】【动】帮助受难者。

【帮忙】。(《进明》)

《进明》对短句"도와 주다"的释义给出了【帮助】【援助】【帮忙】三个汉语对释义，学习者会不自觉地将【帮助】【援助】【帮忙】三者看作一般动词，而【帮忙】的对释义后连例句都未给出，这可能会加剧学习者辨析的困难，并出现以下偏误：

＊我们在聊天着呢。

＊他帮忙过我的。

这些偏误究其原因都是学习者认为"聊天""帮忙"是像"한담하다""원조하다""도와 주다"一样的一般动词，没有意识到这类词语的特殊性，以为使用离合词时与使用一般动词的方法无异。

如果在词典释义中减少同义对释方法的使用，使用语义分解式释义方法，不仅可以有效避免理解和使用上的困难，减少此类偏误，还可以有效避免循环释义。例如：

聊天（儿）【动】用友好的非正式的方式和某人说话。

帮忙【动】通过为某人做某事（或通过给他们需要的某物）来使某人更容易做某事。

3.5　离析形式

在我们所搜查的这 84 个动宾型离合词的释义中，仅有 32 个词进行了离析或给出了离析形式的例句，占比只有 38% 。即使是进行离析的一般也只会给出一到两种离析形式，远远低于学习者的交际需求。例如：

聊天（儿）【动】한담하다. 잡담을 하다. 俩人聊了一会儿天儿。只好拿看书、看报、聊天来度光阴。（《高丽》）

从例句中可以得知，《高丽》中对于"聊天"这一个常用的离合词仅给出了"俩人聊了一会儿天儿"这一个体现离合词中插入补语的扩展形式的例句，而实际上"聊天"的离析形式远不止一种，还可扩展为以下四种形式：

（1）AAB/A 一 AB：聊（一）聊天。

（2）A + 定语 + B：聊什么天。

（3）A + 补语 + B：聊起天来。

（4）A + 着 + B：聊着天。

又比如：

睡觉【动】자다 睡了一个觉；睡不着觉；和衣睡觉/安生睡觉。（《高丽》）

자다【睡觉】【动】该睡觉了/睡了一大觉。한 잠 실컷 잤다. /他十二点才上床睡觉/睡死觉［睡大觉］푹 자다. （《进明》）

"睡觉"这一常用的离合词有多至 12 种离析形式，两本词典中也只给出了其中的插入定语、插入补语等三四种离析形式。

根据王海峰对离合词离析形式的统计，"睡觉"可以扩展为以下几种形式：

（1）A + 了（ + 其他形式）+ B：睡了觉。

（2）A + 补语 + B：睡完觉。

（3）A + 名词/代词（的）+ B：睡你的觉。

（4）A + 数量词 + B：睡两天觉。

（5）A + 过（ + 其他形式）+ B：睡过觉。

（6）前置 B + A：连觉都不睡了。

（7）A + 着（ + 其他形式）+ B：睡着觉。

（8）A + 的 + B：睡的觉。

（9）A + 个 + B：睡个觉。

（10）A + 形容词（ + 的） + B：睡大觉。

（11）A 重叠 B：睡睡觉。

（12）A + 数词 + B：睡一觉。

再比如"受伤"这个词，《高丽》也只给出了两种离析形式，《进明》甚至只给出了"腿部受伤"这一个例句，完全没有涉及离析形式，学习者很容易会将其误认为是一般动词，在使用时产生偏误。

受伤：【动】상처를 입다. 부상을 당하다.. 头部受重伤；手上受了点（儿）伤。有百余人 ~ 了。= 负伤、带伤。（《高丽》）

不可否认的是，外向型汉语学习词典与教材的性质不同，作为汉语学习和教学的辅助工具书，它不需要将所有的离析形式都列举出来，但是可以尽可能地在释义和例句中包含其离析形式，体现出离合词与一般动词用法上的不同之处，引起学习者的注意和重视。Tono（1984）发现，若词条内提供的信息太多会妨碍用户准确、有效地查阅所需词典信息，而许多受试者则倾向于选择词条的第一个释义。他在后来（1992）的研究中还发现，在多义项的词条前设置一个"义项清单"可以帮助词典使用技能差的用户较容易地找到所需义项。（转引自章宜华，2011：22）我们认为，对于像"睡觉""叹气"这种离析形式特别多的离合词，也可以采取设置"离析形式清单"之类的方式帮助学习者真正习得离合词。"离析形式清单"要按照各种离析形式的 HSK 等级、使用频率等进行设置。

3.6　配例选用

配例是词典编纂中至关重要的一环，是对词语释义和用法的有力说明和补充。这两本词典在离合词的配例方面主要存在配例不足、配例不准确、配例过时、配例过难等问题。

3.6.1　配例不足

两部词典中普遍存在对词语的配例不足的现象，在我们研究的 84 个离合词中，共有 11 个词没有配例，占比达 13%，其中《高丽》中有发烧、迷路、报仇、分红、缺席、拜年、散步、登山 8 个词只有释义没有例句，《进明》也有发烧、见面、迷路、唱歌、着凉 5 个词没有给出例句。例如：

散步【动】산보하다. （《高丽》）

对于"散步"这个离合词，词典中只给出释义，没有任何例子帮助理解，那么韩国汉语学习者很可能会产生这样的偏误："＊我们吃完饭后去公园散步吧。"

尽管这句话在语法上没有错误，但是"散步"和"散散步"在理解上有微小的差异。从韩语解释上看，"산책이나좀합시다"。韩语中的"～좀하다"与汉语中动词的重叠形式相对应。动词的重叠形式会带给人动作很轻松的感觉，所以若要强调动作的轻松之感，需使用离合词的重叠形式才对。很多学生对离合词的重叠形态掌握得不扎实。大部分学生不能正确使用离合词的重叠形式，用韩语解释该用重叠形式时没人使用。所以我们在设计例句时可以增加其重叠形式，如："我们吃完饭后去公园散散步吧。"

因此在编纂词典时需要充分考虑例句选用的问题，适当增加贴合词语释义和用法的例句。

3.6.2　配例不准确

两部词典都既有中国的专家学者，又有韩国的专家学者参与编写，所以我们在例句中也发现不少不太符合汉语母语者表达习惯甚至违背汉语正常语义的例句。例如：

수영【游泳】【动】在海边中游泳/해변에서 수영하다。(《进明》)

졸업【毕业】他是在哪个大学毕业？(《高丽》)

这两个例句中都出现了不同程度的语病，应改为"在海边游泳""他是从哪个大学毕业的？"

因此在选择配例时，要保证配例准确，符合汉语的表达要求，避免出现语病问题。

3.6.3　配例过时

《高丽》最近一次修订是在 2006 年，而《进明》是在 2004 年，距离现在有些远，难免会出现有些例句与当今时代脱节的情况，学习者如果不是深刻了解中国的发展历史可能会在理解上产生困难。例如：

打仗【动】전용 (상점이) 판매 경쟁을 하다. 我们在生产战线上打了个漂亮仗。(《高丽》)

싸우다【打仗】【动】我们在生产战线上打了个漂亮仗。(《进明》)

两本词典都用到了这个例子，但"生产战线"的说法显然是不符合时代更新发展要求的，学习者不了解中国的国情和历史可能也很难理解。所以我们应当尽量选择符合时代发展要求的更新的例句。

3.6.4　配例过难

两部词典选用的例句当中，除了上述几个问题之外还存在部分例句的难度过大的问题，对于刚开始学习汉语的学习者来说，可能会更加疑惑，查找词语，掌握词语的困难增大。例如：

拼命：【动】①~厮杀 ②사적으로 하다. 적극적으로 하다. 一人~万夫莫当。(《高丽》)

在"拼命"里面有一个义项的例句是"一夫拼命万夫莫当"，是一个非常文言化的表述，即使对于汉语母语者来说，理解起来可能也有一定的困难，更何况是正在学习一门外语的韩语母语者。

作弊：【动】(속임수를 써서) 법이나 규정을 어기다. 나쁜 짓을 하다. 속임수를 쓰다. 通同~＝舞弊。

"通同作弊"的意思是串通在一起做坏事，这个词出自元朴的《墙头马上》，中国人如果不是对古代文学精通可能都不熟悉这个典故，这种情况下，改换一个更为通俗的例句能够便于学习者理解。

对于例句选用我们的建议：一是不能只有释义不给出例句，这非常不利于学习者理解和掌握该词；二是结合语境完善例句来帮助学生理解，而不只是单纯给出相关的短语词组；三是可以根据时代发展的特点，结合当下的热点话题等更新例句；四是例句尽量语言简洁，通俗易懂，避免出现超纲词和过于复杂的句式。

4　结语

当前韩国汉语学习者使用的中韩词典中，对于离合词的编纂主要存在收录不全、拼音标注不完善、词性标注不明、采用传统释义法、离析形式不够、配例选用不当等问题。

对此我们认为，首先需要校准离合词的词性，除了"//"的标注符号，应当再增加区分的标志和说明，对离合词这一特殊的语法项目有一个统一的标记，便于韩国留学生注意到它和普通动词的不同，这也在一定程度上有助于他们区分离合词和一般词汇。

其次，需要提高释义的准确性。减少韩语的直译和对译，注意汉语和韩语表达上的不同，如词缀和语序等方面的不同，避免对学习者的理解产生误导。

再次，可以列出具体的扩展形式及对应的例句，例句最好能结合离合词的实际语用表达效果。加强配例的辅助作用，通过例句展示其用法，并按照离析方式的难度高低分级展示例句，比如可以参照 HSK 的等级，这将有助于不同汉语水平的学生快速地找到并了解其用法，提高学习效率。

同时我们的研究还存在许多不足，对于离合词的筛选我们只是参照了新 HSK

水平大纲，也主要是从学习者真正能够掌握离合词含义和用法的角度出发提出了相应的建议。希望能够在今后的研究中再细化深入，针对中韩词典离合词的编纂问题提出更加行之有效的构想。

参考文献

[1] 崔智娟. 韩语母语者习得汉语动宾式离合词偏误研究 [D]. 长春：吉林大学，2014.

[2] 高大民族文化研究所中国语大辞典编纂室. 中韩辞典 [Z]. 高丽大学校民族文化研究所，1993.

[3] 韩晓明. 用户视角下外向型离合词学习词典的收词和标注问题研究 [J]. 南华大学学报（社会科学版），2021，22（4）.

[4] 黄钟淳. 基于韩国留学生的汉语离合词教学的研究 [D]. 哈尔滨：黑龙江大学，2012.

[5] 姜德军. 几种离合词词典编纂问题研究：兼及对离合词界定的一些思考 [J]. 辞书研究，2017（5）.

[6] 康寔镇，李相度，南德铉，等. 进明中韩辞典 [Z]. 哈尔滨：黑龙江朝鲜民族出版社，2003.

[7] 李禄兴. 外向型汉语学习词典使用者的需求调查 [J]. 国际汉语教学研究，2020（4）.

[8] 朴善姬. 韩国留学生汉语离合词偏误分析及教学对策 [D]. 上海：上海外国语大学，2012.

[9] 唐珊珊. 现代汉语离合词的结构类型和扩展形式的研究综述 [J]. 作家天地，2021（1）.

[10] 章宜华. 对外汉语学习词典释义问题探讨：国内外二语学习词典的对比研究 [J]. 世界汉语教学，2011（1）.

[11] 郑定欧. 谈双语学习词典编纂的基本问题 [J]. 辞书研究，2010（4）.

[12] 郑定欧. 续谈双语学习词典编纂的基本问题 [J]. 辞书研究，2013（1）.

基于外向型汉语学习词典"还不（×）？" 构式多模态释义研究

王一帆

（北京师范大学国际中文教育学院）

摘　要： "还不（×）？"构式由常量构件"还不"及变量构件"×"组成，变量构件"×"核心成员为单个动词、形容词、动词结构。本文基于语料库来考察"还不（×）？"构式的形式、语义和功能，尝试总结出"还不（×）？"构式的意义、进入变量构件"×"的准入条件、语用功能，并从语境角度对其进行文本释义。本文依托文本释义尝试构建"还不（×）？"多模态释义模式，总结出多模态释义视频脚本设计要素，在此基础上对外向型汉语学习词典 App 的编纂提出一点建议，希望对外向型汉语学习词典释义及编纂有所助益。

关键词： 学习词典；构式；多模态

1　外向型汉语学习词典收词与构式

关于外向型汉语学习词典的收词情况，不同的学者有不同的看法。周上之（2005）谈到外向型词典不同于内向型词典，词条的设立应从对外汉语教学的实际出发，根据常用性原则来收录词条义项。王弘宇（2009）在《外国人需要什么样的汉语词典》一文中论述道："应该收录现今常用词，释义的重点应放在与外语词不对应的汉语词上面。"章宜华（2015）提出了收词立目的层次划分词头不仅可以是单词、比单词更小的单位（如词素）和比词素更小的单位（字母），也可以是比单词更大的单位（如已经词汇化的词组习语等）。他们都肯定了外向型汉语学习词典的收词立目需从实用角度出发，以实用好用为主，收词单位可以是比词更大的词组和习语等具有整体概念的单位。

构式的语义观认为语法和词汇是一个连续统，语法和语义是不能被割裂开来的，构式义并不是由构件的基本加和产生的，也不是由其他成分推导出来的，而是框式结构本身赋予的，是具有组块整体性意义的单位。借助构式的整体性来理解词汇和语法意义符合认知的逻辑顺序，也为汉语作为第二语言习得的研究提供了一个新的视角。与内向型汉语学习词典不同，外向型汉语学习词典受众用户是母语为非汉语学习者。他们在习得汉语时，对汉语中一些语义透明度较低、口语色彩浓重、具有非推导性的构式时常会产生困惑，不确定自己是否真正理解所听见的、所看到的词语或句子，经常会通过在课堂上询问汉语教师或者课下查询网络、询问身边的朋友的方式来了解其含义。例如，"爱去不去；还高手呢；还不快跑"。对于这类结构，教师在课堂讲解的时候大多一笔带过，表示反问语气。若课下想要查询其意义却很困难，因为没有外向型汉语学习词典或书籍专门收录，部分内向型汉语学习词典虽有收录但学生却很少使用。这种构式的特点是稳固性大，使用频率高，能产性强，有显性整体意义，可以说有进入词库的倾向。对于内向型汉语学习词典来说，收录意义可能不大。但外向型汉语学习词典的收词需要从学习者角度来考虑，尽可能去收录常用的、高频的词汇与结构来体现学习的功能，尽可能实现词库的数据化与具体化，从而帮助使用者释疑解惑，达到有效习得的目的。因此，这种构式很有必要被考虑纳入外向型汉语学习词典的收词范围内。对此类构式的收录无论是从学习者需求角度来说，还是从外向型汉语学习词典内容丰富性的需求角度来说都显得十分重要。

2　"还不×（？）"构式义及功能

"还不×（？）"构式在生活中常用。口语中经常有这种表示反问、惊讶语气的句子出现，如："狗都跑了，你还不去追？""你女朋友都生气了，还不哄哄她？""这服务态度还不（算）好？"对中国人来说，这类句子属于小菜一碟、家常便饭。我们很自然地理解这类构式所表达的意义，并不关注它到底是怎么使用的，但母语为非汉语学习者就会产生困惑。为确定学生是否能真正理解该构式的含义，我们进行了一次问卷调查，在语境清晰的条件下调查他们是否理解这类构式的含义。本次调查共发放问卷120份，被调查学生分别是来自不同国家的60名初级水平留学生和60名中级水平留学生。回收有效问卷111份，其中初级水平留学生有效问卷53份，中级水平留学生有效问卷58份。统计结果显示，选择理解的占38%，不确定的占45%，不理解的占17%。中级水平留学生选择理解的占总理解人数的76%，初级水平留学生选择理解的占总理解人数的24%。这意味着选择理解选项的留学生中初级较少，中级稍多。选择理解选项的学生当中能够清楚表达该类句子含义的仅占总学生数的18%。这也就意味着82%的被调查对象不理解或不能正确理解该类句子的意义和用法。因此，对此类构式的释义是十分必要的。

2.1　"还不 ×（？）" 构式的界定

目前，一些词典和论著中"还不 ×（？）"构式并不是独立的，处于被忽略的地位。《现代汉语词典》（第7版）中列举了"还"的六个义项，"不"的七个义项，并未提及"还不 ×（？）"表此类构式；《现代汉语八百词》（增订本）、《现代汉语学习词典》中将其归到"还"的义项当中，仅表示反问语气；《商务馆学汉语词典》也并未提及；全球使用范围最广泛的 Pleco 学习词典 App 中没有对此构式的收录。由此可见，这种半规则的构式处于一种"边缘"地位，是一种"边缘现象"。纵观各家词典和论著的表述，有些词典和论著并未收录，收录的词典和论著中大多在副词"还"表示反问语气时提及此构式。若将此构式的反问语气解释为副词"还"的一个义项，似乎有些不妥。因为，若将副词"还"去掉，该构式的反问语气依然存在，可见该反问语气为构式语气。例如：

（1）下这么大雨，还不快跑？——下这么大雨，不快跑？

（2）你女朋友都生气了，还不哄哄她？——你女朋友都生气了，不哄哄她？

（3）花都要干死了，还不给它浇水？——花都要干死了，不给它浇水？

（4）都这么晚了，还不去吃？——都这么晚了，不去吃？

（5）八点了，还不下班？——八点了，不下班？

因此，将"构式的语法意义误归到构式内某个语言成分的头上"是不太合适的。

为了准确把握"还不 ×（？）"的构式义及 × 的准入条件，本文基于 BCC 语料库检索和日常口语收录，筛选了234条带有反问语气的"还不 ×（？）"构式进行分析。从形式上看，该构式由常量构件"还不"、变量构件"×"组成。口语的反问语气本文中用"（？）"表征。×的核心成员有单个动词、形容词、动词结构等。例如：

（6）高中一天玩2个小时的游戏还不够？

（7）这是最后一次考试了，你还不参加？

（8）跨年舞台还不大？

（9）环境这么好还不开心？

（10）你们还不开学？

（11）还不快点发新号码？

（12）还不去办啊？

（13）都到吃饭点儿了，还不回去？

"还不×（？）"构式一般表示无疑而问的反问语气，不需要受话人明确回答。

"还不"前面大多能补出"怎么"来增加疑问语气强度，减弱反问语气，并带有催促之意。此时说话人是需要受话人进行回答或行动的。例如：

（14）环境这么好还不开心？——环境这么好怎么还不开心？

（15）还不快点发新号码？——怎么还不快点发新号码？

（16）还不上去？——你怎么还不上去？

例（14）中添加了"怎么"之后，反问惊讶语气减弱，询问语气增强，对受话人的回答有所期待。例（15）中的催促语气和询问增强，催促受话人"快点发新号码"这个动作，同时询问还没有发新号码的原因，此时说话人是需要受话人给出一个解释的。例（16）与例（15）类似，也是催促受话人"上去"的这个动作行为。

但当×为单音节形容词或句子的主语为第一人称时除外。从韵律角度来说，×为单音节形容词时若要添加"怎么"需要在形容词前添加"够""算"等词凑成双音节结构才能保持语气和句义不变。例如：

（17）跨年舞台还不大？——跨年舞台怎么还不够大？

（18）这样的风景还不美？——这样的风景怎么还不算美？

（19）猴子都有至尊宝了还不帅？——猴子都有至尊宝了怎么还不算帅？

（20）这个模特还不瘦啊？——这个模特怎么还不算瘦啊？

例（17）、例（18）、例（19）、例（20）中，前一句是说话人对"跨年舞台""风景""猴子都有至尊宝了""模特"这些话题所处状态的主观态度，传递出吃惊的情感。后一句在添加了"怎么"和"够""算"以后加深了反问的语气程度，句义没有产生变化，依然是表达对话题的主观评价。

若第一人称为主语的句子添加"怎么"就变成了特指疑问句，重音转移到"怎么"上，需要受话人给予一个回答或一个解释。不表示无疑而问的反问语气。例如：

（21）我还不够爱你？——我怎么还不够爱你？

（22）我还不了解你？——我怎么还不够了解你？

（23）我还不一样？——我怎么还不一样？

（24）我还不低调？——我怎么还不低调？

例（21）中，前句用反问语气表达"爱"这个程度，说话人实际想告诉受话人自己是很爱对方的；后句加入了"怎么"之后，弱化了表达的"爱"的程度，重音转移到"怎么"上，需要受话人给予一个"不够爱你"的解释。例（22）前句中说话人表达的是"我了解你"，为了突出"了解"的程度用了反问的语气；后句中添加了"怎么"以后，说话人由表达主观态度转变为询问"不够了解"的具体原因，需要受话人给予一个"不够了解"的理由。例（23）中，前句说话人用反问语气表达"我也一样"；后句用疑问的语气询问听话人说他不一样的理由。例（24）前句中说话人用反问语气加深对"自己很低调"的强调；后句加入"怎么"以后是对他人评价说话人不低调这个事情的质疑，并要求对方解释。

2.2 "还不 ×（？）" 构式义类型及功能

"还不 ×（？）"构式在口语中使用频率相当高，构式义主要有以下两种类型：

2.2.1 自言语境的反预期义

自言语境是指说话人在自己的话轮内营造出一个语境作为话语交际的背景。说话人对所发生的客观事实有常理性预设，比如：下雨天不应该在外面淋雨；得了奖需要庆祝；生了病需要吃药，等等。当说话人发现客观事实与常理性预期不一致时，就会引发说话人的质疑。一般说话人会在话轮当中直接表述出自言语境，展示常理性预设信息。例如：

（25）这都 8 点半了，还不去吃饭？

（26）出入境马上下班了，那还不赶快去办签证手续？

（27）你还不少吃一点？存钱买单反。

（28）大半夜的，还不快去睡觉？

（29）都下雨了，还不快跑？

（30）都打折了，还不快去买？

这种情况下"还不 ×（？）"构式会采用疑问语调，但实则不需要受话人认真、准确地回答。而是隐含命令，希望受话人做出常理性预期的反应或行为。一般表达出催促、提醒的意思。

2.2.2 他言语境的超预期义

与自言语境不同，他言语境是指在话语交际中语境由受话人所营造。这种情况一般是指在交际过程中，受话人先说出了说话人并未想到的事情或情况，设置了一个语境作为交际的背景信息。说话人对此在内心中没有预设、没有期望，突然提出事情或情况引出说话人带有反问语气的话轮且表示惊讶、意外、抱怨、委屈、责备等情感态度。例如：

（31）——离我远点！<u>看见你，就来气。</u>

　　　　——别啊！我都承认错误了还不行啊？

（32）——<u>这孩子怎么这么没礼貌！</u>

　　　　——还不是跟你学的？

（33）——<u>唉，这周末调休，我安排好的计划被打乱了。</u>

　　　　——调休还不开心啊？下周可以连着放假了。

（34）——<u>包子铺都快把我忙死了。</u>

　　　　——忙还不好？越忙赚得越多。

（35）——<u>我过生日他除了花和一朵金玫瑰以外啥礼物也没送我。</u>

　　　　——你知足吧！花和金玫瑰还不算礼物？

他言语境一般具有临时性、不可控性。与自言语境相比，受话人所提出的事实或情况超出说话人常理性预设的范围，一般是没有期待的，因此可以说是超预期义的。这种事情或情况的出现使说话人感到惊讶或意外。此时，"还不×（？）"构式仅表达对客观事实的一个主观态度，或遗憾，或惊讶，不期待受话人在听到评价之后做出准确的回答或者相应的动作和反应。

3 "还不×（？）"构式元语言释义及多模态释义脚本设计要素

外向型汉语学习词典元语言释义与内向型汉语学习词典元语言释义有区别。在控制释义元词数量、难度、频度、长度等的基础上还要更注重易懂、会用。对此，杨玉玲、宋欢婕、陈丽姣（2021）已有论述："当精准和易读之间需要平衡时，在外向型学习词典编纂中有时需放弃精准，而选择可懂会用。"这给我们"还不×（？）"构式元语言释义提供了一个明确的释义方向，即：语用优先，依托语境。

3.1 "还不×（？）"构式元语言释义

通过上面的分析，我们可以根据"还不×（？）"构式的语境要求，将"还不×（？）"构式描写为两个义项：①自言语境义；②他言语境义。对此，我们尝试进行如下描写：

　　"还不×（？）"——"×"【动】／【形】／【动词结构】

　　例如：

　　（36）下这么大雨，还不快跑？

　　（37）你女朋友都生气了，还不哄哄她？

　　（38）八点了，还不下班？

　　（39）我都承认错误了还不行啊？

　　（40）还不是跟你学的？

　　意义：①表示惊讶、催促、命令的意义。当你听到别人先说了一个情况，然后用很着急、很严肃的语气对你说出这个句子的时候，表示他希望你做出他说的这个动作，不需要你解释他提出的问题。如例（36）、例（37）、例（38）。

　　②表达不满、抱怨、委屈、责备的意义。当你听到别人评价某一件事情或情况的时候用这个句子，表示对这个事情不满、抱怨、委屈、责备的意义，不需要你做出行为、动作。如例（39）、例（40）。

　　用法：口语。跟自己一样年龄的人、年龄比自己小的人、关系亲密的人多用。跟比自己年龄大很多的人、领导、不熟悉的人少用。

　　意义：①在别人对你说一件事情或情况的时候，你感觉他说的这个事情或情况让你感到意外，你想表达出惊讶、抱怨、委屈、责备等情绪的时候可以这么说。

　　②当你发现发生的事情和情况比较值得听话人注意并需要采取一定的行为或动作的时候可以这么说，用来提醒听话的人去做他们需要做的事情。这么说可以表现出你对这个情况的一些情感态度，比如：建议、催促、着急、重视等。

3.2　"还不×（？）"构式多模态释义视频脚本设计要素

　　随着网络技术的迅速发展，以智能手机为载体的外向型汉语学习词典 App 以其方便、快捷的特点映入学习者眼帘。目前，全球使用范围最广的外向型汉语学习词典——Pleco，以它的模糊搜索和活用词库功能让词汇查询更加高效、更加便捷，成功地使汉语学习者由二元"识读能力"扩展为将"听""说""读""写""译"综合的"多元识读能力"。它的快速传播、广泛使用引发我们对外向型汉语学习词典的释义设计的深思。外向型汉语学习词典多模态释义以多种表达方式创设意义，对词语交际功能进行立体展示，如：图片、视频、声音、VR 等。外向型汉语学习词典多模态释义拓展了传统学习词典单一文本、文字释义的组织编排方式。在多模态语境下，通过不同的技术手段、形式应用，来触发学习者多项感官感受，从而促进学习者对二语词汇、语法的解码。以前不容易用文字释义的语言结构、抽象的构式、文化意蕴浓厚的词汇等，用多模态手段进行释义解析就更加便捷，可以大大减少文字释义的偏差，为学习者提供沉浸式学习体验。正如章宜华教授所言："视听通信不是文字内容的装饰或补充，而是真正词典内容的载体。"遗憾的是外向型汉语学习词典 App 的多模态研发成果并不多见，本文尝试从多模态角度实际分析词典释义的衍生过程。

Kress & van Leeuwen（1996）运用系统功能语言学理论，总结语言符号模态的特征，建构出多模态的交际理论，将多模态定义为"设计符号产品或事件时多种符号模态的使用以及它们的结合方式"。"他们提出意义创建的四个层面：话语层、设计层、生产层和传播层。话语是指社会对现实构建的知识，由特定社会语境产生并由多种符号模态体现。设计是符号资源的使用，介于内容和表达之间，在语境中体现话语。设计是对符号产品和事件形式的概念化，包括话语的形成、互动和符号模态的结合方式。"上文中已经简要地讨论了话语层"还不×（?）"构式的具体表现。下面，我们根据多模态的交际理论尝试从设计层面来总结视频多模态释义模式的脚本设计要素，构建外向型汉语学习词典的多模态释义模式。

对使用外向型汉语学习词典的二语学习者来说，"还不×（?）"构式因其自身对语境的依赖性特点使得仅凭借文本释义方式来展示其形态和意义的直观性较弱。技术相对成熟的多模态视频辅助演示能更好地让使用者打破自身所处环境限制，顺应人类普遍认知逻辑顺序，让使用者沉浸式感受"还不×（?）"构式的意义和功能。我们要注意的是"还不×（?）"构式的多模态释义在整个释义组中的定位，即辅助释义。其目的是着重展示"还不×（?）"构式的语境和语用功能。因此，首先我们要将其语境进行解码，寻找并确定展示力强的、有代表性的语境。比如：妈妈与孩子的对话、男女朋友之间的对话。其次，根据语境提取关键词。对"还不×（?）"构式来说，我们的关键词包括常量构件"还不"和变量构件"×"。在变量构件选取时尽可能地选择高频的动词、动词结构、形容词。比如：跑，吃，收拾东西，开心，等等。确定了语境和关键词之后，即可创设文本脚本。文本脚本主要包括台词、时间、场地、场景布置、拍摄人员、出境人员、服装、道具等要素。其中，台词的文本构建处于核心地位，台词的设计要体现文本释义当中的意义和功能，可选用文本释义中的例句。要注意的是释义脚本中的例句选择和多模态脚本台词编著要重视元语言意识的融入，以"看得懂"为前提。"若'看不懂'，即词典呈现给用户的词语信息是不可理解的，那么无论释义多么精准，例句多么丰富考究，都形同虚设。尤其是对一部外向型学习词典而言，在保证内容准确的基础上，'看得懂'是一个最基本的要求。"因此，在构建脚本台词时要有意识地控制释义词、释义例句的难度和释义背景的简明性，注意词汇长度、句子长度、文本长度和文本难度。此外，我们要充分发挥语料库的作用，利用语料库提取高频出现的语境并进行加工，以便适合词典释义。杨玉玲、宋欢婕、陈丽姣（2021）给过我们一个建议，即"充分利用语料库，必须经过编者的选择和改编。语料库提供丰富的语境，编者优化保证用词难度充分利用人机互助人机结合"。据此我们尝试解码"还不×（?）"构式的语境，设计台词。例如：

(41) （妈妈看时间，走到正在看动画片的孩子面前，语气中带一些提醒、催促之意）

妈妈：都 10 点了，还不快睡觉？

孩子：（快速跑进卧室做好睡觉准备）

(42) （女生抱臂，生气表情）

男生：好啦，别生气了，我们一会儿出去看电影吧。

女生：别理我，烦着呢！看见你就生气！

男生：我错了，我错了，我道歉还不行吗？

多模态释义视频核心要素虽然是脚本，但也离不开导演、演员、道具等拍摄要素。因此，为了收获一个良好视频的效果，这些拍摄要素缺一不可。多模态外向型汉语学习词典的特殊性要求脚本编辑和导演都有扎实的语言学功底和汉语教学经验，灵活运用语言学理论、二语习得理论等指导实践拍摄。在多模态释义脚本设计过程中，重视语言学理论、二语习得理论的吸收可以使得产出的成果更具科学性和现实意义。

3.3　多模态释义视频脚本设计的建议

坚持内容不断更新。语言随着历史的发展不断地演变，词汇也在不断地更新换代，这就推动着词典编纂方式、收词内容的不断更新。成就一本实用、好用的词典是一个长期坚持的过程，词典内容应随着时代的进步而不断更新迭代。多模态视频的设计也不能"一劳永逸"，而应当注重与时俱进。不断更新迭代是保持词典专业性和生命力的重要保障。

注重与教学相辅相成的关系。多模态释义视频可以打破课堂和词典之间的壁垒，一段优秀的词典多模态释义视频既可以应用在外向型汉语学习词典 App 当中供学习者自学查阅，又可以帮助授课教师在课堂教学当中展示意义和用法。因此，在编辑脚本的过程当中，需要注重元语言意识的融入，注重词典与教学相辅相成的关系，为我们教与学通用提供素材。

重视用户评价与互动。"朗文当代高级英语辞典"App 和"新牛津英语词典"App 已有此项功能，在线开放互动板块。学习者可以根据使用体验和需求对词典提出意见和建议。这为我们编纂外向型汉语学习词典提供了借鉴。词典使用者可能来自不同的国家、有着不同的汉语水平，互动板块可以帮助编纂者搜集数据信息、促进更新升级、改进不足，使得词典更加智能化。

4　结语

本文通过对"还不×（?）"构式、释义描写、多模态释义脚本设计的研究，总结出以下四个多模态释义脚本设计要素：解码语境、提取关键词、文本脚本设计（核心台词设计）、拍摄要素，同时为外向型汉语学习词典 App 的编纂提出了一些建议。因为汉语语境的复杂性、动态性等特点，像"还不×（?）"这种半凝固的构式在一些特殊语境中可能还会出现不同的意义和功能，本文仅以教学性、实用性为目的，从外向型汉语学习词典的用户角度剖析"还不×（?）"的构式义和功能，还存在许多不足之处。谨以此文希望能够为外向型汉语学习词典多模态释义模式的构建提供一点参考。未来我们还将运用多模态释义的基本思路尝试进行实践拍摄，实现理论研究和实践探索的双向发展。

参考文献

[1] 洪桂治. 融媒体升级对外汉语学习词典［N］. 中国社会科学报，2019 – 06 – 04.

[2] 鲁健骥，吕文华. 商务馆学汉语词典［Z］. 北京：商务印书馆，2006.

[3] 陆俭明. 词语句法、语义的多功能性：对"构式语法"的解释［J］. 外国语，2004（2）.

[4] 吕叔湘. 现代汉语八百词（增订本）［Z］. 北京：商务印书馆，1999.

[5] 商务印书馆辞书研究中心. 现代汉语学习词典［Z］. 北京：商务印书馆，2010.

[6] 王弘宇. 外国人需要什么样的汉语词典［J］. 世界汉语教学，2009（4）.

[7] 杨玉玲，宋欢婕，陈丽姣. 基于元语言的外向型汉语学习词典编纂理念和实践［J］. 辞书研究，2021（5）.

［8］杨信彰. 多模态语篇分析与系统功能语言学［J］. 外语教学，2009（4）.

［9］章宜华. 基于论元结构构式的多维释义探讨［J］. 现代外语（双月刊），2015（5）.

［10］周上之. 对外汉语的词典与词法［J］. 汉语学习，2005（6）.

［11］中国社会科学院语言研究所词典编辑室. 现代汉语词典：第7版［Z］. 北京：商务印书馆，2016.

［12］KRESS G R，VAN LEEUWEN T. Reading images：the grammar of visual design［M］. London：Routledge，1996.

面向外向型汉语学习词典的
语素项构词能力定量研究

吕倩

（北京语言大学）

摘　要：考察市面上的外向型汉语学习词典，我们发现大多数词典没有利用汉语语素义和词义联系紧密的特点，按照义项进行词汇扩展，不能达到让学生自主扩大词汇量的目的。鉴于此，本文运用"语素教学法"理念，以 HSK 词汇表中的一级单音节语素为例，尝试提出基于强构词力语素项的扩展词汇的模式，以期解决学习词典选取哪些语素进行扩展、怎样选择该扩展词、该扩展词所包含的语素属于哪一语素项的问题。首先寻找强构词力语素并总结判定语素构词能力强弱的标准，其目的是保证所扩展的词是常用的，继而通过统计 BCC 词典和《现代汉语频率词典》强构词力语素所构词使用频率的高低，确定高频词集合。扩展词不仅要求常用，还要利于学生由语素义推测整体词义，因此需要通过计算语义透明度寻找语义透明的词进行扩展，计算词汇语义透明度的思路是利用哈尔滨工业大学信息检索研究中心同义词词林扩展版对词语进行编码，以"语义差异是语义距离"为理论基础，分别计算整词与每个语素的语义距离并以其平均值作为整词的语义透明度。通过以上操作，将最终筛选得到基于同一语素义项的语义透明的高频词群进行扩展，以期能为语素法在外向型汉语学习词典中的落实提供具体可行的思路。

关键词：语素；构词能力；语义透明度；语素教学法；定量

1　引言

当前国际汉语课堂的词汇教学环节多采用词本位教学法，在这种教学法之下，会忽视语素的可解释性，学习者经常出现认识整词而不认识已学过词中汉字的情况，比如学生学过"准备"之后，当遇到新词"准则"时，却不认识"准则"中的"准"字，这说明在学生的心理词典中，汉语是以整词为单位进行存储的。关注这一现象的学者有陈绂（1996），赵金铭（2012），杨玉玲、付玉萍（2014）等。一种方法不可能是完美的，需要结合其他词汇教学方法，来弥补整词教学法的不足。1984 年《中学教学语法系统提要》将语素、词、词组、句子、句群作为五级语法单位，语素开始被纳入教学内容，然而国际汉语课堂中对语素的重视仍然不够。吕文华（2000）指出解决词语难的途径是建立语素教学，并提出了建立语素教学的构想。赵金铭（2012）基于留学生识词不识字的现象，提出了"整词—析字—系联扩展"的词汇教学方法。杨晓黎（1983）基于《汉语水平词汇与汉字等级大纲》（2001）和《汉语国际教育用音节汉字词汇等级划分》（2010），尝试确定了适用于国际汉语词汇教学的 228 个重点语素和 95 个核心语素。张博（2020）对"语素法"和"语块法"进行统观性研究，认为"语素法"要帮助学生发展基于规则的词汇能力，强调强构词力语素项的能产性。

　　综上所述，前人对于语素教学方法的探索大多是系统性、总结性的，没有具体提出应该选择哪些语素进行扩展，该扩展的词又是哪些，缺少可操作性。鉴于此，我们将对 HSK 词汇表中的 82 个一级单音节语素进行考察，确定哪些语素可以进行扩展，通过 BCC 词典和《现代汉语频率词典》（以下简称《频率词典》）考察这些语素所构成词的使用频率及使用度，提取使用频率高、范围广的词，并利用哈尔滨工业大学信息检索研究中心同义词词林扩展版（以下简称"同义词词林"）对这些词进行编码来判断其语义透明度，最终确定可以扩展哪些词。

2　语素构词能力强弱的判定标准

　　以 HSK 词汇表中的 82 个一级单音节语素为研究对象，检索这些语素在《现代汉语词典》中的构词数量，发现构词数量在 30 个及以下的语素构词能力极弱，所以将其排除，有"吗、呢、喝、很、块、些、几、哪、那、你、谁、她、这、喂"，共 14 个。受制于判断词的使用频率高低的需要，构成的词都不出现在 HSK 词汇表中的语素我们也将排除，有"茶、叫、买、八、二、七、五、九、六"，共 9 个。经过筛选，最后研究对象确定为 HSK 词汇表中的一级单音节语素 59 个，其中包括同形同音异义和同形异音异义的情况，在计算语义透明度时，会自动将同形语素判断为不同的语素，因此需要将同形语素分立为单个的语素，得到 66 个语素，具体情况如下：

爱、不、菜、大、本[1]、本[2]、读、多、个、点[1]、点[2]、好、号[1]、号[2]、和[1]、和[2]、和[3]、回、会[1]、会[2]、几、家[1]、家[2]、开[1]、开[2]、看[1]、看[2]、来[1]、来[2]、冷、里[1]、里[2]、里[3]、猫、能、年、钱、请、去[1]、去[2]、热、人、上[1]、上[2]、上[3]、少、是[1]、是[2]、书、水、说、岁、他、听、下、想、小、写、一、有、月、在、住、字、坐、了。

3 语素所构词的选取标准

3.1 语素所构词的使用频率高低

经过文献考察，我们选择 HSK 词汇表、BCC 词典和《频率词典》作为判断词汇使用频率高低的依据。之所以将三者结合起来，一是因为《频率词典》编纂于 1986 年，问世时间早且没有与时俱进地进行更新，部分词没有收录，而基于动态语料库的 BCC 词典可以弥补这一不足。二是《频率词典》对词使用频率的考察综合了词次、频率、使用度三方面的情况，其中，使用度表示某词在几类、多少篇语料中出现次数的综合概念，可以反映出该词在语料中的使用程度和分布情况。《频率词典》中"使用度最高的前 8 000 词词表"选取的是使用度在 6 及 6 以上的常用词，因此，对能在《频率词典》中检索到的词，我们将排除使用度在 7 以下的词，由此可以排除使用频率高而使用范围窄的词。三是 HSK 词汇表作为汉语水平考试的命题依据，收录 HSK 词汇表中出现的词可以和 HSK 考试对接。

首先利用 HSK 词汇表查找该语素构成的词，这些词均需全部收录。如语素"爱"构成的词出现在 HSK 大纲中的有"爱好、可爱、爱情、爱护、爱惜、爱心、恋爱、亲爱、热爱、疼爱、爱不释手、爱戴"，共 12 个，这些词均需收录。其次，利用 BCC 词典检索该语素构成的所有词及其使用频率，将 HSK 大纲中的词按照频率从大到小进行排列为"爱情、可爱、亲爱、恋爱、热爱、爱好、爱心、爱护、疼爱、爱惜、爱戴、爱不释手"。再次，把 BCC 词典中使用频率大于"爱不释手"的词全部收录，有"爱情、可爱、爱国、亲爱、喜爱、恋爱、爱国主义、热爱、心爱、爱好、爱人、爱心、最爱、爱护、疼爱、宠爱、爱慕、做爱、爱抚、怜爱、爱怜、关爱、爱恋、爱惜、情爱、敬爱、慈爱、爱戴、钟爱、偏爱、友爱、挚爱、母爱、厚爱、爱神、性爱、珍爱、自爱、酷爱、爱岗、谈情说爱、求爱、爱憎分明、溺爱"。最后需要做一些筛选工作，一是为了保证计算语义透明度的准确性，只能收录双音节或三音节的词；二是删去使用度在 7 以下的词，保证最终得到的词使用频率高且使用范围广。由此，首先删掉四音节词语"爱国主义、谈情说爱、爱憎分明、爱不释手"；其次，通过查询《频率词典》，发现"爱慕、爱抚、慈爱、酷爱"的使用度都在 7 以下，故删掉。最终得到语素"爱"的高频词集合，有"爱情、可爱、爱国、亲爱、喜爱、恋爱、热爱、心爱、爱好、爱人、爱心、最爱、爱护、疼爱、宠爱、做爱、怜爱、爱怜、关爱、爱恋、爱惜、情爱、敬爱、爱戴、钟爱、偏爱、友爱、挚爱、母爱、厚爱、爱神、性爱、珍爱、自爱、爱岗、求爱、溺爱"。

3.2　高频词的语义透明度高低

通过上述操作，我们初步确定了 HSK 词汇表一级单音节语素中构词能力强的 66 个语素，并确定了这些语素所构成的高频词集合，接下来以语义透明度为量化标准，判断这些词的构词理据如何，以最终决定是否扩展。

3.2.1　语义透明度的定义与作用

现代汉语中有些合成词的构成语素可以提供整词词义的线索，如"父母、美丽"等，留学生可以从"父"和"母"的意思中推出"父母"的意思，有些则不能从语素义推出整词义，如"马虎、快活"等，这种现象在认知心理学中表现为语义透明度的差异，前者叫作透明词，后者叫作不透明词。关于词汇语义透明度的研究起步较晚，不同学者的划分依据也有所不同，直到李晋霞、李宇明（2008）正式提出了"语义透明度"的概念。"语义透明度"是指合成词的整词义可从构词语素上推知的难易度，即各构词语素与整词的语义相关度，分为完全透明、比较透明、比较隐晦和完全隐晦四个等级。有学者将词义等于语素义之和的词称为完全透明词，将词义和语素义之和有差异的词称为比较透明词，将部分构成语素义基本上不能解释词义的词称为比较隐晦词，将所有构成语素义都不太能解释词义的词称为完全隐晦词。学界普遍认为，透明词的构成语素对于理解整词义有促进作用，不透明词的构成语素对整词理解没有作用甚至起反作用。

3.2.2　语义透明度算法的设计与实现

本文计算词汇语义透明度的设计是：以"语义差异是语义距离"为理论基础，以词中每个语素的语义作为整词语义的参考标准，分别计算整词与各个语素的语义距离并以其平均值作为整词的语义透明度。如"热爱"一词，计算得到整词"热爱"与首语素"热"的语义距离为 10，与尾语素"爱"的语义距离为 0，则"热爱"的语义透明度为整词与首尾语素之间的语义距离平均值为 5。

　　具体来说，我们基于同义词词林①计算语义距离。这里我们参考了孙威（2018）的研究成果，之所以选择此方法，一是其经过了检验，孙威曾基于此算法对并列式双音合成词计算语义透明度，并利用重复启动实验验证得知该算法划分的语义透明度等级符合其加工规律；二是借助同义词词林中的词义分类标准对词语进行编码，利用编码计算语义距离，进而划分语义透明度，能规避人工评判带来的主观性和不一致性。

　　同义词词林共收录 77 343 条词，以大类—中类—小类—词群—原子词群五级结构划分并编码。如图 1 所示，"热爱"编码"Gb09B01 ="，表示它在"G"（"心理活动"）大类、"Gb"（"心理活动"）中类、"Gb09"（"喜欢/爱"）小类、"Gb09B"（"爱"）词群、"Gb09B01 ="原子词群，" ="表示此原子词群内各词含义相同。小类由其所包含的若干词群组成，而词群由若干原子词群的首词构成，如"喜欢"是"Gb09"小类下第一个词群"Gb09A"的第一个原子词群"Gb09A01 ="的首词，它构成了相应的三、四级结构。层级越大，词义描写越细，到了第五级，每个原子词群里的词语数量已经很小，大部分只有一个词。

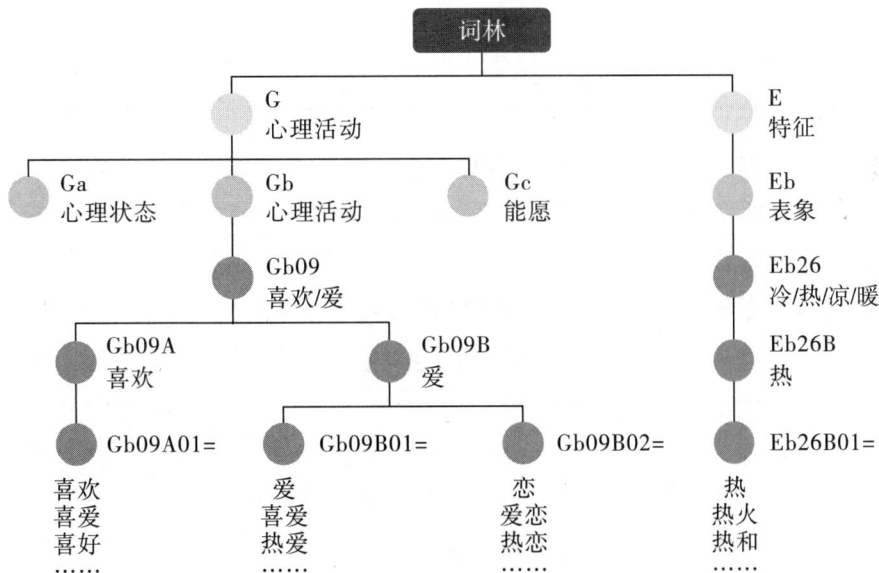

图 1　词林树状结构示例②

---

　　①　哈尔滨工业大学信息检索研究中心同义词词林扩展版基于梅家驹等人于 1983 编纂的《同义词词林》而形成。
　　②　限于篇幅，这里仅以部分节点图形化展示树状结构和词汇，如与"Gb09"同级的还有"Gb01"等节点，结构相似，不作赘举。

树状结构中，任何一个语素和其构成的整词间都存在一条最短路径，我们将其视为语素和整词间的语义距离。如"爱"和"热爱"在同一五级结构，即同一原子词群，距离为 0；"热（温度高义）"和"热爱"不在同一大类，它们之间的最短路径为"Eb26B01 ＝"—"Eb26B"—"Eb26"—"Eb"—"E"—"词林"—"G"—"Gb"—"Gb09"—"Gb09B"—"Gb09B01 ＝"，可见其路径长度为 10，即此树中的最大距离。为便于表示，我们将语素及其构成的整词分别记为 W1 和 W2，W1 和 W2 之间的语义距离则为语义树上的路径长度，记为 Dist（W1，W2）。编码与距离的关系如表 1 所示。

表 1　语义距离计算

符号性质	大类	中类	小类	词群	原子词群	语义距离
W1，W2 编码对比	+	+	+	+	+	0
	+	+	+	+	−	2
	+	+	+	−	−	4
	+	+	−	−	−	6
	+	−	−	−	−	8
	−	−	−	−	−	10

语义距离越大，语义透明度（t）的实际数值越大，越难从语素义推知整词义。词语的语义透明度由 0 到 10 不等，我们以 2 为单位划分得到五个区间，这五个区间可以将词语的语义透明度划分为六个等级。之所以把语义透明度为 0 的情况单独出来，是因为完全透明词对词的语义透明度要求很高。具体情况见表 2。

表 2　语义透明度

语义透明度	区间分布示意图
完全透明	$t = 0$
比较透明	$0 < t \leqslant 2$
一般透明	$2 < t \leqslant 4$
一般隐晦	$4 < t \leqslant 6$
比较隐晦	$6 < t \leqslant 8$
完全隐晦	$8 < t \leqslant 10$

汉语中多义语素的多个义项分布在语义树网的不同原子词群中，同样，多义词的各个义项也分布在语义树网不同的原子词群中，因此多义语素与其构成的多

义词之间的语义距离会呈现多种结果。为了保证语义透明度结果的准确性，我们将多义词按照义项分立为单独的词进行计算，以多义语素"小"、单义语素"儿"及其构成的多义词"小儿"为例，《现代汉语词典》对"小儿"的释义是"①儿童；②谦称自己的儿子"，与同义词词林中"Ab04B01＝小儿^1"和"Ah14A06＝小儿^2"分别对应，"小^1""小^2""小儿^1""小儿^2""儿"的语义编码行见表3。计算"小儿^1"的语义透明度时，得出"小^1"到"小儿^1"的语义距离为0，"小^2"到"小儿^1"的语义距离为8，则选取最小的语义距离即"小^1"到"小儿^1"的语义距离0作为多义语素"小"到"小儿^1"的语义距离；"儿"到"小儿^1"的语义距离为8，取平均值得"小儿^1"的语义透明度为4。计算"小儿^2"的语义透明度时，算得"小^1"到"小儿^2"的语义距离为8，"小^2"到"小儿^2"的语义距离为6，则选取最小值6作为多义语素"小"到"小儿^2"的语义距离；"儿"到"小儿^2"的语义距离为2，取平均值得"小儿^2"的语义透明度为4，具体情况见表4。

表3　"小^1""小^2""小儿^1""小儿^2""儿"的语义编码行

语素、词	编码行
小^1、小儿^1	Ab04B01＝儿童 孩童 稚童 童稚 童子 孩子 孩儿 孩子家 小儿 小人儿 雏儿 幼儿 娃儿 娃娃 娃子 小子 小小子 竖子 孺子 稚子 童蒙 幼 童 孩 小孺 囡 小朋友 小不点儿 少年儿童 童男童女 报童 少儿 小孩 小孩子 幼童 小娃 文童 伢儿 女孩儿 毛孩子 小家伙
小^2	Ah08B07＝妾 小 姬 小老婆 偏房 侧室 二房 姨太太 姨娘 陪房
小儿^2	Ah14A06＝小儿 犬子
儿	Ah14A01＝子 儿子 儿 男 崽 子嗣 小子 幼子

表4　"小^1""小^2""小儿^1""小儿^2""儿"的语义距离

词	小^1 Ab04B01＝	小^2 Ah08B07＝	儿 Ah14A01＝
小儿^1 Ab04B01＝	0	8	8
小儿^2 Ah14A06＝	8	6	2

　　但这种处理方法会将语义上有细微不同的某个词也分立为多个词，如"喜爱"一词分立为两个词，"喜爱[1]"处于编码行"Gb09A01 = 喜欢 喜爱 喜好 欢喜 爱慕 爱好 欣赏 稀罕 好 爱 喜 嗜 耽 爱不释手 喜性"中，"喜爱[2]"处于编码行"Gb09B01 = 爱 喜爱 怜爱 心爱 钟爱 友爱 热爱 疼爱 酷爱 疼 慈 爱慕 老牛舐犊 挚爱 热衷 爱护"中，通过查阅《现代汉语词典》，发现"喜爱"仅有一个义项。因此对多义词的语义透明度计算需要结合同义词词林编码和《现代汉语词典》中的释义具体判断应该归为几个词，基本原则是对于编码大类不同的多义词义项必须将其分立为单独的词，对于大类相同的多义词义项则需要具体分析。

　　经过前两步的筛选之后，我们共收录了 2 245 个词，其中，部分词本身或其所包含的某个语素未被同义词词林收录，使得相应的语义透明度无法计算，如"溺爱"中的"溺"在词林中无相应编码，这两种情况的词有 82 个，将其过滤之后我们共对 2 163 个词的语义透明度进行计算，具体情况如图 2 所示。

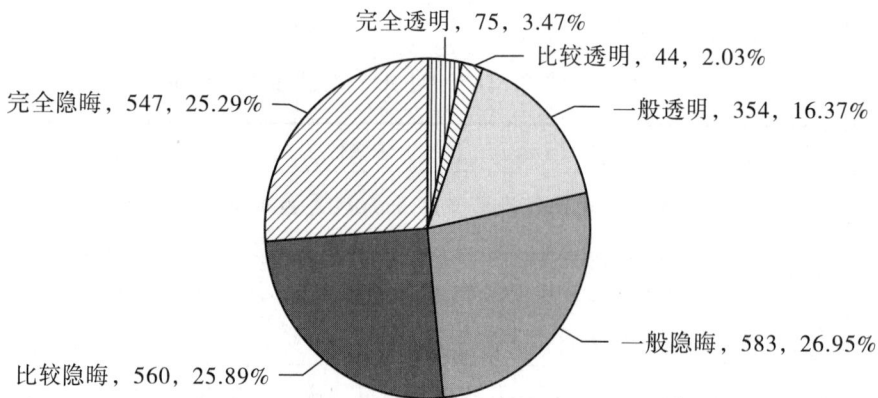

完全透明，75，3.47%
比较透明，44，2.03%
一般透明，354，16.37%
完全隐晦，547，25.29%
一般隐晦，583，26.95%
比较隐晦，560，25.89%

图 2　词汇语义透明度统计

　　经过上面的筛选与计算，我们最终把语义透明度确定为完全透明、比较透明、一般透明的词作为扩展词，共有 473 个。张博（2020）提出，在语素法词汇教学中要侧重强构词力语素项。也就是说，要注重语素在特定义项上的构词能力，以语素项为单位进行词语扩展，避免把多义语素或者同形语素混在一起进行教学。因此，需要以语素项为单位，按语义对词进行分类，找出强构词力语素项。以语素"爱"为例，可以扩展的词有 13 个，"爱国、恋爱、疼爱、怜爱、爱怜、敬爱、厚爱"这 7 个词的共有语素"爱"表示"对人或事物有很深的感情"，"喜爱、爱好、求爱"这 3 个词的共有语素"爱"表示"喜欢"义，"爱惜"的构成语素"爱"表示"爱惜；爱护"义，这说明语素"爱"的强构词语素义项是"对人或事物有很深的感情"，是首先应该扩展的，具体情况见表 5。

构词数量最多的则为强构词力语素项，表格中语素义项构词能力按排列顺序递减。

表5　语素"爱"义项构词

语素	语素义项	扩展的词
爱	1.【动】对人或事物有很深的感情	爱国、恋爱、疼爱、怜爱、爱怜、敬爱、厚爱
	2.【动】喜欢	喜爱、爱好、求爱
	3.【动】爱惜；爱护	爱惜

4　启示和建议

4.1　对设计多义词语义透明度算法的启示

为了保证语义透明度的准确性，我们将多义词按照不同的义项分立为单独的词进行计算，如"小儿¹（儿童）"的语义透明度为4，"小儿²（敬辞，谦称自己的儿子）"的语义透明度为4。孙威（2018）对于多义词语义透明度的处理方法是选择语素及其构成整词间最小语义距离作为计算值，虽然这种处理方法符合认知规律，即人们在分析语素义和词义的关系时，会习惯性地选取语义相近的义项来分析整词义，但这会干扰语义透明度的准确性。如计算多义词"小儿"的语义透明度时，选择最短语距离即"小¹"距离"小儿¹"的语义距离为0、"儿²"距离"小儿²"的最短语义距离为2，取平均值组构成"小儿"的语义透明度为1，显而易见这是语素与不是其所构成的词交叉计算得到的结果，违背了多义词的特点。

4.2　对外向型汉语学习词典编纂的启示

编纂外向型汉语学习词典时要充分利用这一特点，选择强构词力语素义项，有理据地系联语义透明的同素词，帮助学生构建词汇关系网络。同时要注意，一是要基于语素义项有理据地系联同素词，尤其是对于多义词，要善于寻找词义的基本义和引申义之间的关系。二是要总结基于同类语素的能产性词法模式，如"动作动词＋到"组构的词语有"走到、听到、想到、见到"等，表示通过某种方式到达某地。三是不是所有的合成词都适合扩展，尤其是"假性透明词"，如

"马上"的语义透明度为 10，是"假性透明词"，它的意思不是字面义"马的上面"，而是"立刻"，对于这类词要及时总结，避免使用者过度类推。

5 结语

本文通过对 HSK 词汇表中的一级单音节语素进行定量研究，确定了强构词力语素及可以用语素教学法进行练习的词，尝试按照语素项的构词能力强弱提出了教学顺序，并对计算多义词的语义透明度提出了新思路。但由于我们的精力能力有限，还存在许多不足，一是在确定强构词力语素项上，只能通过查阅词典的方式，人工评判某词素所属的语素项，所作判断可能不够精确，希望以后可以通过构建汉语语素库来完成此项工作；二是没有通过教学实践来检验结论的可行性。

参考文献

[1] 陈绂. 谈对欧美留学生的字词教学 [J]. 语言教学与研究，1996 (4).

[2] 北京语言学院语言教学研究所. 现代汉语频率词典 [Z]. 北京：北京语言学院出版社，1986.

[3] 李晋霞，李宇明. 论词义的透明度 [J]. 语言研究，2008 (3).

[4] 李平. 语言习得的联结主义模式 [J]. 当代语言学，2002 (3).

[5] 吕文华. 建立语素教学的构想 [C] //第六届国际汉语教学讨论会论文选. 北京：北京大学出版社，2000.

[6] 孙威. 现代汉语并列式双音节复合词的语义透明度研究 [D]. 济南：山东大学，2018.

[7] 邢红兵. 第二语言词汇知识的构成与发展 [J]. 华文教学与研究，2020 (2).

[8] 荀恩东，饶高琦，肖晓悦，等. 大数据背景下 BCC 语料库的研制 [J]. 语料库语言学，2016 (1).

[9] 杨晓黎. 语素教学中重点语素的选取与相关思考 [J]. 苏州大学学报，1983 (4).

[10] 杨玉玲，付玉萍. 美国学生"识词不识字"现象实验研究 [J]. 语言文字应用，2014 (2).

[11] 苑春法，黄昌宁. 基于语素数据库的汉语语素及构词研究 [J]. 语言文字

应用，1998（3）．

[12] 张博．"语素法""语块法"的要义及应用［J］．语言教学与研究，2020（4）．

[13] 张承雪．基于HSK甲级双音复合词语义透明度分析的词汇教学实验研究：以乌克兰南方师范大学孔子学院为例［D］．济南：山东师范大学，2019．

[14] 赵金铭．现代汉语词中字义的析出与教学［J］．世界汉语教学，2012（3）．

[15] 中国社会科学院语言研究所词典编辑室．现代汉语词典［Z］．7版．北京：商务印书馆，2016．

双音节形容词重叠的定量研究
及其在汉语学习词典中的应用①

易群

（清华大学附属中学昌平学校）

　　摘　要：本文采用定量统计的方法，考察双音节形容词的构词方式、语义色彩、第二音节是否轻声等因素与其能否重叠的关系，发现：（1）构词方式对形容词重叠不起决定作用；（2）贬义形容词重叠使用并非特例；（3）口语色彩浓的褒义形容词并不一定能够重叠。通过历时的对比发现，形容词能否重叠会随时间而变化，可分为两种情况：正向变化和逆向变化。本文基于研究所得及对汉语学习词典如何处理形容词重叠问题的考察情况，对词典编排提出建议。

　　关键词：形容词重叠；定量研究；对比变化；学习词典

　　双音节形容词的重叠问题一直是汉语本体研究和对外汉语教学的一大难题。哪些双音节形容词可以重叠，哪些不可以？其影响因素是什么？学者们对此进行过很多讨论（朱德熙，1956；李大忠，1984；郭志良，1987；崔建新，1995；等等），这些研究形成了目前关于形容词重叠的一般规律：能重叠的形容词在语义上属于中性量，多为褒义，构词方式大多是联合式，并且大部分具有口语色彩，第二个音节倾向于轻声。我们的疑问在于，前人总结出来的一般规律真的符合双音节形容词重叠的真实情况吗？现在看来，前人的结论还有待商榷。

　　以往的研究多是通过内省的方式得出结论，再运用语料进行验证，鲜有对形容词重叠的情况进行大规模的语料定量分析，结论存在一定的片面性。我们发现，符合一般规律的形容词有的并不能重叠，如聪明、机灵等，而不符合一般规律的形容词有的也能重叠，如啰唆、冒失等。此外，形容词能否重叠并非一成不变，会随着时间发生变化，许多以前认为不能重叠为 AABB 式的双音节形容词根

---

　　①　该文章为"北京语言大学中外研究生创新基金项目（21YCX026）"重大研究成果。

据目前的语料来看也可以重叠。如此看来，关于双音节形容词的重叠问题，本体研究尚未清晰，在对外汉语教学领域也不可避免地存在一些问题：教材编写应当如何处理这一问题？对外汉语教学实践中应当怎样教这一语言点？汉语学习词典的编排应当如何处理这一问题？这都有待进一步探讨。

本研究以郑怀德、孟庆海编写的《汉语形容词用法词典》（以下简称《用法词典》）中收录的双音节形容词为考察对象，并以义项为单位考察双音节形容词重叠的情况，从定量的角度对前人得出的一般规律进行验证。参照李大忠（1984）的研究，从历时的角度分析双音节形容词重叠的变化情况。在考察目前汉语学习词典的基础上，结合研究所得，对词典编排方面如何处理形容词重叠问题提出建议。关于某一具体形容词能否重叠，本文参考王国璋等人的《用法词典》及《现代汉语重叠形容词用法例释》（以下简称《用法例释》）的标注，并以 BCC 语料库的检索结果作为补充。

1　双音节形容词重叠情况的考察

在讨论双音节形容词重叠情况之前，我们首先需要厘清两个问题。

其一，形容词重叠的语法意义。关于这个问题学者们观点各异，具有代表性的三种观点是：（1）形容词重叠有时表示加重的意味，有时表示轻微的程度，与其所在句法位置有关（朱德熙，1956）；（2）形容词的基式表示中性量，其重叠式表示定量（石毓智，2001）；（3）性质形容词的重叠，作用是显示变量，从客观量变为主观量，从潜在量变为凸显量，而所谓程度显示轻或者重，并非形容词重叠的功能，而是取决于与之匹配的名词的语义特征（邵敬敏，2016）。本文认同第三种看法，该研究在对比中注意控制变量，在其他条件相同的情况下，比较基式和重叠式，由此得出的语法意义是重叠本身的意义，具有强解释力和说服力。李劲荣、陆丙甫（2016）的观点与之相近，提出遵从语法形式"可能性—现实性—功用性"这一操作路线，将形容词重叠式的语法意义概括为：在具体的事件性场景中对事物的声色形貌和动作的情状方式进行足量的描绘。它包含的意思有：形容词重叠式表示描绘意义，并且是在具体的事件场景中实现的，其目的是"足量"，从而表达说话人的主观估价和感情色彩。两位学者对形容词重叠表示主观量的意义做了更具操作性的说明，从路线上为我们的研究提供了参考。

其二，双音节形容词的范围。本研究不讨论汉语形容词与动词的词类划分问题，将同时符合以下两个条件的形容词作为研究的对象：（1）不能带宾语；

（2）前面能加"很"。关于形容词的重叠形式，有语素分别重叠和词形整体重叠两种，后者严格来说应是"重复"（邵敬敏，2016）。本研究将双音节形容词语素分别重叠作为重叠的表现形式，如"安静—安安静静"。

本研究穷尽性检索《用法词典》，从中筛选出双音节形容词 914 个，从构词方式、语义色彩、第二音节是否轻声等角度对其进行统计分析，考察双音节形容词重叠的整体情况。

1.1 构词方式

参照李大忠（1984）的分类方法，我们对双音节形容词构词方式进行分类，分为以下五种：联合式、偏正式、动宾式、主谓式及其他。按照这一分类，并参考《汉语水平考试词典》（邵敬敏，2000）对形容词构词方式的标注，考察形容词能否重叠与其构词方式的关系，具体情况如表 1 所示。

表 1   形容词重叠的构词方式分布

	联合式	偏正式	动宾式	主谓式	其他	合计
在总体形容词中的数量、比例	714 （78.12%）	90 （9.85%）	62 （6.78%）	14 （1.53%）	34 （3.72%）	914 （100%）
在能重叠的形容词中的数量、比例	289 （82.81%）	29 （8.31%）	9 （2.58%）	3 （0.86%）	19 （5.44%）	349 （100%）

由表 1 可知，总的来说，不同构词方式的形容词，在总体形容词中的占比和在能重叠的形容词中的占比相差不大，由此可见，构词方式不是影响形容词能否重叠的决定性因素。具体来看，联合式是双音节形容词最主要的构词方式，在总体形容词中占比将近 80%，与偏正式、动宾式和主谓式相比，联合式形容词占能重叠的形容词的比例略高于其占总体形容词的比例，如此看来，构词方式虽然不是决定性因素，但联合式形容词能重叠的概率确实更高。原因在于联合式形容词一般由形容词性语素构成，具有描写意义，而名词性、动词性或副词性语素缺乏或没有描绘意义（李劲荣、陆丙甫，2016）。以往研究认为能重叠的形容词大多是联合式，这是由于对象关注上的片面性，忽视了对不同构词方式的形容词在总体形容词中占比的考察，因而得出了片面的结论。表 1 显示，其他这一类的形容词，在能重叠的形容词中的占比也略高于其在总体形容词中的占比，不过由于

该类形容词内部差异较大，存在一些特殊情况，需要进行个别分析，如能重叠的"模糊"（单纯词）、"坦然"（后缀词）、"潇洒"（联绵词）等，不能重叠的"踊跃"（单纯词）、"偶然"（后缀词）、"幽默"（音译词）等。这里不做过多的解释。

1.2　语义色彩

从语义色彩的角度分析，可将形容词划分为以下三类：褒义形容词、贬义形容词和中性形容词。为考察语义色彩对形容词重叠的影响，本文对 914 个形容词进行了分类统计，形容词语义色彩的标注主要参考台湾大学 NTUSD 简体中文情感词典以及简体中文极性情感词典。具体情况如表 2 所示。

表 2　形容词重叠的语义色彩分布

	褒义形容词	贬义形容词	中性形容词	合计
在总体形容词中的数量、比例	497 （54.38%）	292 （31.95%）	125 （13.68%）	914 （100%）
在能重叠的形容词中的数量、比例	225 （64.47%）	81 （23.21%）	43 （12.32%）	349 （100%）

从表 2 可知，褒义形容词能重叠的概率更高，它在能重叠的形容词中的占比远高于在总体形容词中的占比，这与目前对形容词重叠规律的认识一致。而以往研究认为，只有褒义形容词才能重叠，少部分贬义形容词在特殊情况下能重叠，我们的统计结果表明事实并非如此，因为有相当一部分的贬义形容词也能够重叠。表 2 显示，贬义形容词在能重叠的形容词中占比达 23.21%，虽然远低于在总体形容词中的占比，但这也说明贬义形容词能够重叠使用并不仅限于少数特殊情况。中性形容词的两个比例相差极小，在能否重叠方面没有表现出明显的倾向性。

1.3　口语化和轻声

第二音节轻声是口语化的一个重要特点（李大忠，1984），本文将其作为判断形容词语体色彩的一个标准，以《用法词典》中的音节标注为依据，考察第二音节是否轻声对形容词重叠的影响。具体情况如表 3 所示。

表3　形容词重叠与第二音节是否轻声的分布

	第二音节轻声	第二音节非轻声	合计
在总体形容词中的数量、比例	116 （12.69%）	798 （87.31%）	914 （100%）
在能重叠的形容词中的数量、比例	97 （27.79%）	252 （72.21%）	349 （100%）

由表3可知，在总体形容词中，第二音节轻声与非轻声的形容词的比例约为1：7，口语色彩浓的形容词占比并不高。在能重叠的形容词中，第二音节轻声与非轻声的形容词的比例约为2：7，略高于总体形容词中二者的比例，由此可见，具备口语色彩的形容词倾向于能重叠，但这并非绝对的。以往研究认为，口语色彩浓的褒义形容词通常能重叠，我们通过考察发现，有一部分褒义形容词，其第二音节是轻声，但实际上并不能重叠，具体有：聪明、厚道、机灵、魁梧、灵便、稀罕、雅致。

1.4　小结

综上所述，通过对收集的914个形容词的全面考察，我们发现形容词重叠的情况与以往内省式研究所得出的结论并不完全一致，主要表现在：从构词方式来看，这一因素对形容词重叠不起决定作用；从语义色彩来看，贬义形容词重叠使用并非特例；从第二音节是否轻声来看，口语色彩浓的褒义形容词并不一定能够重叠。

2　形容词重叠的对比与变化

双音节形容词能否重叠并非一成不变，受到相关因素的影响，部分形容词的重叠情况会发生变化。早在20世纪末，就有学者讨论过新时期汉语形容词AABB重叠的特点（谢瑛，1998），但目前仍缺乏对形容词重叠变化的全面考察。李大忠（1984）统计了《现代汉语词典》（1978年版）中不能重叠的双音节形容词，我们对李文中的1 738个形容词进行重新考察，试图整理近40年来形容词重叠所发生的变化。

根据变化的方向，形容词重叠的变化情况可分为两种：一是从不能重叠到能重叠，我们将其称为形容词重叠的正向变化；二是从能重叠到不能重叠，我们将其称为逆向变化。

2.1　形容词重叠的正向变化

我们对正向变化的判断标准为：（1）原本认为不能重叠的形容词，在《用法词典》或《用法例释》中存在重叠的用例；（2）在语料库中检索不能重叠的形容词的重叠形式 AABB，结果包含五条及以上来自文学、报刊、篇章的规范语料。若某形容词满足上述至少一个条件，即认为该形容词发生了正向变化。对李大忠统计的 1 438 个不能重叠的双音节形容词进行检索，我们发现其中发生正向变化的形容词有 173 个，具体如下：

暧昧	安然	安心	安逸	悲惨	本分	标致	标准	灿烂	仓促①
缠绵	长久	长远	彻底	沉闷	沉稳	充实	纯洁	纯净	粗笨
粗鲁	单薄	单纯	荡漾	低沉	端庄	烦恼	烦躁	方便	分明
纷繁	纷乱	丰富	丰满	风流	疯狂	浮躁	干瘪	孤独	古板
乖巧	光彩	含蓄	浩瀚	欢快	荒唐	昏暗	昏乱	昏迷	昏庸
浑浊	急躁	寂寞	简短	健康	娇憨	娇嫩	娇柔	惊慌	精干
精细	精致	拘谨	均匀	开朗	开心	慷慨	空泛	牢固	累赘
厉害	凉爽	灵巧	凌乱	茂密	迷茫	迷惘	绵软	明净	明朗
宁静	浓密	浓郁	缥缈	飘洒	怯懦	亲爱	亲昵	勤奋	勤俭
清脆	清淡	清瘦	清闲	清秀	轻便	轻薄	轻快	轻巧	轻柔
确切	确凿	热烈	热切	热情	容易	融洽	柔嫩	柔软	柔弱
柔顺	软弱	洒脱	深切	神秘	神气	湿润	瘦弱	瘦小	爽朗
爽利	水灵	顺利	酥脆	酥麻	酥软	坦白	坦荡	坦率	体面
恬静	甜美	贴切	透彻	透亮	妥善	妥帖	委曲	温暖	温柔
文明	稳定	稀疏	稀松	细密	细嫩	细致	纤细	闲散	现成
香甜	响亮	潇洒	幸福	羞怯	羞涩	寻常	严肃	妖娆	殷勤
幽静	悠扬	圆润	匀净	真诚	真切	真实	真正	镇静	整洁
周到	周密	自由							

从语感上来说，汉语母语者对上述形容词的重叠使用接受程度存在较大的差异。对于一些形容词，如本分、缠绵、长久等，其重叠使用更容易为母语者所接

---

①　李文中原为"仓卒"，《现代汉语词典》（第 7 版）已不收录该词，与之对应的是"仓促"。

受；对于一些形容词，如暧昧、安然、标致、灿烂等，大多数母语者则不能接受其重叠使用。但是，通过对语料的分析发现，在具体的语境中，这部分形容词的重叠使用确实具有其特定的表达作用，是形容词基式不可替代的。例如：

（1）我经过深思，既然鱼与熊掌不能得兼，与其暧暧昧昧地心悬两地，不如专心一项，才有成功的条件。

（2）睡眠的时间到了，孩子们上楼就寝，大的两个还讴吟了些儿歌，各把一册外国儿童画报放在胸上，已经安安然然地睡去了。

（3）他注意地看了一眼女儿，发现女儿果然已经长成了一个标标致致的大姑娘。

（4）玫瑰灿灿烂烂地开着，死的时候，是带着尊严垂头的。

上述例句均出自 BCC 语料库的文学、报刊等语料，使用的是合乎汉语语法的规范语言，我们在检索过程中发现，类似语料大量包含发生正向变化的形容词。例句中的形容词重叠式用作状语、定语，其目的不在于表示单纯的属性，而是凸显某一属性的状态或情态，表达说话人对这一属性的主观评价和感情色彩。因此，句中的形容词重叠式不能为其原式所替代。这部分形容词自身具有描写性，而非限制性，在特定的语境中，重叠使用实现了描写性，其存在和使用是合理的。我们认为，重叠使用的形容词内部并非匀质的，有的形容词重叠具有典型性，有的形容词重叠还在发展当中，形容词重叠的变化是一个长久的过程，从不能重叠到能重叠并非一蹴而就的，不少形容词仍处于连续过程的中间阶段。现阶段人们对这些形容词重叠的接受程度可能相对较低，但随着时间的推移和语言的发展演变，当其出现重叠使用的频率越来越高，最终成为稳定的能重叠的形容词的可能性就越大。

2.2　形容词重叠的逆向变化

本研究中能重叠的 300 个形容词中，发生逆向变化的形容词有 25 个。这些形容词在本研究中被归入能重叠的一类中，但检索结果显示并不能重叠。具体如下：

便当　充裕　稠密　粗实　动荡　和蔼　厚道　欢腾　活泛　机灵
宽畅　烂胡　浪荡　老气　腻烦　强壮　俗气　素净　絮烦　悬乎
硬棒　硬气　匀和　匀溜　忠厚

实际上，形容词重叠的逆向变化超出了我们预计的考察结果。为什么会出现这样的变化呢？我们猜测，一方面是研究方法的影响，李大忠（1984）的研究采用的是调查询问的方法，而并非系统、严格的调查，被调查人的情况我们也无从知晓，调查结果不能排除被调查人个人语感、方言背景等因素的影响，存在一定的误差；而我们的研究虽然通过词典、工具书及语料库多重验证，但也存在收录的词条、语料有限的局限性，这就可能导致对比的差异。另一方面则是语言变化造成的词语使用的不同。正是这样的变化，显示出重新对形容词重叠情况进行系统考察的必要性，也有助于我们更加清晰地认识形容词重叠的问题。

3　对汉语学习词典的考察及建议

3.1　对汉语学习词典的考察

一直以来，相较于本体研究领域以及汉语教学领域对形容词重叠问题的关注度，辞书编纂研究领域鲜有对于汉语学习词典应当如何处理这一问题的讨论。为了解目前汉语学习词典对形容词重叠的处理方式，我们选取《商务馆学汉语词典》（鲁健骥、吕文华，2006）为考察对象，这是一本专门为具有汉语中级水平的外国人编写的汉语原文词典，具有较高的实用性、专业性和权威性。尽管如此，通过考察分析，我们发现该词典在处理形容词重叠问题上仍存在一些问题，主要表现在：（1）对于能重叠和不能重叠的形容词，编排缺乏区别性；（2）对于能重叠的形容词，编排缺乏一致性。

我们首先抽取了《商务馆学汉语词典》中 A 字母段形容词进行分析，发现 A 字母段共收录 11 个双音节形容词，其中能重叠的形容词有 6 个，分别为：安心、安定、安静、安稳、安全、肮脏；不能重叠的形容词有 5 个，分别为：昂贵、昂扬、傲慢、奥秘、懊恼。

但是，词典的释义和用例均为区分二者的差异，词典使用者无从得知哪些形容词能重叠，哪些不能。例如：

【安稳】安静稳定：孩子睡得很安稳｜女孩子安稳地坐着看电视｜日子过得很安稳｜轮船安稳地行驶在江面上。

【昂贵】价钱高：这种手表十分昂贵｜送礼是表示一种感情，不一定买非常昂贵的东西｜你送我这么昂贵的礼物，我很不安。

为进一步考察《商务馆学汉语词典》对形容词重叠的处理方式，我们随机抽取了部分典型的能重叠的形容词进行考察，发现词典在这方面缺乏统一的标准。例如：

【大方】①在用钱方面不计较（特别是把钱花在别人身上的时候），不吝啬（和"小气"相对）：对人大方｜大方得很｜她很大方，不像她哥哥那么小气｜他很大方地借给我两千块钱。②说话和动作很自然，不拘束：大大方方｜他人活泼，说话也很大方｜他的表演很大方｜第一次见面，她就大方地向我伸出了手。③颜色、样式等使人感觉很好：大方的样式｜这件衣服颜色很大方｜她穿衣服总是很大方｜你家布置得真大方。

【漂亮】①好看，美：漂漂亮亮｜她长得很漂亮｜这儿的风景很漂亮｜你今天穿得这么漂亮干什么去？｜他买了一所漂亮的房子。②出色：作为一个外国人，汉语能讲得这么漂亮不容易｜老师傅的手艺很漂亮｜这次任务完成得很漂亮。

【干净】①没有灰尘、杂质等：很干净｜干净的衣服｜这间屋子被主人打扫得特别干净｜衣服洗干净了。②一点儿不剩：把饭吃干净｜他把这事忘得干干净净｜把害虫消灭干净。

【整齐】①有条理，有秩序：整整齐齐｜服装整齐｜孩子们排着队，走得很整齐｜东西摆放得很整齐｜房间收拾得整整齐齐。②大小、长短一样：地里的麦子长得很整齐｜黑板上的字写得又清楚又整齐。

该词典收录了"大方"的三个义项，根据我们的考察分析，表达这三个义项的"大方"都能重叠使用，但是词典只在义项②中列出了重叠式"大大方方"。同样，"漂亮"所表示的两个义项都能重叠使用，而词典只在义项①中列出其重叠式。"干净"和"整齐"两个词条也存在同样的问题，此外，在"干净"的义项②和"整齐"的义项①下，词典给出了包含重叠式的用例，其他词条或义项并未提供相似的用例。由此可见，《商务馆学汉语词典》对于如何编排能重叠的形容词、如何提供其用例缺乏一致性。

3.2 思考和建议

基于对形容词重叠情况的定量统计以及学习词典编排的考察分析，本文尝试探讨汉语学习词典应当如何处理形容词重叠这一问题，并提出以下建议：

首先，词典编排要明确区分能重叠的形容词和不能重叠的形容词。当学习者对于一个形容词能否重叠存在疑问时，在课堂和教材之外，学习者只能通过查找词典或向他人求助的方式寻求答案。因此，对于收录其中的形容词，学习词典应当基于对其重叠情况的全面把握，明确区分能重叠的形容词和不能重叠的形容词，而非片面展示部分能重叠的形容词的重叠式及其用例。

　　其次，以义项为单位，处理形容词重叠的问题。汉语中绝大部分的形容词属于多义词，自然就存在这样的情况：多义形容词的某些义项能重叠使用，某些义项则不能重叠使用。因此，在编纂词典的时候要考虑到这一情况，以义项为基本单位，而不能只考虑词条的某一义项。

　　再次，提供形容词重叠的用例。在意义和功能方面，形容词的重叠式与其基式存在一定的差异，词典在列出重叠式之外，应当提供包括重叠式的恰当用例，帮助学习者在具体语境中理解形容词重叠的特定意义。

　　最后，对于特殊形容词，应有所说明。上文提到，有一部分第二音节轻声的褒义形容词不能重叠，这些形容词符合通常认为的形容词重叠的规律，为避免学习者进行错误的规则类推，词典应对其有所说明。

参考文献

[1] 崔建新. 可重叠为 AABB 式的形容词的范围 [J]. 世界汉语教学, 1995 (4).

[2] 郭志良. 有关"AABB"重叠式的几个问题 [J]. 语言教学与研究, 1987 (2).

[3] 李大忠. 不能重叠的双音节形容词 [C] //中国语文杂志社. 语法研究和探索（二）. 北京：北京大学出版社, 1984.

[4] 李劲荣, 陆丙甫. 论形容词重叠式的语法意义 [J]. 语言研究, 2016, 36 (4).

[5] 鲁健骥, 吕文华. 商务馆学汉语词典 [Z]. 北京：商务印书馆, 2006.

[6] 邵敬敏. 论汉语形容词重叠与变量的关系 [J]. 中国语言学报, 2016 (0).

[7] 邵敬敏. 汉语水平考试词典 [Z]. 上海：华东师范大学出版社, 2000.

[8] 石毓智. 肯定和否定的对称与不对称（增订本）[M]. 北京：北京语言文化大学出版社, 2001.

[9] 孙永选, 张月芹. 由"开开心心"看汉语 AABB 式重叠词的意义条件 [J]. 现代语文（语言研究版）, 2006 (10).

[10] 王国璋, 吴淑春, 王干桢, 等. 现代汉语重叠形容词用法例释 [M]. 北京：商务印书馆, 1996.

[11] 谢瑛. 新时期汉语语法 AABB 重叠式刍议 [J]. 汉语学习, 1998 (1).

[12] 郑怀德, 孟庆海. 汉语形容词用法词典 [M]. 北京：商务印书馆, 2003.

[13] 朱德熙. 现代汉语语法研究 [M]. 北京：商务印书馆, 1956/1980.

[14] 朱景松. 形容词重叠式的语法意义 [J]. 语文研究, 2003 (3).

外向型学习词典中兼类词的例证探析与建议
——以 HSK 4 级中的动名兼类词为例

谢思琦　韩金灼

（华中师范大学语言与语言教育研究中心）

摘　要： 本文在分析现有外向型学习词典例证编排不足之处的基础上，以 HSK 4 级大纲词汇中的 34 个动名兼类词为对象，参考母语语料库和中介语语料库中常用类联接和词语搭配使用情况，提出有针对性的例证编纂原则和样稿。为了考察例证的实际效果，本文选取北京师范大学 28 名中级水平汉语学生进行了测验。测验发现，B 组学生的学习效果优于 A 组学生，说明此例证编排方法能够有效促进动名兼类词的学习，能为外向型学习词典的编撰提供一定的借鉴意义。

关键词： 外向型学习词典；兼类词；HSK；例证

1　引言

兼类词由于其词性复杂的特征，一直是二语词汇习得中的难点问题，因此外向型学习词典作为一种重要的学习工具，理应对兼类词的例证编纂给予更多关注。而在词典例证中，词语搭配信息的呈现对于学习者学习兼类词至关重要。正如 Hunston 和 Francis 所说，搭配显然在语言学习中不可或缺，其能帮助学习者在口语和写作中流利地使用语言。搭配涉及词汇含义的理解，学习者不必关注每一个单词就能理解一段文字的含义（Hunston、Francis，2000）。因此外向型学习词典针对兼类词搭配进行合理有效的处理，有利于促进学习者理解和掌握词汇含义与用法。

"一个外国学生了解一个词的意义不是太难做到，难的是不易掌握词的具体用法。"（陆俭明，2006）因此，学习词典中例证的重要性不言而喻。尽管目前已有多部代表性汉语学习词典问世，如《HSK 中国汉语水平考试词汇大纲汉语

8000 词词典》《当代汉语学习词典》《商务馆学汉语词典》等，但传统的外向型学习词典，尤其是纸质词典中的兼类词例证都存在一定问题，比如搭配死板、脱离实际、晦涩难懂等，这样的例证并不能让学习者习得准确、自然、流畅的句子，依然会停留在硬套模板的阶段。而电子词典虽然在搭配材料上呈现出的信息较为丰富，但在例证的典型性、平实性、层次性上仍然有所欠缺。此外，尽管有许多学者对词典例证中的词语搭配问题进行了探讨，如郑定欧（2004）、付娜（2010）、章宜华（2011）等，然而少有研究者从类联接的角度考察，类联接作为词语搭配信息的概括性表达，在英语学习词典例证中被广泛使用，对于外向型汉语学习词典编纂也具有借鉴意义。王沛（2020）从类联接视角对兼类词词语搭配信息进行了考察，但其未能提出有针对性的编纂案例，也缺少实际效果的检验。

因此，本研究拟探讨经典外向型学习词典例证编排存在的缺陷和应遵循的原则，在此基础上以 HSK 4 级大纲词汇中的 34 个动名兼类词为例，根据母语语料库和中介语语料库分析母语者和汉语二语学习者的兼类词使用情况，提取常用类联接和搭配词，给出一份在例证中加入类联接信息的编纂样稿。为了考察其实际效果，本研究以北京师范大学达到中级水平汉语的 28 名学生为对象进行问卷调查和测验，发现例证中加入类联接信息确实对留学生习得兼类词有促进作用。

2　外向型学习词典中的兼类词例证编排

本研究以三部影响较大的外向型纸质词典《HSK 中国汉语水平考试词汇大纲汉语 8000 词词典》（北京语言大学出版社，2000）（以下简称《8000 词》）、《当代汉语学习词典》（北京语言大学出版社，2005）（以下简称《当代》）、《商务馆学汉语词典》（商务印书馆，2006）（以下简称《商务馆》）和电子词典 Pleco 为例，对兼类词的例证编排体例进行分析和探讨。

2.1　编排体例

2.1.1　例证的呈现方式

以"说明"为例，四部词典的例证内容分别如下（见表 1）：

表1   四部词典例证内容

词典	内容
《8000词》	说明 shuōmíng （v. explain；n. explanation） ［动］①解释明白：~原因｜~问题｜他~了事故的原因｜你有困难，大家会帮助你，但你应该向大家~情况｜请你给大家~一下。②证明：事实充分~这种做法是正确的｜他能这样做~他是很高明的人。 ［名］解释意义的话：图片下边附有这段~｜写得很好你给这些新产品写个~吧。
《当代》	shuōmíng 说明¹（説明）［动］ 例：现在我来向大家~事情的经过。Xiànzài wǒ lái xiàng dàjiā ~ shìqíng de jīngguò.｜我向大家~一下，他是为了帮助一个小孩才来晚的。Wǒ xiàng dàjiā ~ yīxià，tā shì wèile bāngzhù yī gè xiǎohái cái lái wǎn de.｜这一事实很能~问题。Zhè yī shìshí hěn néng ~ wèntí.｜本来用两分钟就能~的问题，他却用了十分钟。Běnlái yòng liǎng fēnzhōng jiù néng ~ de wèntí，tā què yòng le shí fēnzhōng. shuōmíng 说明²（説明）［动］ 例：闹钟响了，~你该起床了。Nàozhōng xiǎng le，~ nǐ gāi qǐchuáng le.｜孩子要喝水，~他渴了。Háizi yào hēshuǐ，~ tā kě le.｜这一切都~这个问题很重要。Zhè yīqiè dōu ~ zhège wèntí hěn zhòngyào.｜只靠这张照片~不了什么问题。Zhǐ kào zhè zhāng zhàopiàn ~ bù liǎo shénme wèntí. shuōmíng 说明（説明）［名］ 例：这份~是谁写的？Zhè fèn ~ shì shéi xiě de?｜这一本儿是电视机的使用~。Zhè yī běnr shì diànshìjī de shǐyòng ~.｜他在照片下面加了两句~。Tā zài zhàopiàn xiàmiàn jiā le liǎngjù ~.｜我把~写好了。Wǒ bǎ ~ xiě hǎo le.｜你怎么不先看看书呢？Nǐ zěnme bù xiān kànkan shū ne?
《商务馆》	【说明】shuōmíng ①（动）解释明白：这个问题我给大家说明一下。｜你向他说明这种药的用法。②（动）事实、材料等表示出事物的真实性，证明：你的病好了，说明这种药很有效。｜试验结果说明新产品很成功。｜成绩只能说明过去，还要继续努力。｜事实说明我是正确的。③（名）解释的话：中文说明｜用法说明｜仔细阅读说明｜说明太难，看不懂。

（续上表）

词典	内容
Pleco	说明〔説 -〕shuōmíng Verb 1. explain；explicate；expound 说明理由 shuōmíng lǐyóu Give reasons 说明真相 shuōmíng zhēnxiàng Give the facts 说明机器的用法 Shuōmíng jīqì de yòngfǎ Explain how a machine works 举例说明 jǔlì shuōmíng Illustrate by examples 代表团认为有必要说明自己的立场。 Dàibiǎotuán rènwéi yǒu bìyào shuōmíng zìjǐ de lìchǎng. The delegation deems it necessary to state its position. 2. show；prove 他的话很能说明问题。 tā de huà hěn néng shuōmíng wèntí. His words are very telling. 事实充分说明这种说法是正确的。 Shìshí chōngfèn shuōmíng zhèzhǒng shuōfǎ shì zhèngquè de. The facts show clearly that this procedure is correct. Noun Explanation；directions；caption 图片下边附有说明。 Túpiàn xiàbiān fùyǒu shuōmíng. There is a caption under the picture.

根据以上内容，这四部词典的总体例证体例可总结为表2，主要从编排理念、配例层次、词语固定搭配信息、例句有无拼音标注、例句有无英文注释五个方面来进行比较：

表2　四部词典例证体例总结

	编排理念	配例层次	词语固定搭配信息	例句有无拼音标注	例句有无英文注释
《8000 词》	自下而上	词和句子	有	无	无
《当代》	自上而下	句子	无	有	无
《商务馆》	自下而上	词和句子	有	有	无
Pleco	自下而上	词和句子	有	有	有

编排理念可分为自下而上和自上而下两种，前者一般是先部分后整体，先呈现词项的搭配用法，再展现入句语用法；后者一般是先整体后部分，先展现入句语用法，再呈现搭配用法（蔡永强，2016）。由表2可看出，除了《当代》采用自上而下的理念，其他三部词典均采用自下而上的理念。而在配例层次上，只有《当代》是句子层级的，即不展示词语固定搭配信息，其他三部词典都是词和句子混搭，也就是说既有词语的固定搭配信息，也有句子示例。此外，仅《8000 词》无例证拼音标注，仅 Pleco 有例证英文注释。

总体来说，《当代》的编排方式比较特殊，例证只展示句子一个层级的信息，把句子作为学习者理解和学习词项的唯一出口，信息量更大，更符合短时记忆的规律（蔡永强，2008），但其缺少固定搭配信息的呈现，要求使用者拥有较强的、对句子进行把握和整体理解的汉语水平，从长时记忆和深入理解掌握词项含义和用法的角度来看，其编排方式的有效性也有待验证；Pleco 在排版方面最为清晰，且有拼音标注和英文注释，便于学习者准确找到信息和理解信息，但有些词语层级的例证缺乏语境支撑，信息容量不够充足。

2.1.2　例证数量

同样以"说明"为例，考察四部词典中的词语搭配数量、例句数量、例句/搭配数量、例句字数（见表3）。

表3　四部词典例证数量总结

	搭配数量	例句数量	例句/搭配数量比例	例句字数
《8000 词》	9	7	0.78	10 ~ 23
《当代》	12	13	1.08	7 ~ 23
《商务馆》	8	5	0.63	7 ~ 36
Pleco	8	5	0.63	8 ~ 15

由表3可以看出，《当代》的搭配和例句数量是最多的，其次是《8000 词》，《商务馆》和 Pleco 基本一致。然而这四部词典中有三部例句/搭配数量比例是小于1的，也就意味着不是每一种搭配都能给出对应的例句。而在例句字数方面，《商务馆》字数最多可达 36 字，最少是 7 字，是例句字数差距最大的；Pleco 字数保持得最为平均，最少和最长的例句相差 7 个字符。总体而言，《当代》是例证最为丰富的一部词典，而 Pleco 则是各方面表现得较为平均的一部词典，符合信息获取的经济原则。其他两部词典则处于中间水平。

2.2　存在的缺陷和不足

通过对上述词典编排内容和体例的考察，我们发现上述词典的编纂都存在一定的不足：

2.2.1　用词难度过高，易导致重复查询

例句中个别词汇难度过高，学习者在查阅词典的时候需要反复查找不认识的生词。我们从新 HSK 词汇大纲中的 4 级词中选取了动名兼类词"说明""决定""建议"进行检索，发现都存在用词难度过高、过于艰涩的现象。比如以下几个配例：

（1）【说明】他能这样做～他是很高明的人。（《8000 词》）

（2）【决定】～英明。（《8000 词》）

（3）【建议】对于改革奖惩制度，我们早就～几次了。（《8000 词》）

"说明"在新 HSK 词汇大纲中为 4 级词，而"高明"则是超纲词，这个例句势必会对留学生理解词汇含义造成困难。"奖惩"是"奖励"和"惩罚"的合称，两者皆为 6 级词汇，因此在词典中使用这样的词显然超出了留学生的理解水平，会导致重复查询词汇的问题。

2.2.2　配例编排缺乏有序性

条目既没有按难度、复杂度从低到高进行排序，也没有按词语搭配出现频率

的高低进行排序。以"说明"一词在 Pleco 中的例证为例进行考察，其具体配例如下：

（4）说明理由；

（5）说明真相；

（6）说明机器的用法；

（7）举例说明；

（8）代表团认为有必要说明自己的立场。

五条配例中的词语搭配有"说明理由、说明真相、说明用法、举例说明、说明立场"，但在新 HSK 词汇大纲中"说明用法、举例说明"这两个搭配要比"说明理由、说明真相"更简单；考察 BCC 语料库中这五种搭配的数量，其索引条数分别是 471、122、18、518 和 8，可见其配例也没有按照频率来进行编排。从配例复杂性来看，词语搭配、短语和例句交杂在一起，且没有按照复杂度进行排序。譬如，第（6）条配例"说明机器的用法"是一个两层结构的动宾短语，却穿插在简单短语之间，由此可见，Pleco 中配例的编排顺序比较杂乱，缺乏整体的有序性和层级性。

2.2.3　配例缺乏语境支撑

词和短语层次的配例缺少完整的语境支持，只是简单罗列出来了词语搭配短语，对学习者深入理解词汇含义、掌握其用法并无太大帮助。而例句中的语境信息是否丰富也和汉语学习者能否真正学以致用息息相关。我们一般认为名词的含义比较明确具体，而动词则相对来说更依赖语境去理解，因此我们选取了四个兼类词"说明""建议""经历""证明"，对其动词词性的配例进行检索，具体示例如下：

（9）【说明】说明问题。（《8000 词》）

（10）【建议】建议过一次。（《商务馆》）

（11）【经历】这种事情我经历多了。（《8000 词》）

（12）【证明】证明这种看法。（《8000 词》）

词典中都存在只有词层次的配例而无例句提供语境的情况。《8000 词》中的配例"说明问题"，学习者并不能从中获取充足有效的信息来理解和使用这个搭配。"说明问题"是什么意思？说明什么样的问题？怎么说明问题？只有机械的搭配而无具体解释。再来看"经历"的配例"这种事情我经历多了"，具体是哪种事情呢？什么样的事情才应该用"经历"这个词？"证明"的配例"证明这种看法"并没有给出前后文语境。什么证明了这种看法？这种看法具体指的是什么？语境过于空泛，学生难以通过具体的语境来理解和使用词汇。《商务馆》中的例句"建议过一次"则前言不搭后语。建议过一次什么？为什么要建议过一次？学生完全无法依靠语境来揣测其想表达的含义。

以上情况在词典中并不少见，机械的搭配不足以让学生掌握词项的具体用法，缺乏语境支撑的例句让学生无从理解，更别谈掌握其用法并在实际中运用了。

2.2.4　配例实用性不强

一些在词典中出现的例句即使是母语者也很少使用。如例（8）中"代表团认为有必要说明自己的立场"中"说明立场"这一搭配在整个 BCC 语料库中只检索到 8 例，使用频次非常少，日常生活中很少有语境会使用这个搭配，主要用于书面语体中，且带有一定的政治色彩，所以这条例句对学习者掌握词项的含义和用法并无太大帮助，实用性有待增强。

此外，例句中有时会存在专业性过强的情况，不利于普通的汉语学习者理解词汇。如例（13）所示：

（13）【积累】逐年增加公共积累和个人收入。（Pleco）

"公共积累"和"个人收入"属于经济学领域的专业表达，这样的例句专业性太强，也没有提供一定的语言背景，对于留学生来说实用价值有所欠缺。

2.2.5　配例缺乏类联接

四部词典中都给出了具体的词语搭配，但缺少类联接的总结。关于类联接和搭配，Mitchell（1975）认为"类联接是关于词语组合类别的抽象表述，搭配则是类联接的具体实现"。简言之，类联接是包含了多种词语搭配的语法结构和框架。一个类联接代表了一个类别的词语搭配，可称为搭配类（collocational class）。类联接既可以是句法信息的组合，也可以是词类的组合，譬如句法信息组合"S + V + O"和词类组合"V + N""Adj. + N""N + N"都是类联接，对应的词语搭配为"我喜欢中国"和"看书""红苹果""咖啡店"。类联接在形式上较为抽象，但更为直观、简洁、明确，结合具体的词语搭配可以帮助二语学习者有效理解、掌握，因此词典中加入类联接信息，可以起到提纲挈领的作用，帮助留学生更好地掌握词语的搭配情况。然而目前鲜少看到主流的学习词典配例编排中融入了类联接。

2.2.6　排版不清晰，用户友好性较差，重点不突出

《当代》和《8000 词》这两部纸质词典全部采用黑色字体印刷，词条、搭配、例句的排版也并没有做出明显区分，这就导致学习者在翻看词典的时候难以把握重点，查阅的舒适感有所下降，查找效率也会受到影响（见图 1、图 2）。

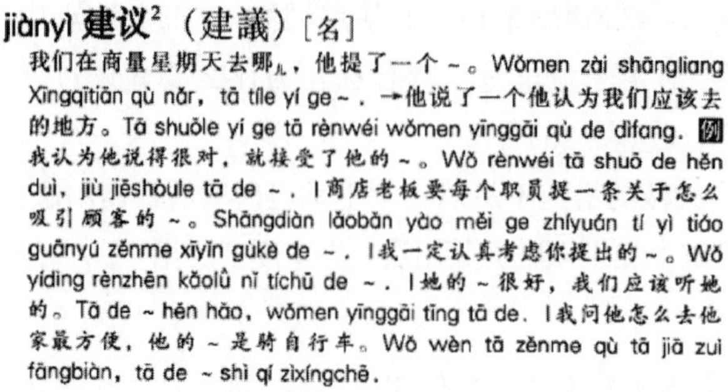

jiànyì **建议**² （建議）[名]

我们在商量星期天去哪儿，他提了一个~。Wǒmen zài shāngliang Xīngqītiān qù nǎr, tā tíle yí ge ~. ·他说了一个他认为我们应该去的地方。Tā shuōle yí ge tā rènwéi wǒmen yīnggāi qù de dìfang. 例 我认为他说得很对，就接受了他的~。Wǒ rènwéi tā shuō de hěn duì, jiù jiēshòule tā de ~. |商店老板要每个职员提一条关于怎么吸引顾客的~。Shāngdiàn lǎobǎn yào měi ge zhíyuán tí yì tiáo guānyú zěnme xīyǐn gùkè de ~. |我一定认真考虑你提出的~。Wǒ yídìng rènzhēn kǎolǜ nǐ tíchū de ~. |她的~很好，我们应该听她的。Tā de ~ hěn hǎo, wǒmen yīnggāi tīng tā de. |我问他怎么去他家最方便，他的~是骑自行车。Wǒ wèn tā zěnme qù tā jiā zuì fāngbiàn, tā de ~ shì qí zìxíngchē.

图1　《当代》释义图

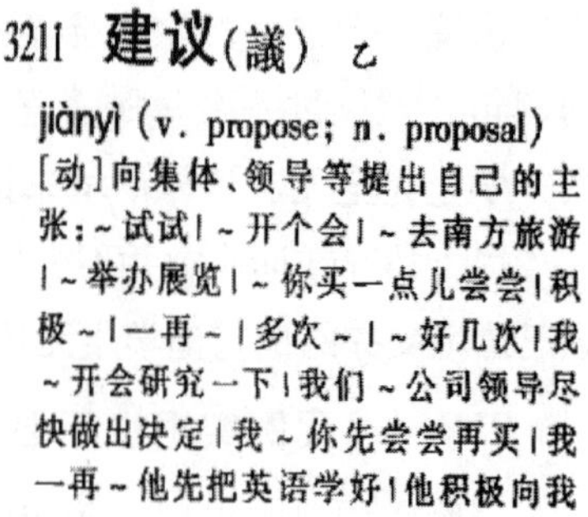

3211　**建议**（議）乙

jiànyì （v. propose; n. proposal)

[动]向集体、领导等提出自己的主张:~试试|~开个会|~去南方旅游|~举办展览|~你买一点儿尝尝|积极~|一再~|多次~|好几次~|我~开会研究一下|我们~公司领导尽快做出决定|我~你先尝尝再买|我一再~他先把英语学好|他积极向我

图2　《8000词》释义图

2.3　应遵循的原则

配例是学习者正确理解词目意义最重要的词典构件（蔡永强，2011）。当然，外向型学习词典是以汉语学习者为对象的，不同于内向型学习词典是针对母语者的，所以在编写配例时应该尤其注意以下几个原则：

2.3.1　有序性

内部逻辑应遵从由易到难、由浅到深、由简单到复杂、由抽象到具体的层次顺序，用词的难度、类联接的难度、例句的语法复杂性都应该展现一定的梯度。用词的有序性指配例的词汇应该符合学习者的认知发展规律，比如"决定"这个词，在初级阶段可能会和"做"等简单的词搭配，在高级阶段会和"通过""宣布"等较难的词搭配，可以循序渐进地加大用词难度。而在类联接使用方面，也应考虑该类联接在句中能否作谓语、能否作定语、能否作状语等信息。例句的语法复杂度也应呈现梯度上升的趋势，比如"把字句"的几种句式复杂程度不一样，在编写配例时可以逐步提高难度和复杂度。

2.3.2　实用性

例句编写要考虑到实用性，即例句应让学习者在实际生活中能达到学以致用的效果，不能编写过于艰涩难懂、过于专业、在日常生活中极少使用的例句。

2.3.3　时代性

配例的使用也应该注重时代性，如果在配例中我们过多使用老化的词汇，则会严重影响学习者对目标词汇的理解，这也偏离了配例最初的设计宗旨（庚点，2019）。所以在设置配例时应反映当代中国的新气象，展现时代发展中的巨大变化，淘汰掉一些过时的表达。

此外，编写时还应考虑到语体色彩，如果是常见的口语词，例句可以体现日常对话的内容。汉语学习者来自各行各业，需求也会多样化，因此在编写时也应尽量满足词典的多种用途，如学习、应试、旅游、商务等需求。

（14）【经历】解放前的经历。（《商务馆》）

（15）【决定】市政府做出了一项重要~：在郊区建一个新城市。（《当代》）

如例（14）中所用的"解放前"这个词语所代表的含义具有专指性，不了解中国历史的学生可能完全不明白这个词所代表的特殊时代意义，因此像这样的例句不适合出现在外向型学习词典中。而例（15）则体现了新中国时代发展的风貌，符合当代的社会文化观念，是值得倡导的例句编写方式。

2.3.4　语境化

要有充分的语境支撑，如果配例只是短语示例的罗列，只能提供固定的搭配，不能提供充分的句法语用信息，就失去了其功能性意义。外向型学习词典针对的是汉语学习者，他们不可能像母语者一样凭借语感猜测出上下文的语境，因此在配例编写时应给出完整、具体的语境，才能使留学生更清晰地理解和把握词语使用的要点。

3　外向型学习词典中兼类词例证编纂

3.1　选取类联接及词语搭配

由于本研究主要关注中等水平的学习者，因此我们选取了新 HSK 词汇大纲 4 级词汇中的 34 个动名兼类词作为考察的目标词。本研究主要依据北京师范大学中文信息处理研究所开发的汉语学习工具——中文搭配助手（CCA）中搭配数据的抽取结果，选定 34 个动名兼类词的高频类联接和词语搭配。考虑到中文搭配助手搭配数据的抽取主要基于北京师范大学构建的汉语国际教育动态语料库（胡韧奋、肖航，2019），可能并未充分反映汉语母语者的使用情况，故我们又考察了 BCC 和 CCL 语料库中母语者兼类词类联接及词语搭配的使用情况，进行了一定的补充。

以"说明"一词进行示例，我们首先在 CCA 中提取了"说明"一词的典型类联接和词语搭配，如表 4 所示。

表 4　CCA 中"说明"的典型类联接和词语搭配

类联接	词语搭配	频次	互信息	典型形式
动宾	说明问题	7	1.93	说明了问题
	说明道理	6	2.20	说明了道理
主谓	例子说明	4	5.29	——
	理论说明	3	4.47	——

（续上表）

类联接	词语搭配	频次	互信息	典型形式
状中	就说明	14	0.65	
	也说明	10	0.24	
介谓	向×说明	4	0.64	向×说明了
述补	说明一下	5	3.45	

其次，我们在 BCC 和 CCL 语料库中以"说明"为关键词进行检索，从中提取了"说明"一词的典型类联接和词语搭配，如表 5 所示。

表 5　BCC 和 CCL 语料库中"说明"的典型类联接和词语搭配

作为动词的类联接	词语搭配	作为名词的类联接	词语搭配
～ + Noun	说明问题	Noun + ～	药品说明
	说明道理		情况说明
Noun + ～	事实说明		使用说明
	例子说明	Verb + ～	看说明
Verb + ～	举例说明		
	能说明		
	不能说明		
Adv. + ～	就说明		

最后，我们综合考察了 CCA、BCC 和 CCL 词料库中"说明"一词的典型类联接和词语搭配，选取了放入例证中的类联接和词语搭配，如表 6 所示。

表 6　"说明"例证中的类联接和词语搭配

义项	作为动词的类联接	词语搭配	义项	作为名词的类联接	词语搭配
说明$_1$	～ + Noun	说明道理	说明$_4$	Noun + ～	使用说明
	Noun + ～	例子说明		Verb + ～	看说明
	Verb + ～	能说明/不能说明		Prep. + ～	按说明
	Adv. + ～	就说明			
说明$_2$	～ + Noun	说明情况			
	Verb + ～	举例说明			
	Prep. + Pron. + ～	向×说明			
说明$_3$	～ + Classifier	说明一下			

3.2　编写例句

为了使例句贴近实际生活，便于学习者理解和使用，我们依据 HSK 动态作文语料库中词语的使用情况，进行了适当的改写。且为避免学习者重复查询，例句所用词汇基本为 HSK 4 级及以下的词汇，帮助学习者快速建立语境、理解语义。

以"说明"一词进行示例，我们首先在 HSK 动态作文语料库中提取了"说明"一词的使用情况，其次依据"说明"实际的使用情况进行了改写，放入例证。以"说明"的三个类联接为例，其实际使用情况及改写例句如表 7 所示。

表 7　"说明"三个类联接的实际使用情况及改写例句

来源	类联接	词语搭配	例句
HSK 动态作文语料库	Noun + ~	例子说明	此例子说明，父母可以影响孩子的兴趣和观念。
	Verb + ~	能说明/不能说明	我认为这一句话能说明父母是孩子的第一任老师。
	Adv. + ~	就说明	这就说明人们的保健意识有所提高。
改写	Noun + ~	例子说明	这个例子说明：越努力的人赢的机会越大。
	Verb + ~	能说明/不能说明	你举的例子能说明他很受人欢迎，但不能说明所有人都喜欢他。
	Adv. + ~	就说明	我认为个人买车是好事，买得起汽车的人多，就说明我们的生活水平提高了。

3.3　英文释义

由于 HSK 4 级处于向高级过渡的阶段，因此学习者已掌握了较为丰富的词汇和语法知识，同时也具备了相应的语言技能，故在编写例证时，我们仅给出了词汇义项的英文释义及词语搭配的英文释义。这一方面可以帮助学习者理解语义，更好地掌握词汇知识；另一方面还可以突出词语搭配，加深学习者的记忆，从而潜移默化地形成类联接意识。在编写词语搭配的英文释义时，在保证语义、语法正确的前提下，我们严格按照类联接的格式给出释义，没有进行意译。

以"说明"一词进行示例，我们给出了其四个义项及词语搭配的英文释义，如表 8 所示。

表 8 "说明"义项及词语搭配的英文释义

义项英文释义	类联接	词语搭配	词语搭配英文释义
show；indicate；prove	~ + Noun	说明道理	show a truth
	Noun + ~	例子说明	the example shows
	Verb + ~	能说明/不能说明	can show/cannot show
	Adv. + ~	就说明	just show
explain；illustrate	~ + Noun	说明情况	explain the situation
	Verb + ~	举例说明	illustrated by examples
	Prep. + Pron. + ~	向×说明	explain to sb.
to announce something clearly or officially	~ + Classifier	说明一下	make it clear
explanation；directions；caption	Noun + ~	使用说明	operation instructions
	Verb + ~	看说明	read the introduction
	Prep. + ~	按说明	according to the instructions

3.4 排版布局

考虑到兼类词自身的特性，即词性复杂、不唯一，故我们以词性进行排版。我们加粗处理了词性、义项的英文释义及类联接这三部分，同时在类联接前有箭头指示，将其与其他内容进行明显区分，使得重点突出；并且将义项的英文释义、类联接、词语搭配及英文释义和例句这几部分单独成行，使排版清晰直观、一目了然。这样既保证了学习者翻阅词典时的舒适感，又提高了学习者的查找效率和学习效率。

以"说明"一词进行示例，清晰直观、重点突出的排版布局如图 3 所示。

说明

V.

1. show; indicate; prove

➤　~+n.

a.　说明道理 (show a truth)

　　这个故事**说明**了一个道理，人一定要诚实。

➤　n.+~

a.　例子说明 (the example shows)

　　这个例子**说明**：越努力的人赢的机会越大。

b.　情况说明 (the situation shows)

　　这些情况**说明**如果不坚持自己的看法，最后可能什么事也做不成。

➤　v.+~

a.　能说明/不能说明 (can show/cannot show)

　　你举的例子能**说明**他很受人欢迎，但不能**说明**所有人都喜欢他。

➤　adv.+~

a.　就说明　(just show)

　　我认为个人买车是好事，买得起汽车的人多，就**说明**我们的生活水平提高了。

2. explain; illustrate

➤　v.+~

a.　举例说明 (illustrated by examples)

　　请你举例**说明**你的看法。

➤　~+n.

a.　说明情况 (explain the situation)

　　当我**说明**情况后，他们马上帮助我修好了车。

➤　prep.+pron.+~

a.　向×说明 (explain to sb.)

　　他不好意思向父母**说明**他点的都是这个饭店最便宜的菜。

3. to announce something clearly or officially

➤　~+classifier

a.　说明一下(make it clear)

　　我得先**说明**一下，现在我不是学生，是老师。

N.

4. explanation; directions; caption

➤　v.+~

a.　看说明 (read the introduction)

　　吃药之前一定要看**说明**书。

➤　Preposition+~

a.　按说明 (according to the instructions)

　　你按**说明**去做，一步一步来就可以学会了。

➤　n.+~

a.　使用说明 (operation instructions)

　　这个空调的使用**说明**很详细，看了以后马上就会用了。

图3　"说明"的排版布局

4　实验研究

4.1　目的

如前所述，类联接及词语搭配可以帮助汉语二语学习者学习和掌握词汇。故本实验意在探究类联接及典型词语搭配信息的有无是否会影响汉语二语学习者学习动名兼类词。

4.2　被试

被试者为北京师范大学汉语文化学院的 28 名中级成人学历生，他们皆通过了 HSK 4 级考试，但还未通过 HSK 5 级考试。28 名学生被随机分为两组：一组为实验组，学习有类联接的材料；一组为对照组，学习去掉类联接的材料。每组各 14 人。

4.3　实验设计

实验为单因素项目间设计，自变量为类联接信息（有、无），因变量为测试分数。控制实验组与对照组之间除类联接外没有任何差异，确保实验结果不受其他额外变量的干扰。

4.4　实验材料

我们从 34 个动名兼类词中选取了类联接信息较为丰富的"说明"和"决定"两个词作为学习材料。首先，我们基于中文搭配助手选取出高频类联接；其次利用 BCC 语料库中的统计筛选功能进行检验；再次考察了 HSK 动态作文语料库中二语学习者类联接的使用情况，以此为参考编写例句；最后，因为中文搭配助手中部分词语的类联接信息未能完全反映母语者的使用情况，故我们又基于BCC、CCL 语料库进行了一定的补充，试图提出具有针对性的兼类词例证范例。

我们基于 HSK 4 级考试的考试题型，编制了测试问卷，题型包括排列顺序、选出正确答案和选词填空，并且保证了测试题目中没有超纲词汇。

4.5　实验程序

实验共分为两个阶段：第一阶段，学生自学"说明"和"决定"的材料。

第二阶段，完成测试问卷。在第一天下发材料后，要求学生仅基于所给材料进行自学，不要查阅其他材料。自学两天后，在第三天下发测试问卷，问卷共分为 4 页，每页的作答时间最少为 1 分 30 秒，最多为 5 分钟，保证学生认真作答了每道试题。

4.6　结果

本次测试的有效答卷为 28 份，进行独立样本 t 检验，结果如表 9 所示。

表 9　实验组与对照组测试分数

分组	被试数	平均值	标准差
实验组	14	83.93	7.12
对照组	14	90.36	7.71

结果表明，实验组与对照组之间的测试分数差异显著，$t = -2.292$，$p = 0.03$。由此可知，有无类联接信息确实会影响学习者词汇学习的效果，有类联接信息有助于学习者学习动名兼类词。

5　结语

在考察了三部纸质词典《8000 词》《当代》《商务馆》和电子词典 Pleco 这四部影响较大的外向型学习词典后，我们发现其编纂存在一定的不足，如：用词难度过高，易导致重复查询，配例编排缺乏有序性，配例缺乏语境支撑，配例实用性不强，配例缺乏类联接以及排版不清晰，用户友好性较差，重点不突出。在分析总结以往词典不足的基础上，我们吸取经验，在编纂词典时注意了用词难度、编排顺序、例句适用性及排版布局等问题，清晰直观地展示词汇配例的同时，还突出了重点，便于学习者进行词汇的查阅和学习，为之后外向型汉语学习词典的编纂提供了一定的参考。

此外，我们还进一步考察了类联接及典型词语搭配对学习者词汇学习的影响。根据实验研究结果，我们发现类联接及典型词语搭配在汉语二语学习中发挥着十分重要的作用。因此，在之后的词典编纂中应考虑增加词语的类联接及典型搭配信息。同时，在教学过程中应强调掌握类联接和典型搭配的重要性，并着重讲解，有效培养学生的"类联接意识"。

参考文献

［1］蔡永强. 对外汉语学习词典学［M］. 上海：学林出版社，2016.

［2］蔡永强.《当代汉语学习词典》配例分析［J］. 辞书研究，2008（3）.

［3］蔡永强. 对外汉语学习词典编纂的用户友好原则［J］. 辞书研究，2011（2）.

［4］付娜. 外向型汉语学习词典配例中搭配信息的呈现原则及实现条件［J］. 辞书研究，2010（5）.

［5］胡韧奋，肖航. 面向二语教学的汉语搭配知识库构建及其应用研究［J］. 语言文字应用，2019（1）.

［6］陆俭明. 陆俭明序［C］//鲁健骥，吕文华. 商务馆学汉语词典. 北京：商务印书馆，2006.

［7］王沛. 外向型汉语学习词典中词语搭配处理的考察与分析：以动名、动形、动名形兼类词为例［D］. 北京：北京外国语大学，2020.

［8］庾点. 论外向型汉语学习词典 App 的配例原则［C］//2019 对外汉语博士生论坛暨第十二届对外汉语教学研究生学术论坛论文集. 北京：北京大学对外汉语教育学院，2019.

［9］章宜华. 对外汉语学习词典释义问题探讨：国内外二语学习词典的对比研究［J］. 世界汉语教学，2011，25（1）.

［10］郑定欧. 对外汉语学习词典学刍议［J］. 世界汉语教学，2004（4）.

［11］HUNSTON S, FRANCIS G. Pattern grammar：a corpus-driven approach to the lexical grammar of English［M］. Amsterdam：John Benjamins Publishing Company，2000.

［12］MITCHELL T F. Principles of firthian linguistics［M］. London：Longman，1975.

理据教学需求下的汉语学习词典编纂研究

——以《国际中文教育中文水平等级标准》词汇为例①

齐小俊　高立国

（华南理工大学）

摘　要： 词汇能力是语言能力最基本的组成，在汉语国际教育的背景下，词汇的理据教学需求在量的积累下逐渐走向质的提升。基于《国际中文教育中文水平等级标准》（GF0025 – 2021）（以下简称《标准》）的发行，本文以《标准》的 11 092 个词汇为研究对象，着重探讨了外向型专项词典编纂以理据释词的问题。汉语词汇可使用语音理据、形态理据、语义理据和词源理据四大类分别释义。且各大类中，根据理据的内容分成小类，旨在将《标准》词汇的语义进行科学、合理、系统的理据分析，并提出理据教学需求下外向型学习词典编纂的注意事项。

关键词：《标准》；语音理据；形态理据；语义理据；词源理据

"把优秀中华文化传播到五湖四海"，汉语的词汇理据是最能体现优秀中华文化的元素之一。"讲好中国故事"，每一个汉字、每一个词就是一个故事。

词汇能力是语言能力最基本的组成。在进行国际汉语教育时，我们发现，许多留学生、华裔甚至是国内本、硕、博学生，往往喜欢对汉语词汇的来源、理据刨根问底。好奇是人的天性。知其然并知其所以然，是每个学生的渴求。根据笔者的教学实践和对几十位海外一线华文教师的调研，发现一线华文教师都肯定了词的理据教学具有激发学生汉语学习兴趣和揭示汉语字词内在系统性和逻辑性的优点。但是一线华文教师受本身的汉语水平、研究能力和时间精力的限制，遗憾于不能采用理据教学法。一线华文教师呼吁一个准确性、权威性、科学性和实用性相结合的汉语理据教学词典。

① 本研究获得广东省哲学社会科学规划 2024 年度学科共建项目——基于《国际中文教育中文水平等级标准》的外向型汉语理据词典编纂研究（GD24XZY01）项目资助。

　　国内已有的《辞源》《字源》等词典和一些论文也专门就某个词的来源做过论述，这些材料资源都是给汉语为母语的学者研究使用的。在面向二语学习者和本土汉语教师的词汇理据词典方面，尚属市场空白。根据中外语言合作交流中心官网数据，目前全球中文在学人数有 2 000 多万。以此为基础的国际中文教育，已经由数量提升走到素质提升的阶段了，提质增效是工作的重心。兴趣是最好的老师，素质提升的核心是趣味吸引。"授人以鱼"不如"授之以渔"，"授之以渔"不如"授人以欲"。

　　索绪尔明确提出的"语言符号是任意的"，阐述了语言符号的能指（signifier）与所指（signified）之间的关系具有任意性，其无必然联系性。词的能指说的是词语的物质形式（form），词的所指说的是词语的内容或意义（meaning）。

　　任何事物或现象都具有多种特征标志，在命名时却只选择它的某个特征或标志作为依据。这就是语言的能指与所指之间的选择。词的形式与意义的联系具有任意性，但又是人类在生产生活中约定俗成（conventional）的结果。根据词的形式与意义之间的关系，我们可以将词分为有理据（motivated）词汇和无理据（non-motivated）词汇。无理据词汇，即从多数原始词（radices）暂时找不出关系的词汇。

　　理据（motivation）本指"理由；根据"。陆国强（2007）认为"词的理据指事物和现象之间获得名称的依据，说明词义与事物或现象的命名之间的关系"。马清华（2006）从"词、概念、义类、观念、短语、句子"等角度将理据的内容分为了"词据、概念理据、义类理据、观念实现方式、意念取向、句义表达式"等，其中词据即词的理据。

　　根据不同的划分标准，词的理据也被分成了不同的类型。早期，许光烈（1994）根据汉语词汇的特点，将词的理据初步分成"摹声型、语源型、特征型、借代型、比喻型、夸张型、典故型、减缩型、禁忌型"九种；曹炜（2009）根据词义同语素义因果联系的关系，分成"显性理据"和"潜性理据"；王艾录、司富珍（2001）分为音义、句段和文化三类理据；马清华（2006）按形成因素分成声音理据、词法理据、意义理据三类；王立杰（1999）所分成的直接理据指"词语对自然界声音的近似描摹"，间接理据包括"同源滋生、旧词新义、比喻型、通感型、借代型、文化赋词理据"等。

　　《标准》在适应汉语国际教育新形势下于 2021 年执行。本文以《标准》的 11 092 个词汇为研究对象，根据前人的研究成果，从汉语理据教学和词汇的理据构成角度分析汉语学习词典的编纂，以方便华文教师使用和高级水平学生学习为目标，对汉语理据教学词典的编纂提出建议。我们还在前人研究成果的基础上，根据词的理据内容和形成因素，将有理据词汇分成语音理据、形态理据、语义理据和词源理据四个方面。当出现一个词语的理据有多种的情况时，我们将选择主要理据并行交叉解释。

1 语音理据

1.1 语音理据概念 （phonetic motivation）

语音理据，指的是词汇来源于模仿人、动物、植物、事物、动作等的声音。由语音理据构成的词，语音和语义之间有着天然的联系。

根据语音理据，我们可以把词分成两大类：基本拟声类和次要拟声类。汉语拟声词系统相当全面地描摹了人类与客观世界以及人类生存、生活互动发出的各种各样的声音。

1.2 基本拟声 （primary onomatopoeia）

基本拟声指的是音即义、义即音。基本拟声词音与义的天然相似，可以引起音与义之间的基本联想。基本拟声词的所指从语音形式上便可直接知晓。这些词在教学时直接模拟声音即可。

1.2.1 自然现象类

如打雷"轰隆"、刮风"呜呜"、大雨"哗哗"、流水"潺潺"、风吹树叶"唰唰"等。此外，还包括某些事物发出的声音，如乒乓球，是因为在打球时，你推我挡乒乓作响，"乒乓"就是模拟乒乓球在运动中的声音。

1.2.2 动物叫声类

如鸟兽的吼叫，青蛙的"呱呱"、公鸡的"喔喔"、老鼠的"吱吱"、小猫的"喵喵"、小狗的"汪汪"等。又如马"嘶"、牛"哞"、狼"嚎"、虎"啸"、狮"吼"、猿"啼"等。《标准》中动物类名词如"狗、猫、鱼、牛、羊、猪、猴、虎、蛇、鼠、兔、熊"等大部分单音节词语音与动物的叫声相关。

1.2.3 客观事物类

如铃铛"叮当"、钟表"滴答"、鞭炮"噼啪"、小雨"淅沥"、流水"浅浅"、翅膀"扑棱"。还有一些是在一定压力条件下发出的声音，如物件受压而发出的"嘎吱"声，迅速滑动的"刺溜"声，等等。"钟"一般是用铜或铁制成的大型中空器具，发出的声音犹如 zhōng。单独悬挂的叫"特钟"，大小相次编排成组悬挂的叫"编钟"。佛教传入时寺庙悬挂的钟用于僧人日常功课的计时，亦有"暮鼓晨钟"之说。

1.2.4　人类动作类

如人的笑声就有"哈哈、嘿嘿、呵呵、嘻嘻、扑哧"等多个词汇。嬉笑时左右两嘴角向两端翘起，喉咙发出的笑声经由平裂的口腔发出，于是就有了嘻（xī）声。人的身体各部位动作发出的声音也是此类。

语气词是其中特殊的一类。描摹人的嘴部动作相关的声音时，还约定俗成地表达一些感情色彩，具有了固定的语法功能，这就形成了语气词，如"啊、吧、呢"。"啊"除了简单的呼应之声，还包含了一定的语气，如"啊，天气凉了!"表示惊异或赞叹；"啊？你再说一遍"表示追问；"啊，怎么会这样?"表示惊疑后的恍然；"啊，伟大的祖国!"表示强烈的赞叹。

1.2.5　音译外来词类

在《标准》中，英源词主要有"派（pie）、啤酒（beer）、沙发（sofa）、巴士（bus）、打（dozen）、晒（share）、博客（blog）、吨（ton）、浪漫（romantic）、酷（cool）、三明治（sandwich）"等。法源词有"克（gramme）、米（metre）、模特儿（model）"等。如"T恤"是英语"T-shirt"的音译，此衫原为美国海军陆战队穿的一种衬衫，后因电影男主角所穿，走俏世界各地。"巴士"是英语"bus"的音译，现"巴"具有独立语素义，进入构词组合。如"大巴"即"大型巴士"，一般指体型较大的公共汽车或旅游用车。外形较小的用"中巴"表示。

1.3　次要拟声 （secondary onomatopoeia）

次要拟声指的是音与义存在某种隐性的关联，义提示音，音展现义。次要拟声词是音与某种象征意义的联想。这种象征联想，我们有时不能直接看出来，比较隐蔽，在教学时得从声音方面进一步联想。

1.3.1　事物命名类

汉语中声音能够与事物命名发生联想的词较多。如某些动物的命名，以其突出的、与众不同的动物的叫声特征命名来区别于他物。如"鸡、鸭、鹅、猫、狗、牛、虎、蛙"等。

在对"鸡"进行释义时，人们往往更为关注对"鸡"外形的描述，而忽略了其模拟声音的功能。"鸡"音 jī，模拟小鸡的叫声。人类年纪较小的孩子"娃"音 wá，婴幼儿尚小，不能言语，以哭声为主，"娃"模拟儿童的哭声。"棒"音 bàng，短粗的棍子，模拟敲击物体时发出的声音。

1.3.2　动作命名类

任继昉（2004）列举了一些拟声造词的例子，如"滚、骨碌、碌碌"等表圆转之音；"顶、钉、打、考、敲、击、逢、碰、冲、抨、拍"等表冲撞之音；"暴、爆、判"等表爆裂之音；"斯、嘶、撕、切、错、搓、锯、磨"等表切磋之音；"散、洒、碎、抖擞、瑟缩、筛、数"等表碎细之音。这都有利于我们进行词义语音理据的解释。

如"拍"，一般用手掌或片状物打，受力面积较大，其拍打至物体时发出的动作之声犹如"pāi"。而"击"的受力面积较小，着重于点的敲打，故发出的声音是"jī"。在进行动作的摹音拟声过程中，我们发现某些词汇符合训诂的"音近义通"原则。如受力面积较大的动作，往往其动作发出的声音较大，汉语也以开口呼为主，如"挨、抗、拉、搬、把、扎、敲、拍、摔、踏、踩、踹、跨、跑"等。受力面积较小的，或其动作发出的声音较为尖锐的，汉语以齐齿呼、撮口呼为主，如"击、挤、系、提、批、摁、拧、揪、捋、踢、奔、蹦"等。

2　形态理据

2.1　形态理据概念　（morphological motivation）

形态理据，包括一个语素的单音节词的书写形态理据，即字形理据，还包括一个或若干个词干或与词缀构成的复合、派生形态理据。其中派生词和复合词的汉语词义的理据解释还是以语义理据为主，故不单独列出。

汉字的字形理据一直是汉字区别于其他文字的独特优势。有的时候一个汉字就是一个词。部分汉字的字形就是这个词的理据。

汉字属于音意文字，其中的象形字、指事字、会意字与汉字字义直接相关。《标准》初等的单音节词一共有 512 个。如"半、刀、厂、车、出、从、大、飞"等。而占比较大的形声字的义符也可以为汉字字义提供某些解释的依据。我们将汉字的形态理据分为造字法理据和字形同源理据。

2.2　造字法理据

"象形、指事、会意、形声"四种造字法经常被广泛地用于汉字教学中。汉字的独特性造就了汉语词汇的独特性。

2.2.1　象形理据类

象人体之形，如"人、大、子、女、母、目、耳、口、舌、眉、手、足、心"等。象动物之形，如"马、牛、羊、鸟、象、虎"等。象自然景观之形，如"山、川、水、石、回、木、米、日、月、雨、火"等。象居室环境之形，如"高、厂、行、皿、弓、刀、舟、车"等。

2.2.2　指事理据类

当人们不方便使用象形方法作具体描绘时，在象形字字形的基础上增添或减少象征性符号，或者单独使用象征符号，"指事"造字法便应运而生。

独体指事字，如"一、二、上、下"等。"上"在一长横上加一短横，意指物体的上部。合体指事字，如"元、示、刃"等。"元"在没有头发的人形"兀"之上添上一短横，上面的短横指明头的位置，以表示人头之意。变体指事字，如"臣、巾"等。"巾"中间的竖代表人的形象，围在腰部以下的布即"巾"，类似于今天影视作品里孙悟空的虎皮裙。

2.2.3　会意理据类

在象形、指事的基础之上，用两个或两个以上的独体汉字，合成一个新字的意义，所组成的新的汉字即会意字。

比较常见的如日月"明"、田力"男"、小大"尖"、小土"尘"、双木"林"、三木"森"等。"裕"表示有衣服、有谷物，物质生活富裕。"初"表示用刀裁衣，由裁衣的开始指代其他事物的开始、最初阶段，"初"就有了"开始"之意。

2.3　字形同源理据

汉语的会意兼形声字占有较大比例。汉字除了"音近义通"的原则外，其相同部件构成的字形也有系统性的紧密联系。其中，表现明显的就是会意兼形声字。

如"青"族同源字。"青"，会意兼形声字，从生从丹，用植物刚刚发芽的颜色表示绿色。由人们对绿色的喜爱之情引申为对事物的评价义，"青"核心义素为"良，好"。《汉语同源词大典》列出十多个词，如丽日为"晴"、丽水为"清"、丽目为"睛"、丽米为"精"、丽草为"菁"、丽人为"倩"、丽女为"婧"、丽言为"请"、丽心为"情"等。

又如"丁"族同源字。"丁"，象形字，甲骨文和金文都象俯视的钉头形。"丁"即"钉"，形上粗大下尖细。"丁"的核心义素为"小"。象钉体形的如

"钉、叮、盯"等。"叮",蚊子、蜜蜂等昆虫以针形口器螫刺后的形状如"丁"。"盯"喻指目光直射如钉。"丁"还引申为"确定"义,如"订、亭、成"等。"丁"表小义的如"汀、町",表平义的如"厅",表物体顶端的如"顶、底"等。

再如"尞"族同源字。"尞"为会意字,甲骨文下从火,上部分象架柴焚烧时火星飞飘、烟火升腾的形象。"尞"的核心义素是"向上"。"燎"即焚烧时火焰升腾向上之貌。"潦"是水滴落到地碰撞后溅起向上的水花。"缭"即藤蔓如丝般缠绕向上生长。"撩"是用手提起、掀起的向上动作状。如撩开帘子、撩起头发。"獠"指的是动物长牙向上生长的样子,如獠牙。"尞"的同源字还有"嘹、瞭、僚、寮"等。

字形的同源理据也体现了汉语字词的系统性。进行系统的同源词介绍是由于某些字词的使用频率较低,《标准》未收录,但我们在进行词典编纂时可以作为理据释义的拓展性词汇。

3　语义理据

3.1　语义理据概念（semantic motivation）

语义理据,指的是词的本义和新义之间的联系,为理解词汇意义的演变提供根据。

语言是一个稳定且动态发展的系统,词汇的意义也总是在不断演变,语义的延展与变化与社会的发展又密切相关。因此,语义理据不仅是语言生命力的重要源泉,还使得语言生命力更具有活力。

《现代汉语词典》的使用对象以母语学习者或研究者为主,某些词的语义理据解释也非常科学、合理。但在进行汉语国际教育时,有些解释还不太适用。如"父亲""爸爸"［词汇解释来源于《现代汉语词典》(第7版),下同］:

父亲:名,有子女的男子,是子女的父亲。

爸爸:〈口〉名,父亲。

现代汉语词汇以双音节词为主,利用复合式、重叠式、附加式构成的合成词占绝大多数。根据语义理据的形成方式,可以将语义的认知理据分为:语义复合与附加理据、隐喻、转喻。

3.2 语义复合与附加理据

语义复合与附加理据，即在语素义的加合、延展、缩小基础上形成的词义。分成三类：

（1）词义的解释表现为语素义之和。如：

班级：学校里的年级和班的总称。

病人：生病的人；受治疗的人。

办法：处理事情或解决问题的方法。

出租车：供人临时雇用的汽车，多按里程或时间收费。也叫出租汽车。

地铁：①地下铁道的简称。②指地铁列车。

"班级"即"班＋级"，"病人"即"病的人"，"办法"即"做的方法"，"出租车"即临时出租的车子。另外，有学者提出从语言理据的角度来看，"计程车"比"出租车"更为合理、科学，因为它是以路程计量收费为基础的租赁车辆。上述复合词的词义较为简单，在进行理据编纂时可简化语言，突出语素义的加合关系。

此类还包括附加在词根上、表示附加意义的前缀、中缀、后缀的附加词。如汉语的"儿化现象""子化现象"，可以引起词汇的色彩"小"义联想，有时甚至需要改变词性。

在《标准》初等词汇中，儿化词和子化词数量不在少数。从词义以及词汇理据的角度来说，它们也是词汇的主要理据来源之一。儿化词如"一会儿、一点儿、一下儿、一块儿、个儿、空儿、哪儿、这儿、那儿"等。子化词如"包子、杯子、被子、鼻子、叉子、池子、尺子、虫子、房子、屋子"等。又如"阿~"，用在排行、小名或姓的前面作前缀时，有亲昵的语义色彩义。如"阿姨、阿斗、阿公、阿妈"等。"~家"，用在某些名词后面作后缀时，表示属于那一类人。如"女人家、姑娘家、科学家、书法家"等。

（2）词义概念比语素义之和层次更高，即词义的延展。如：

搬家：①把家迁到别处去。②泛指迁移地点或挪动位置。

饭店：①较大而设备好的旅馆。②饭馆。

访问：①有目的地去探望人并跟他谈话。②指进入计算机网络，在网站上浏览信息、查阅资料。

"搬家"的对象扩大后，不仅指家，还泛指其他的迁移地点。"饭店"不仅指提供吃饭的地方，还包括提供休息的地方。"访问"的对象由人扩展到计算机网络。

（3）词义概念比语素义之和层次较低，即词义的缩小。如：

爱人：①指丈夫或妻子。②指恋爱中男女的一方。

国家：②指一个国家的整个区域。

茶：①常绿木本植物，叶子长椭圆形，花一般为白色，种子有硬壳。嫩叶加工后就是茶叶。②用茶叶做成的饮料……

交通：①往来通达。②原是各种运输和邮电事业的统称，现仅指运输事业。③抗日战争和解放战争时期指通信和联络工作。④指交通员。⑤结交；勾结。

"爱人"，语素义之和是"所爱之人"，但词义专指情侣关系，而不包括血缘关系或友谊关系。"国家"，语素义之和是"国和家"，但词义专指"国"。"茶"专指茶树上用来加工成饮料的嫩叶。"交通"的本义是交叉通联，如陶渊明《桃花源记》："阡陌交通，鸡犬相闻"，现仅指运输。

3.3　隐喻　（metaphor）

隐喻，即把某事物比喻成另一种事物，隐喻强调事物的相似性（similarity）。

马清华（2006）将普通隐喻模式分为：相貌隐喻、海洋生物的陆地化隐喻、非动物对象的动物隐喻。本文采用 Lakoff & Johnson 的隐喻概念，认为隐喻无处不在，是人类的一种思维方式。如：

吃：①把食物等放到嘴里经过咀嚼咽下去（包括吸、喝）。②依靠某种事物来生活。③吸收（液体）。④消灭（多用于军事、棋戏）。⑤承受；禁受。⑥受；挨。⑦耗费。⑧被（多见于早期白话）。

"吃"的义项也较多，由嘴的咀嚼咽下的动作隐喻"占有"的动作，如"吃力""吃掉敌人一个团"等。

又如：

题目：①概括诗文或讲演内容的词句。②练习或考试时要求解答的问题。③泛指主题或话题。

薪水：工资。

"题目"，"目"即眼睛。一个文章的标题有如人的眼睛，能够清楚地让人看到概括出的话题内容。"薪水"，"薪"即柴火。"薪"和"水"可以满足最基本的生活需要，以"薪水"表示"工资"，解释语义理据时更为形象。

沟通：使两方能通连。

"沟通"之"沟"，即水道，也指人工挖掘的水道或其他工事。"沟通"即疏通，使彼此相通。《左传·哀公九年》："秋，吴城邗，沟通江淮。"在邗江筑城穿沟，沟通东北的射阳湖和西北的淮河，作为粮道用来运输粮食。"沟通"起到了连通的功效，如沟通南北的长江大桥。思想和文化也可以通过搭建平台来进行沟通，如沟通思想、文化沟通等。

光临：敬辞，称宾客来到。

影响：①对别人的思想或行动起作用。②对人或事物所起的作用。③传闻的；无根据的。

明白：①内容、意思等使人容易了解；清楚；明确。②公开的；不含糊的。③聪明；懂道理。④知道；了解。

"光临"，如日光般闪耀入场。"影响"，如影随形，如响应声，形容对别人起到启发或鼓动的作用。"明白"，即阳光照射、日光照耀后的光亮，使得人们可以看得清楚，故"明白"表示知道、了解等。

语义的隐喻理据在汉语词汇中会经常见到。"近取诸身、远取诸物"，汉语的生成从来就与人们的隐喻认知密切相关，如 Lakoff 体验哲学中提到的"山脚、山头、山腰、前面"等。与我们密切相关的时间表达系统多与空间隐喻相关，如"前天—后天、上午—中午—下午、目前—现下、早上—晚上、来日—往日、去日—将来、入夜—清晨"等。

我们发现，以上词典对各个词义的解释还未将汉语词汇的神韵解释通透。若从隐喻的角度解释汉语词汇的意思则更为生动、活泼且有趣。

3.4 转喻 （metonymy）

转喻，即把某事物代替成另一种事物，转喻强调的是事物的相关性（relevance）。在《标准》中较常见的是动词的名词化和名词的动词化、副词化。如：

保安：①保卫治安。②保护工人安全，防止在生产过程中发生人身事故。③指保安员，在机关、企业、商店、宾馆、住宅区等做保卫治安工作的人。

报道：①通过报纸、杂志、广播、电视或其他形式把新闻告诉群众：～消息。②用书面或广播、电视等形式发表的新闻稿。

比赛：①在体育、生产等活动中，比较本领、技术的高低。②名词，指这种活动。

标准：①衡量事物的准则。②本身合于准则，可供同类事物比较核对的。

白色：①白的颜色。②属性词。象征反动的。

"保安、报道、比赛"由动作域相关转喻指该动作的实施者、对象或该动作本身，实现了词性的转喻。"标准"由表示衡量准则这一事物转喻符合这类事物的状态。"白色"由白的颜色隐喻反动的统治等，转喻理据在于十九世纪法国大革命时期大肆屠杀革命者的政府军旗为白色。

安静：①没有声音；没有吵闹和喧哗。②安稳平静。③沉静稳重。（二级）

把握：①握；拿。②动，抓住（抽象的东西）。③成功的可靠性（多用在"有"或"没"后面）。（三级）

背后：①后面。②背地里。（三级）

菜单：①开列各种菜肴名称的单子，多标有价格。②选单的俗称。（二级）

"安静"，由外界环境的没有声音隐喻内心世界的安稳平静。隐喻理据在于状态相似。"把握"是由能抓住的动作隐喻已经掌控的成功的可靠性。隐喻理据在于情态相似。"背后"指空间方位里背的后面，隐喻指背地里，其相似性在于不让人看见或知道的。"菜单"由写着菜品名称的单子隐喻指所有供人选择的单子，其相似点在于都是分条列举的项目。

4　词源理据

4.1　词源理据（etymological motivation）

词源理据，即对词的来源的解释。有时也包括词语的发展变化情况。

汉语词源研究由来已久，如传统的文字学和训诂学。典型的研究成果是各大语文性工具书词源词典的出版，如《说文解字》《释名》《辞源》《字源》《同源字典》《汉语成语源流大辞典》等，其使用对象以母语学习者或研究者为主，用语晦涩，书面语、专业术语、古汉语较多。如"漂亮"：

色彩鲜明。说文"縹，丝色也"。清段玉裁注："谓丝之色光采灼然也。《考工记》曰'丝欲沈'，注云：'如在水中时色。'今人谓之漂亮。"今称秀美、华丽或行动出色为漂亮。[《辞源》（第三版）]

按照《辞源》的解释，我们可以将"漂亮"的词源理据简单释为"丝在水中漂洗时的颜色亮丽"。

王宁（2001）认为汉语词源研究以"探讨语言中的词在发生时的状态"为主要任务。王艾录、司富珍（1998）认为词源重在考察词的出处和历史来源。词源研究广义上包括五个方面，张志毅（1991）列出：①词的出现概况，如起源时间、最早出现的典籍、来自何种语言或方言等；②可追溯的词的原始形式，如最早的语音形式、书写形式；③可追溯的词的最古的意义；④词原始的意义与形式的联系；⑤词形与词义的演变。本文以词源研究的第四个方面为主要研究内容，探讨词的原始形式与最古的意义之间的联系，如词的语音形式和词义的联系、事物命名的理由和根据。

我们将词源理据简单分为三类：事理词源、文化词源、外来意译词源。

4.2　事理词源

事理词源理据指的是那些根据物质面貌和特性所命名的词汇。如：

小时：时间单位，一个平均太阳日的二十四分之一。

食指：示指的通称。

火腿：腌制的猪腿。

花生：落花生。

白领：指从事脑力劳动的职员，如管理人员、技术人员、政府公务人员等，他们工作时多穿白色衬衫。

规矩：①画圆形和方形的两种工具，借指一定的标准、法则或习惯。②合乎标准或常理的。

秘书：①掌管文书并协助机关或部门负责人日常工作的人员。②秘书职务。

以上词义中，必须对某些词义进行事理性解释，才能更为深刻地揭示其词义与字形结合的原因。如"小时"是与古代"时辰"相对的时间单位。我国在春秋时发明了计时工具"日晷"和"铜壶滴漏"，把一昼夜分为十二个"时辰"。明代以来，钟表传入我国，实行了新的计时制度。新计时一个钟点等于"时辰"的二分之一，故称前者为"小时"，后者为"大时"。"食指"是手的第二个指头。人常以这根手指蘸食送口中品尝。古人把食指动作看作"必尝异味"。"食指"又称"示指"，也可以理解其为常用来做指示的手指。"火腿"本指腌制的猪腿。肉质透明鲜艳，并以色素染红，绯红如火。相传抗金名将宗泽以此献皇帝，宋高宗赐名"火腿"。"花生"，一种一年生草本植物，也称"落花生"，取落花而生之义，落花而生果实。其花受精后子房柄伸长，钻入土中，子房在土中发育成荚果，所以叫"落花生"。"规矩"即标准、法则、习惯。"规"即圆规。"矩"即画直角或方形用的曲尺。"秘书"本为"秘密之书"，引申为掌握"秘书"的官员，又引申为掌握典籍或起草文书的人员。

又如一些地名，"上海"本义为"走上海面"，即此地为渔民商船出海打鱼的地方。《弘治上海志》又有一说"其地居海上之洋"，说的是"上海"的地方位于海洋之中而得名。"天津"即天子的津渡港口，明代永乐帝朱棣曾在这里率领大军渡过海河南下推翻建文帝。"香港"得名于盛产香料的海港，香料以贵重的沉香最为有名。

4.3　文化词源

文化词源理据指词义理据以人们生活中的文化习俗为主。

4.3.1　物质文化类

"馒头：一种用发酵的面粉蒸成的上圆下平的常用食品。""馒"形声兼会意字。"曼"表达蒙盖、覆盖之义。馒头在古代指的是包子，即用面皮覆盖住馅儿的食品。据载"馒头"的发明与诸葛亮率军南征孟获事件相关。当时，诸葛亮的队伍中士兵多因瘴气而病死。有人献策杀人以头祭之。诸葛亮说："吾仁义之师，奚忍杀人以代牺牲？"于是，他命人将猪肉、羊肉泥和入面中，做成了人头形状，蒸熟后代替人头来祭天。从此肉泥和面的"馒头"在民间流传开来，经过长时间的改良，到现在又变成了纯面无馅的"馒头"。诸葛亮的诸多发明到今天人们还津津乐道，如运输粮草的木牛流马、传递信号的孔明灯、益智游戏孔明锁等。

"矛盾：互相抵触；问题。"《韩非子·难一》："楚人有鬻楯与矛者，誉之曰：'吾楯之坚，物莫能陷也。'又誉其矛曰：'吾矛之利，于物无不陷也。'或曰：'以子之矛，陷子之楯，何如？'其人弗能应也。"盾，古作楯。说是有一个楚人同时卖攻打的武器"矛"和守护的武器"盾"，并夸赞自己的矛什么都可以攻破、盾什么也不能攻破。听的人奇怪，就问他如果用他所卖的矛攻击他的盾，结果如何。这个楚人对矛盾的说法，呈现出一个抽象地表示互相抵触的概念，即"矛盾"。

"汉子：男子。"汉朝统治长达400年，特别是汉武帝时期。当时的汉朝国力强盛，给匈奴以多次沉重打击，塞外诸国和周边民族称"中国"为"汉"。《通俗编·卷十一》："汉武征匈奴二十余年，马畜孕重堕陨罢极，闻汉兵莫不畏者，称为汉儿，又曰好汉。"汉武帝时期征伐匈奴二十余年，特别是在马、牛、羊怀孕生产期间被追赶而死的现象频发，匈奴人听到汉朝兵士来袭都非常害怕，称他们为汉儿、好汉，又称男子汉。

"熊猫：一种珍贵动物。"本作"猫熊"。二十世纪五十年代初，在重庆北碚博物馆第一次展出时，标牌上横写"猫熊"两个大字，选择的是国际上刚开始采用的从左到右的书写方式。但参观者还是以从右往左的旧习，读作了"熊猫"，特别是报纸媒体的广泛宣传，最终习非成是。今天的台湾地区仍称熊猫为"猫熊"。

"黄瓜：一种一年生草本植物，果实为蔬菜。""黄瓜"在南方的一些城市被称为"青瓜"，如广州等。从语素义理据角度来说，青瓜更为合适。但是"黄瓜"之"黄"，非源于颜色，其本称"胡瓜"，十六国时期的后赵石勒是羯族人，讳言"胡"，故把"胡瓜"改为"黄瓜"，沿用至今。在语言发展历史上，我们大胆猜想，未来"青瓜"取代"黄瓜"也不是不可能。

4.3.2　制度文化类

"国家：阶级统治工具，同时兼有社会管理的职能。国家是阶级矛盾不可调和的产物和表现，它随着阶级的产生而产生，也将随着阶级的消灭而自行消亡。"在不同的阶级社会，"国家"的概念也不同。在中国古代，"国"指诸侯统治的政治区域（封地），"家"是卿大夫统治的政治区域（采邑）。后来"国家"偏义复词指国，沿用至今。随着人们对政治学了解的深入，国家的含义也在变化。在马克思主义阶级理论指导下的"国家"概念不只是简单的统治区域的划分，更是国家主权、国家职能的体现。

"公主：君主的女儿。"《公羊传》提到"天子嫁女子于诸侯，必使诸侯同姓者主之"。"公主"指帝王、诸侯的女儿（周称王姬，战国始称公主）。源于西周，天子嫁女时，天子不亲自主婚，而由与天子同姓的公侯主婚。到了秦汉，改为三公（丞相、太尉、御史大夫）主婚。"公主"即被公侯主婚的人。

"商人：贩卖商品从中获取利润的人。""商人"在现代的含义是指生意人。但大家都知道，中国还有个商朝。"商人"与"商朝的人"也有莫大的关联。周朝建立后，商朝遗民被剥夺了土地，在社会阶层中为下等人。周朝文王继位，商朝遗民作乱时被镇压。文王的叔父周公姜尚，强令他们迁往洛阳一带，以做买卖为生。迫于生计，他们以贩卖牛马维持生活。"商人"才做买卖，而周人是不屑做买卖的，所以"商人"后生"买卖人"的含义。

4.3.3　行为文化类

"结束：①发展或进行到最后阶段，不再继续。②装束；打扮（多见于早期白话）。""结束"即终了。"结"和"束"都是指物名词，"结"指短带，如蝴蝶结、领结等。"束"指腰带。古人穿长服，衣襟上部腋下处要系短带，并扎上腰带。短带后发展为纽扣。一般来说，穿衣到了系短带、扎腰带，属于最后一道程序了。《清稗类钞·冯婉贞》："婉贞于是率诸少年结束而出。""结束"即穿衣打扮停当。"结束"由穿衣的结束生出，后来表示其他抽象事物的"终了"义。

"马虎：草率；敷衍；疏忽大意；不细心。""马虎"是"模糊"的音转。后人附会出这样的故事。宋时，在京都有个擅画走兽的画家。有一次刚画完虎头，就有人请他画马。他竟然在虎头后面画上马身。那个人问他，他回答说："马马虎虎吧。""马虎"即形容做事不细心、不认真的样子。这是流俗词源，我们在进行理据释义时也可以利用，但应该注明出处，以及流俗词源对该词释义的作用。

4.3.4　心态文化类

"地方：①（～儿）某一区域；空间的一部分；部位。②部分。""地方"我们今天主要是作为名词使用，但其构词结构可以看成主谓式，即"地"是"方"的。"地方"主要源于中国古人的"天圆地方"观念。"地方"即土地方圆。如《管子·地势》："桀纣贵为天子，富有四海，地方甚大。"桀纣是一朝天子，他的领土广大拥有四海之地，统治区域非常大。这里的"地方"即区域。

"谈天：闲谈。""谈天"即谈论天事。刘向《别录》："驺衍之所言，五德终始，天地广大，尽言天事，故曰谈天。"齐人遂称驺衍为"谈天衍"。驺衍是战国末期齐国的阴阳家，五行的创始人。后来人们将如驺衍喜爱谈论天事这类现象统称为"谈天"。这和欧美文化见面询问天气有异曲同工之妙，反映出人类对大自然天象的关注。今天的"谈天"内容扩大，无所不谈，而且目的不同，行为方式也就不一样。

"知音：知己，了解自己的人。""知音"源于伯牙和钟子期高山流水的故事。据《列子·汤问》记载，"伯牙鼓琴，志在高山，钟子期曰：'善哉，峨峨兮若泰山！'志在流水，钟子期曰：'善哉，洋洋兮若江河'"。春秋时，伯牙善弹琴，钟子期善听琴，能从伯牙的琴声中理会其心意，高山流水的成语故事也是源于此。

4.4　外来意译词源

在进行汉外文化交流的时候，汉语也吸收了大量的外来词汇，包括宗教概念和一些与汉语词义结合的意译词。如，"超市：超级市场的简称"。1916 年，美国人克拉伦斯·索思达斯在田纳西州孟菲斯的杰法逊大街开了一个食品商场，实行无人售货的自选形式，购货者到出口处的支付柜台结算付款。没有售货员、顾客可以自行选购的这种经营方式与传统柜台购物的效果差异巨大，其经营方式风靡各地。因为这种商场从形式到内容都超过传统的商场，所以人们管它叫"超级市场"。

"马路：城市或近郊道路的主要干线，泛指公路。"按照字面的解释，"马路"即供车、马行走的宽阔道路，以区别于羊肠小道。在秦始皇统一中国后，车同轨，兴修路政。路面宽约 70 米，路基中间高出两侧利于排水。每隔 10 里建一亭，作为管理行政单位和邮政快递交接处。这些驰道多用砂石夯筑而成，可以算是最早的官方兴建的"马路"。

还有一种说法，认为"马路"是外来词音译，与今天的沥青马路来源有关。十八世纪，世界第一次工业革命在英国爆发后，整个英国交通运输业蓬勃发展。当时的黄土小道已不能适应时代的需求。英格兰人约翰·马卡丹设计了一种全新的筑路方法，以碎石铺路，路两边设排水沟。这种设计方案很快就被推行。为纪念这一筑路史上的革命，人们以发明者的名字命名为"马卡丹路"。十九世纪末，中国的上海、广州、福州等沿海港口开埠，西方的马卡丹路修建方法也传到了中国。当时中国人便以英语"macadam/"的音译"马卡丹"作为路的简称，后来俗称和简称"马路"。

"桂冠：①月桂树叶编织成的环状帽子。②光荣的称号。"古希腊人常用月桂树叶编织成环状帽子，授予被人们认为是杰出的诗人或竞技比赛的优胜者，象征其无上光荣。后来欧洲流行以戴上桂冠为光荣的象征。现代社会也指竞赛中的冠军，如"我国选手夺得了锦标赛的桂冠"。

还有一些外来的意译词汇，这类词是外来词与汉语以及中华民族文化的糅合类，如：

"经济：财政收支状况。""经济"原义是古汉语"经世济民"的意思。百年前，西方语言中表示"财政收支状况"的词，日语意译为"经济"。后"出口"转"内销"，古汉语"经济"与日译词"经济"合流，在表达国家宏观国民经济的同时，还表示家庭微观的财产管理。用较少的花费获得较大的成果，即经济实惠。能尽其能力，用较少的花费治理国家，即经济之才。

"和尚：出家修行的男性佛教徒。""和尚"一般是对有一定修为的僧人的尊称。此词为梵语意译词。"和尚"汉语的解释是"以和为尚"，佛教主张一切调和，清心寡欲。在西藏喇嘛教的四种阶位中，以和尚为最上之第四位，其权力仅次于达赖喇嘛、班禅喇嘛、住持诸大寺。"法宝"，佛教把"佛、法、僧"看作法宝。"法宝"是三宝之一。现"法宝"指特别有效、特别重要的方法或经验等。

佛源词汇进入全民词汇也不少见，如"世界、因果、说法、取经、化身、执着、定力、功课、法宝"等。

5　汉语理据教学词典编纂的注意事项

5.1　理据教学词典编纂的需求

许光烈（2005）认为词的理据性和任意性矛盾统一在一起，在进行对外汉语词汇教学时"对扩大'正迁移'的优势，减少'负迁移'的干扰，无疑是非常有意义的"。

在进行理据教学时，挖掘词语的形式与内容的关系，可以促进对词语意义的理解，并对中国文化进行由点到面的学习与深化，增强汉语的文化自信。特别是汉语的语音系统、文字系统以及造词的思维策略等，都值得我们掌握和推广。

语音系统对造词的影响，如上文提到的"青"族词。又如许先生所列"眉、楣、湄"同源词。汉语特定的语音系统赋予了某些"音近义通"的同源词以特定的理据。文字系统对造词的影响，如上文提到的汉字形态理据以及词的复合与附加所表现的形态理据。

进行理据教学是广大师生对语言学习的深层次需求。在现阶段，亟待以理据教学为主要编纂意图的汉语学习词典，且其在众多研究成果的积累之下呼之欲出。

5.2　词义的阐释与词典编纂的标准

在编纂学习词典的过程中，我们要注意词义的理解与学习词典的宏观设计的融合。蔡永强（2016）在比较外向型学习词典的基础之上，提出教学词典的宏观设计要考虑到词典结构、体例设计、检索方式、收词立目、释义模式、配例层次、文化语用信息和用法信息八个方面。在此基础上，我们更要着重于词语的理据解释，在理据的基础上理解和使用。如解海江（2016）提到在进行地名文化词"北京"的理据编纂时，要涉及城市位置、地位、大众评价、人口比例、史事变迁、闻名因素、代表建筑、文化阐释等。

蔡永强（2016）提出对外汉语学习词典批评标准体系构建的五大维度、44条标准。五大维度包括：①是否具有理论基础；②外部结构的完整性；③宏观结构的完整性和系统性；④微观结构的完整性和系统性；⑤其他维度，如词典文本的承载媒介、市场推广情况、辞书编纂与出版规划等。蔡教授的理论体系分条立目十分详尽，值得本文借鉴与参考。

在进行理据学习词典编纂时，我们不仅要宏观把握词典的编纂维度，还要细化到各个词目的用词、用例以及各类理据分析中，根据词义和理据的内容选择有效的精细化多维释义模式。

5.3　词义的演变与理据的变化

在进行理据探究的同时，我们发现一些词在现实社会中不断涌现新的词义，在词的原义与基本义的基础上又有了引申义、比喻义以及新义，还有一些词的色彩义都有变化。所以，在进行理据释词时，我们既要了解历史文化遗留下来的词语理据知识，也要了解一些词汇在现代社会中词的新义。如"马甲：〈方〉背心"。

"马甲"源于马身披的铠甲，穿戴方便。人们据此加工成类似坎肩的无袖上衣，前翻一字领或八字领的前后两片遮挡衣物，如清八旗的"马褂"。现流行于网络，指注册会员后又注册了其他的 ID 名称。这些 ID 统称为"马甲"。人的身份、头衔等也戏称"马甲"。

在进行理据源头的探究的同时，也要关注词义的演变以及新、旧义之间的关联。

5.4　词汇系统性与认知思维

周祖谟（1958）和王力（1958）分别从同族词意义的系联性、词义的系统性和同源词之间的系统性联系的角度研究词汇的体系。符淮青（1996）用词汇场理论概括出了同义近义词群、层次关系词群、非层次关系词群、综合词群四种。词群理论使词汇系统的研究大大深入。李葆嘉等（2007）认为词汇系统就是基于义征分析和义场建构的词汇语义系统。蒋绍愚（1989/1999）从词的义位变化、词的聚合和组合关系、词的亲属关系等角度观察词汇体系。

汉语自古就有对字词的系统性研究。如古代的《释名》、现代的《同义词词林》《简明汉语义类词典》和《现代汉语分类词典》等。特别是林杏光（1999）提到词汇系统性研究对计算机语义识别有莫大的助力。

将人的身体相貌与自然界相类比，就出现了诸如"山顶、山头、山腰、山脚"等隐喻词，这体现了人类体验哲学的认知思维。"近取诸身、远取诸物"的由此及彼，不仅解决了新概念、新事物的命名问题，而且还简化了人类的理解与识别难度，可谓"一箭双雕"。

5.5　词的理据与科学性

王宁（1995）认为"如果不将词源注意探求清楚，就无从对它进行阐释；

如果对词源不加以阐释，已探求到的词源就难以证实。欲求词源研究的科学化，必须从分析微观的语言事实入手，继而达到宏观认识的目的"。

在进行词的理据分析时，要注重词汇在原生阶段、派生阶段与合成阶段的词义累积。王宁先生提出在单音节派生词造词时要注意同源词之间核义素的分析，而双音节合成词需要厘清参与造词的词素各自意义的来源以及它们结合并凝固的原因。另外还不可忽视文化历史背景对词源阐释的作用，如古人的社会生活、古人的传统观念等。

词汇的理据，体现了语言的"约定俗成"，在一定程度上是更倾向于认知的科学性，而不是事理的科学性。我们的目的主要在于挖掘词汇以及词汇间的认知的科学性，以助于学习与研究。

6 结语

词语理据的分析，不仅有利于对词本身的过去、现在以及未来可能出现的趋势做一定程度的理解，在汉语国际教学中也有着重要的意义。汉语词语的语音理据、形态理据、语义理据以及词源理据的多元共现，表现了汉语这一语言悠久的演变历史，展现了中华民族汉语语言文化与认知思维的魅力，也体现了特有的民族性。理据教学需求下的外向型学习词典的编纂，有助于广大师生在科学、合理、系统的理据指导下，真正理解词义，掌握词语的用法。

参考文献

[1] 蔡永强. 对外汉语学习词典学 [M]. 上海：学林出版社，2016.

[2] 曹炜. 现代汉语词义学（修订本）[M]. 广州：暨南大学出版社，2009.

[3] 曾昭聪. 汉语词源研究的现状与展望 [J]. 暨南学报（哲学社会科学版），2003 (4).

[4] 符淮青. 词义的分析和描写 [M]. 北京：语文出版社，1996.

[5] 蒋绍愚. 关于汉语词汇系统及其发展变化的几点想法 [J]. 中国语文，1989 (1).

[6] 蒋绍愚. 两次分类：再谈词汇系统及其变化 [J]. 中国语文，1999 (5).

[7] 解海江，等. 对外汉语词典文化词探索 [M]. 北京：人民日报出版社，2016.

[8] 亢世勇. 新编同义词词林 [M]. 上海：上海辞书出版社，2015.

[9] 李葆嘉，李瑞. 试论词汇系统的语义性本质 [J]. 江苏大学学报（社会科

学版），2007（1）.

［10］林杏光. 词汇语义和计算语言学［M］. 北京：语文出版社，1999.

［11］林杏光，菲白. 简明汉语义类词典［Z］. 北京：商务印书馆，1987.

［12］陆国强. 现代英语词汇学（新版）［M］. 上海：上海外语教育出版社，
2007.

［13］马清华. 文化语义学［M］. 南昌：江西人民出版社，2006.

［14］梅家驹，竺一鸣，高蕴琦，等. 同义词词林［M］. 上海：上海辞书出版
社，1983.

［15］任继昉. 汉语语源学［M］. 2版. 重庆：重庆出版社，2004.

［16］苏新春. 现代汉语分类词典［Z］. 北京：商务印书馆，2013.

［17］王艾录，司富珍. 汉语的语词理据［M］. 北京：商务印书馆，2001.

［18］王艾录，司富珍. 外来词的内部形式化倾向［J］. 世界汉语教学，1998
（3）.

［19］王艾录. 现代汉语词名探源词典［Z］. 太原：山西人民出版社，2000.

［20］王力. 汉语史稿［M］. 北京：科学出版社，1958.

［21］王立杰. 词语的理据与词义理解：兼及词语的理据研究在对外汉语词汇教
学中的作用［J］. 天津商学院学报，1999（1）.

［22］王宁. 关于汉语词源研究的几个问题［J］. 陕西师范大学学报（哲学社会
科学版），2001（1）.

［23］王宁. 汉语词源的探求与阐释［J］. 中国社会科学，1995（2）.

［24］许光烈. 汉语词的理据及其基本类型［J］. 内蒙古民族师院学报（哲学社
会科学版），1994（1）.

［25］许光烈. “汉语热”的冷思考：兼谈对外汉语教学［J］. 学术界，2005（4）.

［26］张志毅，张庆云. 词汇语义学［M］. 3版. 北京：商务印书馆，2012.

［27］张志毅，张庆云. 词汇语义学与词典编纂［M］. 北京：外语教学与研究出
版社，2007.

［28］张志毅. 《说文》的词源学观念：《说文》所释“词的理据”［J］. 辞书研
究，1991（4）.

［29］中国社会科学院语言研究所词典编辑室. 现代汉语词典［Z］. 7版. 北京：
商务印书馆，2016.

［30］周祖谟. 词汇和词汇学［J］. 语文学习，1958（9）.

基于词汇—语法理论的外向型汉语学习词典编纂
——《汉语入门词典（汉英对照）》评述

李禄兴

（中国人民大学国际文化交流学院）

摘　要：郑定欧编著的《汉语入门词典（汉英对照）》是基于词汇—语法理论编写的一部外向型学习词典，本文结合该理论对词典进行以下四个方面的评述。在"语块"词目方面，编者通过句子来探寻贴近学习者心理实体的"语块"。在词目义项上，本文以动词为例，分析了根据三分名词和细化名词的语义次类确定多义动词义项的方法。句法启动，主要包括情景启动、翻译启动和重复启动。句本位，主要体现在词性标注、语块切分及中英例证等方面。

关键词：词汇—语法理论；外向型学习词典；词典评价

《汉语入门词典（汉英对照）》是专门为零起点和初级水平的汉语学习者编写的外向型汉语学习词典，2017 年 11 月由北京语言大学出版社出版。该词典收录了 5 000 个词条，每个词条由 6 个部分组成，即汉语拼音、汉语中心词、英文词性、英语对等词释义、汉语例句和英语翻译。该词典编者借鉴了语言学、应用语言学和外语教育语言学理论，尤其是法国的词汇—语法理论及词典编纂的类型学基本原理和实践，并紧密结合了教育学词典编纂领域的最新发展和方法。

1　以"语块单位"为立目原则

郑定欧（2013）认为，在词典立目方面，"传统意义的'词'应该由'词/语块'所替代"，并指出"'语块单位'是语言使用中形成的惯例化语言构块"（郑定欧，2010）。该词典以用户为中心，在句子中确立具体的立目单位。

1.1　语块单位

Wray（1999）称语块为程式语，即"一串预制的连贯或不连贯的词或其他意义单位。它整体储存在记忆中，使用时直接提取，无需语法生成和分析"。段士平（2008）将语块定义为：以整体形式储存于大脑中，并可作为预制组块供人们提取使用的多词单位。郑定欧（2004）指出，"在传统的内向语法里，我们倾向于把'问住''绊住'分析为'动词＋住'格式，然后没完没了地给予语义上的诠释。外向语法则不然，统统作为语法化词汇处理，因为这些对他族人来说，往往体现为心理上的实体"。他还提出在编纂词典方面要遵循"贴近学习者原则"，反对对外汉语学习词典引进"语素"这一概念，认为"对于低起点的汉语学习者来讲，他们需要的是直观、直接的应用单位（applicative unit），而不是可望而不可即的解析单位（analytical unit）"。

我们发现，语块单位更为直观，更容易转化为心理词汇，从而方便汉语学习者整存整取，在实际的交际中可以直接拿来应用。

1.2　语块分类

目前，我国学者对汉语语块的分类各不相同。周健（2007）把语块分为：①词语组合搭配块；②习用短语，包括习惯用语、熟语等，含有固定形式和半固定形式；③句子中连接成分等类固定结构。钱旭菁（2008）把语块分为：①词级语块：搭配、惯用语、成语、歇后语；②句级语块：谚语、格言、名言、警句、会话套语；③语篇语块：儿歌、歌词、宗教经文。杨金华（2009）则把各类熟语和复句关联词排除在语块之外。尹洪波（2010）将语块"限定在'词，句子'这个左开右闭区间上，也就是基本上把语块限定在一个句子之内，一个语块可以是一个句子，但不可以是一个大于句子的单位"。

该词典未将语篇作为语块，同时收录了熟语、复句关联词语等。郑定欧（2010）指出了汉语"语块单位"的分类，认为汉语"语块单位"可分三大类，即"词串""语串"和"句串"。"词串"分六次类，即体语（体词性成分：主语和宾语）、述语、定语、状语、补语和话题语。"语串"指句子（包括单句和复句）内部的非连续单位。"句串"分三类，即小句（口头习用句式）、准句（谚语）和类句（歇后语）。郑定欧（2015）以表格的形式列出了具体的分类，如表1所示：

表1　汉语"语块单位"分类

类别		例词	例句
词串	体语	半小时	半小时不够。
	述语	生－气	你为什么生我的气。
	定语	你的	别担心，这不是你的错。
	状语	不好	这本书不好买。
	补语	在－之中	Mary 坐在一群小学生之中。
	话题语	不管你愿意不愿意	不管你愿意不愿意，你得离开。
语串	单句	不过/而已	我不过随便问问而已。
	复句	不但//而且	我不但听说过，而且看见过。
句串	小句	信不信由你	信不信由你，我前天碰见过他。
	准句		
	类句		

注：表中的"体语"在郑定欧原来的表中为"体词"。表中的"类别"纵列采用了原表，所列的具体的例词和例句均为该词典所收录的。

郑定欧（2015）赞同格罗斯提出的"串列单位"，指出基础句框架中必须包含全部组合（compounding）以及整合（extending）的串列单位（string）；组合指不带变项的连续共现，整合指带有变项的非连续共现。

我们发现，表1的"词串"中，"半小时""你的""不好"等属于组合的串列单位，而"生－气""在－之中"等属于整合的串列单位。该词典正是基于"句法—语义单位"（串列）来立目的。比如，"她看来生气了""你为什么生我的气""他常常为小事生气"三个句子中的"生气""生我的气""为小事生气"等均作句子的述语，且表达不同的意义。于是，我们把这三个单位提取出来确立三个词目，"生气""生－气""为－生气"，进而对三个词目进行词类的描写，三者分别为"verb""split verb"和"extended verb"。正如编者在词典正文前所说，对词目的标注采用的是功能标签，而不是词性标记。

该词典共收录了 5 000 个词目，我们对词典的词目一一录入并统计发现，词典词目以名词和动词为主。其中，收录名词 1 545 个，动词 1 808 个，两者占到了所有词目的约67%。另外，除了名词、动词等大类词目外，该词典在词类标记上也有一些特有的方式，比如"复合（compounding）""扩展（extending）""结构（construction）""标记（tag/marker）""固定（fixed）"等，前两者也是前文提到的串列单位的两种类型，占总词目的约 17%。

此外，我们发现，该词典中的一些词目并不对称。比如有"跑出来"，没有"跑出去"；有"来晚"，没有"来早"；有"你家"，没有"我家""他家"。在我们看来，这种做法或许是编者期待学生能够举一反三。但对于零基础和初级水平的学习者来讲，可能并不是所有学生都能做到。编者也可能是为了减少词典的容量，该词典共列了 5 000 个词目，所以可能没有大量列举，而只是选取了特定的一个或几个词目。另外，从词目顺序上来讲，"你"（2755）与"家"（1842）的间隔要比"我"（3861）或"他"（3561）与"家"的间隔短，所以，可能就近立目"你家"。此外，"你家"后面的例句为"你家有几口人"或许比"我家有五口人"或"他家有几口人"等交际性更强一些。

同时，该词典闭环性不足。兹古斯塔（1983）指出，"任何词典释义都不能包含比被释词更难理解的词汇"。这就要求释义元语言尽可能简单和简洁。闭环性要求一本词典中的任何一个释义元语言在该词典中都应该作为词目词收录，并加以解释。这样，用户在阅读释义时遇到不熟悉的词，便可以在该词典中查询到相应意义和用法，这就在词典中形成了一套闭环知识系统。我们发现，在该词典中，一些例证中的词并不能在该词典中找到，这在一定程度上削弱了该词典的闭环性。比如，"积极参加"的配例为"Kate 积极参加社区服务"，但是"社区"一词在该词典中并不是词目词。再比如，"红"的配例"John 给她买了一束红玫瑰"中的"玫瑰"和"大概不会"的配例"Nick 大概不会出席会议"中的"出席"在该词典中都没有出现。

1.3　连见单位

郑定欧（2013）认为，"两词连见必有内在关系"，"学习词典要求我们在可观察的词汇信息中简单、透明、前后一致地确定立目的原则"。如以该词典中的"看"为例：

①看＝基本态：一级排列（base form：first level arrangement）。

②怎么看＝词块：二级排列（derived form Ⅰ/compounding：second level arrangement）。

③给－看＝语块：三级排列（derived form Ⅱ/extending：third level arrangement）。

我们把"怎么看"归为"词块"（不允许有中插成分），把"给－看"归为"语块"（当中的符号"－"标示有待填充的槽）。三者均立目，在②、③前面设置特殊符号，以引出块化单位。根据英国词汇学关于"族"的内容，这三个立目单位与后面按照音序排列的"看病""对－的看法"等整体构成了以"看"为基本态引申出来的"块族"，而②、③即成为"次块族"。当然，这里的"族"一般跟与词源学或词义场相关的概念是不同的。

2　以义项分化为选词原则

郑定欧（2009）指出，"词汇—语法理论的目标是在核心句的框架里运用分布和转换的方法精确地、穷尽地标出词项的意义和用法"。郑定欧（2009）认为，"可以利用翻译对语境的依赖性来系统地形式化地处理多义性"。下面，我们以动词为例来探讨该词典中词目是如何按照义项进行分列的。

2.1　以词入句，确定具体语境

郑定欧（2009）指出，"对动词用法的系统研究同对多义性的讨论有着直接的关系。因为，所谓动词用法，是由其在句中共现的名词和必用论元（补足语）所决定的。给出动词用法的清单就等同于揭示某一特定动词所能进入的全部语境"。所以，在编者看来，一个词目不同义项确定的前提是将其放入具体的语境当中，然后才有可能根据与其共现的名词等进一步划分不同的义项。

2.2　三分名词，确定动词义项

郑定欧（2009）指出，从动词配价单位在完整句例证中的位置出发，可标示出与之共现的名词的性质，即生命名词（Nh）、具体名词（Nc）和抽象名词（Na）。

例如汉语动词"认得"，与其共现的主语名词大都是生命名词（Nh），如 a 中的"我"，b 中的"你"等。而宾语名词有生命名词（Nh），如 a 中的"她"；还有具体名词（Nc），如 b 中的"回家的路"。按照与"认得"共现的生命名词（Nh）和具体名词（Nc）可将"认得"分为两个义项（见表2）。如：

a. 我认得她，但没跟她说过话。I know her by sight, but not to speak to.

b. 你认得回家的路吗？Can you find your way home?

表2　多义词"认得"的英文对等词

语言	汉语			英语		
句法成分	主语名词	述语	宾语名词	主语名词	述语	宾语名词
a	Nh	认得	Nh	Nh	know（by sight）	Nh
b	Nh		Nc	Nh	find	Nc

　　再如汉语动词"成功"，与其共现的主语名词主要有生命名词（Nh）、抽象名词（Na），如 a 中的"你"，b 中的"第五次试验"等。按照与"成功"共现的具体名词（Nc）和抽象名词（Na）可将"成功"分为两个义项（见表3）。如：

　　a. 我相信你会成功的。I'm sure you'll make it.

　　b. 他们第五次试验成功了。They succeeded in the fifth trial.

表3　多义词"成功"的英文对等词

语言	汉语		英语	
句法成分	主语名词	述语	主语名词	述语
a	Nh	成功	Nh	make it
b	Na		Na	succeed

2.3　细化次类，确定动词义项

　　我们看到，借助名词的三分法可以区分一些动词不同义项对应的不同英文对等词。然而，对一些动词来说，还需要细化名词的语义次类，才能将不同的英文对等词区分开来，比如"开"，该词典分列了8个词目。

　　a. 请帮我开一瓶西红柿罐头。Open a can of tomatoes for me，please.

　　b. 小吃店很早就开了。The snack bar opens early.

　　c. 你的衣服扣子开了。Your buttons have come undone.

　　d. 火车十分钟后开。The train leaves in ten minutes.

　　e. 谁开的电视？Who's turned the television on?

　　f. 今年的大会将在这儿开。This year's conference will be held here.

　　g. John 开得很快。John drives very fast.

　　h. Mary 开着一辆小车。Mary drives a small car.

表4　多义词"开"的英文对等词

词目	例句	汉语体词性配价单位	英语述语动词的选择
开	a	表罐装食品	open（a container）
	b	表生意店铺	open（start a business）
	c	表衣服附件	undone
	d	表交通工具（施事为交通工具）	leave（bus, train, ship）
	e	表电器仪表	turn on（an electric appliance）
	f	表集体活动	hold（a meeting）
	g	表交通工具（受事为交通工具的统称）	drive（vehicle）
	h	表交通工具（受事为车）	drive（car）

　　我们看到，"开"作为一个多义动词有不同的英文对等词（见表4）。此外，即使是在配价单位语义一致的情况下，由于主语名词或宾语名词的语义次类不同，英文等值翻译形式也存在着不同。比如，同为"表交通工具"，但是在这一语义下面又分出"d、g、h"三个语义次类，对应三个不同的英文等值词。总之，在编者看来，共现名词的不同导致了句法环境的不同，进而一种用法对应动词的一个义项，最后给出该动词在不同义项下的句子语境。

3　以"句法启动"为习得原则

　　在词典正文前，编者指出，该词典采用"句法启动"方法，通过情景启动、翻译启动和重复启动，帮助学习者掌握双语交际所需的句型。句法启动，也称为句法坚持或结构启动，是指个体在产生和理解句子时，倾向于重复使用先前生成的句法结构，产生句法一致性的促进效应（Bock，1986）。所以，句法启动很重要的一点是相同句法结构被重复使用。下面，我们以翻译启动和重复启动为例来探讨句法启动。

3.1　翻译启动

　　有国外学者曾指出，不论二语学习者的二语习得有多么成功，他永远也无法彻底摆脱一语概念系统的影响。李荣宝（2006）指出，"匹配是外语学习初级阶段学习者对母语的依赖，即把母语表征作为第二语言表征的发生学起点"。所以，对零基础和初级水平的汉语学习者来讲，翻译启动对他们的汉语学习有着重要的影响。

3.1.1　词性翻译

我们认为，词性是翻译启动的一个重要方面。母语中的词汇可以以词性为中介激活汉语中相关词性的词汇。郑定欧（2013）曾指出，"对于英语为母语的学习者，我们必须努力学习英语语法，尤其是英语词性标注的特点。目的在于以'同'引'异'，尽量减少他们学习汉语的焦虑情绪"。

在词典中，词类的标注采用了英文的名称。如，将"助动词"（auxiliary verb）翻译为"helping verb"（辅动词），在郑定欧（2014）看来，汉语也有相类似的语言事实，如"爱晕车"里的"爱"，"保持清洁"里的"保持"，"感到不适"里的"感到"等。此外，郑定欧（2017）指出，在英国出版的语法书也用"辅动词"这个名称，因此这一概念对会说英语的读者来说不难接受。

同时，一些词在用英文释义时，词性可能会发生变化。比如，"够"的一个对等词为"adequate"，配例译文为"My retirement pension is adequate to make a living"。此时，词性发生了变化，即由"动词（verb）"转变为"形容词（adjective）"。在词典中，用"→"这一符号进行了标注。

3.1.2　词汇翻译

李荣宝（2006）指出，对于低水平被试来说，由于第二语言的句法系统仍处于建构阶段，其效率低下，翻译转换往往要从词汇层次开始，即对语句中每个词汇单元尽可能地进行匹配（两种语言词汇的对照），具体流程是：母语词汇（L1）→两种语言共同表征的词汇概念（C）→二语词汇（L2）。

我们看到，在由英语向汉语的词汇启动中，母语词汇的确定是至关重要的。母语词汇在表征的概念上要与二语词汇保持一致，翻译转换才能顺利进行，翻译启动才会发生。该词典采用的是英文对等词释义。译文中的对等词很容易辨认，这个对等词在汉语例句的英文翻译中存在，与中心词的其他含义无关，且每个条目只有一个英文对等词，有助于学习者通过英文对等词向汉语的对应词目进行转化。如表5所示的"成"：

表5　英文对等词及其在例句中的一一对应

汉语词目	外语原型	汉语译文	外语示例
成	become	他们两个人成了好朋友。	The two of them became good friends.

3.1.3　句法翻译

李荣宝（2006）指出，在由英语向汉语翻译转换的过程中，"母语句法范畴可能和语句的其他概念一起处于激活状态，这种激活扩散到目标语言中相对应的范畴和概念并使之激活，因而对目标句结构的选择产生了启动效应，使选择与母语语序一致的结构作为目标句句法结构的概率显著增大"。

所以，从翻译启动的角度来看，学习者倾向于选择与英语相同的句法结构来进行相应的汉语表达。而采用英语与汉语一致的句法结构对由英语到汉语翻译启动的发生有着非常重要的作用。郑定欧（2014）认为，可以把汉语和英语进行语法的块化切分，从而增强顺译的可读性。另外，在词典正文前，编者指出，翻译例句时尽量不改变语序，使汉语和英语的对应关系明显。我们发现，顺译有助于保持英语和汉语在句法结构及相关语块上的对应关系，从而有助于句法启动的实现。顺线性翻译如表6所示：

表6　英语的顺线性翻译

Wǒ	wúfǎ	xiāngxìn	xuéfèi	zhème	guì
我	无法	相信	学费	这么	贵
I	can't	believe	school fees	are so	high

此外，我们认为，翻译启动还体现在语音上，母语中的一些语音形式会激活与之相对的汉语中的语音形式，相同的语音形式也会是翻译启动的一个重要因素。词典在正文前的汉语拼音表中，对部分音节或音节中部分字母的发音，通过语音对比的方式列举了英文单词中相似发音的字母或字母组合。英文中没有相似发音的，有的以法语单词为例，比如"lü"中的"ü"，标注为"ü, as in (French tu)"。这有助于汉语学习者借助英语和汉语相同的语音，实现从英语到汉语语音的启动。

3.2　重复启动

张锋、赵国祥、黄希庭（2015）指出，"重复启动效应是指先前出现的启动刺激会影响随后对该刺激的加工过程的现象"。下面，我们将从语内和语际两个方面来分析重复启动。

3.2.1　语内重复启动

从词汇的角度来看，重复启动的影响在于，"前面出现过的词对随后出现的同一单词有促进作用，即加快对后继词的识别速度。重复效应可能受到词频、延滞时间、重复频率、刺激的具体特征、情节和策略等因素的影响"（彭聃龄、李燕平、刘志忠，1994）。

我们发现，在该词典中，中英文对等词除单独出现外，还出现在中英文例证中，并且例证都与对等词保持了一一对应的关系。在呈现顺序上，词典依次出现的是中文对等词、英文对等词、中文例证及英文例证。学习者如果先看对等词，再看例证，那么，先出现的对等词可能会对后面例证中出现的对等词有重复启动的效应。如果先看例证，再看对等词，这同样也存在词汇辨识上的重复启动。另外，词目的排列顺序一般是从单字符到多字符，而一些多字符里面包含前面出现过的单字符。当学习者看到后面的一个多字符时，前面的单字符或多字符可能都会在词汇形态辨识或词汇意义辨识等方面起到重复启动刺激的作用。比如，该词典中先出现"过"，之后依次出现的有"过不去""过得去""过分""太过分""过来""过来一下""过敏""对－过敏"等。先出现的单字符"过"有可能会对后面出现的词目的形态辨识等起到重复启动的作用。而如"过分"对"太过分"、"过来"对"过来一下"、"过敏"对"对－过敏"等，前者也可能对后者在词汇形态和意义等方面起到重复启动的作用。

3.2.2　语际重复启动

李荣宝（2006）指出，跨语言句法启动只出现在外语学习的低级阶段，低水平被试倾向于选择与母语语序一致的目标句结构，即学习者是会重复使用相同句法结构的。郑定欧（2014）指出，汉语与英语两者常见结构基本相似，都是"主—述—宾"线性铺展。他认为如果筛选出有限的共通句型，那么对作对比和翻译则非常重要。

该词典尽量采用顺译的方法，使一些汉英句子的句法结构保持一致，这对汉语学习者由英语向汉语在句法结构上的重复启动有重要作用。比如，汉语学习者可能会先从英语的例证入手去理解一个词目。在将英文例证转换为中文例证时，如果英文例证和中文例证在句法结构上保持一致，那么学习者很可能会按照英语的句法结构去理解汉语的句法结构，进行英语和汉语词汇在线性上的一一对应。这样，学习者就通过英语和汉语相同的句法结构在由英语例证向汉语例证转换的过程中实现了重复启动。如表7所示：

表7　英汉句子句法结构上的一致性

I	can't	believe	school fees	are so	high
↓	↓	↓	↓	↓	↓
我	无法	相信	学费	这么	贵

此外，从历时的角度来看，词典中的词汇都可能是汉语学习者在今后交际中使用的目标词汇的启动词汇，而词典中的例证也都可能是他们在今后交际中使用的目标句的启动句。

4　以句本位为理论原则

郑定欧（2013）指出，"句本位不是一种选择，而是一种范式。因为离开句本位，但凡词性标注、义项分立、语块切分、连见界定、套译实践都无法顺利解决。这当然应该成为编纂学习型句子词典最重要的理论原则"。在编者看来，学习一门语言就是学习如何用句子表达自己。同时编者将该词典定位为一本句子词典，认为例句构成了词典总体框架的基础。

在我们看来，该词典主张的句本位主要体现在以下几个方面：

4.1　词性标注

郑定欧（2017）指出，他赞成黎锦熙先生在《新著国语文法》中指出的，"凡词，依句辨品，离句无品"。认为这在本质上与其主张的法国"词汇—语法"的思路是相通的，"即以句法控制词类"。即要将词入句并结合具体的语境来确定词的具体用法。在词典正文前，编者指出，词类标注是指动态（基于句子）分类，涉及词的语法功能和实词。我们发现，该词典中收录的相关词块和语块等，都按照入句为据的原则，结合入句时的语境归属词类、标注词性。在词典正文前的"词典结构"部分，编者就是以具体的句子来厘定词类，在句本位的基础上构建了词类标注系统，列出了22个大类和36个次类。

4.2　语块切分

郑定欧（2013）主张以句子为本位，"通过文本中的实证句子来探寻具体的立目单位"。郑定欧（2015）赞成将动词分为分布动词、支撑动词、固化动词。郑定欧（2017）指出，分布动词可独立地占据句子中的谓语位置；可带名词论元；语义上具有高度的可辨析性。助动词只能占据双动模块的第一位置，内部分布条件不一。支撑动词即扩充了范围的助动词。固化动词可独立地占据句子中的谓语位置；句法—语义上只能整体提取、整体运用、整体理解。

我们发现，从概念上来讲，"分布动词""支撑动词""固化动词"等都是按照词在句子中的用法所做的功能分类。词典正文前的词类标注系统中的次类也体现了编者的功能分类，如表8所示：

表8　动词词类标注分类

大类	次类	例子
动词	分布动词	生气
	无主动词	下雨
	复合动词	擦破皮
	左扩展动词	对她说谎
	中扩展动词	生了半天气
	重叠动词	尝尝
	离合动词	生他的气
	块化动词	搞对象

郑定欧（2017）曾提到过"扩展动词结构"这一概念，表8中的"左扩展动词"和"中扩展动词"中的"扩展"与扩展槽符号"－"的意义是近乎一致的。此外，编者采用"块化动词"的原因可能是为了突出"语块"这一概念。另外，郑定欧（2015）指出，"生了半天气"中的时间词仅起修饰或补充作用。而"生他的气"为离合词，语义上"他"是"生气"的受事宾语。编者将两者分别处理为"中扩展动词"和"离合动词"。这些分类都体现了编者根据词在句子中的句法功能来立目。

4.3　中英例证

郑定欧（2013）指出，"示例（句子）是一部学习词典最具可读性的部分，是学习词典的存在理据。从学习词典的角度来看，学习句子的重要性往往要大于学习单词和语法"。李禄兴（2008）指出，"动态释义更有助于第二语言学习者习得目的语，因为词只有进入交际中，它的语义价值和语法价值才能得到实现"。

该词典采用的是完整句的动态释义的方式，用包含对等词的与汉语例句相对应的英文完整句来进一步解释词目词，有利于汉语学习者在具体的言语交际活动中学习汉语词具体的用法。此外，词典注意在"立目—词性标注—设例"上保持高度的一致性，让学习者通过大量的英文及相应的中文例证熟悉英语和汉语词性的"同"和"异"。

由于英文和汉语语言的不对等，外语释义在某种程度上不利于汉语学习者掌握一些汉语特有的语言现象。比如"外语释义不利于学生掌握汉语特有的离合词的用法"（郑林啸，2012）。如在该词典中，"结婚"在英文中的词性为动词

（verb），对等词为"get married"，配例"Sara 到三十岁才结婚"（Sara didn't get married until she was 30）后有词目"跟－结婚"。我们知道，汉语的离合词有多种扩展形式，但"结婚"的配例没有体现汉语离合词及其相关的扩展用法，这有可能导致学习者在今后的学习中出现离合词使用上的偏误。

5　结语

《汉语入门词典（汉英对照）》是词汇—语法理论在词典编纂方面一个创新的实践和重要的贡献。该词典具有坚实的理论基础和实践基础，始终坚持以用户为中心的原则，建立起了科学严密的词典编纂体系，具有鲜明的特色，是一部适合零基础和初级水平的学习者学习汉语的重要工具书。同时，我们也相信，该词典也将会推动外向型汉语学习词典编纂理论及编纂实践的进一步发展。

参考文献

[1] 段士平. 国内二语语块教学研究述评 [J]. 中国外语，2008（4）.

[2] 李禄兴. 从静态释义到动态释义：《当代汉语学习词典》释义方法的新探索 [J]. 辞书研究，2008（3）.

[3] 李荣宝. 跨语言句法启动及其机制 [J]. 现代外语，2006（3）.

[4] 彭聃龄，李燕平，刘志忠. 重复启动条件下中文双字词的识别 [J]. 心理学报，1994（4）.

[5] 钱旭菁. 汉语语块研究初探 [J]. 北京大学学报（哲学社会科学版），2008（5）.

[6] 杨金华. 论语块的特点、性质认定及作用 [J]. 华文教学与研究，2009（2）.

[7] 尹洪波. 语言学理论与汉外词典编纂 [J]. 复旦外国语言文学论丛，2010（1）.

[8] 张锋，赵国祥，黄希庭. 重复启动对时序知觉和时距知觉的影响 [J]. 心理科学，2015（6）.

[9] 章宜华. 基于用户认知视角的对外汉语词典释义研究 [M]. 北京：商务印书馆，2011.

[10] 郑定欧. 对外汉语学习词典学刍议 [J]. 世界汉语教学，2004（4）.

[11] 郑定欧. 运用"词汇—语法"的方法处理汉英双语学习词典多义动词的翻译 [J]. 辞书研究，2009（3）.

[12] 郑定欧. 谈双语学习词典编纂的基本问题 [J]. 辞书研究，2010（4）.

[13] 郑定欧. 续谈双语学习词典编纂的基本问题 [J]. 辞书研究，2013（1）.

[14] 郑定欧. 对国际汉语学习词典的再认识 [J]. 国际汉语教学研究，2014（1）.

[15] 郑定欧. 什么是词汇—语法 [M]. 上海：上海外语教育出版社，2015.

[16] 郑定欧. 从对外汉语学习词典的词类标记谈"助动词" [J]. 国际汉语教学研究，2017（4）.

[17] 郑定欧. 汉语入门词典（汉英对照）[Z]. 北京：北京语言大学出版社，2017.

[18] 郑林啸. 外向型汉语学习词典中的离合词释文浅析：以"洗澡"为例 [J]. 辞书研究，2012（1）.

[19] 周健. 语块在对外汉语教学中的价值与作用 [J]. 暨南学报（哲学社会科学版），2007（1）.

[20] 兹古斯塔. 词典学概论 [M]. 林书武，等译. 北京：商务印书馆，1983.

[21] BOCK J K. Syntactic persistence in language production [J]. Cognitive psychology，1986（3）.

[22] ODLIN T. Cross-linguistic influence and conceptual transfer：what are the concepts? [J]. Annual review of applied linguistics，2005（25）.

[23] WILKINS D A. Linguistics in language teaching [M]. London：Edward Arnold Press，1972.

[24] WRAY A. Formulaic language in learners and native speakers [J]. Language teaching，1999（4）.

汉语学习词典 Pleco 配例定量研究①

杨玉玲

（北京语言大学）

　　摘　要：基于汉语学习词典特别是其配例缺乏定量研究的现实，本文通过抽样的办法对 Pleco 50 个被释词的配例进行了定量考察。考察结果发现最受汉语学习者欢迎的 Pleco 具有极大的功能优势，但在配例方面存在诸多问题，从知识性错误到配例用词难度的控制、配例的选取、配例的排列以及配例体现词语语义、语法和语用信息等方面均不尽如人意，明显违反了外向型学习词典的配例原则：准确性原则、配例难度控制"≤ i 原则"等。本文在此基础上总结了汉语学习词典配例的细化原则，以期为外向型汉语学习词典特别是基于"互联网＋"的汉语学习词典的研发提供些许启发。本文研究结果提醒我们在充分利用语音识别、自然语言处理、深度学习等技术深度参与学习词典研发的同时，应避免内容被技术裹挟。

　　关键词：外向型学习词典；Pleco；汉语词典 App；配例

1　引言

学习词典对于二语学习者自主学习的重要性无需证明，但如果词典本身有问题，给学生带来的消极作用也不可小觑，如学生通过查询 Pleco 说出如下句子：

（1）＊王老师，你女人（wife）在美国吗？

（2）＊今天的乌饭果（blueberry）很甜。

（3）＊我的龙头（boss）付我学费。

（4）＊我没经验（experience）过这样的事情。

---

①　本文系国家社会科学基金项目"外向型汉语学习融媒词典的研发与创新研究（22BYY159）"的阶段性研究成果。

根据杨玉玲、杨艳艳（2019）在 2015 年的调查，54% 被调查者选择使用 Pleco，用户对其满意率在 90% 以上。目前 Pleco 使用率继续呈上升趋势，根据何珊、朱瑞平（2018）的调查，67% 全球被调查者选择 Pleco，90% 母语为英语的被调查者使用 Pleco。

如此高的使用率和满意度以及学生的偏误，促使我们欲对其进行全面分析。但因无法对电子词典配例进行穷尽式考察，故我们仅采用抽样的方法，即按比例选择每个字母下面的 2～5 个被释词进行分析。为了考察多音多义和同音同形词的处理情况，我们有意识选择了"长、都、花、累、把"5 个多音词，共 50 个词语。通过分析发现，Pleco 优势非常明显：功能齐全，界面简单，可通过中英文、拼音、手写、字形、OCR 取词等多种方法查询，且对简繁字体均予以标注，容量巨大等。在目前"互联网＋"时代，学生依赖 App 而汉语教学界没有提供完美汉语学习 App 的情况下，Pleco 在推动学生自主学习方面起到了重要的作用。但不可否认，这个立志"做世界上最好的中文词典"① 的 Pleco 在词目词确定、注音、释义模式、词性标注、多义词义项排列、同译词处理、配例等诸多方面都存在严重不足，特别是其释义方式过于单一，没有充分发挥移动智能载体的优势，实现图形、图像、符号、图表、视频等"多模态释义"（章宜华，2021）。但因其没有中文释义，只有简单英文释义，故本文仅就其配例进行分析，以期对外向型汉语学习词典，特别是融媒汉语学习词典的编纂提供一些启发。

2　外向型汉语学习词典配例研究现状

词典学界名言"一部没有例句的词典只是一堆枯骨"（法国《新拉鲁斯插图小词典》）足以说明配例在词典编纂及研究中举足轻重的地位，特别是对外向型学习词典而言，抽象的释义只有通过具体的配例才能被二语学习者所理解。外向型汉语学习词典受其使用对象汉语水平的限制，其配例承担着更多更特殊的任务，即不仅要能帮助明义，使词义具体化，还应能展示词语的语法功能、搭配范围、语用条件（包括语体和感情色彩）等，所以对其要求更高，但外向型汉语学习词典"配例设置并不令人满意"（蔡永强，2016），"用例内容和语言没有完全跳出面向国人的词典的路子，没有充分考虑读者对象的特殊需要"（刘川平，2006）。学界对外向型汉语学习词典配例的关注主要集中在配例原则（郑定欧，

① Pleco 首页："We make the world's best Chinese dictionaries"。

2005；鲁健骥、吕文华，2006；李禄兴，2006；刘川平，2006）、配例功能（章宜华、雍和明，2007）、配例类型（蔡永强，2008）等方面，对配例用词难度控制的关注很少，仅有曾丹（2015）、杨玉玲等（2021）。即使有对配例难度的研究，也多采用列举式的方法进行（冯清高，1993；蔡永强，2008），鲜有对配例难度控制的定量研究。这一点从几部典型汉语学习词典对配例的说明中可见一斑：《现代汉语常用词用法词典》（李忆民，1995）："例句简明实用……"；《汉语8000词词典》（北京语言大学汉语水平考试中心，2000）："所出例句，用词尽量简单易懂……"；《商务馆学汉语词典》（鲁健骥、吕文华，2006）："举例除明白易懂外，还尽量体现词的功能……"；《汉语5000词用法词典》（下文简称《5000词》）（郭先珍等，2015）："例句用词控制在5 000词以内……"

我们可以发现，除了《5000词》试图对配例用词范围做一规定，其他几部词典均未提及配例用词难度控制的具体做法，如何简明，用词几何，均无交代。事实上对一部外向型学习词典而言，如存在大量难度超过被释词的配例用词，则无法使被释词意义实例化、语境化、具体化，被释词的语法功能、搭配特点和语用条件更无从谈起。而配例难度到底如何则需要定量考察。

3　Pleco 配例定量考察

Pleco 作为较早开发的汉语学习词典，深受汉语学习者喜欢，也得到不少学者关注，但这些关注多集中在对其与其他汉语学习软件的对比上，立足其内容本身的研究较少，专门对其配例进行的研究少之又少，仅有庾点（2019）基于个案分析得出 Pleco "例句用词难度高于被释词；例句空洞，缺乏具体语境；例句不够典型实用；例句没有层次性"的观点。但这种基于列举而进行的研究缺少一定规模的定量统计，说服力稍显不足。下面我们基于定量考察对其配例进行分析。

3.1　配例错误，违反"准确性原则"

无论是释义还是配例，知识性错误在词典中毫无疑问都应是零容忍的，但Pleco 在配例方面错误严重，主要可总结为以下3种：

第一种：配例本身是错误的。如：

同居：＊父母死后，他和叔父同居。①

---

① Pleco 免费部分释义主要来自三部词典：PLC、CC 和 UNI，但因 PLC 是其自主研发且系统默认的词典，所以本文配例均来自 PLC。

经验：＊我从没<u>经验</u>过这样的艰难。

均衡：＊走钢丝的演员举着一把伞，保持身体的<u>均衡</u>。

一时：＊<u>一时</u>的多数。

检点：＊病人对饮食要多加<u>检点</u>。

在 50 个被释词中，这种配例本身存在错误的有 5 个，占 10%（并非所有配例的占比），这对一部学习词典来说未免太高。还有一些因为提取不全造成的错误。如：

比：连说带<u>比</u>（比画）。

把：牙（象牙）质刀<u>把</u>。

第二种：自动分词错误造成配例中词段并非被释词。如：

人才：只有不要脸的<u>人才</u>能做出这样不要脸的事儿。

要点：我到的时候刚<u>要点</u>名。/他不过想<u>要点</u>儿钱就是了。/注意，马上就<u>要点</u>炮了。

将来：国庆节即<u>将来</u>临。/春天即<u>将来</u>临。/考试即<u>将来</u>临。暴风雨即<u>将来</u>临。

肉松：肌<u>肉松</u>弛。

爱人：热<u>爱人</u>民。/这孩子长得多<u>爱人</u>儿！

于是：这等<u>于是</u>给对手输血打气。

一时：第<u>一时</u>间。

花：一掩<u>花</u>生　瘪<u>花</u>生　剥<u>花</u>生　<u>花</u>生豆儿　<u>花</u>生米　<u>花</u>生酱。

通过分析可以发现，Pleco 配例要么直接来自《现代汉语词典》，要么来自网络，而来自网络的配例并没有经过人工筛选，难免出现大量因自动分词造成的错误。在抽取的 21 个双音节被释词中存在因分词造成错误配例的有 8 个，高达 38.1%。这一数据告诉我们对汉语这种词与词之间无间隔的语言，如基于语料库搜索配例，则必须进行人工筛选。

第三种：多音词造成配例中词语并非被释词。如：

累 lèi：残毒积<u>累</u>/弹痕<u>累累</u>/果实<u>累累</u>。

长 cháng：挨着墙生<u>长</u>/比较去年有显著的增<u>长</u>/商务部部<u>长</u>/在大风大浪中成<u>长</u>/中共中央对外联络部部<u>长</u>/出任县<u>长</u>。

都 dōu：建<u>都</u>/齐集在首<u>都</u>。/该城是我国的钢<u>都</u>。/北京是中华人民共和国的国<u>都</u>。/他已迁居到成<u>都</u>。

背 bèi：他倒称心如意了，却叫我一人<u>背</u>黑锅。

把 bǎ：<u>草</u>把/牙质刀把。

这种多音词造成的错误在五个多音词中无一幸免，"长 cháng"的前 100 个配例中有 68 例应为"长 zhǎng"，占比 68%，而应为"长 cháng"的仅 32 例。这种问题也是完全依靠计算机自动提取缺少人工筛选造成的。

一旦汉语学习者对上述错误配例无法进行合理判断，词典的使用效果可想而知。

3.2　配例用词过难，违反"≤i 原则"[①]

"降低词典语言的难度，让使用者更容易理解，是当前外向型汉语学习词典亟须解决的一个重要的问题。"（张静静、赵新，2011）关于词典语言的难度，学界的研究多集中在释义元语言上，如苏新春（2005）、安华林（2005/2009）、蔡永强（2016/2018）等。但对配例难度控制的关注不多。事实上，外向型学习词典配例用词也必须考虑使用者的语言水平，要将其控制在一定范围内，以使用者看得懂为前提，否则配例就形同虚设。曾丹（2015）提到"例子中的词语应尽量控制在《新 HSK 大纲》的词汇范围之内，少用或不用超纲词汇"。杨玉玲等（2021）认为配例确实应遵循元语言原则，但对外向型学习词典而言，不仅要看其配例用词总量，还要保证每个被释词的配例用词不得高于被释词；除了控制配例用词外，还应控制配例用句。Pleco 在配例方面几乎没有用词难易的考虑，既无配例用词总量的限制，也无分级控制意识，大量配例用词难于被释词，更无对配例用句的控制。如：

我们（甲级）：离公园不远，我们还是<u>安步当车</u>吧。/我们不能挨了宰又吃<u>哑巴亏</u>。/江河湖泽给我们以<u>舟楫</u>和<u>灌溉</u>之利。/不<u>辜负</u>人民对我们的<u>重托</u>。/对于这种<u>挑衅</u>，我们不能<u>置之不理</u>。/救灾援助到了，我们才有了<u>指望</u>。

学习（甲级）：学习应该<u>按部就班</u>，<u>循序渐进</u>。/学习成绩<u>拔尖儿</u>。

男（甲级）：他满嘴<u>仁义道德</u>，其实满肚子<u>男盗女娼</u>。/<u>举</u>一男/<u>卖弄风骚</u>，<u>撩拨</u>男人。

袖子（丁级）：把袖子<u>捋</u>一捋。/瞧！<u>糨糊</u>都<u>嘎巴</u>在你袖子上了。/<u>捋</u>起袖子。/两只袖子都<u>麻花</u>了。/<u>绾</u>袖子。

上举各配例中画线词语均为超纲词，对被释词而言，显然是不可理解的。为了考察其配例总体难度，我们用"汉语阅读分级指难针"对 50 个被释词配例文

---

① 所谓"≤i 原则"是指针对每个被释词而言，其配例用词难度应控制在小于等于该词的难度。如被释词是 4 级难度，其配例用词应该是≤4 级。见另文专门论述。

本进行了统计分析，其中"花"配例难度统计结果如图1所示：

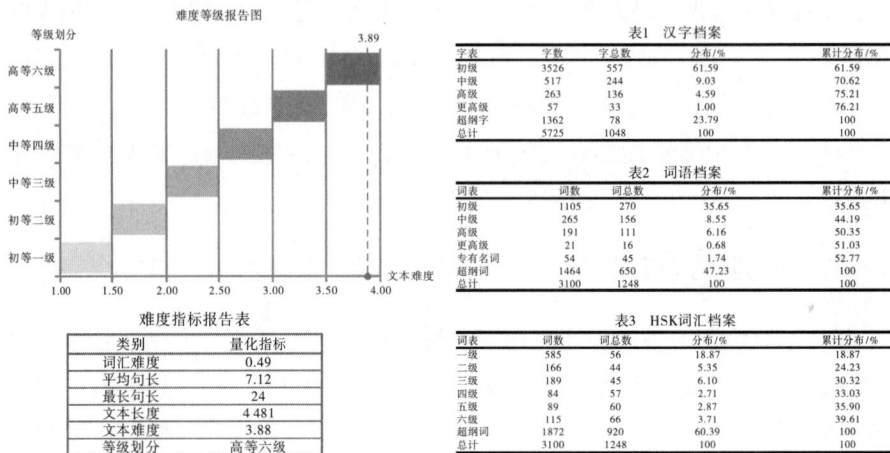

难度等级报告图

等级划分　　　　　　　　　　　　　　3.89

高等六级

高等五级

中等四级

中等三级

初等二级

初等一级

1.00　1.50　2.00　2.50　3.00　3.50　4.00　文本难度

难度指标报告表

类别	量化指标
词汇难度	0.49
平均句长	7.12
最长句长	24
文本长度	4 481
文本难度	3.88
等级划分	高等六级

表1　汉字档案

字表	字数	字总数	分布/%	累计分布/%
初级	3526	557	61.59	61.59
中级	517	244	9.03	70.62
高级	263	136	4.59	75.21
更高级	57	33	1.00	76.21
超纲字	1362	78	23.79	100
总计	5725	1048	100	100

表2　词语档案

词表	词数	词总数	分布/%	累计分布/%
初级	1105	270	35.65	35.65
中级	265	156	8.55	44.19
高级	191	111	6.16	50.35
更高级	21	16	0.68	51.03
专有名词	54	45	1.74	52.77
超纲词	1464	650	47.23	100
总计	3100	1248	100	100

表3　HSK词汇档案

词表	词数	词总数	分布/%	累计分布/%
一级	585	56	18.87	18.87
二级	166	44	5.35	24.23
三级	189	45	6.10	30.32
四级	84	57	2.71	33.03
五级	89	60	2.87	35.90
六级	115	66	3.71	39.61
超纲词	1872	920	60.39	100
总计	3100	1248	100	100

图1　"花"配例难度统计

毫无疑问，无论基于哪个大纲，"花"均属于高频初级词汇，但 Pleco 中"花"的配例难度等级却是高等六级，难度系数是 3.88/4，可理解性很差。从右侧字词档案可以看出，基于《汉语国际教育用音节汉字词汇等级划分》，Pleco 配例超纲字占 23.79%；超纲词占 47.23%。若基于 HSK 词汇大纲，超纲词竟高达 60.39%。如此频繁地出现各种高难度词汇，无疑会大大增加学习者理解的难度，即使是在一部词典里实现了闭环（一部词典只要收词数量足够大，闭环是很容易实现的，这对电子词典而言并非难事），也一定会严重影响使用体验，增加查询时间，影响配例的有效性。Pleco 配例难度之所以如此之高，主要有以下几个原因：

第一，大量使用古诗词。如：

多：对酒当歌，人生几何？譬如朝露，去日苦多。（曹操《短歌行》）

豪杰：江山如画，一时多少豪杰！（苏轼《赤壁怀古》）

一时：雪压冬云白絮飞，万花纷谢一时稀。（毛泽东《七律·冬云》）

也：陈胜者，阳城人也。（司马迁《史记》）

何其毒也！

是可忍，孰不可忍也？

子曰：昔者明王之以孝治天下也。（《孝经》）

花：当窗理云鬓，对镜贴花黄。（《木兰诗》）①

---

① 大量古诗词配例由于篇幅所限，在此不一一列举。

　　芳草鲜美，落英缤纷。(《陶渊明《桃花源记》》)

　　曲径通幽处，禅房花木深。(常建《题破山寺后禅院》)

霜：停车坐爱枫林晚，霜叶红于二月花。(杜牧《山行》)

　　鹰击长空，鱼翔浅底，万类霜天竞自由。(毛泽东《沁园春·长沙》)

　　50 个被释词中使用古诗词作为配例的有 6 个，占比 12%，其中"花"的古诗词配例有 19 个，"也"有 36 个。从经典文献中摘取例句，是内向型语文词典常用的方法，但对外向型汉语学习词典而言，这显然是不可取的，古诗词配例不仅难度大而且脱离现实生活，对二语学习者来说，不具实用性和可模仿性。

　　第二，使用一些方言词汇。如：

成天：这家伙成天到晚瞎胡勒。

我们：要是董事会不同意，我们可就做瘪子了。

把：把剥好的豆子胡噜到一堆儿。

最好：最好派个负责人来，咱好有个抓挠。

朋友：轧朋友。

　　在 50 个被释词中配例使用方言词汇的有 4 个，占 8%。这些方言词汇即使对汉语母语者难度也很高，对二语学习者来说可理解性更是可想而知，特别是用以解释这些高频初级词汇可以说是形同虚设。

　　第三，配例只是一个包含被释词的书名、人名、地名或文章名。如：

醉：《醉翁亭记》《望湖楼醉书》

敬业：《为徐敬业讨武曌檄》

花：《卖油郎独占花魁》《茶花女》《天女散花》《桃花源记》《赠花卿》《蝶恋花·秋思》

卖：《卖油郎独占花魁》

　　显然，这种配例完全无法明义。这也是因为完全基于计算机搜索，没有经过人工筛选造成的。

　　第四，随便使用俗话、惯用语。如：

花：黄花菜都凉了。/一肚子花花肠子。/耍花腔/敌人被打得落花流水。/摆花架子/别耍花招了。

　　以上四方面造成 Pleco 配例难度极大，违反了"≤i 原则"。所谓"≤i 原则"是指针对每个被释词而言，其配例用词难度应控制在小于等于该词的难度。如被释词是 4 级难度，其配例用词应该是 1~4 级词汇。通过以上分析我们发现 Pleco 配例难度大、可理解性差，更重要的是这些配例的实用性和可模仿性很低。

二语学习词典的重要功能是引导学习者正确使用目标语言，这一目标的实现必须借助于配例，其前提是配例本身应该具有交际性、实用性和可模仿性，而 Pleco 上述配例都不具有实用性和可模仿性。

3.3　语境不足，语义自明度低

Pleco 大量配例没有语境，只是一个词组甚至一个双音节词，无法明义，使用者无法据此掌握该词用法。如：

首先：首先，我问你这个。

惊讶：她惊讶地扑闪着两只大眼睛。

笑：他不说话，尽自笑。

花：景泰蓝花瓶的铜坯。/景泰蓝花瓶上的掐丝。

惊讶：故作惊讶。

"首先"的配例仅出现"首先"，并没有与之共现的"其次"，整个配例对"首先"语义和用法的理解没有帮助，其他配例也是如此。为了考察 Pleco 配例的语境情况，我们用"汉语阅读分级指难针"对 50 个被释的配例长度进行了考察，"花"配例长度统计结果如表 1、表 2 所示。

表 1　"花"包含古诗词的所有配例难度、长度指标　　表 2　"花"删除古诗词的配例难度、长度指标

类别	量化指标
词汇难度	0.49
平均句长	7.10
最长句长	24
文本长度	4 481
文本难度	3.88
等级划分	高等六级

类别	量化指标
词汇难度	0.47
平均句长	6.75
最长句长	23
文本长度	4 108
文本难度	3.83
等级划分	高等六级

"花"配例共 631 个，4 481 个汉字，平均句长 7.10 个汉字，如删除古诗词配例，平均句长仅 6.75 个汉字。如去掉被释词"花"或"花儿"，平均一个配例不足 6 个汉字。如按照双音节词计算，平均每个配例约 3 个词。即使全部按照单音节词计算，每个配例也仅用 6 个词。虽然不能完全按照词语数量来判断语境的情况，但 3~6 个词语肯定是很难显示语境的。虽然词典配例不能完全排斥短语配例，正如付娜（2010）所说，"短语例能展示词语用法的，不必使用句例"。但是一部学习型词典应该以句配例为主，短语配例为辅。通过考察我们发现，

Pleco 配例则相反，以短语配例为主，句配例为辅。对短语配例，蔡永强（2008）
提出了批评，认为"词和短语层次的配例由于缺乏语境的支撑，常常成了一种摆
设，对学习者理解和掌握词目的意义和用法帮助不大"。如 Pleco 配例：

见面：初次见面/思想见面。

一时：此一时彼一时/一时的多数/一时想不起来。

损害：损害保险/损害健康/损害庄稼。

经验：经验不足/经验丰富/凭经验/直接经验/间接经验。

蔡永强（2016）分析"当前外向型汉语学习词典的配例设置并不令人满意"
的几点表现，其中一条是"配例存在死搭配现象。所谓死搭配指的是没有具体语
言环境的单纯搭配的配例，由于没有上下文语境，学习者有时很难学得这种搭
配"。显然如果一部学习型词典多数配例都是这种死搭配的短语配例，学习者就
很难据此理解词义，掌握词语用法。

3.4 数量悬殊、无意义重复，没有很好地体现"因词而异、因义而异"的原则

一般而言，词典配例越丰富，越有利于使用者掌握词义、语法功能和语用条
件，但受篇幅和使用者心理的影响，配例也并非越多越好。关于配例的数量，学
界一直众说纷纭，丁贵珍（2018）的调查显示，35.71% 的留学生认为每个义项
有 2～3 个配例比较合适，30.36% 的留学生认为 4～5 个例句最合适，33.93% 的
留学生认为 5 个以上例句比较合适。李秀杰（2018）的调查则显示，41.54% 的
留学生希望每个义项配以 3～5 个例句。但配例到底多少合适，我们认为不可一
概而论，应遵循"因词而异、因义而异"的原则，即如果一个词义项多，用法
复杂，配例应多，反之则少。如果某个义项难以理解和掌握，配例应多，反之则
少。如果按照该原则分析，Pleco 配例数量方面的不足是显而易见的。主要体现
在两个方面：

第一，数量悬殊，且未考虑被释词难易和义项多寡。

50 个被释词配例共 5 673 个，平均每个被释词 113.5 个配例。但有的词语配
例成百上千，有的寥寥无几甚至一例皆无。如"多"有 1 027 个配例；"花"有
631 个配例；"同居"只有一个配例，且是错误的；"进而"的词义难度显然很
大，但无一配例，要真正掌握其用法，难度可想而知。特别是对于那些有特殊使
用条件和文化内涵的词语而言，单纯依靠英文对译，达到完全理解其词义，掌握
其用法的效果几乎是不可能的。固然词语配例数量不应一概而论，要求每个被释

词的配例数量完全一样，这既非必要也不可能，因为不同词的义项数量不同，使用条件和难度也不同，我们认为应遵循配例数量"因词而异、因义而异"的原则。但通过分析，我们发现 Pleco 配例数量虽然做到了"因词而异"，但悬殊而无理由。事实上，有的被释词配例过多，如"多"有 1 027 个配例，笔者作为母语者看完大概用了一个小时，显然学习者不可能全看。对这些过多的配例应认真进行筛选，将难度高、不实用的配例删除，如"多"的如下配例都应删除：

他板眼真多。/尔许多。/更事不多。/偌多。/对酒当歌，人生几何？譬如朝露，去日苦多。/江边巨石蟆缝颇多。/江山如此多娇，引无数英雄竞折腰。

Pleco 配例悬殊不仅体现在不同词之间，不同义项之间也是如此。如"笑"的 296 个配例中，第二个义项不足 20 例，绝大多数都是第一个义项的配例。

第二，大量相同或相近的配例多次无意义重复，如：

多：以少胜多。/多云转阴。/多产作家。/多多保重。/有的啤酒沫儿比较多。/这种梨水分很多。/麦子熟得差不多了，该割了。/这消息使我多了一分希望。/江山如此多娇，引无数英雄竞折腰。/姐妹俩长得差不多。/他们高矮差不多。/这两条裤子长短差不多。/这两棵树高矮差不多。/技术革新的门路很多。

以上配例各出现 3 次。这种无意义的重复配例在 Pleco 里随处可见。在我们统计的 50 个被释词中有 36 个词的配例存在无意义重复现象，占比 72%。

3.5　没有体现词语用法，违反"三个平面的原则"

学习型词典要实现教会学生使用词语的目标，就要呈现其语义、语法功能和语用条件三个平面的信息，这就要求配例"必须是一个包含被释义词项之句法、语义和语用等综合信息的语用法的集合体"（蔡永强，2016）。而 Pleco 在词语用法的展示方面非常随机，如：

散步：傍晚散步/负手散步/他见天早上出去散步/空闲时，他喜欢散步。/到公园散步/在树荫下散步/到外边散步/在月光下散步/月下散步

以上配例仅体现其个别语法功能，即前面带时间或处所状语的语法功能，但作为离合词，其"离"的用法和特殊的重叠形式并没有得到体现。这种情况在其他离合词如"见面""结婚"等配例中也同样存在。事实上这些没体现的特殊语法功能对学习者来说反而是难点。

配例除了体现词语的语义、语法功能外，还应该体现词语的语用信息，包括使用对象、语体色彩、感情色彩等，但 Pleco 在此方面也非常欠缺。

3.6 排列不科学， 违反 "以义项为单位的原则"

汉语多义词众多，根据王惠（2009），《现代汉语词典》（第5版）每个词平均2.4个义项。配例作用之一就是使词义单一化，所以配例排列应以义项为单位，而不应不分义项随意堆砌。Pleco配例选择原则是只要是同一个词形，无论是否同一个词，即使同一个词也不考虑是否属于同一义项，更不考虑配例难易、短语配例和句配例等。具体表现为以下几点：

第一，排列不考虑义项。如：

花：一把花/一分钱掰成两半花/白地蓝花/遍地开花。

功夫：这活儿很吃功夫/他的功夫非常了得。

显然，是把不同义项的配例随意堆砌，汉语二语学习者很难分辨。

第二，排序不考虑难易。

不仅一个词的多个义项存在排序的问题，一个词语（一个义项）多个配例也应该把最简单、最典型、最能体现该词语义和用法的配例放在前面，Pleco显然也没考虑到这一点。"就""朋友"的几个配例如下：

就：大家就拢来烤火取暖。/你就这桌子吃西瓜。/我们就着路灯下棋。/就农/这个鼎是青铜铸就的。/就我所知/我们就这个机会谈谈。/只好就这块料子做了。/炒鸡蛋就饭。/我反正有空，就你的时间吧。/他用花生就酒。/就捕/双方就共同关心的问题进行了会谈。/我就来。

朋友：沉痛哀悼朋友的去世。/为朋友的亡故而万分哀伤。/暗伤朋友。

总之，Pleco众多配例随意堆砌，看不出排序的标准，甚至可以说是杂乱无章，不便于学习者查找定位和理解。

3.7 没有利用电子优势， 更没体现融媒体特点

在"互联网＋"的时代背景下，对优质外向型汉语融媒词典的需求呼声越来越高。李秀杰（2018）调查显示，81.54%的被调查者选择手机词典。时代不仅提出了对融媒辞书的需要，同时也为融媒辞书的研发提供了充分的条件，那么在学习词典配例方面也应充分利用图片、视频等融媒体生动直观地展示词义，呈现配例的使用语境。但作为一款词典App，除了输入查询方式和动态笔画之外，Pleco并没有利用图片、视频等多模态手段帮助释义，没有在配例的同时辅以图片等，没有充分利用其移动智能载体的优势，更没有将多种媒体有机融合，这不能不说是一大遗憾。

3.8 没有体现与时俱进，且存在消极负面现象

钱旭菁（2015）提出"例句的话题应具有普遍性，例句的背景信息应具有普遍性"。Pleco 配例在话题和背景信息的普遍性上也很欠妥，没有体现与时俱进和普遍性的原则，不具模仿性。如：

花：弹棉花用的绷弓儿。/给棉花打岔。/轧花。

"弹棉花""给棉花打岔""轧花"等很难出现在当下汉语学习者的生活中。

外向型汉语学习词典作为沟通文化的桥梁，应该用"彼方大众能理解的符号、词汇、规则传递出正面的、积极的恰如其分的信息。暴力、厌恶、愚昧、恶心的内容绝对不允许污染我们的汉语国际推广事业"（郑定欧，2005），但 Pleco 配例存在一些负面消极的现象。如：

狗：他说的全是狗屁。/这篇文章写得狗屁不通。/他摔了一个狗吃屎。/不齿于人类的狗屎堆。

卖：鬻儿卖女/出卖色相/贩卖人口/拐卖儿童/掠卖儿童/拐卖妇女儿童。

4 余语

本文通过抽样分析，可得出以下几点结论和启发：

第一，备受汉语学习者喜欢的 Pleco 功能优势明显，但内容存在诸多问题。这主要是因为 Pleco 完全基于计算机根据词形自动提取，没有经过人工干预，难免出现自动分词造成的错误，以及多音词的配例堆在一起的问题。这一分析给未来汉语学习词典特别是基于语料库的汉语词典研发一个启发：配例的选择和排列必须经过人工干预和优化方可进入学习词典，避免内容被技术裹挟。

第二，这款"问题不少"的汉语学习词典之所以备受推崇，是因为没有一款更好用的汉语学习词典 App。

第三，学界关于学习词典配例提出了若干原则，如易懂性原则、实用性原则、典型性原则、规范性原则、针对性原则（鲁健骥、吕文华，2006；蔡永强，2008；刘若云、徐韵如，2005；庚点，2019），除以上宏观原则之外，外向型汉语学习词典在"互联网＋"的时代背景下，还应遵循以下细则①：

配例来源上遵循"人机结合原则"，不可单纯依靠人工经验编写，也不能单

---

① 由于篇幅所限，关于外向型汉语融媒词典的配例原则我们将另文专门讨论，此处无法展开。

纯依靠计算机提取。前者不仅慢，而且语境单一，用词不够丰富；后者难免出错，人机互助是唯一正确的路向。

配例媒介上遵循"融媒体、多模态原则"，充分利用图片、视频、网络等各种媒体，而非纸本内容的平移。

配例难度上遵循"闭环原则"和"≤i 原则"，既要控制配例用词总量，又要确保配例用词难度不高于被释词。

配例长度上遵循"长句配例为主、短语配例为辅"的原则，不可大量使用短语配例，降低配例语境自明度。

配例内容上遵循"语义、语法、语用三个平面原则""与时俱进、普遍性、积极正面性原则"，不选不合时代特点或只适合某一国家、消极的配例。

配例数量上遵循"因词而异、因义而异"的原则，不可一概而论。

配例排列上遵循"以义项为单位原则""语义自明度由高而低、由解码到编码的原则"，不可不分义项和用法随便堆砌。

参考文献

[1] 安华林，等. 汉语释义元语言理论与应用研究 [M]. 上海：学林出版社，2009.

[2] 安华林. 现代汉语释义基元词研究 [M]. 北京：中国社会科学出版社，2005.

[3] 蔡永强.《当代汉语学习词典》配例分析 [J]. 辞书研究，2008（3）.

[4] 蔡永强. 对外汉语学习词典编纂的用户友好原则 [J]. 辞书研究，2011（2）.

[5] 蔡永强. 外向型汉语学习词典的释义用词 [J]. 辞书研究，2018（4）.

[6] 蔡永强. 对外汉语学习词典学 [M]. 上海：学林出版社，2016.

[7] 丁贵珍. 留学生汉语外向型词典 App 使用情况调查研究：以云南师范大学留学生为例 [D]. 昆明：云南师范大学，2018.

[8] 冯清高. 词典释例的作用及配例原则 [J]. 广东民族学院学报，1993（2）.

[9] 付娜. 外向型汉语学习词典配例中搭配信息的呈现原则及实现条件 [J]. 辞书研究，2010（5）.

[10] 何珊，朱瑞平.《商务馆学汉语词典》辨析栏的选词情况考察 [J]. 云南师范大学学报（对外汉语教学与研究版），2018（2）.

[11] 李禄兴. 突出外向型特点　编写实用的对外汉语学习词典：第二届对外汉

语学习词典学国际研讨会综述 [J]，辞书研究，2006（3）.

[12] 李秀杰. 留学生常用汉语学习类手机词典研究 [D]. 合肥：安徽大学，2018.

[13] 鲁健骥，吕文华. 编写对外汉语单语学习词典的尝试与思考：《商务馆学汉语词典》编后 [J]. 世界汉语教学，2006（1）.

[14] 刘川平. 对外汉语学习词典用例的一般原则 [J]. 辞书研究，2006（4）.

[15] 刘川平. 对外汉语学习词典用例效度的若干关系 [J]. 外语与外语教学，2007（6）.

[16] 刘若云，徐韵如. 对外汉语教学中例句的选择 [J]. 中山大学学报论丛，2005（6）.

[17] 钱旭菁. 易混淆词辨析词典配例设计研究 [J]. 云南师范大学学报（对外汉语教学与研究版），2015（2）.

[18] 苏新春. 汉语释义元语言研究 [M]. 上海：上海教育出版社，2005.

[19] 王惠. 词义·词长·词频：《现代汉语词典》（第5版）多义词计量分析 [J]. 中国语文，2009（2）.

[20] 阎德早. 汉外词典的编写与对外汉语教学 [J]. 辞书研究，1995（1）.

[21] 杨玉玲，杨艳艳. 汉语学习词典调查分析及编写设想 [J]. 现代语文，2019（2）.

[22] 杨玉玲，宋欢婕，陈丽姣. 基于元语言的外向型汉语学习词典编纂理念和实践 [J]. 辞书研究，2021（5）.

[23] 庾点. 论外向型汉语学习词典 App 的配例原则 [C] // 2019 对外汉语博士生论坛暨第十二届对外汉语教学研究生学术论坛论文集. 北京：北京大学对外汉语教育学院，2019.

[24] 曾丹. 论对外汉语多媒体学习词典的释义和用例原则 [J]. 语文学刊（高等教育版），2015（1）.

[25] 张静静，赵新. 外向型汉语词典用词用字探析 [J]. 华文教学与研究，2011（1）.

[26] 章宜华，雍和明. 当代词典学 [M]. 北京：商务印书馆，2007.

[27] 章宜华. 融媒体视角下多模态词典文本的设计构想 [J]. 辞书研究，2021（2）.

[28] 郑定欧. 对外汉语学习词典学亟待构建：兼推介《对外汉语学习词典学国际研讨会论文集》[J]. 辞书研究，2005（4）.

初级阶段 《国际中文学习词典》 编写的定位

彭兰玉　李亚男　白冰冰

（湖南大学《国际中文学习词典》编写组）

摘　要：外向型学习词典要符合二语习得规律，初级阶段的学习词典相对于中级、高级更加重要，编写难度更高。《国际中文教育中文水平等级标准》（GF0025 - 2021） 的颁布为配套编写学习词典提供了重要的标准参照，本文提出了初级阶段《国际中文学习词典》编写在对标定位、功能定位方面的诸多编写原则以及实践案例，分析论证了支持该编写框架的理论依据。本文关于字词区分、生活角度的释义模式、生活常用优先的义项顺序、元语言释文的标准、语法性的匹配、示例的内容功能与分布功能、近义词比较创新模式、偏误提示、图文共建等成系列的从生活交际出发编写词典的理念，都是为说明编写外向型学习词典要符合学习需求而进行的有意义的探索。

关键词：初阶；定位；标准；功能

1　引言

学习词典在 20 世纪 80 年代就已面世，到现在有十几种，但事实上没有哪一种被国际中文教育广泛使用。在汉语热、市场广的背景下，学界也在探讨汉语作为二语学习的词典编写问题，但似乎谈主义容易，落实到操作编写难。比如，我们谈元语言，我们谈要切合学习群体的实际，最大的实际是，初级阶段的汉语学习应该提供什么样的词典？目前鲜有这样的成果①。2021 年 3 月，国家颁布了《国际中文教育中文水平等级标准》（GF0025 - 2021）（以下简称《等级标准》），将汉语的音节、文字、词汇、语法按学习等级划分为初等、中等和高等，每个等

---

① 徐玉敏主编的《当代汉语学习词典（初级本）》只给句子，没有释义。

次再分为一级、二级和三级。从辅助教学资源开发的角度看，编写能配合《等级标准》的学习词典，其意义是多方面的。专门针对初等字词，编写能适应国际社会学习汉语的初级阶段学习词典，是学习词典的第一步，也是最有意义的一步。本文讨论在《等级标准》发布之后编写初级阶段《国际中文学习词典》的定位问题。

2　对标定位

初级阶段的学习词典应该在词目选择、意义解释、释义用词三个方面有明确的标准。

2.1　词目层级标准

至今学界没有针对国外初级阶段汉语学习者的词典成果，原因是多方面的，从学习者角度，初级阶段的学习者是如何学习语言的？如何看得懂词典？从学界角度，如何界定初级词汇范围？如何不超出初级词汇范围来解释词义？如何化抽象为具体？这些问题难以厘清，造成了汉语学习词典虽不少，却都把初级阶段学习者排除在外的局面。

汉语作为二语学习的初级阶段与母语学习的初级阶段不同，学习者年龄跨度大，可能是小学生，可能是大学生，可能是社会其他年龄段的人员，年龄不同，学习方法不同，学习情况也不同，但在学习过程中"应该掌握的词汇量标准"是相同的，"词汇量"是数量，"应该掌握"是对词汇量的理解和运用，相对合理地推进词汇积累的量化标准和与此标准配套的意义、用法解释工具书就是在万变学习中的核心抓手。初级阶段的词汇标准不但是学习者的量尺、教学者的步骤，也是实现意义、用法合理解释的指南。所以，词汇的层级标准是最基础的纲领。

《等级标准》是经过深入研发且已经颁布的国家标准，初级阶段学习词典要与之配套，在词目上理应严格遵守《等级标准》给出的初等项目内容。初级阶段《国际中文学习词典》提取了《等级标准》的所有字词作为初级阶段的解释对象。内容包括：初等汉字 900 个，其中一级汉字 300 个，二级汉字 300 个，三级汉字 300 个；初等词条 2 245 个，其中一级词 500 个，二级词 772 个，三级词 973 个。每个字词在词典中都给出《等级标准》要求的拼音形式和级别标记，作为词典，词条的等级只给出一级、二级、三级标记，字条的等级用标记形式，给出一级字、二级字、三级字标记。如：

看 kàn　　　　　　　一级

康 kāng　　　　　　　二级

【开始】kāishǐ　　　　三级

2.2　取义标准

本文所说的学习词典取义标准有两个层面，一个层面是多义词的义项是否要穷尽，多个义项是否要按照从本义或基本义到引申义的线索排列，这个方面比较容易达成共识：作为外向型学习词典，一切以常用性为原则。义项不必穷尽，不常用的不取，比如一级词"开"，它在普通语文词典中有十七八个义项，但常用的义项在"开门""花开了""开商店""开点儿药""水开了""把书拿开"这样的语境中。多个义项的排列也以生活常见程度为序，比如二级词"表"先给出"一块表"，再给出"一张表"，因为在生活中首先用到的是手上戴着看时间的"表"，至于普通词典把"表面"的意义放在首位，这个意义差不多只在"表里如一"之类的固定结构中出现，不单用，因此这个意义放在【表面】条解释。

本文讨论的重点是另一个层面的取义标准问题，那就是要不要提取汉字的字义进行解释。

汉字与英语之类的表音文字不同，汉字个体数量多，每个字大体上都与意义有关，所以，《等级标准》分设字表和词表一方面符合汉语特点，另一方面可以给二语学习者建立字和词的概念，相关字、词在字表、词表的赋位比较充分地体现了对二语习得特点的追求。在学习词典的编写中，面对汉字要不要释义的问题，可以考虑两个方面的因素。

第一，外向型学习词典与普通语文词典的不同。

普通语文词典为语文解词和检索服务，语文是个综合概念，语文词典大多是内向型词典，出于对语文知识完整构建的需要，展示字词的依赖关系，解释字义是很有学理价值的，词是由语素构成的，对汉字字义的解释基本上就是对语素的解释，当一个单音节语素独立成词的时候，所解的字义就是词义，当一个语素不能独立成词的时候，所解的字义就限于合成词里面的某种语素义。字义的所有表现都得到解释，有助于显示意义的演化线索，形成一个个小体系，在合成词解读上能帮助学习者知词义之所以然。现行的普通语文词典如《现代汉语词典》《现代汉语规范词典》都是如此。

外向型学习词典为学习者服务，这个群体的学习活动是从语言的交际单位出发，学习句子当中的词语使用，而不是从知识结构要素开始学习，因为他们更需要最直接地进行词汇积累，尤其在初级阶段，合成词里面有的语素字义看不懂、不了解并不影响对合成词词义的整体了解、整体接受、整体记忆，比如"清楚"作为二级词，里面的"楚"是二级字，它是个语素字，就二语学习而言，对"清楚"的了解并不建立在先弄懂"楚"的基础上。有的学习词典把"可"分为5个义项，除了一个义项是动词，其他四个义项都标为"素"（语素），科学是科学了，但这个科学内涵是不是符合二语习得规律、是不是外国人学汉语必须掌握的、是不是好用和受欢迎的还有待验证。《等级标准》中的"可"是二级字，主要是覆盖初等词"可以、可爱、可能、可怕、可是、可靠、可乐"的学习需要，学理上可以把这些"可"分成几个，但在二语习得过程中不妨先放下这些分解动作，去将它整体习得，就好像汉语音节 zhi、ci、si、yi、wu、yu，国内小学生在习得时只需整体认读一样。

第二，《等级标准》中字表与词表的关系。

汉语有字和词的概念，有的字本身也是词，有的字在现代可能只是作为构成词的语素，考察《等级标准》给出的 900 个初等汉字与词汇表的关系，有三类情况：其一，有的初等字本身就是初等词，如"爱"是一级字、一级词，"姓"是二级字、二级词，"顿"是三级字、三级词，"等"是一级字，作为动词是一级词、作为助词和名词是二级词；其二，有的初等字是跨等词，如"作"是一级字、六级词，"安"是二级字、四级词，"烦"是三级字、四级词，"告"是一级字、高等词，"采"是三级字、高等词；其三，有的初等字一般不单独用，没进入词表，如"果、备、朋"是一级字，"参、际、绩、楚"是二级字，"币、咖、啡、丰、蕉、啤、庆"是三级字，词表都没有收入。

第一类是最好理解和处理的，第二类为什么会跨等呢？比如"采"，在"采用、采取"里它是构词语素，这个语境层次比较低，是生活中的常用词，在整体习得这两个词的时候需要认识"采"这个字；当这个字作为句法结构中独立成分的词时，它主要分布在"采了一朵花""采指纹"这样的语境里，它们的生活常用性受到限制，语境层次比较高，放在高等词里是有道理的。第三类中，学汉语必然会遇到"人民币"，它是一个常用词，学习者在辨识和书写时需要认识"币"字，至于这个字是怎么由丝织品变成钱币的不是交际表达的首位需要，可以留待以后再深入研究，现在这个字一般不独立运用，《等级标准》只根据初等合成词的习得需要赋予它初等字的地位。"咖啡"是现代生活常用的初等词，里面的"咖"和"啡"两个字虽然很特别，但出于整体识别与习得的需要，这两个字也被赋予了初等字的地位。

由上，初级阶段《国际中文学习词典》根据《等级标准》区分字、词，再依据字词的关系在取义方面区别对待，字能独立成词的按词释义，跨等词的字以及词表不收的字在初级阶段都按字处理，解析书写结构，不解字义。如：

币 bì　　　　4 画 丿部 上下　　　　三级

安 ān　　　　6 画 宀部 上下　　　　二级

回 huí　　　　6 画 口部 包围　　　　一级

　　动……

回 huí　　　　　　　　　　　　二级

　　量……

2.3　释文用词标准

释文与释义有所不同，释文包括字音标注、字形解构、词性标注和举例、同义词辨析、特别提示说明，举例是对释义充分性和用法的补充。初级阶段学习词典编写最难的是释文用词的选择。现行的普通语文词典的释文用词一般是开放的，编写者可以根据需要选择最能充分挖掘词义的方式和用词，但这一套编写经验对外向型学习词典是不适用的，如果释文用词是开放的、没有限制的，显然会造成以难释易，不符合语言学习认知规律。理论上，学界提出了学习词典编写的元语言原则，对这一原则，有的学者很认可，但元语言的技术实现并没有成熟的经验；也有的学者则认为用元语言原则来进行汉语词典的编写不可能实现，这种编写方式会损害释义的充分性、准确性，甚至释文都会变成不伦不类的洋泾浜式表达。

《等级标准》的发布，让词典编写的元语言有了抓手，有利于与《等级标准》配套的初级阶段学习词典根据元语言理念，对初等词项进行严格的释文用词限制。初级阶段《国际中文学习词典》的编写，所有立项严格按照《等级标准》初等项目来进行，所有用来解释词语意义、用法举例或近义词辨析的词语都不超过初等词汇 2 245 个用词范围。以"花"为例，各词典都分为"花1""花2"来编写，其中"花1"的义项又分为名词义项和形容词义项，《等级标准》分为三个"花"：

花 huā　　　　名　　　　一级

花 huā　　　　动　　　　二级

花 huā　　　　形　　　　四级

初级阶段《国际中文学习词典》依据《等级标准》，不解释形容词的"花"

（留到中级阶段解释），只解释名词、动词的"花"：

花 huā   7画   艹部 上下   一级

$\boxed{名}$……

花 huā   二级

$\boxed{动}$……

在"花"的释文方面，从生活角度解释，不从偏植物学角度进行，所用词语都在《等级标准》初等词内。偏植物学角度"花"的释义模式与用词是：

$\boxed{名}$植物的繁殖器官，典型的由花托、花萼、花冠、花蕊组成，有各种形状和颜色，一般长得很美丽，有的有香味，凋谢后结成果实：一朵花儿。

此类释文模式由详细解释、简单举例构成。释义用词中的植物、繁殖、器官、典型、果实等都属《等级标准》里的中等词汇，香味、凋谢等都属高等词汇，花托、花萼、花冠、花蕊等都属超纲词汇。

初级阶段《国际中文学习词典》生活角度的释义模式与用词是：

（配图）$\boxed{名}$开在树上或草上形状好、颜色美的好看的东西▷一朵~｜~开了｜这种~冬天才开｜这种~不但好看，还很香｜草地上开满了~，红的、黄的、绿的、白的都有｜演出结束的时候，学生们给指导老师送了~。

这种释文模式由图、解释、示例群构成，所有用词都在纲内。生活视角和纲内用词的设置，既能揭示人们对花的典型感知特点又不会受到过多的术语困扰，贴近外向型二语学习的认知特点和需求，符合学习规律。很多科学成果看不懂，科普一下就懂了，道理也是从读者视角出发去抽象化。

3　功能定位

3.1　确定性、规范性

3.1.1　释义不虚，避免出现循环解释

词典释义的方式有的是定义式，有的是描写说明式，也有不少是同义词或近义词式。汉语同义词、近义词多，在了解某个词义的前提下，拿它作为另一个同义词或近义词的释文，方便快捷，认知有效性高，但如果同义词组里的每个个体都拿另一个个体当作释文，就形成了同义词对释、互释，变成循环释义，不能达成词典指导学习的功能目的。比如"容许：许可""许可：容许"这样的模式等于没有释义，不懂的还是不懂。初级阶段《国际中文学习词典》要实现释义确

定性功能，比如：

　　【感谢】gǎnxiè　　　　　　　　二级

　　　　动 接受别人的帮助后，用语言或其他方式表示感动的意思▷……

　　【谢谢】xièxie　　　　　　　　一级

　　　　动 表示感谢▷……

　　"感谢"和"谢谢"是一对同义词，按音序，"感谢"条先出现，释义用了描写方式，"谢谢"条后出现，借用了同义词释义的方式。但并不是一定要前面已经出现，后面才能用同义词来释义，有时候也可以先用同义词释义，再对后出现的同义词进行具体描述。如：

　　爱 ài　　　10画　　宀部　上下　　　　　一级

　　　　❷ 动 喜欢（做某件事或从事某项活动）

　　【喜欢】xǐhuan　　　　　　　　一级

　　　　动 对某人或某件事情感到高兴、快乐或觉得可爱▷……

　　"爱"的第二个义项采用了既给出词义又给出搭配提示的模式，词义用同义词"喜欢"来解释，括号内容"做某件事或从事某项活动"实际上是对该动词语法特点的延伸，也就是动词"爱"一般是要带宾语的，采用这种模式，则核心释义用词就可以从简，后面【喜欢】条，用描写的方式解释它的内涵，这样前面的释义用词"喜欢"就没有落空。

3.1.2　不改性，释文语句特点与词性一致

　　词义除了有词汇意义还有语法意义，现在不少词典在给词条释义的时候总是先标出词性再进行意义解析，词性指的是词的语法性，它是对语法意义的概括。名词、动词、形容词等在初级阶段《国际中文学习词典》里面都会给出 名 、动 、形 这样的标示符号，所标示的词性与《等级标准》给出的词性保持完全一致。语句结构也有语法性，"我的书""漂亮的动作"具有名词性特征，"慢慢吃""说了三遍"具有动词性特征，词典的释义如果能遵循释文语法性与被释词语法性一致的原则，对词的使用功能有提示，那是比较理想的。如果达不到直接用释文结构匹配词的语法性的目标，也可以用释文内容直接提示词性的特点。比如形容词是用来说明事物的性质状态的，对形容词的解释也应保持相当于在说事物的性质状态的解释模式，包括释文直接用具有摹状性的结构、释文带有摹状标记词。下面看几个具体例子：

空 kōng　　8画　穴部　上下　　三级

❶形没有东西的，没有内容的▷……

"空"作为形容词，如果释为"没有东西，没有内容"或"不包含什么"，这仅仅对词的词汇意义进行了解释，释文的语法性与词的语法性有距离，"没有东西"是动宾结构，整体是陈述，是动词性的结构，而"没有东西的"就由陈述转为摹状了，与被释词的形容词性保持了一致，具有功能带入作用。

末尾加"的"的方式不是所有形容词解释都适用的，如：

累 lèi　　11画　田部　上下　　一级（配图）

形劳动时间久了的样子；没有力的▷……

"累"是一种状态，释文的前面部分"劳动时间久了的"是"累"的原因，还不是直接写状态，不能充分体现"累"本身，但加上"样子"就可以用来说"累"了，"样子"具有状态指示性，"劳动时间久了的样子"语句结构是名词性的，但内容有提示描摹状态的作用。

【紧张】jǐnzhāng　　　　　　　三级

❶形精神由于有压力感到很不安的样子▷……

❷形任务重造成精神高度集中的样子▷……

这是另一种形容词的释文类型，如果删去"样子"，"精神由于有压力感到很不安的"容易理解为"精神由于有压力会感到很不安的"，而"精神由于有压力感到很不安的样子"语义就很稳定，"样子"管住了整个情况，就不会产生别的解读。

根据以上分析，形容词释文的语法性包括两种情况，一种情况是释文整体的结构功能具有语法性，如"没有力的"；另一种情况是释文有特定符合释义状况的属概念，如"没有力的样子"。

如果是动词，也是如此。我们看两个例子：

画 huà　　8画　一部　半包围　　二级（配图）

　　动用笔做图▷……

这样解释动词"画"，是直接描摹动作，释文就是动词性的结构，与被释词语法性直接对应。

吃 chī　　6画　口部　左右　　一级（配图）

　　动人或动物通过口处理食物的动作▷……

吃、穿、行都是动作本身，"动作"是各种实际动作的总称，是属概念，作为动词"吃",释文用"具体动作＋所属的上位总称概念"的模式也是一种语法性的合理匹配。

3.2　语境性

帮助学习者建立二语语境既是外向型学习词典符合二语认知需求的重要内容,也是衡量词典是否符合外向型要求的重要条件。初级阶段《国际中文学习词典》在这方面采用了多种功能定位原则。

3.2.1　生活语境亲近原则

词的释义有不同模式,用定义或描写方式解词的时候,"具体描写＋抽象概括"的模式是最常见的模式,抽象概括是被释词的最后落脚点,如果这个落脚点所使用的词语与生活实际产生距离,那也是外向型词典不能被理解的因素之一。比如"酒"是二级词,一般词典解释模式是由具体的原料、发酵酿造程序,到最后的产品类组成,将其解释为粮食水果等经过发酵酿造得出的饮料,释义的落脚点在"饮料"上,科学性没有问题,但"饮料"就不符合生活中人们对酒的一般认知,这样的释义无法运用到生活中,无法解释"你不喝酒就喝点饮料吧"这样的"酒"。初级阶段《国际中文学习词典》给出的释义是:"一种喝的东西,比如红酒",用动作归类加举例的方式释义,在"红酒"条目下给出了配图,这样逻辑性没问题,也与生活语境更接近。

3.2.2　举例延伸用法原则

非学习词典重释义轻举例是常态,相对多的举例是学习词典提供语境支持的重要环节,这对初级阶段的二语学习者尤为需要。初级阶段《国际中文学习词典》的举例有两个特点。

第一,举例是对释义内容的延续补充。词的释义是比较概括的,概括的内容可以通过示例来具体化,具体化的程度因词而异,但都能起到从释义到语境延续细化的作用。比如:

三级动词【打听】的释义是"动（想办法）问（消息、情况等）",所举示例有3个:"跟您～一件事｜～一下这里有什么好吃的东西｜　～～几个同学在国外的情况"。这3个示例分别是问事、问物、问人,示例提供了"打听"能涉及的范围类型,使释义的内涵能够进一步具体化到语境大类。

一级形容词"好"的第一个义项释义是"❶形使人满意的",所举示例多达11个:"这孩子长得真～｜我觉得那件红的比这件～｜我现在的普通话说得～

多了｜有面条儿就更～了｜他游泳游得很～｜～极了，你画得越来越～了｜他是我最～的朋友｜他精神很～｜你身体还没～，别忘记吃药｜这是一个多～的机会啊！｜不懂的就查字典，这是一个很～的习惯。"词典给出了形容词"好"的4个义项，义项1是评价义，它涉及的评价范围是最广的，这11个示例包括了"好"用来说形象、关系、效果、身体、特点、结果等方面的评价情况以及语法位置，从对词义内容的延续来看，实际上是提供了11种评价语境。

第二，举例是对语法分布的示范。举例覆盖较多的语法分布能弥补释义不能解决的重要的结构性语境。词典如果只解释词义则无法让二语学习者获得二语语感，如果释义之外附带给出最明显的用法提示则有助于语境的感知，比如对三级副词【根本】的解释为"完全（用在表示否定意义的句子里）"，括注内容告诉人们该词性的使用语境是否定句，但这种方式并非每个词都能做到。初级阶段《国际中文学习词典》力求通过示例给出词语的基本结构性语境分布。比如名词给出的基本语境为与数量搭配、主语位置、宾语位置、定语位置等，动词给出的基本语境为带宾语、带补语、重叠等，形容词给出的基本语境为与程度副词搭配、谓语中心位置、定语位置、重叠等，以期为帮助学习者获得二语语感提供参项。例如：

二级名词【画儿】的释义为"名画成的作品"，示例为"一张～｜墙上挂着不少～｜他家有好多～｜这张～很好看｜买点儿～吧｜你画的～比我的好"。这6个名词示例包括：与数量搭配、宾语位置、主语位置，宾语位置包括存现句、一般动宾句，主语位置包括简单句、比较句。

二级动词"画"的释义为"动用笔做图"，示例为"他～了一只鸟｜我喜欢～小动物｜我～的图找不到了｜这么～不行｜你可以照着图来～｜我来～一下｜你～～看，一定～得比我好"。这7个动词示例包括：带宾语、动宾作"喜欢"的宾语、定语成分、带状语、带介词结构状语、带补语、重叠。

三级形容词"空"的义项一释义为"❶形没有东西的，没有内容的"，示例为"这个房间没住人，是～的｜放假了，学校没有学生显得～得很｜新书架还没放书，～～的｜说话要有内容，不要太～｜这篇文章看着字数很多，但内容很～"。这5个形容词示例包括：谓语位置、宾语位置、重叠、与程度副词搭配。

3.2.3　配图共建原则

图一般在理解上给人以增强形象感的作用，在词典中配图也是语境的要素之一，尤其对初级阶段的学习者来说，图能弥补词不达意的局限，与文字一起完成

二语语境的获得逻辑。外向型词典用配图方式唤醒感性认知，具有语境带入作用，初级阶段的配图尤其如此。以初级阶段《国际中文学习词典》K 字母词条为例，该字母下的 72 个词条当中有配图 24 幅，比例非常高，它们是：

【咖啡】	【卡】一张卡	【开车】	【开会】
【开心】	【开业】	【看病】	【考生】
【考试】	【靠】梯子靠墙放着	【可乐】	【克】500 克
【刻】一刻钟	【课本】	【课堂】	【空调】
【口】张口说话	【哭】	【裤子】	【筷子】
【块】糖块儿	【块】一块钱	【快餐】	【快乐】

其中，表示时间单位的"刻"给出了 15 分钟、30 分钟和 45 分钟三个图，以满足"两点三刻"的说法。作为量词的"块"包含有不同的形状特点，给出了两个图以显示"一块糖"和"一块钱"的区别，解释这样的区别，需要耗费文字篇幅，徒生赘感，而且即便开放释文用词也难以解释充分或准确。

3.2.4　近义词比较原则

初级阶段《国际中文学习词典》共辨析近义词 150 余组，有的是两个一组，有的是多个一组。下面是 ABC 三个字母段涉及的近义词比较条目：

按—按照　　爸—爸爸　　白—白色　　　　比—比较

变—改变　　错—错误　　比如—比如说　　不一会儿—一会儿

以上各组近义词左右词音节对应参差。一般同义词辨析是不会把亲属称谓的"爸—爸爸""姐—姐姐"纳入的，但二语学习者需要对它们进行比较，需要回答为什么需要两个词，有没有不能说的时候。"白—白色"这样的词对也很少被纳入同义词辨析，学习词典应将它们纳入。

爸爸—父亲　　帮忙—帮助　　本领—本事　　表演—演出

别的—另外　　播出—播放　　长—常　　　常常—经常

成立—建立　　次—回　　　从前—以前

以上各组近义词左右音节对应整齐。它们有的是整体词比较，有的是某词的义项用法参与比较，比如把一级形容词"长"在时间上的用法与一级副词"常"进行比较。

被—叫—让　　成果—成绩—成就　　成果—后果—结果

以上各组近义词均为三个一组。其中与"成果"相关联的近义词较多，都是初级阶段就能用到的，学习词典可以根据第一语素构成的合成词把成果、成绩、成就放在一组进行比较，根据第二语素构成的合成词把成果、后果、结果放在一组进行比较。

从以上举例可以看出立足于二语学习需要而设置词对的探索实践。

3.3　偏误性

初级阶段《国际中文学习词典》应该有偏误意识，而且偏误意识在词典中的表达应该区别于中级或高级阶段，增强可感性，避免纯文字的抽象化解析。偏误性作为编写原则定位包括字形、字音和用词造句使用。

字形、字音出现的偏误比较容易直观表达。如：

☛"篮球"的"篮"不要写成"蓝"。

☛"创作、合作、制作"的"作"不要写成"做"。

☛"回答"的"答"读 dá；"答应"的"答"读 dā。

用词造句的偏误类型难以尽举，但可以利用同义词、近义词的比较来提示偏误。一般工具书在辨析同义词、近义词的时候，都是用陈述说明的方式，陈述说明的语句是需要另外解读的，陈述文字有时候比较长，不分行，初级阶段学习者会望而生畏，初级阶段《国际中文学习词典》根据《等级标准》分等级，在同义词、近义词比较上也体现等级需求差异观念，尽量减少陈述说明的方式，较多用直观的方式来进行句子对比体现能否换用、换用后意义有没有明显差异、展示偏误举例。具体模式有两种，一种是纯句子结构对比，一种是陈述说明＋句子结构对比，句子结构对比使用几种符号代替文字说明：↔代表左右能换用，≠代表换用后左右意思不同，↮代表不能换用，＊代表偏误说法。比如：

☛回到—到（动词）

我回到家了↔我到家了

回到办公室的人不多≠到办公室的人不多

回到从前↮＊到从前

＊回到明天↮到明天

近义词"回到—到"作为一级动词，以上第一句是可以换用的；第二句换用的左右都能成立，但左右的意思有差别，"回到办公室的人不多"意味着这些人是从办公室出去后回来的，"到办公室的人不多"没有从办公室出去的意思；第三句不能换用，右边是偏误；第四句不能换用，左边是偏误。

☛回—次（量词）

这回不行，下回吧↔这次不行，下次吧

说过好多回↔说过好多次

＊开一回讨论会↮开一次讨论会

＊多回找他↮多次找他

作为量词，二级词"回"和一级词"次"要注意第三、四句类型的偏误，左边的句子是偏误。

☛常—长

我常住北京≠我长住北京

我常来北京↮＊我长来北京

我们之间常来常往↮＊我们之间长来长往

"常"是一级副词，"长"作为形容词是一级词，虽然词性不同，但都有时间意义，要注意区分，第二句和第三句的右边是偏误。

☛蓝色—蓝

天空是蓝色的↔天空是蓝的

＊天空很蓝色↮天空很蓝

我喜欢蓝色↮＊我喜欢蓝

"蓝色"是二级名词，"蓝"是二级形容词，虽然都是颜色词，但词性不同，有必要比较，第一句可以换用，第二句左边是偏误，第三句右边是偏误。

☛姐姐—姐

"姐姐"在平时说话的时候也说"姐"，写文章的时候一般用"姐姐"，不用"姐"，它们意思一样。说"姐姐"还是说"姐"主要看怎么说更自然，有时两种说法都很自然，可以换着用；有时用两个字的"姐姐"更自然，用一个字的"姐"更显得亲切；有的时候还不能换着用。

姐姐你现在回家吗↔姐你现在回家吗

这是我们办公室的王姐↮＊这是我们办公室的王姐姐

高年级的哥哥姐姐们真行↮＊高年级的哥姐们真行

这一对同义词比较模式是先陈述说明，再给出具体句子的对比，第二句和第三句的右边是偏误。

4　结语

《等级标准》是第一部国际中文教育中文水平等级标准，初级阶段《国际中文学习词典》是《等级标准》的配套词典，在严格按照《等级标准》选取词项的基础上，贯彻了字词区分、以交际最小单位——词为释义对象的理念。整个词典的释文有三个核心原则，一是元语言原则，所有释文用词不超过《等级标准》初等 2 245 个词的范围；二是大规范原则，避免循环释义，避免释文语法性与词性相左；三是语境营造原则，通过配图、生活性释文、内容与用法覆盖性强的示例、近义词比较及偏误提示等方式，立足于二语习得需求和规律，为学习者获得二语语境提供综合参项。

参考文献

［1］郭先珍，张伟，周行健. 汉语5000词用法词典［Z］. 北京：华语教学出版社，2015.

［2］李行健，苏新春. 现代汉语常用词表［M］. 2版. 北京：商务印书馆，2021.

［3］李忆民. 现代汉语常用词用法词典［Z］. 北京：北京语言大学出版社，1995.

［4］鲁健骥，吕文华. 商务馆学汉语词典［Z］. 北京：商务印书馆，2006.

［5］邵敬敏. 汉语水平考试词典［Z］. 上海：华东师范大学出版社，2000.

［6］施光亨，王绍新. 汉语教与学词典［Z］. 北京：商务印书馆，2011.

［7］孙全洲. 现代汉语学习词典［Z］. 上海：上海外语教育出版社，1995.

［8］徐玉敏. 当代汉语学习词典（初级本）［Z］. 北京：北京语言大学出版社，2005.

［9］杨玉玲，宋欢婕，陈丽姣. 基于元语言的外向型汉语学习词典的编纂理念和实践［J］. 辞书研究，2021（5）.

［10］张志毅. 当代汉语学习词典［Z］. 北京：商务印书馆，2020.

［11］章宜华. 汉语学习词典与普通汉语词典的对比研究［J］. 学术研究，2010（9）.

［12］章宜华. 基于用户认知视角的对外汉语词典释义研究［M］. 北京：商务印书馆，2011.

《汉语教与学词典》 中文化词的释义研究

郑长玲　何姗

（云南师范大学云南华文学院，云南师范大学国际汉语教育学院）

摘　要：文化词作为词汇中不可或缺的一部分，与普通词汇相比，其隐性的文化含义和使用语境是对外汉语教学中的重点和难点。本文选取《汉语教与学词典》作为研究对象，探析文化词的释义问题，从物态文化词、制度文化词、行为文化词和心态文化词中各抽取15个，对共计60个文化词的释义、例证及扩展信息进行统计分析。研究发现：在释义用字上，约87%以上属于初级用字，但释义用词难度等级较大，存在用高级词诠释中级词的现象；在释义内容上，部分词汇缺乏相关的文化义项或相关背景说明；释义形式相对较为单一，缺乏必要的图文解说。在例证方面，部分例证未能提供充足的文化信息，不利于用户获取词汇中隐含的文化知识。在扩展信息方面，扩展专栏缺少必要的词条解释，导致专栏有效性较低。所以，本文提出词典编纂者应根据使用者的汉语水平，适当降低释义语言难度；补足缺失的文化义项和必要的词源信息，增加必要的文化词条和解说，以进一步完善专栏设计等建议。

关键词：《汉语教与学词典》；文化词；释义

1　引言

进入新时代以来，中国的快速崛起和世界影响力的提升，促使我国成为世界秩序的参与者和建设者，也从侧面加强了与世界语言教学的交流与合作。吴应辉（2019）指出："经济驱动、文化驱动、职业规划驱动都成为学习汉语新的动力能源。"

国际形势和汉语学习者人数的不断变化，也对国际中文教育提出了新的要求。文化与语言教学密不可分，文化词承载着丰富的文化内涵，而其隐性的文化含义和使用语境一直以来都是对外汉语教学的重点与难点。词典作为词汇的教学和学习工具，发挥着释疑解惑的作用，也是教师课堂教学的重要参考。本研究对文化词的释义、例证及扩展信息进行统计分析，探究词典文化词释义存在的问题，旨在为词典在文化词释义、例证和扩展信息的编选上提出科学合理的建议，方便使用者通过词典来正确掌握文化词的意义和用法。我们选取了具有代表性的外向型汉语学习词典——《汉语教与学词典》作为研究对象，理由如下：第一，收词量大；第二，受众面广；第三，出版时间较新。

2　研究现状

在现有的外向型学习词典研究中，学者对词典的编纂、释义关注颇多，主要包括词典编纂原则研究、释义元语言研究和词典中文化词的释义研究几个方面。

2.1　词典编纂原则研究

在词典编纂方面，李晓琪（1997/2006）、徐玉敏（1999）、张伟、杜建（1999）、邵敬敏（2000）以外向型汉语学习词典为研究对象，根据自身编纂词典的经验，对词典的编纂原则、特点和目标进行了阐释。外向型汉语学习词典的编写以学习者的语言认知规律、语言本体知识和语言教学规律为前提，同时遵循科学性、实用性、趣味性、系统性、时代性和文化性的编写原则，除此之外还兼顾词典的学习性和工具性。在编纂目标上除了能够提高汉语学习者的汉语水平，培养他们的汉语自学意识与能力之外，更要帮助学习者了解中国文化的特点，对中外文化差异有客观认识，提高他们的跨文化交际能力，从而使他们能够以不同视角解释世界文化的多样性。

2.2　释义元语言研究

词典是一部汇集词语，按照一定数量信息和方式编排的工具书，旨在为使用者提供词汇的语义信息、语法信息和语用信息。那么，词典对于词条的阐释和说明就是释义元语言。虽然国内汉语释义元语言理论研究起步较晚，但依然有很多前贤投入研究实践中。

学者根据自身研究视角，对释义元语言的界定也各不相同。狭义的释义元语言单指释义元词符，是用来解释和描写对象语言的最小词汇单位，持这些观点的有张津、黄昌宁（1997）、安华林（2004）、白丽芳（2006）等；广义的释义元语言并不局限于释义元词符，还包括释义句法、人工符号和例证释义等多方面的内容，持这些观点的有李尔钢（2007）、翁晓玲（2011）和杨玉玲、宋欢婕、陈丽姣（2021）等。

不少专家对释义元语言的特点进行了研究。安华林（2004）从释义的属性、功能、地位、要求和可操作性共 5 个维度，总结出释义元语言具有"工具性、解释性、基础性、简约性和优选性"等特点。苏新春（2005）认为："释义元语言具有结构短小，搭配灵活；词义义域宽广，组合性强；使用数量有限等特征。"李尔钢（2007）指出："高质量的释义元语言应明确无歧义且浅显简约。"

由此我们可以看出，释义元语言作为解释字词意义的工具性语言，不仅结构上要短小精悍，具有简约性的特点，而且构词能力要强，词义以高频、通用的义项为主。此外，我们还需严格控制释义元语言的使用数量，运用已知的释义元词来解释未知的被释词的意义和用法，这也对词典编纂者在释义元语言的选择上提出了更高的要求。

还有不少学者关注释义元语言在外向型学习词典应用上的研究，指出释义语言难度和用词是词典释义元语言的关键问题。张念、梁莉莉（2012）按照词性分别从内、外向型词典中随机抽取 120 个相同的词条，采用对比的方法分析两者的释义用词难度，结果发现外向型词典释义语言难度略低于内向型词典，但优势并不明显，所以汉语学习词典对释义语言难度的控制还需加强。蔡永强（2021）将汉语学习词典与英语学习词典的释义用词进行对比，指出现有的汉语学习词典释义用词并没有严格控制使用数量和范围，从而导致词典出现释义难懂和循环释义等问题。

2.3　词典中文化词的释义研究

李莉（2011）从词汇语义学的角度，对《商务馆学汉语词典》中摘录的 475 个文化词的释义内容进行探析，研究发现，虽然该词典释义包含较多的文化信息，同时配图加以说明，但是对于关联的文化词语没有设置相关的参照系统，对于同义文化词的区分度较低，也缺少必要的释义参数。在文化词的释义模式研究中，邢燕红（2011）和赵莹（2015）都提出了同场同模式的释义原则，即在同一语义场下，以相同的格式和用法统一处理释义语言来构建词典中文化词的释义模式。但不同点在于：邢燕红（2011）依据同场同模式原则，对比探究五部词典中动物文化词的释义，构建动物文化词的释义模式。而赵莹（2015）选取《汉语文化学习词典》中的观念、风俗文化词，遵循同场同模式原则，为观念、风俗文化词设置合理的释义参数以建立有效的释义模式。刘艾华（2016）则是考察了双语《汉俄大词典》中4 000多个文化词的释义模式，从翻译的角度来分析词典中的释义方法，归纳出该部词典针对不同的词性采用了不同的释义模式。有的研究发现部分文化词的释文注释有误，此外也缺少必要的文化释义。易晓雯（2017）通过内、外向型词典中颜色文化词的收词和释义的对比分析，发现词典存在颜色词收录不足，释义缺乏文化象征义项的情况，提出收词应从使用者的学习水平和实际需要出发，释义语言应平白通俗，重视文化义项等建议。

现有研究虽关注到了释义元语言应用上的问题，但对文化词的释义元语言研究还不够重视。张念、梁莉莉（2012）和蔡永强（2021）等人基于释义元语言理论，选取词典中部分词条为研究对象，对其中的释义语言和用词进行分析，但没有专门以文化词为依托进行深入研究。邢燕红（2011）、赵莹（2015）和易晓雯（2017）分别以动物文化词、风俗观念文化词和颜色文化词为研究对象，只选取了某一类的文化词并对其释义模式进行了剖析，所选取的文化词种类较少，也没有结合释义元语言的理论去探析文化词释义存在的问题。

综上所述，目前汉语学习词典从释义元语言角度分析文化词的研究较少，同时对于文化词释义的探微视角较为单一。因此本研究基于释义元语言理论，借助"汉语阅读分级指难针"对文化词的释义用字、用词进行定量分析，考察释义语言与使用者的汉语水平匹配程度，再从例证和扩展信息等方面入手，多角度探析《汉语教与学词典》中文化词的释义问题。

3　文化词的定义和分类

3.1　文化词的定义

文化词的界定一直存在争议，至今没有统一的标准。多数专家从自身的学术研究背景和研究角度出发，对文化词进行了界定。大致可以划分为以下几类：第一，从文化学角度来界定文化词，认为文化词产生于特定的文化背景下，反映本国特有的文化实体和文化现象，且隐含着丰富的文化内涵，如王德春（1991）、梅立崇（1993）、张高翔（2003）、杨德峰（2012）和杨建国（2012）等；第二，从词汇语义学角度来界定文化词，其中，黄金贵（1993）、解海江（2012）和金沛沛（2018）从广义的角度来界定文化词，认为只要是具有文化意义的词语就是文化词，而苏宝荣（1996）从狭义的角度来界定，认为只有文化意义而没有概念意义的词才是文化词；第三，从社会语言学角度来界定文化词，将文化词定义为"社区词"，指流通于某个社区，反映本社区的社会制度、政治、经济和文化的词，如田小琳（1997）。

前人主要从文化学、词汇语义学和社会语言学的角度对文化词进行界定，虽然界定标准不一，但都结合了当时的时代背景，有一定的参考价值。他们在对文化词的界定中都考虑到"独有的民族文化""特定的文化背景""词汇所附带丰富的文化意义"等共有的特点。

3.2　文化词的分类

我们依据不同的划分角度，将前人对文化词的分类研究进行了梳理，结果如表1所示。

表1　文化词的分类

划分角度	研究者（年份）	分类
文化学角度	王德春（1991）	（1）中国特有的事物词；（2）具有特殊民族文化色彩的词；（3）具有特殊历史文化背景意义的词；（4）国俗熟语；（5）习惯性寒暄用语；（6）具有修辞意义的人名；（7）兼具两者以上的词
	梅立崇（1993）	（1）名物词；（2）制度词；（3）熟语；（4）征喻词语；（5）社交词语
	张高翔（2003）	（1）物态文化词；（2）制度文化词；（3）行为文化词；（4）心态文化词
	杨德峰（2012）	（1）历史；（2）地理；（3）政治制度；（4）宗教；（5）人物；（6）文艺；（7）服饰；（8）饮食；（9）节令；（10）习俗；（11）礼仪；（12）器具；（13）建筑；（14）成语、俗语、谚语；（15）其他
	杨建国（2012）	（1）物态文化词；（2）制度文化词；（3）行为文化词；（4）心态文化词
词汇语义学角度	黄金贵（1993）	（1）文化词语；（2）通义词语
	苏宝荣（1996）	（1）文化词语；（2）非文化词语
	解海江（2012）	（1）不对应词；（2）背景词；（3）文化伴随意义词
	金沛沛（2018）	（1）直接文化词语；（2）间接文化词语；（3）义项文化词语；（4）联想文化词语
社会语言学角度	田小琳（1997）	依据不同的社区来划分，如：中国内地社区词、香港社区词

本研究采用张高翔（2012）的观点，将文化词定义为"汉语词汇中直接反映中华民族文化及中国地域文化信息，且隐含着丰富的文化内涵，不能直接从字面上了解其含义，具有固定的文化附加意义的词语"，包括物态文化词、制度文化词、行为文化词和心态文化词，具体定义如下："物态文化词是指人类加工自然创制的各种器物，包括建筑、饮食、器具、服饰等。制度文化词反映人类在社会实践中建立的各种行为规范、准则以及各种组织形式，包括政治制度、经济制度和社会文化制度等。行为文化词是人类在社会实践中尤其是在人际交往中约定俗成的行为规范，如：礼仪、习俗和节令。心态文化词是反映人们的价值观念、思维模式、褒贬好恶、深层信仰等方面的词语，属于社会心理和意识形态的范畴，是文化的核心部分。"

4　《汉语教与学词典》中文化词的释义研究

在《汉语教与学词典》中，我们按照物态文化词、制度文化词、行为文化词、心态文化词进行分类，每类抽取 15 个，对共计 60 个词的释义、例证和扩展信息进行统计，并利用"汉语阅读分级指难针"进行定量分析，探究词典中文化词的释义问题。

具体分类和所含的词条如表 2 所示。

表 2　选取文化词情况

分类	词条
物态文化词	阁、茶馆、黄①、包子、元宵、旗袍、袍子、绸子、丝、窑、毛笔、筷子、熊猫、鞭炮、茶
制度文化词	按劳分配、多劳多得、常委、尺②、人大、人民币、政治局、自治区、农历、劳动者、晚婚、晚育、户口、计划经济、个体户
行为文化词	拜、拜年、跪、聘、过年、团圆、端午节、中秋、春节、敬酒、伯父、太极拳、阿姨、抱歉、嫁
心态文化词	爱国主义、吃醋、面子、帽子、人情、义、孝顺、白、柏、红、狗、八、不正之风、谦虚、东西③

---

① 黄：指黄河。
② 尺：中国的传统长度单位，3 尺为 1 米。
③ 东西：指某一人或物。常带有喜爱或厌恶的感情色彩。

4.1 文化词的释义情况

我们借助"汉语阅读分级指难针"作为研究工具，对以上 60 个文化词的释义用字、释义用词进行定量分析，考察《汉语教与学词典》中文化词的释义元语言与词典使用者汉语水平的匹配程度。为了确保分析结果的准确性，我们在使用"汉语阅读分级指难针"之前，已对各类文化词的释义文本进行了人工处理，删除了系统中不能识别的符号，并且进行了二次的人工校对，以提高识别精准度。

4.1.1 释义用字

释义用字的难度影响使用者对释义文字内容的辨识程度。为了能够提高用户对文字内容的识别度，有效的途径之一就是严格控制释义用字的难度等级。我们利用"汉语阅读分级指难针"中的"字词档案①"对释义用字进行定级统计，结果如表 3 所示。

表 3　60 个文化词释义用字等级统计

用字等级分布	文化词分类			
	物态文化词	制度文化词	行为文化词	心态文化词
初级	82.37%	91.94%	87.89%	88.26%
中级	11.86%	8.33%	10.26%	7.98%
高级	4.17%	0.25%	1.32%	2.35%
更高级	0.64%	0.00%	0.53%	1.41%
超纲字	0.96%	0.00%	0.00%	0.00%

从表 3 可见，第一，在各类文化词的释义用字中，初级字占比较大，平均约占 87.62%。这反映出词典编纂的用户原则——基于用户视角，尽量降低释义用字难度，提高使用者的文字辨识度。第二，每类文化词释义用字的难度等级越高，所使用数量的占比也相对减少，这体现出词典对释义语言难度的控制。第三，各类文化词的释义用字在难度上有所不同。其中，制度文化词的释义用字控制较好，数量上初级用字所占比重较大，便于读者提取文本内容。其余三类文化词的用字控制也相对较严，释义用字均限制在初、中级范围之内，高级以上的用

---

①　"字词档案"是基于《汉语国际教育用音节汉字词汇等级划分》，分别对汉字/词语的频率、等级与比例进行统计。

字数量也控制在一定比例之内。虽然物态文化词包含少量的超纲字①，但词典中也设置了对应的词条进行诠释。总体上来看，文化词释义用字的难度控制较为理想，均以基础用字为主，虽然高级以上用字的使用是不可避免的，但是对使用数量仍然有所限定，这些举措对用户提取文字信息起到一定的积极作用。

4.1.2　释义用词

蔡永强（2021）指出："如果对释义用词的数量不加限制或使用过宽，那么会造成两个不良的结果：一是释义用词等级超纲，造成释义词语的理解难度大于被释义词语；二是如果不界定释义用词数量将容易造成严重的以词释词、循环释义。"我们通过"汉语阅读分级指难针"对四类文化词的释义用词等级进行了统计，结果如表4所示。

表4　四类文化词释义用词等级分布

用词等级分布	文化词分类			
	物态文化词	制度文化词	行为文化词	心态文化词
一级	29.26%	25.50%	30.71%	23.57%
二级	7.42%	3.98%	7.87%	2.14%
三级	15.28%	9.16%	6.37%	10.71%
四级	5.24%	13.15%	11.99%	12.14%
五级	7.86%	14.34%	13.48%	16.43%
六级	4.37%	7.97%	5.24%	11.43%
超纲词	30.58%	25.90%	24.34%	23.57%

由表4可见，每类文化词的释义用词中，属于一级词汇和超纲词的占比较大。原因在于：第一，释义中采用了大量单音节词，它们同时也是构成一到六级词汇的语素，但是并不在词汇大纲中，因此被判定为超纲词；第二，专业术语过多，如"发酵""食用""常委会""器物""历法"等。

除此之外，我们也发现了词典中存在释义用词难度大于被释词的现象。表5为"包子""茶"和"吃醋"三个词条的释义情况。

---

① 物态文化词中的超纲字分别为"蚕""糯"和"笋"。

表5　"包子""茶"和"吃醋"的释义

词条	释义
包子	［名］steamed stuffed bun，量：个、只，一种食品。用经过发酵的面做成外皮，把切碎的菜、肉包起来，蒸熟后食用。
茶	［名］tea，中国重要的经济作物。常绿灌木（guànmù shrub）。
吃醋	［动］be jealous（usually of a rival in love），对自己所心爱的人跟其他异性交往感到生气、嫉妒。

　　"包子"属于一级词汇，释义用词却使用了"发酵"这类高于被释词的超纲词。"茶"的释义用词使用了"经济作物"和"灌木"等专业术语，虽设有"经济"的词条解释，对"灌木"也加以拼音和英文进行注释，但整体上用词过于专业化，可能会对使用者造成一定的理解障碍。"吃醋"中除了使用古汉语中常用的"所"字句式，导致释义句法难度较大以外，"吃醋"是指自己看到心爱的人与异性交往，内心有一种酸酸的感觉，就像喝了醋一样。所以"吃醋"的内涵意义也非字面意思所示，这源于汉语属于高语境的语言，表达内隐含蓄，但释义元语言也没有将委婉含蓄的文化心理特征表述出来。

　　通过以上分析可见，虽然释义用字基本符合词典使用者的汉语水平，但是释义用词整体难度较大，释义语言也没有将汉语中内敛、隐晦的心理表征诠释出来。

4.1.3　释义内容

　　王光汉（2013）指出："从某种意义上说，释义是词典的精华所在，词典的生命力最重要就靠释义的科学性来维系。"释义内容作为整个词条的释义核心，它的作用也是不言而喻的，这也是词典重点研究的对象。在对文化词的释义内容进行分析时，我们发现以下两个问题。

　　第一，部分词汇缺乏文化义项或相关文化词源信息说明，如行为文化词"春节"和"端午"的释义内容（见表6）。

表6　"春节"和"端午"释义

词条	释义
春节	中国的传统节日之一。时间在农历的正月初一，也指正月初一以后的几天。
端午	中国的传统节日，在农历每年五月初五，民间有很多文化活动。也说"端午、端阳"。

对于"春节"和"端午"，首先，词典中只是简单地罗列出节日的具体时间或者别称，对于节日的起源、活动形式、风俗习惯并没有进行介绍；其次，"春节"和"端午"的文化地位和含义也有所不同——"春节"在中国属于最为隆重的传统节日之一，蕴含着合家团圆、辞旧迎新的文化含义，所以每到年末，家人无论相距多远，都会回家团聚，一起守岁，迎接新年，而"端午"代表对爱国诗人屈原的一种祭奠和缅怀，侧重于爱国情怀的表达，但词典的释义内容并未将两者的区别呈现出来，也没有扩展相关的文化词汇，如"春晚、春运、粽子、赛龙舟"等；最后，词典中缺乏文化词源信息，从而导致用户不能以动态的视角感知中国文化的发展历程。

第二，在义项排列上未能完全遵循频率顺序。词典的第一要义是帮助使用者在第一时间查阅和解释该词语的意义及用法，这也是词典编纂中义项排列原则里遵循频率顺序的要求。章宜华、雍和明（2007）认为："义项排列的频率顺序，其特点在于从实际应用的频度出发，对词位各义项与语言团体言语活动的相关性作全面了解，用户能根据义项顺序获得相关词义的常用度信息。"我们在对词典中文化词的义项进行统计分析时，发现义项排列也未能完全遵循频率顺序的要求，如对"白"的释义（见表7）。

表7 "白"的释义

词条	释义
白	⑧［形素］White（in communist political terminology denotes politically reactlonary①），象征反动▷他曾经在～区做过地下工作/打退了～军的进攻。 ⑨［形素］funeral；bereavement，指丧事▷有家人家正在办～事/他们村子打，每年都有几件红～事。

在"白"的词条的文化义中，将"反动"的义项排列在前，而"丧事"的义项却排列其后。在当前的社会背景下，"反动"义项使用频率很低，只有在特定的政治背景介绍下使用，相反指"丧事"的义项是现实生活中常见的，而且蕴含着中国丧葬祭祀的文化内涵。若将政治义项排列在前，使用者不仅难以在第一时间查找到自己所需的义项，而且可能对中国的政治生活产生一定的误解。

4.1.4 释义形式

在释义形式上，词典对于部分文化词配以相应的插图展示，如"熊猫""包

---

① 词典中对该义项的英文注解是"in communist political terminology denotes politically reactlonary"而不是"in communist political terminology denotes politically reactionary"。

子"等词条，增加了词典的可读性、趣味性，但绝大部分的文化词条均以文本的方式呈现，文本的优点在于形式简洁、节省篇幅。但是对于比较复杂的概念，使用文字难以说明，例如，中国的亲缘关系较为复杂难懂，仅通过英文注释难以准确说明，建议增加图表配合文字进行展示，这样能够更加直观地说明复杂的亲缘关系。

4.2　文化词的例证情况

作为以辅助语言学习为目的的外向型词典，不仅要诠释词是什么，更要阐明词的语义用途和使用方法。章宜华、雍和明（2007）指出："例证是表现词目如何与其他词项组合成更大语言单位的有效手段，是释义的延伸。"于屏方等（2016）认为："学习词典中的配例更强调其示范性和句子生成作用。"例证作为对释义内容的补充成分，将被释词的句法功能、语用规则和文化特征呈现出来，帮助使用者在语境中全面地了解该词的真正用法和含义。但是，通过对文化词例证的考察分析，我们发现部分例证未能提供相应的文化背景提示，不利于使用者获取词汇中隐含的文化知识，如"黄"和"柏"的词典例证（见表8）。

表8　"黄"和"柏"的例证信息

词条	例证
黄	治～工程取得了很好的效果。
柏	送给老人一幅松～常青的画儿，祝他健康长寿。

"黄河"是中国的母亲河，是中华民族的摇篮，哺育了世代的中华儿女。黄河流域形成的黄河文化，也是中华文明中极具代表性的主体文化，而例证中并未反映出"黄河"的文化意义，仅将其当作一项水利工程进行举例说明，内容选取脱离了使用者的实际生活。而"柏"的释义未能解释清楚常青的松柏代表长青不老，常用于贺寿，是中华民族吉祥树等文化背景知识，同样不能满足使用者对文化知识的理解。

4.3　词典相关专栏情况

词典中设置了相应的扩展专栏，但只是罗列相关词语，并没有对扩充的词汇进行详细的阐释，不利于学习者理解语素义和词汇义，难以达到扩充词汇量的效果，如词条"八"的扩展专栏（见表9）。

表 9 "八"词条下的扩展专栏

词条	扩展专栏
八	八成、八仙桌、七长八短、七高八低、七拉八扯、七零八落、七零八碎、七拼八凑、七上八下、七折八扣、七嘴八舌、乱七八糟、四面八方、杂七杂八

"八"字词条下的扩展专栏中，只将含有"八"字相同语素的词进行简单罗列，也仅设置有"八成""乱七八糟"和"四面八方"的词条释义和例证。虽然标有"提示"，对"八"的义项中"表示不确切的数目"进行注释，以"四面八方、乱七八糟、七拼八凑"等词作为例证进行补充，并在扩展专栏中展示出来，但扩展专栏内对其他词汇却未做过多解释，且扩展词汇中多数为成语，这些词汇的语义透明度较低，用户难以理解。此外，扩展专栏中"八仙桌"里"八"的义项与其他义项存在差异，根据《现代汉语词典》（第 7 版）释义："大的方桌，每边可以坐两个人"，"八"字义项即指"数目八"，与栏中"不确切的数目"的义项并不相同，放在一起会误导用户。

5 建议

针对上述问题，我们就词典的释义、例证和扩展专栏等几个方面提出三点建议。

第一，降低释义元词的难度，尽量控制在初、中级词汇以内，用简单、可理解的词汇精准地表达被释词内容，方便用户理解被释词的意义和用法。同时，补足释义内容缺失的文化义项和必要的词源信息，帮助用户获取词汇中隐含的文化意义。其次，借助比喻、类比、借喻等释义手段，将表层的语义描述转向深层的文化意义阐释。最后，在释义形式上增加相应的图文解说，这样不仅减少了超纲字、词的使用，还可提高词典的可读性和趣味性。

第二，补充例证中缺失的文化背景信息。例证除了对词条释义内容加以佐证以外，根本目的是揭示被释词的句法功能、语用规则和文化特征。词汇的文化信息通过例证所建构的语境来呈现，呈现的内容包含词条背后涉及的民族文化、风俗习惯和本民族价值观念等。因此，例证的文化信息不但可以帮助使用者正确掌握词汇的语用规则，而且可以成为使用者获取文化知识的重要窗口。

第三，进一步完善专栏设计，提升专栏的有效性。扩展专栏的作用是对相同语素信息进行扩展，以增加语素之间的关联性，帮助使用者拓展相应的文字信息。对于语义透明度较低的文化词，可适当增设对应的词条解释，对该语素的构词理据进行详细说明，使专栏起到拓展词条内容广度和深度的作用，从而也能够进一步体现出词典的学习性特征。另外，对于专栏扩充的词汇应根据不同的文化义项进行分段设置，帮助使用者区分义项之间的语义差别。

参考文献

[1] 安华林. 现代汉语释义基元词探索 [J]. 甘肃高师学报，2004 (6).

[2] 安华林，等. 汉语释义元语言理论与应用研究 [M]. 上海：学林出版社，2009.

[3] 白丽芳. 英汉元语言比较研究 [D]. 南京：南京师范大学，2006.

[4] 蔡永强. 外向型汉语学习词典的释义用词 [J]. 辞书研究，2018 (4).

[5] 蔡永强. 从释义用词看中高级汉语学习词典的释义 [J]. 国际汉语教学研究，2021 (1).

[6] 黄金贵. 论古代文化词语的训释 [J]. 天津师大学报 (社会科学版)，1993 (3).

[7] 金沛沛. 汉语学习词典文化词语的收词与释义分析 [J]. 汉字文化，2018 (20).

[8] 李尔钢. 建立高质量的释义元语言 [J]. 辞书研究，2007 (1).

[9] 李莉. 简评《商务馆学汉语词典》中文化词的释义 [J]. 语文学刊 (高等教育版)，2011 (10).

[10] 李晓琪. 外国学生现代汉语常用词词典编纂散论 [J]. 世界汉语教学，1997 (3).

[11] 李晓琪. 外向型汉语学习词典编纂探索 [C] // 郑定欧，李禄兴，蔡永强. 对外汉语学习词典学国际研讨会论文集 (二). 北京：中国社会科学出版社，2006.

[12] 刘艾华. 汉俄词典文化特色词目释义研究 [D]. 哈尔滨：哈尔滨师范大学，2016.

[13] 刘晓梅. 释义元语言·语义框架·语义场·对比解析：谈高级外向型汉语学习词典的几个问题 [J]. 学术交流，2005 (8).

[14] 梅立崇. 汉语国俗词语刍议 [J]. 世界汉语教学，1993 (1).

[15] 邵敬敏.《HSK 汉语水平考试词典》编写的原则与方法 [J]. 汉语学习，2000 (2).

[16] 苏宝荣. 词的语言意义、文化意义与辞书编纂 [J]. 辞书研究, 1996 (4).

[17] 苏新春. 汉语释义元语言的结构、词义、数量特征 [J]. 辞书研究, 2005 (3).

[18] 田小琳. 社区词 [C] //第五届国际汉语教学讨论会论文选. 北京：北京大学出版社, 1997.

[19] 田宇贺, 臧淑佳. 内向型语文词典与外向型汉语学习词典释义方式比较研究 [J]. 河北师范大学学报（哲学社会科学版）, 2017 (5).

[20] 王德春. 国俗语义学和《汉语国俗词典》[J]. 辞书研究, 1991 (6).

[21] 王光汉. 词典与规范 [M]. 上海：上海辞书出版社, 2013.

[22] 翁晓玲. 基于元语言的对外汉语学习词典释义模式研究 [D]. 上海：华东师范大学, 2011.

[23] 吴应辉. 汉语国际教育学科建设中的中国担当与学术自信 [J]. 国际汉语教学研究, 2019 (4).

[24] 解海江. 汉语文化词典释义的几个问题 [J]. 辞书研究, 2012 (3).

[25] 邢燕红. 汉语学习词典中动物文化词语的释义 [J]. 语文学刊（高等教育版）, 2011 (1).

[26] 徐玉敏. 编纂外向型单语现代汉语学习词典的尝试 [C] //亚洲辞书学会第一届年会论文集. 中国辞书学会双语词典专业委员会, 1999.

[27] 杨德峰. 汉语与文化交际 [M]. 北京：商务印书馆, 2012.

[28] 杨建国. 面向汉语国际教育的汉语文化词语的界定、分类及选取 [J]. 语言教学与研究, 2012 (3).

[29] 杨玉玲, 宋欢婕, 陈丽姣. 基于元语言的外向型汉语学习词典编纂理念和实践 [J]. 辞书研究, 2021 (5).

[30] 易晓雯. 对外汉语学习词典颜色词释义研究：基于《商务馆学汉语词典》和《现代汉语词典》（第 6 版）的对比 [D]. 石家庄：河北师范大学, 2017.

[31] 于屏方, 等. 外向型学习词典研究 [M]. 北京：商务印书馆, 2016.

[32] 张高翔. 对外汉语教学中的文化词语 [J]. 云南师范大学学报（对外汉语教学与研究版）, 2003 (3).

[33] 张津, 黄昌宁. 从单语词典中获取定义原语的一种方法 [J]. 清华大学学报（自然科学版）, 1997 (3).

[34] 张念, 梁莉莉. 外向型汉语词典释义特征考察 [J]. 学术研究, 2012 (11).

[35] 张伟，杜健. 编纂汉语学习词典的几点理论思考 [J]. 辞书研究，1999 (5).

[36] 章宜华. 内向型普通词典与外向型学习词典的对比研究 [C] //中国辞书学会第六届中青年辞书工作者学术研讨会论文集. 中国辞书学会，2010.

[37] 章宜华. 对外汉语学习词典释义问题探讨：国内外二语学习词典的对比研究 [J]. 世界汉语教学，2011 (1).

[38] 章宜华，雍和明. 当代词典学 [M]. 北京：商务印书馆，2007.

[39] 赵明. 现代汉语文化词研究 [M]. 北京：中国社会科学出版社，2016.

[40] 赵莹. 汉语文化学习词典中观念词的释义研究 [J]. 科技创新导报，2015 (4).

《汉语修纳语词典》 使用率的调查分析

Herbert Mushangwe（李开明）　　Godfrey Chisoni（高飞）　　Amanda Madzokere（李曼）
（津巴布韦大学孔子学院）

摘　要：在汉语教学过程中，词典具有非常重要的作用。本文在现有词典研究成果的基础上，进一步调查了《汉语修纳语词典》的使用率。《汉语修纳语词典》的英文翻译为 SHONA-CHINESE，CHINESE-SHONA DICTIONARY with English Glosses，这是津巴布韦唯一一本结合当地语言与汉语的双语词典。该词典出版后，许多媒体肯定了其在汉语教学中的作用。可是五年过去，津巴布韦的汉语教学情况却仍然有待进步。本文拟解决以下几个问题：《汉语修纳语词典》的使用情况如何？在这五年内《汉语修纳语词典》是否为汉语教学提供了帮助？如果提供了帮助，为什么《汉语修纳语词典》没有达到较高的使用率？另外，如何提高《汉语修纳语词典》的使用率？通过问卷调查，本文发现《汉语修纳语词典》的使用率非常低，主要原因是现在大多数的津巴布韦学生更愿意使用电子词典。除此以外，《汉语修纳语词典》在内容上也有不足的地方。今后的研究将进一步调查如何把《汉语修纳语词典》改造为较全面的汉语教学工具书。我们建议把《汉语修纳语词典》改成一个比较方便的手机 App 软件，这样的话可能会有更多的学生愿意去使用这本词典。

关键词：汉语教学；修纳语；词典；津巴布韦汉语教学

1　引言

本文的研究对象是《汉语修纳语词典》（*SHONA-CHINESE，CHINESE-SHONA DICTIONARY with English Glosses*）以及津巴布韦大学汉语学习者（被称为"词典使用者"）。《汉语修纳语词典》是津巴布韦唯一一本汉语教学工具书。为了提高该词典的效率，研究者应该进行有针对性的研究并总结出如何更好地编写词典的办法。本调查集中于《汉语修纳语词典》的使用者，因为之前我们所重视的是词典本身产生的影响，却忽视了使用者的需求。根据国外学者的研究，词典可以分成单语言词典、双语言词典或者多种语言词典。《汉语修纳语词典》属于多种语言词典，因为除了汉语和修纳语，中间还加了一些英语注释。词典是第二语言教学中最重要的工具书。这本词典从理论上来讲应该是汉语教学最重要的参考工具。熊啾啾（2017）认为，词典是工具书的核心类型之一，在语言教学中属于核心资源。李海斌、王钢（2016）指出，词典的主要作用是提高语言学习者的言语修养。这说明在汉语教学中，词典是不可缺少的辅助资源。同时，我们认为编写词典最重要的目的是满足词典使用者的需求。本文通过调查得知了《汉语修纳语词典》使用者的词典使用率以及需求，帮助我们了解了《汉语修纳语词典》使用者对该词典的评价以及意见，这将为以后的词典编写工作提供了宝贵的参考意见。

2　研究背景

津巴布韦大学孔子学院是 2007 年成立的。目前津巴布韦大学已经有十多位本土汉语教师。虽然津巴布韦大学已经在很多周边学校建立了汉语教学点，可是现在教学点严重缺少汉语教材以及由本土专家撰写的汉语学习资源。本文选择了津巴布韦大学的学生作为调查对象，因为只有津巴布韦大学拥有大量正在学习汉语的学生。此外，最近津巴布韦大学已经把汉语设为全校的必选课。

由于现在越来越多的津巴布韦人喜欢并开始学习汉语，2011 年起，津巴布韦大学本土教师就开始编写《汉语修纳语词典》。词典编写工作团队由语言学系的三位专家、孔子学院的三位本土教师以及非洲语言调查组组成。通过几年的努力，终于在 2015 年出版了汉语修纳语的首个汉语学习工具。当地的主要媒体（*Herald Newspaper*）也对该词典做出了较高的评价，他们把这本词典看作促进津巴布韦汉语教学的重要工具。

尽管很多人认为《汉语修纳语词典》是重要的学习工具，但是作为研究者，我们应该确认该词典的针对性以及它在当前汉语教学中的实际使用情况。该词典出版以来，有几位研究者提出过该词典的不足之处。例如，2015 年，Mushangwe 先生在自己的博士论文中提出了以下几点意见：第一，编写者发现了翻译当中一些在津巴布韦常见而在中国却不存在的动物及植物。与此同时，也有一些中国特有而津巴布韦没有的动物及植物。例如：在津巴布韦特有的动物以及植物包括：Musosoti、Matohwe、Suma、Chakata、hungwe 等。中国特有的动物及植物也非常多，如大鲵（giant salamander）、龙（dragon）、丹顶鹤（red-crowned crane）、小熊猫（lesser panda）、大熊猫（giant panda）、中华鲟（Chinese sturgeon）、柳树（willow tree）、杨树（poplar tree）、柏树（cypress tree）、梧桐树（sycamore tree）、银杏树（ginkgo tree）、牡丹（peony）、梅花（prunus mume）等。这说明这本词典的词汇量可能不够。除此以外，Mushangwe 先生也提到了一些词汇对应问题，例如汉语中的妈妈与修纳语当中的对应词 amai 有着很大的区别。

基于这些意见，作为研究者，我们绝对不能盲目相信《汉语修纳语词典》是本完美的汉语教学工具书。因此，在本文中，我们将从《汉语修纳语词典》使用者的角度进行评价，希望本调查的结论将进一步提高《汉语修纳语词典》的质量以及使用率。

3 文献综述

文献综述的主要作用是帮助我们了解以前做的相关研究。本文不是此类研究的首例，一直以来都有研究者对现有的词典进行评价并提出意见。在津巴布韦有不少研究者也对当地的其他词典进行过研究。例如，Hadebe（2004）在 Improving Dictionary Skills in Ndebele 一文中提出了完善恩德贝莱语词典的一些建议。另外，他在 2005 年发表的文章 Improving Dictionary Criticism in Ndebele 中也提出了词典改进的方法，以期进一步完善津巴布韦恩德贝莱语词典。Hadebe 认为词典编写的发展缺少成熟和明智的词典批评。通过词典评价，词典的质量会提升进而直接提高词典使用率。得益于 Hadebe 对恩德贝莱语词典的评价，现在那本词典的质量已经有所改进，并且被更多使用者所接受。这说明我们即将进行的《汉语修纳语词典》使用率研究也有可能帮助我们改进这本词典的质量。

有两位研究者认为如果词典评价是不充分的，会容易误导使用者（Landau，1989；Osselton，1989）。Landau（1989）和 Osselton（1989）指出词典应该是一个被使用的对象，如果几乎没人使用的话，那么该工作就白费了，因此两位研究者鼓励提出有针对性的词典评价以便提高词典使用率。Béjoint（2000）也认为现在很少有研究者去评价词典的使用情况或者质量，可是这个工作对词典的编写发展十分重要。Prinsloo 等（2011）进行了一项包括各种词典的词义针对性研究，他们主要分析了词典中的定义在多大程度上满足了特定年龄组的需求。他们通过测试不同年龄的使用者对词义的理解程度，发现有三种德语词典对使用者来说难度较大。Prinsloo 等（2011）认为词典当中的词义应该帮助学习者理解词义，降低词义理解难度。以上研究跟本研究的想法一致，我们也认为在词典研究领域最重要的还是使用者。如果使用者对词典当中的词义不满意，他们就可能去寻找别的易懂的词典，这也说明考虑使用者的需求是编写词典最重要的因素。

有一部分研究者认为在词典研究领域最值得重视的是词典使用者的需求。Battenburg 等（1989）在博士论文中研究过关于英语词典及其使用者的课题。Battenburg 等认为以前的许多词典研究者主要是从词义学角度去评价词典，却忽略了词典使用者。Battenburg 等的研究也建议，在编写之前，词典编写者需要考虑到词典使用者的需求，她认为词典必须针对特定使用者的语言能力水平而设计。Lombard（2013）也认为词典编写者、词典使用者和语言学家构成了词典编写过程中的三个重要角色。他认为任何词典编写活动都会包括三个角色，因此他们被描述为三角形的三个角。但 Lombard 认为词典编写者、语言学家和词典使用者经常产生矛盾。他在论文中试图确定，词典编写者能否将语言学家的知识和观点与词典使用者的需求保持平衡。Lombard 的论文还讨论了改善词典编写者、语言学家和用户之间紧张关系的方法。简单来讲词典编写工作不仅要考虑到如何更好地翻译词汇，更要在提供专业词汇定义的同时满足使用者的期望。

目前，对《汉语修纳语词典》的评价研究非常少，据作者所知，只有两位研究者评价过《汉语修纳语词典》。Mushangwe 和 Musona（2019）在 Correction to：a Critique of the Shona-Chinese Bilingual Dictionary as a Reference Material in Teaching and Learning of Shona/Chinese Language 一文中将《汉语修纳语词典》作为一本针对汉语教学的工具书来分析。两位研究者以帮助改进该词典及其他未来类似词典的编写工作为目的，依据自己的汉语教学经验去评价《汉语修纳语词典》的词条翻译问题中一些常出现的错误。他们的分析表明，要想提高这本词典作为辅助教学参考书的实用性，还有很多地方需要完善。其中一个关键的问题是该词典词条翻译不够深刻。他们指出，很多汉语词都有其他含义，可是在《汉语修纳语词典》当中只提供它们主要的词义。两位研究者认为这样的做法有可能会误导词典使用者。除此之外，这两位研究者也发现词典当中例子数量不足的问题。学生在使用词典的时候主要是想掌握怎样使用生词，可是《汉语修纳语词典》中最多只给出了一个例子。我们都知道汉语词汇在使用过程中，同样的词的用法可能有很多种，例如一个动词可同时作为名词来使用。如果词典中不讲清楚该词汇的用法，可能会误导使用者。最后，Mushangwe 和 Musona 建议重新编写一本比较全面的汉语修纳语词典，可是到目前为止还未见到新的汉语修纳语版本的词典。

以上的文献回顾为本文章提供了很好的理论基础。我们的研究对象，即《汉语修纳语词典》到目前为止还没有受到更全面的评价。通过这次研究，我们希望能够帮助以后的研究者编写出更好的词典，同时促进津巴布韦汉语教学。

4　研究的主要问题及研究方法

本文研究的主要问题有三个：（1）目前《汉语修纳语词典》的使用率情况如何？（2）《汉语修纳语词典》是否为汉语教学提供了帮助？（3）如何提高该词典的使用率以及使用效率？

为了得到更准确的结论，本文非常重视科学的研究方法的作用，因而采用定性和定量相结合的研究方法，以期获得比较可靠的研究结论。季羡林先生曾说过，研究方法"不是个小问题，而是个根本性的问题。不管搜集了多少材料，如果方法不对头，那么材料都毫无意义"（季羡林，2000）。本文将采用定性研究的方法去探索《汉语修纳语词典》的使用情况。陈向明（2000）认为定性研究的方法（qualitative research method）"是以研究者本人作为研究工具，在自然情境下采用多种资料收集方法对社会现象进行整体性探究"。我们还把定性分析法与定量分析法相结合，对词典使用率情况进行数量统计，使定性研究有据可证、有形可依。为了了解津巴布韦学生《汉语修纳语词典》的使用状况，我们对津巴布韦大学孔子学院的 200 名学生进行调查，并搜集他们对《汉语修纳语词典》的意见。下面是本文采用的两个研究方法：

第一，文献研究法（literature survey）。笔者查阅了关于《汉语修纳语词典》的一些研究，总结了这本词典一些不足的地方。

第二，在收集资料过程中将使用问卷调查法。问卷的好处在于研究对象可以自由地回答问题，另外也可以在较短时间内收集大量数据。问卷调查将提问以下几个问题：

（1）你的汉语水平是几级？

（2）你有没有听说过《汉语修纳语词典》？

（3）你有没有一本《汉语修纳语词典》？

（4）如果有这本词典的话，你觉得有效吗？

（5）如果没有这本词典的话，请解释为什么？

（6）如果你不用《汉语修纳语词典》，那你在学习汉语过程中使用什么词典？

通过这几个问题可以得知津巴布韦学生使用《汉语修纳语词典》的比例，

同时也可以了解为什么津巴布韦学生喜欢或者不喜欢使用该词典。第三个问题是本调查的核心问题，目的是想了解津巴布韦大学的学生是否拥有《汉语修纳语词典》。我们认为如果学生拥有这本词典就意味着该学生也使用这本词典。我们通过这个问题预测《汉语修纳语词典》的使用率。第四个问题主要想通过参与者的反映去评价《汉语修纳语词典》是否满足使用者的需求。第五个问题将帮助我们了解学生对《汉语修纳语词典》存有的不满意的地方，促进我们更好地重编写这本词典。最后一个问题主要想了解津巴布韦大学的学生在学习汉语过程中是否有其他比《汉语修纳语词典》更好用的词典。如果有别的更好用的词典，我们将分析这些词典的特点并总结出如何把《汉语修纳语词典》完善成一本比较好用的工具书。

5　调查结果与分析

汉语是津巴布韦大学全校的必修课。该研究对象集中于 2019 年及 2020 年入学的学生。因为这些学生在津巴布韦大学学习过一段时间并且他们通常接触过《汉语修纳语词典》。津巴布韦大学 2019 年及 2020 年汉语专业的学生总共有 250 人。由于疫情，我们没法通过纸质的问卷搜集资料，只好通过电子问卷方式调查 234 名参与者。有一部分学生因为没有手机或者其他原因无法与之取得联系。有效问卷共有 200 份，其他 34 名参与者没有回答或者只回答了一半。回收信息的有效率为 85.47%。以下是问卷调查的结果总结（见表 1）：

表 1　问卷调查结果

问题	学生的答案	
你的汉语水平是几级？	HSK 1	25 个参与者
	HSK 2	34 个参与者
	HSK 3 以上	141 个参与者
你有没有听说过《汉语修纳语词典》？	听过	163 个参与者
	没听过	37 个参与者
你有没有一本《汉语修纳语词典》？	有	9 个参与者
	没有	191 个参与者
如果有这本词典的话，你觉得有效吗？	有效	9 个参与者
	无效	0

（续上表）

问题	学生的答案	
如果没有这本词典的话，请解释为什么？	词汇太少了	56 个参与者
	不太方便	103 个参与者
	缺少更多的例子	41 个参与者
如果你不用《汉语修纳语词典》，那你在学习汉语过程中使用什么词典？	Pleco	145 个参与者
	Hanping	43 个参与者
	Google Translate	10 个参与者
	其他词典	2 个参与者

　　以上数据显示，大多数参与本次调查的对象汉语水平已经达到 3 级以上，占 70.5%。因为《汉语修纳语词典》只在津巴布韦大学书店销售，因而我们预测，只有高级水平的学生熟悉这本词典。有 18.5% 的参与者没听过《汉语修纳语词典》。这部分参与者主要是初级水平的学生，可能是因为他们刚到津巴布韦大学，还不熟悉现有的学习资源。调查结果显示大多数的参与者（81.5%）知道津巴布韦有《汉语修纳语词典》。

　　本调查的关键问题是第三个问题："你有没有一本《汉语修纳语词典》？"这个问题主要帮助我们了解津巴布韦大学的学生是否使用《汉语修纳语词典》。结果显示尽管有 81.5% 的参与者听说过《汉语修纳语词典》，但是只有 4.5% 的参与者拥有这本词典。这说明大概 95.5% 的学生没有自己的《汉语修纳语词典》。这也可能意味着 95% 以上的津巴布韦大学的学生不使用《汉语修纳语词典》。根据这些数据我们得出结论：《汉语修纳语词典》的使用率非常低。

　　为什么有这么多学生没有这本词典，这是很关键的问题。《汉语修纳语词典》出版的时候，我们都以为这本词典将成为每个学生汉语学习的必备工具书，可是实际情况和我们的猜想有很大的差距。

　　接下来我们想了解《汉语修纳语词典》的使用率为什么这么低。从表面来看，这可能是因为学生买不起这本词典。《汉语修纳语词典》的售价是 10 美金，对普通的津巴布韦学生来说这个价格非常高。除此之外，可能学生对《汉语修纳语词典》的内容存在不满，下面是调查参与者对《汉语修纳语词典》内容的意见。

　　为了了解津巴布韦大学的学生为什么不使用《汉语修纳语词典》，我们问了第五个问题："如果没有这本词典的话，请解释为什么？"虽然我们猜测有一部分学生是因为买不起这本词典，但是调查结果显示学生不太愿意使用《汉语修纳语词典》主要有以下三个原因。

第一，有28%的学生认为《汉语修纳语词典》的词汇量太少了。这个问题特别重要，因为每个学生在学习语言的时候都会遇到各种各样的情景，这些不同的情景可能要求学习者使用以前在课本上未遇到过的词汇。因此，如果一本词典缺乏生活中常用的词语，使用者就不会把该词典作为自己的语言学习工具。

第二，有20.5%的学生认为这本词典缺少足够的例子。在第二语言学习过程中，学习者遇到生词后往往想知道如何使用这些生词。《汉语修纳语词典》对每个词条只提供了一个例子，另外这些都是汉语例句。虽然汉语水平三级以上的学生都认识汉字，可是很多津巴布韦学生掌握汉字的速度比较慢，有些学习者讨厌用汉字读例句、学生词。他们更愿意通过拼音去学生词，这样速度会快一些，同时也比较方便。这并不意味着他们不懂汉字，而是因为在有些情况下，学习者着急要查一个词条的意思，没时间仔细看汉字。

第三，51.5%的学生觉得《汉语修纳语词典》不方便。通过访谈我们了解到他们所说的不方便，是指《汉语修纳语词典》是纸质的，不能随身携带。这说明更多的学生不愿使用纸质词典。从2020年开始津巴布韦流行在线学习。虽然津巴布韦的网络现在还不发达，但是有不少软件可以先下载好，然后在没有网络的情况下使用。津巴布韦学生更愿意使用这样的免费软件，因为从经济角度考虑，这种软件更加实惠。津巴布韦大学最近也介绍了ELMS软件，教师们可以把学习资料上传到这个学习平台，学生可以在自己的手机上下载并在方便的时候学习。如果《汉语修纳语词典》有电子版的话，它的使用率可能会比现在高一些。

问卷调查结果显示，拥有《汉语修纳语词典》的这4.5%的学生都觉得这本词典很有效。这意味着使用者使用《汉语修纳语词典》的效果比较好，只是学习者觉得带纸质的词典不如带手机方便。

为了了解《汉语修纳语词典》为什么现在无法成为汉语学习的重要工具书，我们在问卷调查中提了最后的一个问题："如果你不用《汉语修纳语词典》，那你在学习汉语过程中使用什么词典？"这个问题帮助我们了解了津巴布韦大学的学生最喜欢的词典是什么。问卷调查结果显示，只有1%的学生使用其他词典，其中包括有道词典以及百度词典。使用其他词典的主要为高级水平汉语的学生。结果也发现有5%的学生使用谷歌翻译软件。通过访谈我们了解到虽然谷歌和百度翻译比较可靠，但这些翻译软件也存在缺点，即每次使用的时候必须要有网络，没有网络的情况下是无法使用的。以下是其他网络词典的使用情况（见图1）。

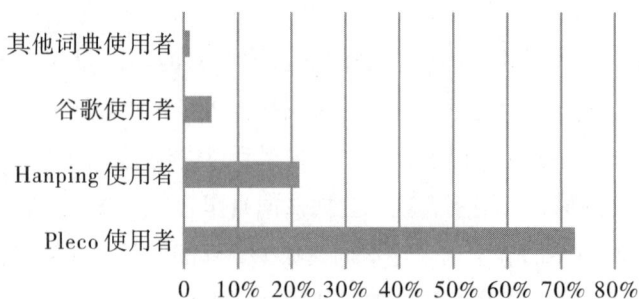

图 1　网络词典的使用情况

图 1 显示 Hanping 词典和 Pleco 词典是最受欢迎的词典。我们的问卷调查显示学生更喜欢使用 Hanping 词典和 Pleco 词典。有 21.5% 的学生使用 Hanping 词典，72.5% 的学生使用 Pleco 词典。以下是这两个手机 App 词典软件的功能页面（见图 2 和图 3）。

图 2　Hanping 词典的功能页面

图 3　Pleco 词典的功能页面

从图 3 和图 4 我们可以了解到，这两个词典都是双语词典，可以用英语查汉语对应的词义，同时也可以用汉语查英语对应词。这两个词典受欢迎的一大原因是使用者可以用拼音来查词义。我们认为津巴布韦大学的学生更喜欢带有拼音的词典。除此以外，这两个词典也有练习写汉字和学习汉字笔顺的功能。它们最突出的特点就是给每个词条提供了更广泛的定义以及该词的使用场景。每个词条至少有三个不同的例子，而且这些例子同时使用汉字和拼音。使用者还可以点击播放按钮听句子的发音。这些功能《汉语修纳语词典》却没有。虽然《汉语修纳语词典》从理论来讲比较贴近使用者的母语，可是不如这些软件方便。通过以上描述我们可以总结 Hanping 和 Pleco 这两个词典的特点：方便、实惠、词汇量大、例子多、有趣等。因此我们可以推测：《汉语修纳语词典》不受欢迎的主要原因可能是网上可以找到更方便、更有效的 App 词典软件。

可是从另外一个角度来看，我们可以说以上的问题有可能是以下两个原因导致的，即我们在津巴布韦教汉语时很少去教学生怎样使用词典，或告诉学生用什么词典比较好。Aleeva 和 Safiullina（2016）认为在第二语言初始阶段教授给学生词典使用技能是最重要的。这意味着在汉语教学过程中，我们需要有意识地教学生怎么使用《汉语修纳语词典》。

本文对《汉语修纳语词典》的使用率进行了调查。结果显示，虽然大多数学生知道这本词典的存在，但是他们更愿意使用电子版的词典。调查结果也发现津巴布韦大学的学生最常用的词典包括 Pleco、Hanping 以及谷歌翻译软件。这些手机 App 词典对津巴布韦大学的学生来说比较方便、可靠，词汇比较丰富并且很实惠。

根据以上结论我们可以提出以下建议：第一，《汉语修纳语词典》的销售工作还不够全面。这需要教学组织者把这本词典销售给所有新来的学生，提高学生对该词典的认识以及使用比例。第二，我们也建议把《汉语修纳语词典》改成电子版或者推出一个比较方便的 App 软件。现代流行的学习方式是通过网络学习或者下载免费的学习软件。学生更愿意使用免费的软件去学习。虽然津巴布韦的经济比不上中国，可是很多人都有手机。我们可以抓住这个机会推出手机 App 软件。另外这个手机软件必须有多种功能，包括练习、游戏等。这样大多数学生在使用《汉语修纳语词典》时会更加方便。第三，我们也建议增加《汉语修纳语词典》的词汇量。这本词典的词汇量总共不超过两千词条。对于高级水平汉语的学生来说，数量太少了。词典的词汇必须满足使用者对各种词汇的需求。第四，我们也希望能有更多的研究者关注《汉语修纳语词典》的研究，为汉语国际教学推广贡献力量。

参考文献

[1] 陈向明. 质的研究方法与社会科学研究 [M]. 北京：教育科学出版社，2000.

[2] 季羡林. 印度语言论集 [C] //许威汉. 二十世纪的汉语词汇. 太原：书海出版社，2000.

[3] 李海斌，王钢. 作家语言词典化在教学与科研中的作用 [J]. 林区教学，2016（11）.

[4] Herbert Mushangwe（李开明）. 汉语习得视角的汉语和修纳语语词汇对比研究 [D]. 保定：河北大学，2015.

[5] 熊啾啾. 神奇力量 [M]. 石家庄：河北科学技术出版社，2018.

[6] ALEEVA G K, SAFIULLINA G R. Using dictionaries in teaching English as a foreign language [J]. International journal of environmental & science education, 2016（11）.

[7] BATTENBURG, DOUGLAS J. A study of English monolingual learners' dictionaries and their users [D]. West Lafayette：Purdue University, 1989.

[8] BÉJOINT H. Modern lexicography：an introduction [M]. Oxford：Oxford University Press, 2000.

[9] PRINSLOO D, DE SCHRYVER G-M. Do dictionaries define on the level of their target users? A case study for three dutch dictionaries [J]. International journal of lexicography, 2011（24）.

[10] HADEBE S. Improving dictionary skills in Ndebele [J]. Lexikos, 2004（14）.

[11] HADEBE S. Improving dictionary criticism in Ndebele [J]. Department of African languages & literature, 2005（14）.

[12] LANDAU S L. Dictionaries：the art and craft of lexicography [M]. Cambridge：Cambridge University Press, 1989.

[13] LOMBARD F J. Lexicographer, linguist and dictionary user：an uneasy triangle? [J]. Bureau of the WAT, 2013（1）.

[14] MASHIRI P, LIN Y, MUSHANGWE H, et al. SHONA-CHINESE, CHINESE-SHONA DICTIONARY with English glosses [M]. Harare：University of Zimbabwe, 2015.

[15] SCHNOOR M. Different types of dictionaries [M]. Munich：GRIN Verlag, 2003.

[16] MUSHANGWE H, MUSONA M. Correction to：a critique of the Shona-Chinese bilingual dictionary as a reference material in teaching and learning of Shona/Chinese language [J]. Lexicography, 2019（2）.

[17] OSSELTON N E. The history of academic dictionary criticism [J]. WWD 5, 1989（1）.

离合词专门词典对比研究

——以《汉语常用离合词用法词典》与
《现代汉语离合词学习词典》为例

耿佳琳　周小兵

（深圳市南山区蛇口学校，北京语言大学）

摘　要：词典是学习者了解离合词用法的重要工具。离合词在专门词典中的研究鲜少涉及。本文通过对两部离合词专门词典的收词、释义及用法说明的分析，发现：①收词方面，均出现漏收、错收现象；②释义方面，均存在释义用词难度大、释义文字照搬《现代汉语词典》等问题，先分再合的释义模式更适合离合词解释，部分释义文字值得借鉴；③用法说明方面，两部词典对词汇的离析用法提示和呈现顺序不当，语法术语使用过难，但编写体例、离析用法框架结构的处理值得借鉴。本文对离合词专门词典的编写提出以下建议：①词典应结合汉语语料库和中介语语料库进行收词、用法说明的编写；②对离合词释义可采用先解释单字、再解释整词的做法；③严格控制释义词汇难度，不应过度照搬《现代汉语词典》释义，必要时可参考英文大型学习词典；④按实际语料的常用度来安排离析用法提示的呈现顺序；⑤对离析用法的提示采用框架式结构呈现；⑥简化词典中语法专业术语的使用；⑦尽可能做到呈现方式简明，提示信息丰富。

关键词：离合词；专门词典；收词；释义；用法说明

离合词是汉语中一种特有的语言现象，由于它本身既可"合"也可"离"，且在"离"的应用时变化灵活，可插入不同语法成分，对二语学习者而言容易出现使用偏误，故一直是教学重点和学习难点。词典是了解离合词用法重要的参考工具，故词典的质量至关重要，其编纂受到了学界的重视。

对于离合词在词典编纂中的考察，已有研究多聚焦于普通外向型词典。张念、梁莉莉（2012），赵新、刘若云（2009），郑林啸（2012）的研究表明，部分普通外向型词典可提示离合词用法，但大多数仍无提示或提示不充分。普通外向型词典涉及词类众多，无法充分提示离合词信息的情况在所难免。那么针对离合词编写的专门词典则应作为学习者学习离合词的有力工具，提供常用充足的词条、简明清晰的释义和详尽实用的用法说明以供学习者和教师参考。但现阶段针对离合词专门词典的研究还很少。离合词专门词典的编写质量如何？有哪些优点值得继承？是否仍有改进空间？这些问题值得进一步研究。

因此，本文选取周上之《汉语常用离合词用法词典》（北京语言大学出版社，2011 年，以下简称《用法》）和王海峰等《现代汉语离合词学习词典》（北京大学出版社，2013 年，以下简称《学习》），对离合词专门词典的收词、释义和用法说明进行对比研究。首先对比收词情况，其次以共有词考察释义，最后以共选甲级词考察用法说明，从而对上述问题进行探讨。

1 收词

词汇的形成大部分来源于短语在长期使用过程中的凝聚。离合词是处于词和短语/词组过渡状态下的语言现象。正是由于离合词的这种过渡性质，学界并未就其范围形成宽严统一的标准。因此，虽然两部词典的收词均依据《汉语水平词汇与汉字等级大纲》（以下简称《大纲》），但各有增减。作为专门词典，收词应依据《大纲》尽可能全面地收录，以供学习者参考。

1.1 收词情况对比

本文参考王海峰（2008）对《大纲》内离合词的划定，排除其中扩展能力有限、插入成分固定的述补型离合词，共确定《大纲》中动宾型离合词 335 个，其中甲级词 27 个、乙级词 63 个、丙级词 60 个、丁级词 185 个。进而统计《用法》与《学习》的词条收录，其中共同收录的有 159 个，并按难度等级划分得到表 1 的数据：

表 1 《大纲》《用法》《学习》收录的离合词数量及其占比

	甲级词	乙级词	丙级词	丁级词	总计
《大纲》	27/100.00%	63/100.00%	60/100.00%	185/100.00%	335/100.00%
《用法》	18/66.67%	47/74.60%	47/78.33%	154/82.80%	266/79.17%
《学习》	20/74.07%	41/65.08%	33/55.00%	107/57.53%	201/59.82%

从表 1 可知,《用法》更加全面,总收词量达到 79.17%。除甲级词外,《用法》的收词量均多于《学习》,收录率达 70% 以上,收词较充足。《学习》除甲级词外,其他等级收词量仍待增加。

1.2　收词存在的问题

1.2.1　将普通动词收录为离合词

一些词语即使从构词方式来看是述宾关系,但在实际语言运用中已经凝固,不具备扩展能力。虽然仍有少部分这类词汇被收录,但在"北京语言大学语料库中心 BCC 语料库"(https://bcc.blcu.edu.cn/) 及网页中并未找到离析形式语料。两部词典均出现这一问题,如:

通商:[结构助词] 了、过(《用法》)

我们很早就和那个地区通了商。| 这两个地区十年前已经通过商。(《用法》)

成套:成 + 数 + 套 成一套(《学习》)

把房子这样隔开,这边的成一套,给他们住吧。(《学习》)

1.2.2　将过去有离析用法的词收录在词典中

随着时间的推移,一些原本有离析用法的词汇在当今汉语中已不再具有离析表达,但仍被收录为离合词,此问题在《学习》中出现,如:

绝望:绝 + 了 + 望　　妈妈对我已经绝了望,再也不管我了。

摄影:摄 + 一 + 影　　有一次,……于是合摄一影,并题了诗词。

BCC 语料库中搜索到"绝了望"和"摄 + 一 + 影"的语料均出自 2000 年以前,进入 21 世纪,两词在语言发展过程中已经丧失离析特点,不再作为离合词使用,离合词专门词典不应加以录入。

1.2.3　漏收常用离合词

词典的收词应能满足学习者使用的需要,提供充足的词量供学习者参考。一些常用离合词在词典中无迹可查,而在使用时恰恰容易出现偏误。

通过搜索暨南大学留学生汉语中介语语料库(https:// www.dsxliuxue.com) 和 HSK 动态作文语料库(http://yuyanziyuan.blcu.edu.cn/),我们发现了学习者使用离合词的偏误,而这些词在词典中未收录,如:

看病:*看病了以后,医生说"没问题"。(看了病)(《用法》《学习》均未收录)

读书:*他名叫"康辉",是在云南大学读书的。(读的书)(《用法》未收录)

受伤:*我的身体还受伤着。(受着伤)(《学习》未收录)

2　释义

由于此类词典专门面向离合词，编写时除应遵循普通外向型词典释义的一般原则外，还应特别考虑离合词既可"合"也可"离"的特点。下面将从三方面进行对比：

2.1　释义模式

词语释义模式与词汇教学中一直存在的"词本位"和"字本位"的观点息息相关。"词本位"将"词"作为汉语学习及释义的最小单位进行整体解释。"字本位"则考虑到汉语词汇的构词规律和汉字兼具音、形、义的特点，先解释具有语素意义的汉字，再解释词语。受不同"本位论"影响，两部词典的释义模式不同，以"道歉"为例：

dào qiàn

道 歉（乙级）（《用法》）

道 |素| 用语言表示（情意）　express；extend（《用法》）

歉 |名| 对不住别人的心情；歉意　apology（《用法》）

道歉 |动| 表示歉意，特指认错　apologize（《用法》）

道歉：dào//qiàn 为不适当的行为表示歉意，承认错误（make an apology）。（《学习》）

对于述宾型离合词，先解释单字字义再对词语进行整体释义的方法有助于学习者对离合词构成的感知，也有利于对离合词既可合用又可离用这一特殊性质的理解。《用法》采用"字本位"词汇释义理念，更适合离合词专门词典的释义。

2.2　提示信息

2.2.1　提示信息的对比

与释义相关的其他辅助信息同样会帮助理解词汇。黄群英、章宜华（2008），章宜华、杜焕君（2010），张念、梁莉莉（2012）的研究表明，不同背景的二语学习者对提示信息的需求存在共性。两部词典在提示信息标注方面存在差别，以上节释义为例，两部词典均提供拼音和英文释义。《用法》还提供词语难度等级和词性的信息，故较之《学习》更加丰富。

2.2.2 《用法》的词性标注

《用法》对词性的标注绝大多数与《现代汉语词典》（商务印书馆，以下简称《现汉》）一致，部分做出修改。如遇《现汉》无词性标注，则表明此汉字只具有语素意义，该词典以"素"标记。词性修改合理的有：

安心　动　使心情安定（《用法》）‖形　心情安定（《现汉》）

灰心　动　（因遭到困难、失败）意志消沉（《用法》）‖形　（因遭到困难、失败）意志消沉（《现汉》）

两词在合式中多为形容词性，但从离合词离析用法角度，两词均为动词词性并在句中作谓语。《用法》的修改妥当。

也有部分标注仍不够合理，如：

吃惊　惊　动　由于突然来的刺激而精神紧张。（《用法》）

害羞　羞　形　难为情；不好意思。（《用法》）

伤心　形　由于遭受不幸或不如意的事而心里痛苦。（《用法》）

在述宾离合词运用中，整词为动词性，第二个单字是名词性语义，所以个别字词的词性标注应根据离合词的特殊性质做调整。将词性与解释改为"吃惊　惊　名　由于突然来的刺激而精神紧张的状态""羞　名　难为情、不好意思的情绪""伤心　动　由于遭受不幸或不如意的事而感到心里痛苦"则有利于学习者对该词离析用法的理解和应用。

从"安心""灰心"和"伤心"的词性标注也可以看出，《用法》在处理兼具动词性和形容词性的离合词的词性标注上仍不够统一。

2.2.3 释义用词难度

释义用词的难易对学习者理解词语释义产生直接而重要的影响，本文借助"汉语阅读分级指难针"（https://www.language－data.net/）对《用法》《学习》中释义用词进行考察，情况见表2：

表2　《用法》《学习》中释义词语难度等级数量及占比

	初级词	中级词	高级词	更高级词	超纲词	初、中级词	总计
《用法》单字释义	799/69.30%	170/14.74%	95/8.24%	9/0.78%	80/6.94%	969/84.04%	1 153/100%

（续上表）

	初级词	中级词	高级词	更高级词	超纲词	初、中级词	总计
《用法》整词释义	871/70.02%	190/15.27%	90/7.23%	7/0.56%	86/6.91%	1 061/85.29%	1 244/100%
《学习》整词释义	889/72.75%	186/15.22%	78/6.38%	10/0.82%	59/4.83%	1 075/87.97%	1 222/100%

（1）单字释义，《用法》初、中级词数量低于85%，用词难度过大，如：

搞鬼　鬼　不可告人的打算或勾当。

"不可告人"和"勾当"属于超纲词，应将其改为"搞鬼　鬼　不能告诉别人的事情或打算"。

（2）整词释义，两部词典初、中级用词均在85%以上，超纲词的数量《学习》更少，控制在5%以下，如"化妆"：

用脂粉等修饰容貌。（《用法》）

用专门的物品和工具使人的脸部变得美丽。（《学习》）

《用法》没有考虑用词难度，"脂粉""修饰"和"容貌"均为超纲词，词汇难度过大。《学习》明显控制了词汇的难度，语言简单明了、清晰易懂。

2.2.4　释义文字

与释义难度相关的是释义文字的编写。以往外向型学习词典的词汇释义多以《现代》作为参照。将两部词典中的共有词释义文字与《现汉》进行对比，结果共出现8种情况：a. 与《现汉》释义完全一致；b. 在《现汉》释义基础上减少一词；c. 在《现汉》释义基础上增加一词；d. 将《现汉》中的个别释义用词改换成其他词；e. 减省《现汉》的释义文字；f. 改换说法；g. 比《现汉》释义更具体；h. 在简化《现汉》释义文字的同时加以补充。对《用法》《学习》中的释义文字各种情况进行统计，得到以下数据（见表3）：

表3　《用法》《学习》中释义文字具体情况及占比

	a	b	c	d	e	f	g	h	总计
《用法》单字释义	205/64.47%	9/2.83%	8/2.52%	17/5.35%	57/17.92%	15/4.72%	5/1.57%	2/0.63%	318/100%

（续上表）

	a	b	c	d	e	f	g	h	总计
《用法》整词释义	89/55.97%	4/2.52%	4/2.52%	19/11.95%	10/6.29%	22/13.84%	11/6.92%	0/0%	159/100%
《学习》整词释义	24/15.09%	0/0%	12/7.55%	19/11.95%	18/11.32%	62/38.99%	21/13.21%	3/1.89%	159/100%

（1）单字释义，《用法》存在4类问题：

第一，照搬《现汉》比例高达64.47%，这导致释义文字难度过大，如：

拼命　拼　不顾一切地干；豁出去。

告状　告　向国家行政司法机关检举、控诉。

"豁"为更高级词，"行政""司法"为高级词，"检举""控诉"为超纲词。

第二，单字释义与被释义离合词相同，无法有效解释，共出现四处，分别是"化妆""起草""生气""睡觉"，如"起草"的释义：

起草（丁级）

起　动　拟写　草　素　起草　起草　动　打草稿

第三，释义语言错误。这种错误会对学习者的正确理解造成障碍，如《用法》对"鼓掌"中"鼓"的解释为"使发生声音；敲"。

第四，个别离合词来源较早，无法从单字释义理解整词意义，但词典没有对此做出说明，如"倒霉"：

倒霉（丙级）

倒　动　失败　霉　名　霉菌　倒霉　形　遇事不利；遭遇不好

"倒霉"一词与中国古代科举考试有关。在明朝，考生如被考试录取，就在门前立一根旗杆，未被录取就把旗杆倒下拿走。之后人们用"倒楣"表示运气不好，遇事不吉利，并将"倒楣"写作"倒霉"。故"霉"在词典中的释义与"倒霉"的意义并不相关。故"霉"在词典中的释义可修改为"由'楣'变化而来，原指门上的横木，在该词中引申为运气"。

（2）整词释义，《用法》照搬《现汉》的情况高出《学习》40.88%。《学习》对《现汉》释义文字的改动明显大于《用法》。反映在具体释义文字中，《学习》的释义更简单易懂、细致具体、符合实际，示例如下：

让步　在争执中部分地或全部地放弃自己的意见或利益（《用法》）‖在争执中作出退让（《学习》）

泄气　泄劲（《用法》）｜｜失去信心（《学习》）

安心　使心情安定（《用法》）｜｜心情安定，不用担心、忧虑（《学习》）

请客　请人吃饭，看戏等（《用法》）｜｜请人吃饭，看电影等（《学习》）

虽然《学习》中大多数释义值得借鉴，但也存在一些问题：

第一，增加个别字词提高了释义难度，如"拜年"：

向人祝贺新年（《现汉》）｜｜向人祝贺农历新年（《学习》）

《学习》的释义更符合该词的使用情境。但"农历"是高级词，不易理解，可将释义修改为"向人祝贺中国传统新年"。

第二，改换说法使释义难以理解，如"睡觉"：

进入睡眠状态（《现汉》）｜｜大脑进入完全休息的状态（《学习》）

《学习》的释义不够通俗化，可在参考《现汉》的基础上修改为"闭上眼睛休息，进入睡眠状态"。

第三，释义扩大了词义的程度或范围，造成了释义的不合理，如：

生气　因不合心意而不愉快。（《现汉》）｜｜因不满意而发怒（《学习》）

用功　努力学习（《现汉》）｜｜学习、工作等努力（《学习》）

对于"生气"的释义，《学习》使用"发怒"一词加深了程度。"用功"通常不用来形容"工作"，《学习》不恰当地扩大了词语使用范围。

（3）共同存在的问题，对于个别词汇的释义，两部词典均未充分考虑学习者水平，释义难度过大，究其原因，仍与参照《现汉》释义有关，如"破产"：

丧失全部财产；债务人不能偿还债务时，法院根据本人或债权人的申请，做出裁定，把债务人的财产变价依法归还各债主，其不足之数不再偿付；比喻事情失败（多含贬义）。（《现汉》）

失去全部财产，也指企业不能继续经营，将全部财产变价还债。（《用法》）

指债务人不能偿还债务时，法院根据本人或债权人的申请，做出裁定，把债务人的财产变价依法归还给债主，其不足之数不再偿还，也指丧失全部财产、计划的事情失败等。（《学习》）

《用法》虽有所调整，但文字仍过于专业化；《学习》的释义照搬《现汉》，过于专业且复杂。两部词典对于该词的解释均不符合外国学习者理解水平。对于该词释义的修改，应避免专业化表达，以简单通俗的方式解释。此时可以借鉴英文大型学习词典的表述，由于其严格控制释义单词范围，故释义语言易于学习者理解，值得汉语学习词典学习，如《朗文当代高级英语辞典》（第6版）中对同义单词的英语释义：

bankrupt：someone who has officially said they cannot pay their debts.

经参考，可将"破产"简化为"（企业或个人）负担不起债务"。

3　用法说明

3.1　用法说明体例对比

《用法》分为"句法功能""插入成分""特殊用法"三个板块。"句法功能"说明合用形式的用法；"插入成分"按不同离析形式归类并给出该类用法的常用词语；"特殊用法"说明离合词的重叠、倒装或固定用法。《学习》只给出了一个简单的合式例句，之后将离合词的离析形式与特殊用法一并编入表格中。

总体上，《用法》的编写层次更清晰得当。第一，对合用形式做一定说明，方便了使用者对离合词整体用法的了解，充分考虑到了使用需求；第二，将离析形式与特殊用法分开编写，编写逻辑更清晰，让使用者对离合词特殊用法的查找更容易，对离合词特殊用法的印象更深刻。

3.2　语法术语使用对比

词典编纂应考虑使用者水平，方便理解。语法术语的使用需要控制难度，不宜过难过专。表4列出《用法》《学习》两部词典使用的语法术语：

表4　《用法》《学习》语法术语使用情况

	语法术语	总计
《用法》	主语、谓语、宾语、定语、状语、补语、判断动词、动态助词、结构助词、人称代词、疑问代词、指示代词、程度副词、数词、基数词、序数词、量词、数量短语、结果补语、趋向补语、可能补语、程度补语、动量补语、时量补语、限定性定语、修饰性定语、对象宾语、表"人"宾语、表"领属关系"定语	29
《学习》	名（名词/名词短语）、动（动词/动词短语）、形（形容词/形容词短语）、数（数词）、量（量词）、代（代词）、补（补语）	7

《用法》中的语法术语数量超过《学习》的 3 倍，对代词、补语、定语、宾语的细化过于烦琐专业。《学习》使用的语法术语简单且以略语的形式出现，其方法值得借鉴：

第一，直接呈现字词代替语法术语罗列，如同样是对"照的相"的语言点提示：

　　〔结构助词〕：的（《用法》）　‖‖ 照＋的＋相（《学习》）

第二，简化语言点分类，避免复杂语法术语的出现，如对"睡觉"的部分语言点提示：

　　〔可能补语〕：不着、得着……　　〔结果补语〕：好、完……

睡＋⬚补⬚＋（…）＋觉〔睡得着/不着觉、睡着觉、睡好/不好觉、睡（不）上＋（…）＋觉、睡不了觉、睡不成觉、睡起觉（来）、睡足觉、睡熟觉、睡完觉、睡稳觉〕（《学习》）

3.3　离析用法提示编写模式对比

离析形式是离合词专门词典着重阐释的部分。离析用法的编写模式会对使用者理解词汇用法产生影响。《用法》《学习》两部词典在这一点上存在差异，下面以《用法》《学习》中对"请假"的离析用法编写为例：

（1）〔动态助词〕：了、过。（2）〔结果补语〕：到、完。（3）〔修饰性定语〕：病、事、公……。（4）（〔动态助词〕＋）〔数量补语〕‖〔量词〕：（了＋）（一）个。（5）（〔动态助词〕＋）〔时量补语〕：（了/过＋）两天、一个月……（＋的）。（6）（〔动态助词〕＋）〔动量补语〕：（了/过＋）一次、两回……（《用法》）

放＋了＋（…）＋假〔放了假、放＋了＋⬚数⬚ ⬚量⬚＋假、放＋了＋⬚代⬚＋⬚数⬚ ⬚量⬚＋假〕，放＋（⬚名/代⬚）＋⬚数⬚ ⬚量⬚＋（…）＋假〔放＋⬚数量⬚＋假、放＋⬚量⬚＋假、放＋⬚数⬚ ⬚量⬚＋⬚形⬚＋假、放＋（⬚名/代⬚）＋⬚数⬚ ⬚量⬚＋假〕，放＋的＋假，放＋⬚补⬚＋假〔放完假〕，放过假。（《学习》）

以《用法》的方式呈现，使用者不能明确离合词与这些语法成分的排列顺序。《学习》借鉴支架式教学法理念，全部采用"公式化"的框架式结构呈现，使离合词在离析形式下各语法结构的排列变得简化、直观、系统。

3.4　用法提示对比

3.4.1　离析用法提示覆盖范围对比

众多离合词的离析形式虽存在共性，但离析能力不尽相同。离合词专门词典能否针对离析用法给出详尽提示是判断此类词典成功与否的关键。

本文选取的《用法》《学习》两部词典中共有甲级词 12 个，在 BCC 语料库中检索实际语料，得到每个离合词的离析用法整体分布情况及占比，据此统计两部词典各词条离析形式语言点提示覆盖占比，具体情况如表 5 所示：

表5　《用法》《学习》离析形式语言点提示覆盖占比

	《用法》	《学习》		《用法》	《学习》
放假	85.68%	75.37%	上学	81.81%	93.01%
见面	93.49%	99.41%	睡觉	83.90%	96.96%
劳驾	99.32%	100.00%	问好	93.68%	100.00%
跑步	61.01%	82.93%	洗澡	54.72%	98.20%
起床	82.90%	85.23%	游泳	95.08%	94.26%
请假	97.12%	98.65%	照相	82.54%	98.01%
平均值	82.78%	91.75%	标准差	13.84%	8.03%

总体上，《学习》的离析形式语言点提示较《用法》更加全面，平均达到 90% 以上，且《学习》的离析形式语言点提示表现更稳定均衡，对于一些离析用法简单的词汇可以做到离析用法的全面提示，如"劳驾"和"问好"。而《用法》对于个别词汇的离析用法提示覆盖率过低，如"跑步"和"洗澡"。

本文以离析用法占该词离析用法总数的 1.00% 作为衡量标准，对两部词典中的离析形式语言点提示进行考察，发现两部词典中的具体问题如下：

第一，常见的离析用法未提示。这种失误在两部词典中均有存在，如：

跑 + 补语 + 数 + 步　　跑上两步　　12.20%（两部词典中均未提示）

洗 + 结果补语 + 澡　　洗完澡　　40.80%（在《用法》中未提示）

放 + 修饰性定语 + 假　　放国庆假　　16.48%（在《学习》中未提示）

第二，无实际语料但词典有提示。这种失误主要出现在《学习》中且有明确罗列，如：

见不成面　　　　　　睡闷觉　　　　　　　　睡熟觉

照好（结果补语）相　　照 + 人称代词（的）+ 相　　照了照相

"睡熟觉"和"睡闷觉"不符合普通话表达习惯。其余4个提示在BCC语料库和网页中均没有搜索到实际语料。

第三，对实际语料中很少出现的用法却有明确提示。如："放的假"占比0.66%，在两部词典中均设单独成条提示，《用法》中有"放着假"（占比0.18%）的提示，《学习》中有"游的泳"（占比0.27%）的提示。

第四，对难度过大且极不常用的离析用法有明确提示。这些离析形式语言点在该词所有离析形式中的占比远低于1.00%，并不是学习者应掌握的重点。如：

放假　（7）［动态助词］＋［表"人"宾语］＋［时量补语］＋［结构助词］＋［修饰性定语］：了/过＋我/你/他/他们/教师……＋三天/一个月/一星期……＋的＋病/事……（《用法》，占比0.04%）

见面　见＋了＋名/代＋数量面（《学习》，占比0.06%）

3.4.2　特殊用法提示对比

离合词的特殊用法包括重叠式和倒装式。此类用法与离合词的离析形式有一定区别，需要词典给出特别说明。但各词在实际应用上存在差异。我们对《用法》《学习》中12个共有甲级词的实际语言表现进行了统计，具体如表6所示：

表6　《用法》《学习》共有甲级词特殊用法的语料数目

	重叠式	倒装式		重叠式	倒装式
放假	37	98	上学	0	136
见面	444	241	睡觉	210	1 400
劳驾	0	0	问好	0	0
跑步	163	0	洗澡	227	39
起床	0	2	游泳	52	5
请假	4	180	照相	25	2

"起床""游泳""照相"的倒装式和"请假"的重叠式的实际语料过少，不具备典型性。据此，搜索《用法》《学习》两部词典相应的特殊用法提示，得到以下数据（见表7）：

表7　《用法》《学习》共有甲级词特殊用法提示条数及占比

	重叠式	占比	倒装式	占比	总计
《用法》	5/7	71.43%	3/6	50.00%	8/61.54%
《学习》	3/7	42.86%	6/6	100.00%	9/69.23%

总体上，《学习》提示情况比《用法》更好，能做到对倒装式全面提示，但对重叠式提示仅占 42.86%。《用法》对重叠式提示较好，但对倒装式提示不足。

3.5　离析用法提示呈现顺序对比

词典对离析形式语言点的提示编写应体现常用性，以常用性递减排列。搜索 BCC 语料库，根据 12 个离合词的离析用法表现逐一核对《用法》《学习》两部词典的语言点呈现顺序，所得情况如表 8 所示：

表 8　《用法》《学习》共有甲级词语言点呈现顺序情况及占比

	符合	基本符合	不符合
《用法》	6/50.00%	1/8.33%	5/41.67%
《学习》	2/16.67%	1/8.33%	9/75.00%

4　结语

通过对两部词典在收词、释义及用法说明方面的定性及定量分析，本文吸收优点，总结不足，对离合词专门词典的编写提出以下建议：

（1）收词方面：编者需要紧密结合汉语语料库和中介语语料库。其中，对于汉语语料库的语料搜索，不仅需要注意语料的有无，还要注意语料出现的年代；对于中介语语料库的语料搜索，主要应注意偏误语料，对于出现偏误语料的离合词，词典应该收录，从而给使用者以有效提示。

（2）释义方面：①对离合词的释义应采取"字本位"的词语释义理念，先解释单字、再解释整词；②为词汇提供尽可能丰富的相关信息以满足使用者的需求，词性标注是必要的；③应进一步控制释义用词的难度，必要时可参考英文大型学习词典的释义。

（3）用法说明方面：①采用清晰的体例安排离合词的离析用法和特殊用法提示，方便读者查找；②简化词典中语法专业术语使用，力求简单易懂；③对离析用法的提示采用"框架结构"呈现；④结合实际语料编写用法提示，并按常用度安排呈现顺序。

参考文献

[1] 蔡永强. 对外汉语学习词典编纂的用户友好原则 [J]. 辞书研究，2011 (2).

[2] 蔡永强. 外向型汉语学习词典的释义用词 [J]. 辞书研究，2018 (4).

[3] 常晨光. 介绍《朗曼英语活用词典》[J]. 外语教学与研究，1996 (4).

[4] 崔岑岑. 字本位、词本位与对外汉语词汇教学基础 [J]. 现代语文（语言研究版），2007 (9).

[5] 董秀芳. 词汇化：汉语双音词的衍生和发展 [M]. 成都：四川民族出版社，2002.

[6] 国家汉语水平考试委员会办公室考试中心. 汉语水平词汇与汉字等级大纲 [M]. 北京：经济科学出版社，2001.

[7] 黄群英，章宜华. 词典释义与词典用户之间的互动关系初探 [J]. 广东外语外贸大学学报，2008 (3).

[8] 邢红兵. 基于语料库的词语知识提取与外向型词典编纂 [J]. 辞书研究，2013 (3).

[9] 贾颖. 字本位与对外汉语词汇教学 [J]. 汉语学习，2001 (4).

[10] 姜德军. 几种离合词词典编纂问题研究：兼及对离合词界定的一些思考 [J]. 辞书研究，2017 (5).

[11] 鲁健骥，吕文华. 编写对外汉语单语学习词典的尝试与思考：《商务馆学汉语词典》编后 [J]. 世界汉语教学，2006 (1).

[12] 王海峰. 现代汉语离合词离析形式功能研究 [D]. 北京：北京语言大学，2008.

[13] 王海峰，姚敏. 半个多世纪以来的现代汉语离合词研究 [J]. 语文研究，2010 (3).

[14] 王海峰，等. 现代汉语离合词学习词典 [Z]. 北京：北京大学出版社，2013.

[15] 英国培生教育有限公司. 朗文当代高级英语辞典（英英·英汉双解）[M]. 6 版. 北京：外语教学与研究出版社，2019.

[16] 张朋朋. 词本位教学法和字本位教学法的比较 [J]. 世界汉语教学，1992 (3).

[17] 张念，梁莉莉. 外向型汉语词典释义特征考察 [J]. 学术研究，2012 (11).

[18] 章宜华. 基于用户认知视角的对外汉语词典释义研究 [M]. 北京：商务印书馆，2011.

[19] 章宜华. 对外汉语学习词典释义问题探讨：国内外二语学习词典的对比研究 [J]. 世界汉语教学，2011 (1).

[20] 章宜华，杜焕君. 留学生对外汉语学习词典释义方法和表述形式的需求之探讨 [J]. 华文教学与研究，2010 (3).

[21] 赵新，刘若云. 关于外向型汉语词典释义问题的思考 [J]. 语言教学与研究，2009 (1).

[22] 郑林啸. 外向型汉语学习词典中的离合词释文浅析：以"洗澡"为例 [J]. 辞书研究，2012 (1).

[23] 中国社会科学院语言研究所词典编辑室. 现代汉语词典 [Z]. 7 版. 北京：商务印书馆，2016.

[24] 周上之. 汉语常用离合词用法词典 [Z]. 北京：北京语言大学出版社，2011.

[25] 周小兵. 对外汉语学习词典的编写 [J]. 辞书研究，1997 (1).

后　记

中国人民大学国际文化交流学院先后于 2018 年 10 月 20 日和 2021 年 11 月 13 日举办了两届对外汉语学习词典学国际研讨会，《对外汉语学习词典学国际研讨会论文集（四）》是萃取 2018 年和 2021 年两届汉语学习词典学学术研讨会参会论文的结集，收录论文主要是围绕词目、义项选取与汉语学习词典编纂，语块、例句与汉语学习词典编纂，释义、语体与汉语学习词典编纂，教材与汉语学习词典编纂，中外语言学习词典对比，汉语学习词典理论与实践探索等议题进行的研究分析，分为理论探索、内容个案描写和辞书个案分析三个板块结文成集。

论文集共集成论文 26 篇，较前三本会议论文集，本论文集更加注重理论创新、阐释与总结，同时亦不乏精致的个案描写和个案分析。如汉语学习词典学创始人郑定欧教授对 25 年来国际学习词典学的发展总结，崔希亮教授关于词典元语言理论的系统阐释，李泉教授关于外向型学习词典两大编纂原则的阐释，李禄兴教授关于词汇—语法理论在汉语学习词典学编纂中的应用，蔡永强教授关于词典文本可读性的理论探索，杨玉玲教授关于汉语学习词典 Pleco 配例的定量研究，以及彭兰玉教授对新型汉语学习词典《国际中文学习词典》编写的定位研究等。此外，多篇论文或基于不同视角进行多元审视，或展示不同语言要素的学习词典操作处理方案，或归纳与总结个案词典编纂特色，亦具有非常重要的启发意义。

中国人民大学有着悠久的词典编纂与研究传统，作为词典学的重要分支和国际中文教育资源建设的重要领域，对外汉语学习词典学随着国际中文教育的不断普及、汉语国际化进程的不断深化而逐渐发展壮大并成为国际中文教育的重要研究领域。自 2005 年首届会议至今，对外汉语学习词典学国际研讨会已成功举办五届，其中有三届是由中国人民大学主办的，会后择优结集出版的《对外汉语学习词典学国际研讨会论文集》已经成为该研究领域的重要学术交流平台，促进了国际中文教育背景下汉语学习词典学的多元发展，在国际中文教育领域产生了积极的学术影响。

虽然历经诸多主客观困难，论文集最终还是得以出版，这首先要感谢中国人民大学国际文化交流学院的大力支持，更要感谢各位参会作者的耐心等待与积极参与。本论文集的出版不是终点而是一个新的起点。我们衷心希望对外汉语学习词典学国际研讨会能够继续开下去，对汉语学习词典学的研究和探讨能够继续深入下去，从而为国际中文教育事业、学科及教学的发展壮大添砖加瓦。

《对外汉语学习词典学国际研讨会论文集（四）》编委会

2023 年 12 月 4 日